高等学校医疗保险专业第一轮系列教材

健康保险营销学

姚东明　赵成文　主　编

科学出版社

北　京

内 容 简 介

本教材是高等学校医疗保险专业第一轮系列教材之一。教材结合健康保险行业营销实践的实际,以提高学生健康保险营销能力为目标,从健康营销基本概念、健康保险营销人员的基本素质与职业道德、健康保险市场营销环境分析、健康保险消费行为分析、健康保险营销调研与预测、健康保险目标市场策略、健康保险竞争策略、健康保险产品策略、健康保险定价策略、健康保险分销策略、健康保险促销策略、健康保险营销管理、健康保险营销客户关系管理、健康保险营销策划等方面,分15章进行了全面的阐述和分析。

本书可供高等医药院校的医疗保险、社会保险、卫生事业管理、预防医疗及保险等专业的本科生和研究生使用,也可供政府及社会保险经办管理机构中的相关人员参考。

图书在版编目(CIP)数据

健康保险营销学/姚东明,赵成文主编.—北京:科学出版社,2015.7

ISBN 978-7-03-045266-5

Ⅰ.健…　Ⅱ.①姚…　②赵…　Ⅲ.健康保险-市场营销学-高等学校-教材　Ⅳ.①F840.62

中国版本图书馆CIP数据核字(2015)第1745552号

责任编辑:刘　亚　郭海燕/责任校对:刘亚琦
责任印制:李　彤/封面设计:陈　敬

科学出版社 出版
北京东黄城根北街16号
邮政编码:100717
http://www.sciencep.com
北京建宏印刷有限公司 印刷
科学出版社发行　各地新华书店经销
*
2015年7月第　一　版　开本:787×1092　1/16
2022年7月第五次印刷　印张:17 1/2
字数:467 000
定价:49.00元
(如有印装质量问题,我社负责调换)

高等学校医疗保险专业第一轮系列教材
编写委员会

《健康保险营销学》编委会

主　编　姚东明　赵成文

副主编　王先菊　郑　林　周书美　周成红

编　者　（按姓氏笔画排序）

王　敏　四川医科大学

王　森　江苏大学

王业鸿　江西中医药大学

王先菊　河南中医学院

陈宪泽　福建中医药大学

周　睿　安徽医科大学

周书美　内蒙古医科大学

周成红　安徽医科大学

郑　林　贵阳中医学院

赵成文　四川医科大学

姚东明　江西中医药大学

倪　飞　安徽中医药大学

魏　敏　内蒙古医科大学

魏利平　内蒙古医科大学

高等学校医疗保险专业第一轮系列教材
出版说明

教材建设是专业建设中最基本的教学条件建设，直接关系到教学效果和人才培养质量。中国自20世纪80年代开始探索医疗保险制度改革之路，90年代启动试点和扩大试点范围，1998年国务院正式作出决定在全国建立城镇职工基本医疗保险制度，21世纪初开始新型农村合作医疗制度试点，随后又进行城镇居民基本医疗保险制度试点和建立城乡居民医疗救助制度。2009年开始的深化医药卫生体制改革（俗称“新医改”），使我国基本医疗保险制度建设得以迅猛发展，实现了历史性跨越。到目前为止，覆盖人数已达13亿人，95%的国民有了基本医疗保障，全民医保体系初步形成。

伴随着医疗保险事业的发展，我国医疗保险专业建设也走过了20年历程。目前全国已有约40所高校设立医疗保险专业（方向），这对教材建设提出了更高的要求。

为适应新时期医疗保险专业人才培养和高等医疗保险教育的需要，体现最新的教学改革成果，经相关核心高校商讨，决定编写高等学校医疗保险专业第一轮系列教材。2014年5月成立了“高等学校医疗保险专业第一轮系列教材编写委员会”，经编委会反复论证，确定了12门专业基础课和专业课作为该专业核心课程，并决定进行相关教材的编写。此后在全国范围内进行了主编、副主编、编者的申报遴选工作。2014年8月在江苏大学隆重召开“高等学校医疗保险专业第一轮系列教材主编、副主编聘任会暨全体编委会会议”，编写工作正式展开。

本套教材是我国第一套医疗保险专业系列教材，是医疗保险专业高教工作者20年集体智慧的结晶，必将对我国高等学校医疗保险专业建设和人才培养产生深远的影响。

全国高等学校医疗保险专业第一轮规划教材编写委员会

2015年5月10日

前　　言

随着我国广大人民群众健康观念的改变,对自身健康要求的不断提高,我国商业健康保险获得了迅速发展。商业健康险保费收入从 2005 年的 376.9 亿元增长到 2014 年的 1587.18 亿元,10 年增长 420% ,年均增速超过 20% 。这些成就的取得来之不易,与健康保险营销队伍建设及健康保险营销人员的努力工作密不可分。

但是,我们也要看到与国外发达国家相比,我国健康保险业还处于起步阶段,健康保险营销理念、营销策略与方法、营销队伍建设都还存在不少的问题:一是健康保险产品市场定位不准。不少保险公司对市场调研和预测工作做得不够全面细致,市场细分不明,甚至目标市场选择错位,导致公司之间的保险产品相互模仿现象严重,缺乏差异性,难以满足不同消费者的需求。二是缺乏现代营销理念。不少经营健康险的公司对现代营销理念缺乏认识,营销理念仍停留在以自我为中心的"产品观念"或"销售观念"阶段,认为营销就是面向社会招聘人员,经过短训后到市场上去推销保险产品,甚至把招聘营销员来上门推销或电话推销当成增收保费的主要手段,导致公司难于适应健康保险市场不断变化的形势。三是营销队伍素质参差不齐。目前,我国大多数保险公司虽然有岗前和岗中培训,但由于营销人员来源复杂,培训也是重业务训练,轻道德教育,致使个别健康保险营销人员在推销保险产品时出现误导陈述、保费回扣、恶意招揽等违规、违法现象,极大地破坏了健康保险业的声誉。

有鉴于此,我们认为有必要结合健康保险业发展需要及健康保险营销的实际,编撰一本健康保险营销学,对现代健康保险营销基本理论、健康保险营销策略与技巧、健康保险营销队伍建设与管理进行全面阐述,帮助学生系统掌握相关的知识、理论和技巧。

本教材是江西中医药大学、泸州医学院、河南中医学院、贵阳中医学院、内蒙古医科大学、安徽医科大学、江苏大学、福建中医药大学、安徽中医药大学 14 位同仁共同努力的结果。具体写作分工如下:

第一、十一章由王敏编写;第二章由姚东明编写;第三章由王森编写;第四章由倪飞编写;第五章由周睿编写;第六章由周成红编写;第七章由陈宪泽编写;第八章由王先菊编写;第九章由郑林编写;第十章由魏利平编写;第十二章由赵成文编写;第十三章由魏敏编写;第十四章由王业鸿编写;第十五章由周书美编写。

本书在编写过程中参考了国内外大量的论著和教材,同时还吸收了一些专家学者的科研成果和论点,在此谨表谢意。同时,本书的编写还得到了科学出版社的领导和编辑们的大力支持和帮助,得到了“高等学校医疗保险专业第一轮系列教材编写委员会”编委会周绿林教授等人的鼓励和支持,得到了全体编撰作者所在单位领导和同事们的关心和协助,在此一并表示感谢。

相对于保险领域的其他教材而言，健康保险营销学方面的教材要少得多，可以说这本教材是一次尝试。因此，其理论体系、研究方法、知识架构等都有待进一步探讨，而且随着健康保险营销环境的不断变化，健康保险营销的实践也将出现新的发展，其理论也将不断创新、完善。由于时间仓促，再加上作者水平有限，书中错误、不当及欠妥之处在所难免，希望同行专家与广大读者多加批评指正。

编　者

2015 年 3 月

目　　录

第一章

保险营销概述

在深入学习健康保险营销学之前，我们需要对保险营销的基本问题有一个基本的认识。本章从保险营销的含义、特点入手，从主体、客体与对象三方面剖析保险营销，并对保险营销观念的演变历程进行梳理，在密切联系实际基础上，分析当前我国保险营销观念的最新发展，从而为保险公司营销活动确立正确的指导思想。

第一节 保险营销的含义和特点

一、保险营销的含义

根据市场营销的一般原理，结合保险业务的实际，保险营销是指以保险这一特殊产品为客体，以消费者对这一特殊产品的需求为导向，以满足消费者转嫁风险的需求为中心，运用整体营销或协同营销的手段，将保险产品转移给消费者，以实现保险公司长远经营目标的一系列活动。

对保险营销的定义，我们可以从以下三方面来理解。

（一）交换是保险营销的核心

没有交换就没有保险营销。消费者为了买到保险产品满足自己的风险保障需求，必须向保险人缴纳与风险状况相应的保险费；保险人为了收取保险费取得企业的经济效益，必须向消费者提供适销对路的保险产品和服务。消费者与保险人平等交换是通过订立保险合同来实现的，合同中要严格明确双方法定的权利和义务。

（二）保险营销是由一系列具体营销活动构成的一个整体管理过程

这一系列营销活动具体包括：保险营销市场调研；确定保险公司和市场营销战略；进行市场细分，选择目标市场；保险产品开发和定价；分销和促销活动。由此可见，保险营销并非仅仅涉及保险推销，推销只是市场营销活动的一个局部环节。

（三）保险营销是一个循环往复的过程

保险营销的起点是发掘消费者的保险需求，终点是满足消费者的保险需求，因而是一个循环往复的过程。

二、保险营销的特点

保险作为一种产品，其营销具有一般产品营销的共性；作为一种特殊产品，保险营销又有其特殊性。

（一）主动性

保险营销最明显的特征就是主动性营销。因保险产品及其消费的特殊性，保险营销更需要主动。保险产品看不见、摸不着、嗅不到、听不到，也无法品尝。它仅仅是对消费者的一纸承诺，而且这种承诺的履行只发生在约定事件发生或约定的期限届满时，而不像一般产品或服务可以在购买时从实质上立即感受到其收益及效果。对于这样一种抽象又复杂的产品，需要通过保险营销人员主动性营销唤起人们的需求欲望，并促成人们实质性的购买。保险产品中涉及死亡、伤残、财产损失等内容。受到我国传统观念的影响，很多人对此都敬而远之、避而不谈。这种特性要求保险营销人员通过积极主动的营销活动，扭转人们对保险产品的消极态度和行为，打消其顾虑，心甘情愿购买。此外，人们都抱有侥幸心理，几乎没有人会想到自己可能不久于人世；也没有人会想到自己的财产可能会遭受损失；而退休对大多数人而言也很遥远。只有一个人身患绝症需要巨额医疗费而无着落时；一家之主因为意外事故而惨遭不幸，家庭经济陷入危机时，人们才意识到保险的重要性。然而，在保险消费上，必须未雨绸缪，及早规划，等到风险发生后才想到购买保险，悔之晚矣。因此，保险需求严重滞后于消费的特性使主动营销显得尤为重要。

（二）服务性

保险营销是一种特殊的服务性活动，这种服务性活动不仅表现为保险营销人员应在投保人投保之前根据其保险需求，帮助设计保险方案，选择适当的保险险种，而且还表现在他们购买保险之后，根据投保人保险需求的变化和新险种的出现，帮助调整保险方案，或在损失发生时迅速合理地进行赔付。保险企业只有建立大服务观念，强化大服务意识，改进和创新服务品种、服务手段和服务措施，才能向社会提供高质量、高效率、高层次的优质服务，赢得竞争优势，树立良好形象。

（三）整体性

保险营销是一项整体性的营销活动，由一系列具体营销活动构成。在系统的营销过程中，保险公司在充分市场调研和分析判断的基础上，自主选择和控制营销变量，优化营销组合，实现预期的营销目标。如保险公司可通过保险产品、价格、分销、促销等环节的设计与控制，使自己的保险营销活动成为一种整体性的活动，其中每一个环节的设计都作为整体营销活动的一个步骤，所有环节为实现销售这一最终目标而服务。

（四）关系性

保险营销作为一个蓬勃发展的产业，更要注重关系营销，建立并维护与顾客的良好关系。保险产品的延后性，使顾客购买的是未来可能的服务，保险公司将在未来风险发生时提供具体的核心服务。同时保险产品的延后性，使顾客满意与否要一个相当长的时间才能判断，这就是保险营销过程必须建立在长期战略和良好信誉的基础上。因此，保险营销的核心不是卖出保险，而是体现在一个长期、持续的服务过程中。

第二节　保险营销的主体、客体和对象

一、保险营销的主体

保险营销的主体指的是实施保险营销活动的各方当事人，主要分为两类：一类是保险产品的供

给方——保险人;一类是保险供需双方的桥梁——保险中介。

(一) 保险人

保险人是向消费者收取保险费,在保险事故发生时,对被保险人承担赔偿损失责任的人。各国法律一般要求保险人具有法人资格,但并非任何法人均可从事保险业。只有以法定程序申请批准,取得经营资格才可经营。此外,还必须在规定的经营范围内进行。如果保险人不具备法人资格,其所订保险合同无效;如果超出经营范围,合同效力则视具体情况而定。我国《保险法》第十条规定:"保险人是指与消费者订立保险合同,并承担赔偿或者给付保险金责任的保险公司。"

1. 保险公司类型

保险公司按照所承担风险的类型不同,可以分为人寿与健康保险公司、财产与责任保险公司;按照被保险人的不同,可以分为原保险公司、再保险公司。以下主要介绍按照所承担风险类型不同的保险公司。

(1) 人寿与健康保险公司:为广大消费者提供各种保险产品,如定期寿险、终身寿险、万能寿险、变额万能寿险、医疗费用保险、伤残收入保险、年金保险、团体人寿和健康保险与退休计划。上述产品的功能主要体现在三方面:一是保护客户免受/减少经济损失,这是人寿与健康产品最重要的功能;二是帮助客户为未来进行储蓄;三是帮助人们投资。

(2) 财产与责任保险公司:主要为消费者提供海上保险、货物运输保险、火灾保险、运输工具保险、工程保险、农业保险、各类责任保险等产品。上述保险产品的主要功能是帮助消费者转移风险、减少损失。

2. 保险公司的组织形式

由于保险公司经营业务涉及面广、技术复杂、对人们的生活及国民经济的影响重大,许多国家对保险业的监督都非常严格,对保险机构的形式、经营活动、财务状况及公司的解散都有具体、详细的规定。如果按照经营者的性质来划分,目前,世界上保险业的主要组织形式有国家或政府保险组织、股份保险公司、相互保险公司、相互保险社等,但最主要的形式还是股份保险公司。

股份保险公司以营利为经营目标。其经营机制和其他行业中的股份有限公司一样,由投资者购买该公司的股份,成为公司的股东,组成股东大会,推举董事会负责经营,董事会任命经理层管理公司的日常事务。具体来看:股份保险公司一般设有股东大会、董事会和监事会。

(1) 股东大会:由公司全体股东组成,是公司的最高权力机构。它的职权有:通过定期或临时举行会议,决定公司的经营方针和投资计划;选举和更换董事,决定有关董事的报酬事项;选举和更换由股东代表出任的监事,决定有关监事的报酬事项;审议批准董事会的报告;审议批准监事会的报告;审议批准公司的年度财务预算方案、决算方案;审议批准公司的利润分配方案和弥补亏损方案;对公司增加或者减少注册资本作出决议;对公司发行债券作出决议;对公司合并、分立、解散和清算等事项作出决议;修改公司章程。股东大会的决议违反法律、行政法规,侵犯股东合法权益的,股东有权向人民法院提起要求停止违法行为和侵害行为的诉讼。

(2) 董事会:是由股东大会选举产生的公司日常经营决策和常设业务的执行机关。董事会对股东大会负责,行使下列职权:负责召集股东大会,并向股东大会报告工作;执行股东大会的决议;决定公司的经营计划和投资方案;制定公司的年度财务预算方案、决算方案;制定公司的利润分配方案和弥补亏损方案;制定公司增加或者减少注册资本的方案,以及发行公司债券的方案;拟订公司的合并、分立、解散方案;决定公司内部管理机构的设置;聘任或者解聘公司经理,根据经理的提名,聘任或者解聘公司副经理、财务负责人,决定其报酬事项;制定公司的基本管理制度。董事会每年度至少召开两次会议。董事对董事会的决议承担责任。当董事会的决议违反法律、行政法规或公司章程,致使公司遭受严重损失时,参与决议的董事对公司负赔偿责任。但经证明在表决时曾表明异议并记载于会议记录的,该董事可以免除责任。

(3) 监事会:是股份有限公司的监督机构。其成员不得少于3人,由股东代表和适当比例的公司职工代表组成。董事、经理及财务负责人不得兼任监事。监事会主要行使下列职权:检查公司财务;监督董事、经理依照法规及公司章程执行公司职务;当董事、经理的行为损害公司的利益时,要求董事和经理予以纠正;提议召开临时股东大会等。监事列席董事会会议。监事会的议事方式和表决程序由公司章程规定。

3. 保险公司的基本组织架构

保险公司有其独特的功能部门,它的运作是建立在各功能部门有机联系的基础之上的。从人寿与健康保险公司来看,它主要有营销、精算、核保、客户服务、理赔、投资、会计、法律、人力资源、信息系统等部门。

(1) 营销部门的职责主要是进行市场调查,和公司其他部门一起开发新产品与改进现有产品以适应客户的需要,准备广告促销活动,建立和维持公司产品的销售体系。

(2) 精算部门的职责是负责确保公司在精确的数理基础上运作。它要在研究预期死亡率、发病率或损失率的基础上厘定费率、确定公司的准备金,建立风险选择准则,确定公司产品的盈利水平。

(3) 核保部门的职责是确保公司被保险人的死亡率或发病率不超过费率厘定时预定的水平。一般来说,核保部门和精算部门共同建立评估投保的准则,此外,核保部门还参与再保险合同的协商和管理。

(4) 客户服务部的基本职责是为公司的客户——包括代理人、经纪人、保单所有人和受益人等提供服务。客户服务部的人员负责提供信息咨询,帮助解释保单措辞,回答有关保障的问题,应保单所有人的要求进行住址、受益人或保费缴纳方式等的变更,计算和处理保单贷款、不丧失价值选择权和红利。在有些公司,客户服务部还负责处理公司代理人的佣金支付,寄送缴纳保费通知,收取保费,进行一些理赔管理等。

(5) 理赔部门的主要职责是负责审查保单所有人或受益人提出的索赔申请,确定索赔的有效性,将保险金交付给应受理的人。假如公司对客户的索赔有异议,理赔人员要在法庭上代表公司出示证据。

(6) 投资部门根据公司董事会和投资委员会制定的方针管理投资活动。投资部门的授权职员可以买卖股票、债券、抵押贷款、不动产和其他资产。当公司计划兼并或收购时,他们也可以担任总裁和董事会的顾问。

(7) 会计部门负责保存繁杂的公司财务结果和公司有效运作的记录,准备财务报表,控制收支,监督公司的财务预算程序,管理公司职工薪金,与法律部门一起确保公司遵守政府法规和税法。

(8) 法律部门负责确保公司的运作遵守政府的各项法律和法规,研究现有或即将颁布的法律以确定它们对公司运作的影响。当理赔出现争议时,向理赔人员提供建议。和会计部门一道确定公司的纳税责任,在任何诉讼中代表公司处理投资协议、保单转让和所有权的确认,帮助设计保单格式等。

(9) 人力资源部门规定有关雇佣、培训和解聘员工的制度,决定员工的福利水平,确保公司遵守政府的劳工法,管理雇员福利计划等。

(10) 信息系统部门负责开发和维护公司的计算机系统,运用电脑档案保存公司记录,帮助提供准备财务报表所需数据,对公司所使用的各类程序和系统进行分析。

(二) 保险中介

保险中介是指专属从事保险销售或理赔、业务咨询、风险管理活动安排、价值评估、损失鉴定与理算等经营活动,并依法收取佣金或手续费的组织或个人。

1. 保险中介类型

尽管世界各国的保险中介制度不尽相同,但是从总体来看,保险代理人、保险经纪人和保险公估人是三种最常见的保险中介形式,他们在保险业的发展中都扮演着非常重要的角色。

(1) 保险代理人:是根据保险人的委托,向保险人收取代理手续费,并在保险人授权的范围内代为办理保险业务的单位或者个人。由于保险代理人是协助保险人代理保险业务的,因此其所支出的经营费用及其他费用应当向保险人收取;同时,代理人应当得到的报酬也需要在代理合同中明确作出规定。

各国的保险法律不同,对保险代理人的资格、种类、业务范围限定也有所不同。我国的保险代理人可以分为专业保险代理人、兼业代理人和个人代理人三种。

(2) 保险经纪人:是基于消费者的利益,为消费者与保险人订立保险合同提供中介服务,并依法从保险人那里收取佣金的人。它通常既可以是个人,也可以是公司。我国的保险法规定,保险经纪人只能是公司。

经纪人是消费者的代表。在消费者的授权范围内,经纪人的行为可以约束消费者,但不能约束与消费者订立合同的保险人。消费者如因经纪人的过失而遭受损失,经纪人在法律上需负赔偿责任。

保险经纪人也是连接消费者和保险人的一个重要的保险市场中介组织,是一个完善成熟的保险市场的重要组成部分,此外保险经纪人还能保护消费者和被保险人的利益;促进保险市场竞争,完善保险市场机制;维护国内保险市场。

(3) 保险公估人:是站在第三者的立场上,依法为保险合同当事人办理保险标的查勘、鉴定、估损及理赔款项清算业务并给予证明的人。保险公估人的主要任务是:在风险事故发生后判定损失的原因及程度,并出具公证书。公证书不具备强制性,但它是有关部门处理保险争议的权威性依据。

由于保险公估人通常是由具有专业知识和技术的专家担任的,且保持公平独立、公正的立场,因而其职业信誉较高,所作出的公证书通常为保险双方当事人所接受,成为建立保险关系、履行保险合同、解决保险纠纷的有力保障。

保险公估人的作用也可以从保险中介产生的一般原因中得到解释。除此之外,保险公估人的存在还有利于体现公平原则,解决保险争议。

2. 保险中介人之间的差别

从保险代理人、保险经纪人与保险公估人三者来看,其差别主要表现在:第一,法律地位不同。保险代理人是保险人的代理人,其行为代表着保险人的利益;保险经纪人是消费者的代理人,其行为代表消费者的利益;保险公估人则既不代表保险人的利益,也不代表消费者的利益,他是站在第三者的地位进行公证。第二,名义不同。保险代理人从事保险业务必须以保险人的名义;保险经纪人从事保险业务,若为消费者代为投保或代被保险人索赔,则以委托人的名义,若从事居间活动或咨询活动,则必须以自己的名义;而保险公估人从事保险公证活动时,只能以自己的名义。第三,业务要求不同。一般保险代理人熟悉保险业务;而对保险经纪人的业务要求比保险代理人要高;对保险公估人的业务要求则更高,保险公估人必须是某方面的专家。第四,行为后果的承担方不同。保险代理人根据保险人的授权代为办理保险业务,由此给被保险人造成损失的,其行为后果一般由保险人承担,而保险经纪人和保险公估人因其过错给当事人造成的损失则通常由自己承担赔偿责任。

二、保险营销的客体

保险营销的客体就是保险产品,也就是保险公司设计的各种类型的保险单,是保险营销的关键,任何保险公司在制定战略时,首先要解决的是用什么样的保险产品使保险公司与目标市场发生联系,然后再制定其他的营销策略。

根据保险标的的不同,可将保险产品分为人身保险和财产保险两类。

(一) 人身保险产品

1. 人寿保险产品

它是一种以人的生死为保险对象的保险,当被保险人在保险责任期内死亡或生存至保险合同期满,由保险人根据合同规定给付保险金的一种保险。人寿保险的业务范围包括生存保险、死亡保险、两全保险。生存保险是以约定的保险期限满时被保险人仍然生存为给付条件,由保险人给付保险金的保险,如养老年金保险。死亡保险是以保险期限内被保险人死亡为给付条件,由保险人给付保险金的保险。两全保险是无论被保险人在保险期限内死亡还是生存至保险期满,保险人都要按合同约定给付相应保险金的保险,如简易人身险。

2. 意外伤害保险

它是指在保险合同期限内,被保险人由于遭受意外伤害导致残废或死亡结果出现时,由保险人按照约定承担给付相应保险金责任的人身保险。如交通工具意外险、运动员意外伤害险、学生团体平安保险等。

3. 健康保险

2006 年 9 月 1 日实施的《健康保险管理办法》中明确指出,健康保险是指保险公司通过疾病保险、医疗保险、失能收入损失保险和护理保险等方式对因健康原因导致的损失给付保险金的保险。其中,疾病保险是指以保险合同约定的疾病的发生为给付保险金条件的保险;医疗保险是指以保险合同约定的医疗行为的发生为给付保险金条件,为被保险人接受诊疗期间的医疗费用支出提供保障的保险;失能收入损失保险是指以因保险合同约定的疾病或者意外伤害导致工作能力丧失为给付保险金条件,为被保险人在一定时期内收入减少或者中断提供保障的保险;护理保险是指以因保险合同约定的日常生活能力障碍引发护理需要为给付保险金条件,为被保险人的护理支出提供保障的保险。

(二) 财产保险产品

1. 财产损失险

保险人承保因火灾、其他自然灾害或意外事故引起的直接经济损失。险种主要有企业财产保险、家庭财产保险、家庭财产两全保险(指只以所交费用的利息作为保险费,保险期满退还全部本金的险种)、涉外财产保险、其他保险公司认为适合开设的财产险种。

2. 货物运输保险

货物运输保险指保险人承保货物运输过程中自然灾害或意外事故引起的财产损失。险种主要有国内货物运输保险、国内航空运输保险、涉外(海、陆、空)货物运输保险、邮包保险、各种附加险和特约保险。

3. 运输工具保险

保险人承保运输工具因遭受自然灾害或意外事故造成运输工具本身的损失和第三者责任。险种主要有汽车保险、机动车辆保险、船舶保险、飞机保险、其他运输工具保险。

4. 农业保险

农业保险指保险人承保种植业、养殖业、饲养业、捕捞业在生产过程中因自然灾害或意外事故造成的损失。

5. 工程保险

工程保险指保险人承保中外合资企业引进技术项目及与外贸有关的各专业工程的综合性危险所致损失,以及国内建筑和安装工程项目。险种主要有建筑工程一切险,安装工程一切险,机器损害保险,国内建筑、安装工程保险,船舶建造险及保险公司承保的其他工程险。

6. 责任保险

责任保险指保险人承保被保险人的民事损害赔偿责任。险种主要有公众责任保险、第三者责任险、产品责任保险、雇主责任保险、职业责任保险等。

7. 信用保险

信用保险是以在产品赊销和信用放款中的债务人的信用作为保险标的,在债务人未能如约履行债务清偿而使债权人遭致损失时,由保险人向被保险人即债权人提供风险保障的一种保险。

8. 保证保险

保证保险是在被保证人的行为或不行为致使被保险人遭受经济损失时,由保险人来承担经济赔偿责任的保险。

三、保险营销的对象

保险营销对象即保险营销的指向者、实施营销的目标和对象,又称准保户。保险营销的对象包括各类自然人和法人,并且各种类型、各种行业的法人都可能是保险产品的客户。保险产品的客户范围非常广泛,这一特点在许多方面影响着保险营销。如保险公司及其销售人员必须注意自己的公众形象;保险公司的销售管理部门必须针对不同的客户实施不同的战略等。值得注意的是,保险产品的客户和客户范围并不是一成不变的,而是随着保险公司的内部和外界因素的变化而不断变化的。

随着经济的发展,人们变得更加富裕,逐渐成为保险公司的客户。由于保险产品的不断创新,保险公司的客户范围会不断增大。并且,由于保险具有保障、投资、防灾防损、稳定社会等重要的功能,各国都一直重视保险,不断地扩大强制性保险的范围,保险公司的客户范围也因此而不断增加。保险公司的客户范围不断变化、增加这一特性要求保险销售人员具有综合广泛的知识,对社会整体的经济情况、技术的发展、法律的变化具有敏锐的洞察力,与时俱进地不断挖掘出新的客户,不断扩大客户的范围,不断地把潜在客户变为准客户。

第三节 保险营销观念

一、保险营销观念的演变

保险的营销观念是指保险公司经营管理的指导思想。现代市场营销学称这种经营管理思想为“营销管理哲学”,它是保险公司经营管理活动的一种导向、一种观念。经营管理思想正确与否对保险公司经营的兴衰成败具有决定性的意义。

保险公司的营销观念,在不同的经济发展阶段和不同的市场形势下,表现出不同的时代特点。保险营销观念的发展经历以下几个阶段。

(一) 生产观念阶段

生产观念又称生产导向,流行于20世纪20年代前,是一般工商企业经营思想的沿用。这是一种指导保险公司行为的传统的、古老的观念之一。生产观念认为,消费者可以接受任何买得起的保险险种,因而保险公司的任务就是努力提高效率,降低成本,提供更多的保险险种。当一个国家或地区保险市场主体单一,许多险种的供应还不能充分满足消费者需要,基本上是“卖方市场”时,这种观念较为流行。因而,生产观念产生和适用的条件如下。①保险市场上需求超过供给。保险公司之间的竞争较弱甚至毫无竞争,消费者投保选择的余地很小。②保险险种费率太高。只有科学准确厘定费率并提高效率,降低成本,从而降低保险产品的价格才能扩大销路。

我国改革开放初期,保险市场刚刚恢复,竞争尚未真正形成,特别是人保"一家独办"时期,保险市场处于卖方市场阶段,不需开展市场营销活动,因而造成官商作风和服务水平较差的行业作风滋生。但是,随着保险市场格局的变化,当独家垄断保险市场的局面被多家竞争的市场格局取而代之后,这种观念的适用范围越来越小。

(二) 产品观念阶段

产品观念是一种与生产观念相类似的经营思想,曾流行于20世纪30年代以前。这种观念认为,消费者最乐意接受高质量的险种,保险公司的任务就是多开发设计一些高质量、有特色的险种,只要险种好,不怕没人保;只要有特色险种,自然会客户盈门,正所谓"酒好不怕巷子深"。在产品经济不太发达的时代,在保险市场竞争不甚激烈的背景下,也许还有一定的道理。产品观念会导致"营销近视症",即公司把注意力往往只放在险种本身,而不是放在消费者的真正需要上。

在现代产品经济社会中,在多元化的保险市场中,竞争激烈,没有一家保险公司,更没有一个险种能永远保持独占地位,即使再好的险种,没有适当的营销,通向市场的道路也不会是平坦的,原因如下。①随着经济的发展和人民生活水平的提高,人们需要已经向多层次发展。以寿险产品的使用价值为例,如果说过去人们只满足于寿险产品所具有的"保障功能",那么随着人们经济水平的提高,又滋生了投资的需求,于是,融保障、储蓄和投资于一体的寿险新产品则成为新宠。面对客户的新需求,如果不求创新,只能使自己在竞争中处于被动地位。②当今市场多元化、竞争激烈化,好产品已经不是"一花独放",而是"百花齐放",这样,如果放弃适当的营销活动,再好的产品也不可能持久地占领市场。

总的看来,产品观念与生产观念略有不同,前者是"以生产为中心",后者是"以产品为中心",但他们的共同性则是把"企业需求"放在了首位。

(三)推销观念阶段

推销观念又称推销导向,是生产观念的发展和延伸。这一观念流行于20世纪30年代至40年代末。由于保险产品大多属于"非渴求产品",是消费者一般不会主动想到要购买的产品。推销观念是假设保险公司若不大力刺激消费者的兴趣,消费者就不会向该公司投保,或者投保的人很少。因此,很多公司纷纷建立专门的推销机构,大力施展推销技巧,甚至采用不正当的竞争手段。中国保险业恢复初期因急于开发市场、占领市场,而匆忙使用大批未经严格培训的营销员走街串巷、陌生拜访推销保险产品,虽然在普及保险知识和唤醒人们风险意识方面有一定作用,但由于在个人利益驱使下,某些推销员在推销过程中不择手段地误导顾客,曲解保险功能的做法使许多顾客对保险产生某种不信任感。这种负面效应在一定程度上降低了民族保险业的竞争力。

从生产观念转变为推销观念,可以说是保险公司经营指导思想的一大进步,但它基本上仍然没有脱离以生产为中心,"以产定销"的范畴。因为它只是着眼于现有险种的推销,只顾千方百计地把险种推销出去,至于售出后消费者是否满意,以及如何满足消费者的需要,则没有给予足够的重视。因此,在保险业进一步高度发展、保险险种更加丰富的条件下,这种推销观念就不再行得通了。

(四) 营销观念阶段

营销观念产生于20世纪50年代初,是产品经济发展史上的一种全新的经营哲学,是作为对上述诸观念的挑战而出现的一种企业经营哲学。它以消费者的需要和欲望为导向,以整体营销为手段，来取得消费者的满意，实现公司的长远利益。营销观念有许多精辟的表述：发现需要并设法满足它们；制造能够销售出去的东西，而不是推销你能够制造的东西。

营销观念是保险公司经营思想上的一次根本性的变革。传统的经营思想是以卖方的需要为中心，着眼于把已经“生产”出来的险种推销出去，而营销观念则以消费者的需要为中心，并且更注重售后服务，力求比竞争对手更有效、更充分地满足消费者的需要，并由此实现公司的长远利益。按照这种观念，市场不是处理生产过程的终点，而是起点；不是供给决定需求，而是需求引起供给。哪里有需求，哪里就有市场，有了需求和市场，然后才有生产和供给。营销观念的形成及在实践中的应用，对保险公司的经营活动产生了重大意义，已越来越受到许多公司的重视。

（五）社会营销观念阶段

社会营销观念的基本要求是，保险公司在提供保险产品和服务时不但要满足消费者的需要和欲望，符合本公司的利益，还要符合消费者和社会发展的长远利益。对于有害于社会或有害于消费者的需求，不仅不应该满足，还应该进行抵制性反营销。由此可见，社会营销观念是一种消费者、公司与社会三位一体的营销观念（图1-1），是保险公司营销观念发展的一个最高、最完善的阶段。

图 1-1　社会营销观念

二、保险营销观念的新发展

保险业和保险市场一体化、自由化等趋势为保险营销提供了新的发展空间和发展方向。与保险市场发展变化趋势相呼应，有学者认为，保险营销将在传统市场营销上沿着以下四个方面进行创新发展：更加注重企业间各种关系的协调；更加注重为顾客提供服务；更加注重企业社会责任；更加注重现代科技在营销中的应用。

（一）注重保险公司与公众关系的协调

1. 关系营销

现在企业界越来越意识到这个问题：企业的营销活动不仅要争取顾客和实现交易，更重要的是和顾客、分销商、政府机构及其他相关社会组织建立长期的、彼此信任的合作关系。有了这样的关系，企业的营销活动就能够顺利开展。关系营销以系统论为基本思想，将企业置身于社会经济大环境中来考虑企业的市场营销活动，认为企业营销是一个与消费者、竞争者、供应商、分销商、政府机构和社会组织等相关者发生互动作用的过程。关系营销将建立与发展同所有利益相关者之间的关系作为企业营销的关键变量，把正确处理这些关系作为企业营销的核心工作。由于保险产品与风险有关，有些保险产品如寿险一经出售在几年甚至几十年都有效，因此保险营销客观上需要与顾客及其他关系人建立长期、融洽的关系。今后，这种关系的好坏在一定程度上直接关系到保险营销的成败。因此，保险公司将更加重视建立并维持与顾客、与政府机构、与新闻媒体、与社区的良好关系，对内要协调处理部门之间、员工之间的关系，增强公司的凝聚力，完善内部营销；对外要妥善处理与顾客、竞争者、影响者及各种公众的关系，加强沟通，化解矛盾，树立良好的企业形象。

2. 大市场营销

美国营销专家科特勒提出的大市场营销实际上也是强调关系在营销中的重要性。大市场营销理论是传统的4P组合加上两个P——权力（power）和公共关系（public relation）。他认为，企业对外部环境并不是像传统营销理论所认为的那样无所作为，而是可以在一定程度上改变和影响外部环境。这就要通过“权力”和“公共关系”来实现。这里所谓“权力”营销是指为了进入某一市场并开展营销活动,大市场营销者通过高超的游说本领和谈判技能,得到有影响力的企业高层领导、立法部门和政府官员的支持。大市场营销可定义为:为了成功地进入待定市场,并在那里从事业务经营,在战略上协调地运用经济、心理、政治和公共关系等手段,以博得外国或地方的各有关方面的合作与支持,从而达到预期的目的。随着市场一体化和自由化时代的到来,保险营销中将越来越多地运用权力营销和公共关系营销手段,打开国际市场,实施大市场营销。因此,我们不难理解为什么近年来那些国外保险巨头们不惜资金资助中国的文化和教育事业。说到底,这是一种大市场营销,目的在于争取中国政府、人民和舆论的支持,早日拿到在中国市场经营保险业的许可证。

3. 整合营销

根据科特勒的说法,企业所有部门为服务于顾客利益而共同工作时,其结果就是整合营销。整合营销发生在两个层次:一是不同的营销功能——销售力量、广告、产品管理、市场研究等必须共同工作;二是营销部门必须与企业的其他部门相协调。

整合营销特别重视沟通,不仅与顾客沟通,而且与员工、投资者、竞争者沟通,与社区、大众媒体、政府部门、各种社会团体等进行沟通和传播。这一点与关系营销并无本质区别。

保险营销未来的形势是供给主体总体数量增加且形式多样,消费者的需求愈加多样化、个性化,政府对保险的监管更加规范、科学,因此,加强公司内部协调一致地为顾客利益服务,加强整合营销沟通,以树立公司品牌是顺应时代潮流的。

4. 合作营销

合作营销是指两个或两个以上相互独立的组织在资源或项目上进行合作,以创造新的营销机会,扩大市场份额,保险公司与航空公司、旅行社、邮政等机构合作销售保单,共同开发保险市场的做法由来已久,这可看作传统的合作营销。保险公司与银行的合作是新兴的合作营销。保险公司通过银行出售保单,一些实力雄厚的寿险企业涉足商业银行和投资银行的业务,有些银行则收购保险公司开展保险业务。至今,欧洲500家大银行中有46%的银行拥有专门从事保险业务的附属机构。应该说,这种合作给双方都带来新的机会与挑战,市场“蛋糕”被做大了,保险市场竞争者更多更大了。保险公司利用银行的广泛网点和良好的信誉,轻而易举地扩大了市场销售,银行通过销售保单开辟了新的业务,互惠互利,共同发展。毫无疑问,随着时代的发展,合作营销的对象和方式将更加多种多样,丰富多彩。

(二) 注重顾客服务的营销方向

顾客服务是今后保险营销竞争的一个重点领域。顾客服务已成为保险产品的一个组成部分,通过提高顾客满意度可以提升保险价值,高质量的顾客服务还有助于提高保险公司的竞争力。而且,高质量的顾客服务还可以创造需求。因为它通过降低顾客成本来提升保险产品的实际价值,打造名牌产品和名牌公司,这一工程还会培育一批优秀营销人员,通过他们的努力将改变人们对保险的认识,提高人们购买保险产品的积极性,变负需求为正需求,变潜在需求为现实需求。所以,公司在这方面的创新和投资是值得的。谁能在这方面独具匠心,为顾客提供真正有价值的服务,谁就能赢得市场,赢得发展先机。保险公司切莫等闲视之。

(三) 注重社会责任、社会公德的营销方向

市场营销中如果一味追求企业自身利益和对消费者需求的满足,则有可能把市场营销引入歧途。多年来的大量事实证明,企业为追求自身利益可能会以牺牲环境为代价,可能采取不道德、不正当的手段来牟利。

企业忽视社会责任和社会公德的错误偏向必须被纠正,这已成为企业界和理论界众多人士的共识。于是,社会营销、绿色营销等符合时代潮流的营销思想应运而生。简而言之,社会营销是指企业在营销过程中必须兼顾消费者需求、企业利润和社会利益的营销思想;绿色营销是在营销过程中贯彻环境保护意识的营销思想。当前,多数产品生产厂家都非常重视社会营销和绿色营销问题,市场上所谓"绿色产品"、"绿色包装"五花八门,层出不穷。

保险营销中同样必须重视公司的社会责任,这是不容置疑的。营销人员开展营销必须遵守保险行业的职业道德。不得欺骗顾客,不得诋毁同行。

保险营销并不像有形产品营销那样提供给顾客具体的产品,所以很难说提供绿色保险产品,但作为现代保险公司和保险营销人员具备环保意识是最起码的。公司也可以在条件许可的情况下开展绿色营销活动,如赞助环保事业、宣传环保法规、传播环保观念等。

(四)注重现代科技在营销中的应用

现代电子、通信技术为保险营销及营销管理带来了革命性的变化。它极大地提高了营销及管理的效率,将营销推向一个新境界。数据库营销和网络营销将越来越受到重视。我国台湾学者谢龙耀认为,数据库是指通过电脑化的资料库系统,有计划地收集与分析顾客的需求与偏好,并且随时更新顾客资料,以便能够有效地、及时地回应顾客需求或抱怨的过程。

20 世纪 80 年代以来,不仅美国、日本、欧洲等发达国家,而且发展中国家的一部分产品市场也逐渐趋向饱和状态。在这种情况下,针对消费者需求的个性及差异开发产品,开展"一对一"营销比以前任何时候都显得必要。而"一对一"营销的前提是及时、充分搜集大量有价值的顾客信息。电脑的普及和应用使得这一工作的开展轻而易举。因此,数据库营销是随着市场竞争加剧、需求的日趋饱和及电脑的普及应用而发展起来的。在数据库营销过程中,通过客户卡(客户档案)的建立、更新、管理,可以识别顾客需求偏好、购买力等需求信息,从面更好地开发产品,满足顾客需要,有针对性地开展营销活动,提高营销业绩。

今后保险市场的竞争更加激烈,保险公司通过建立数据库,搜集顾客有关信息,包括顾客年龄、性别、职业、文化程度、健康状况、家庭情况、宗教信仰、以前的投保情况及使用情况等,通过对顾客信息的分析研究,可以了解顾客的风险情况,有的放矢地开展营销。而且,保险营销中全面准确地了解顾客信息另一个特别重要的原因是解决信息不对称及由于信息不对称引起的信息不完全问题,避免或减少消费者的逆选择和道德风险。

随着信息化、电子化时代的到来,一种可以用于保险营销的新形式——网络营销已经在国际保险营销市场上出现。在网络世界,一切都改变了,互联网给客户以力量,使他们能够获得有关产品的更多的综合信息,能够参与多方向的、一对一的、高度分化的沟通环境。在网络营销中,消费者掌握着营销的主动权。总之,互联网改变了营销的大部分内容。网络营销目前正随着计算机网络技术的逐步发展和网络时代的到来,而成为一种拥有巨大潜力和美好发展前景的新型保险营销方式。

1. 简述保险营销的特点。
2. 简述保险营销观念的发展阶段。
3. 请谈谈你对关系营销观念在保险营销运用中的理解。

【案例】

获取客户的新途径

高宁在外地做过编辑、办过企业、出过书、发明过专利,到重庆后的两三年换了三份工作。2003 年通过保险代理人资格考试,正式加盟中国人寿保险有限公司重庆分公司,成为一名最普通的保险代理人。

初入保险行业，才到重庆两年的高宁没有任何人脉资源，于是他想方设法开辟新渠道。起初，高宁想办一份《重庆保险报》，他花了四个月时间，筹集了所有资金，完成了前期调查、创办方案，最后由于刊号的原因没有办下来。他又把精力转投到网络上，开始尝试网络营销。

首先，高宁自己投资五千元开设个人保险网站“重庆保险之家”，并在媒体上做了大量的推广和广告宣传。其次，他在保险网站注册个人主页，做好个人品牌宣传。之后，他在专业保险论坛担任版主，并不断学习保险知识和专业理财知识，提高网络管理能力。他把自己的资料、曾经发表的文章、公司网站里关于自己的介绍都放在网络上，并积极回复网络上的客户咨询。同时，他还开展网络合作，与其他城市的网上同行建立友好关系，进行资源共享，他们在网上的重庆聊友有投保意向时，就会主动把信息传给高宁。同样，高宁也会把其他城市的客户介绍给网络同行。

功夫不负有心人，开展网上营销以后，高宁拥有了50余名优质客户，累计签单达20万元左右，同时获得转介绍的名单近百个。网络营销给他带来了意想不到的收获：个人方面，高宁不断晋级，获得了许许多多的荣誉；组织发展方面，高宁的网络营销方式吸引了一大批优秀人才加入他的营销队伍，包括记者、医生、模特、企业负责人等学历高、年纪轻、充满朝气的高素质人才。不到三年时间，他就培养了四名业务经理，营销团队不断壮大和发展。

资料来源：陈玉明．2012．保险就该这样卖．北京：机械工业出版社

思考：

1．请总结高宁通过网络获取客户的具体途径。

提示：设立个人保险网站、开展网络合作等。

2．如何有效地利用互联网开展保险营销？

提示：建立保险营销主页、获取潜在客户信息、分析并有效管理信息等。

拓展阅读

相互保险公司和股份保险公司之间的差异

相互保险公司是由消费者参与设立、拥有和控制的法人组织。相互保险公司不发行股票，也没有股东。人们通过购买保单而成为公司的所有人，并可以从公司得到分红。它的经营目的不是为了获利，而是为了给消费者提供低成本的保险。

相互保险公司收取保费的方式有：预收保费制，它是指在签订保单合同时，保险公司就先收足保费。终了时保费如有盈余，便分给消费者，或者留存公司。摊收保费制，这是规模较小的相互保险公司采取的一种收费方式。签单时，保险公司收取足够的保费，以应付公司的相应开支，如若不够，消费者须在确定的限额内补缴，这种方式与预收保费制有相似之处。永久保费制，它是指一次缴纳保费后，保险合同将永远有效，在这种收费制度下，消费者所需缴纳的保费一般数额很大，但在一定期限内，消费者可以从公司盈余中分红。

按照法律规定，中国目前不允许有相互保险公司的组织形式；从国际上来看，从20世纪开始，也出现了非相互化的一种趋势，即相互公司转变为股份制公司。但了解相互保险公司与股份保险公司的运作及其他们之间的差异，对于思考在中国建立多元化的公司组织形式，满足消费者多元化的需要，提高经济效益无疑是有益的。

股份保险公司和相互保险公司之间的差异主要体现在以下八个方面。

1. 从企业主体来看

股份保险公司由股东组成，而相互保险公司由社员组成。股份保险公司的股东，并不限于投保者（但股东和消费者也可以同为一人），但相互保险公司的社员必为投保者，社员与消费者同为一人。

2. 从企业经营的目的来看

股份保险公司是为了追逐利润,而相互保险公司则是为了向保户提供较低保费的保险。

3. 从权力机构来看

股份保险公司的权力机构为股东大会,相互保险公司则为社员大会或社员代表大会;股份保险公司的董事与监事仅限于股东,而相互公司的理事并不以社员为限。因此,相互保险公司可以利用非社员理事的各种社会关系促进业务的发展。

4. 从经营资金来看

股份保险公司的资金来源为股东所缴纳的股本,相互保险公司则为基金,基金的出资人并不限于社员,公司可以在创立时向社员以外的人借入,然后在以后进行偿还。

5. 从保险费的缴纳来看

股份保险公司大都采用定额保险费制,而相互保险公司则大都采用不定额保险费制。换句话说,股份保险公司的经营责任,是由股东来负担的。因此,当由消费者所缴纳的保费有剩余时,通常被计入盈利;反之,若有不足时,应由股东设法填补,消费者不负追补的义务。而相互保险公司则不同,如果所收的保费有剩余,可以予以摊还,如遇入不敷出时,则需要向社员临时征收,也就是说,社员负有追补保费的义务。

6. 从所有者与经营者的关系来看

股份保险公司中所有者对经营者的控制程度相对较高。因为在股份制的场合,所有者可以通过"用手投票"的内部管理机制和"用脚投票"的市场机制来约束经营者,而相互保险公司的所有者对经营者的控制就比较弱。由于这样一种差别,导致股份保险公司的代理成本较低,而相互保险公司的代理成本相对较高。

7. 从对风险的防范来看

股份保险公司由于股东的分散和股东与消费者在很多场合下的分离,股东与消费者的目标是不一样的。股东追求较高的投资回报,而消费者追求的是较低的保费。由于这一冲突,在股份保险公司、消费者之间的利害关系较弱,欺诈行为相对来说易于发生。而相互保险公司中的消费者就是所有人,这里目标的冲突较少,消费者之间有相对较强的利害关系,因此,在很大程度上可以避免和防止被保险人的欺诈行为。

8. 从公司的业务发展来看

由于股份保险公司可以通过上市筹资,并且易于进行兼并收购,因此相对来说易于扩大经营规模。而对相互保险公司来说,除非它动用盈余和借贷,否则扩大经营规模是比较困难的。

在现实中,股份保险公司可以转化为相互保险公司;反之,相互保险公司也可以转化为股份保险公司。不管是哪种情况,这一过程都需要花费时间与精力。

资料来源:孙祁祥. 2013. 保险学. 5版. 北京:北京大学出版社,86-88

第二章

健康保险营销

内容提要 健康保险营销是运用市场营销学的基本原理，以健康保险消费者对于健康保险产品的需求为导向，涉及健康保险这一特殊产品的构思、开发、设计、定价、销售、客户服务等多项业务内容和保险公司的经营管理过程，实现保险公司长期经营目标的一系列活动。健康保险营销具有主动性、专业性、社会性、竞争性、多样性和困难性的特点，最大诚信、以客户为中心、遵守法律法规是健康保险营销的基本原则。本章介绍健康保险营销的含义、特点和原则，并分析健康保险营销的主体、客体和对象。

第一节　健康保险营销的含义、特点和原则

一、健康保险营销的含义

市场营销学起源于美国，是由"Marketing"这个英文单词翻译而来。1912 年，美国哈佛大学的教授赫杰特齐(J. E. Hagertg)撰写了第一本市场营销学的教材，名为 *Marketing*。由于第二次世界大战的刺激，科技革命迅速发展，社会生产力和经济迅速增长，使得市场竞争日益激烈，在这种背景下，市场营销理论也取得了重大突破。市场营销学与心理学、社会学、行为科学、消费经济学和统计学等应用型的学科相结合，成为了一门真正意义上的新兴应用型学科，并从美国发展到日本、东欧、西欧和前苏联等国家，成为应用学科的一个重要组成部分。美国的市场营销协会(AMA)将市场和营销定义为："市场是指一种货物或劳务的潜在购买者的集合需求。""营销是创造、沟通与传送价值给顾客及经营顾客关系，以便让组织与其利益关系人(stakeholder)受益的一种组织功能与程序。"美国著名的营销学家菲利普·科特勒给市场营销的定义是：市场营销是个人和集体通过创造产品和价值，并同别人进行交换，以获得其所需所欲之物的一种社会管理过程。中国人民大学的郭国庆教授认为，市场营销既是一种组织职能，也是为了组织自身及利益相关者的利益而创造、传播、传递客户价值，管理客户关系的一系列过程。由此可见，市场营销是有关商品、服务和创意的观念、定价、促销和分销等构成的计划和执行，市场营销的基本目的在于创造符合个人和组织交换目标的一种过程。

保险作为市场经济中的一种商品，与大多数商品一样，要遵循市场的供需关系，随着市场竞争的加剧，保险产品的营销已经成为保险公司经营保险业务的重要关注点。保险营销已经不能仅仅停留在保险产品的生产和提供阶段，它应当包含现代市场营销理念中的基本内容，以消费者对于保险产品的需求为导向，以满足消费者转移风险的目的为内容，运用现代营销手段和方法，从而实现保险公司的长期经营目标。现代保险营销涉及保险产品的构思、开发、设计、定价、销售、客户服务等多业务过程。保险营销是以保险这一特殊商品为客体，以消费者对这一特殊商品的需求为导向，以满足消费者转嫁风险的需求为中心，运用整体营销或协同营销手段，将保险产品转移给消费者，以实现保险公司长远经营目标的一系列活动。具体而言，保险营销是关于保险产品的构思、开发、设计、费率厘

定、分销、促销及售后服务等业务的计划与实施，以满足健康保险消费者保险需求，实现保险公司利润目标的交换过程。

结合市场营销和保险营销的概念，本书对于健康保险营销的定义为：健康保险营销是运用市场营销学的基本原理，以健康保险消费者对于健康保险产品的需求为导向，实现保险公司长期经营目标的一系列活动。健康保险营销涉及健康保险这一特殊产品的构思、开发、设计、定价、销售、客户服务等多项业务内容和保险公司的经营管理过程。

对于健康保险营销定义的理解，有如下要点。

第一，健康保险营销是以健康保险消费者对于健康保险产品的需求为起点。健康保险消费者对于健康保险产品的需求决定保险公司提供何种健康保险产品，决定健康保险产品的保障范围、价格、售后服务等方方面面的内容，可以说健康保险营销就是一个不断满足健康保险消费者需求的过程。

这里的健康保险需求的概念是一个不同于保险需要和保险欲望的概念。健康保险需要是指人们对于健康风险，包括死亡、疾病、残疾等方面的风险造成的威胁希望获得保障的一种状态，这种状态是客观存在的。它是马斯洛需求模型中人们的生理和安全的需要。健康保险需要不等于健康保险需求，健康保险营销人员不需要创造保险需要。健康保险欲望是指人们对于健康风险，希望通过有效的风险转移手段得到保障，并且这种保障是有层次的。健康保险需要是人们的一种基础需要，而健康保险欲望范围则更广，它包括人们对于发展和享受的需要。健康保险的需求是指对于健康保险产品，人们既有投保欲望，又有投保能力，即健康保险消费者愿意并且能够购买健康保险商品。健康保险营销人员不能创造保险需求，但是可以了解健康保险消费者的需求，并在此基础上，唤起健康保险消费者的购买欲望，从而满足健康保险消费者的保险需求。

第二，健康保险营销要实现保险公司的长期经营目标。健康保险营销是以健康保险消费者的需求为起点，同样，它的目的也是为了满足健康保险消费者对于健康保险产品的需求，更是通过满足健康保险消费者的需求，达到保险公司获得利润的目的。经营商业健康保险的公司和其他商业公司一样，其经营的目的和内在驱动力都是为了获得利润，并实现保险公司经营的长期目标。因此，在健康保险营销中，保险公司应获得合理的经营利润是被考虑在内的，这也是健康保险业务持续健康发展的一个保障。

第三，健康保险营销的核心是健康保险产品的社会交换过程。健康保险营销是一种围绕健康保险产品的交换过程，在这一过程中，要注意摆正保险公司、健康保险消费者和社会三者之间的利益关系。保险公司在健康保险营销过程中，应当以现代营销理念为指导，处理好保险公司与健康保险消费者和社会之间的关系，这是决定保险公司经营成败的关键。

首先，健康保险营销的生产理念，适用于垄断或者寡头型的健康保险市场。健康保险消费者对于健康保险有需求，但健康保险的提供者很少，市场需求超过市场供给，健康保险市场竞争较弱或者根本不存在竞争。在这种市场情况下，保险公司只需要科学合理地厘定健康保险产品的费率，使得更多的健康保险消费者能够买得起健康保险产品，即可扩大健康保险产品的销售量。随着市场竞争的加剧，生产理念将逐步不适应市场的发展。

其次，健康保险营销的产品理念，是指保险公司将健康保险营销的重点放在险种本身。这种营销理念会使保险公司忽视健康保险消费者的需求，极有可能造成设计出的健康保险产品不适合健康保险消费者的需求，从而使得供给和需求存在偏离。

再次，健康保险营销的推销理念。健康保险营销不等于健康保险推销，但特别注重健康保险推销。健康保险的推销仅仅是健康保险营销的一部分，它是指健康保险营销人员采用一定的技巧和手段，勾起健康保险消费者的投保兴趣，唤起健康保险消费者的购买欲望，从而将健康保险产品销售给健康保险消费者的过程。健康保险的推销同时又是健康保险营销的重要内容。因为健康保险产品不同于一般的产品，健康保险消费者购买的是保险公司对于未来赔付的承诺，其保险事故有可能发生,也有可能不发生,故其未来有可能获得赔付,也有可能获得不了赔付,健康保险产品是一种无形的产品。因此,对于健康保险产品的营销,其推销手段和技巧极其重要。

最后,健康保险营销的营销理念、社会营销理念和国际营销理念。健康保险的营销理念是以健康保险消费者的需求为导向的,在满足健康保险消费者需求的基础上,实现保险公司的长远利益。这种营销理念更加注重整体营销,包括健康保险产品的售后服务过程,力求比其他竞争对手更全面、更贴切地满足健康保险消费者的需求。社会营销理念强调在满足健康保险消费者需求和实现保险公司长远发展的基础上,同时还要追求促进社会发展的长远目标,实现保险公司、健康保险消费者和社会三者的共同发展。国际营销理念是在以上两种营销理念的基础上,加入了国际竞争和发展的理念,强调保险公司要将视野扩展至国际健康保险市场,力求在国际健康市场上达到保险公司长期盈利的目标。

二、健康保险营销的特点

健康保险营销除具有保险营销的主动性、服务性、整体性和关系性等共同特征之外,还有以下特点。

(一)健康保险营销的专业性

健康保险产品是一种专业性很强的产品,要求保险营销人员在介绍和销售健康保险产品时要具有极强的专业知识和职业道德。我国对于保险营销人员的专业资格要求越来越高,2014 年 10 月,中国保险监督管理委员会北京监管局向在京险企北京分公司和在京直接经营保险业务的总公司及保险中介机构下发了《关于统一北京地区保险销售从业人员资格考试学历要求的通知》,该《通知》要求,自 2015 年 1 月 1 日起,报名参加北京地区保险销售从业人员资格考试的人员应当具有大专及以上学历。

健康保险合同中的保险条款、除外责任等内容中涉及很多健康保险专业的知识,甚至还涉及医学方面的专业名词,这就要求健康保险营销人员自身应当具备保险学、医学、法学、社会学等学科的综合知识。健康保险营销的专业性要求健康保险营销人员能够根据客户自身的经济条件和风险状况为其设计最为合适的健康保险计划,转移未来的健康风险损失。

健康保险营销的专业性还要求保险营销人员在介绍和销售健康保险产品时,能够将专业的健康保险知识用投保人能够理解的、通俗的表述方法表达出来。健康保险产品作为一种复杂的金融产品,其保险期限、缴费方式、现金价值提取方式、保障内容、除外责任等内容多种多样,健康保险消费者理解起来相当困难。这就要求保险公司在设计健康保险产品时,需要制作很多营销辅助材料,如销售手册等,保险合同制作尽可能通俗易懂,要让健康保险营销人员对健康保险产品有着准确的理解,还要求健康保险营销人员有较好的沟通和解释能力,能让投保人清楚、明白其所要购买的产品内容。

(二)健康保险营销的社会性

随着社会进步,人们对于自身的健康状况越来越重视,在此背景下,不能忽视的是现代人们的健康风险成本也很高,人们的疾病发生率和医疗费用成本呈现增长的趋势,从我国卫生统计数据中发现,近年来我国医疗费用增长速度很快(图 2-1),几乎以 15% 左右的比例在增长,而 2012 年全国医疗费用较 2011 年上涨了将近 20%,达到 2.9 万亿元。2012 年,我国健康险保费收入为 862.8 亿元,同比增长 24.7%,成为 2012 年增长率最高的险种,远超产险业务 15.4%、寿险业务 2.4% 和人身意外险业务 15.6% 的增长率。

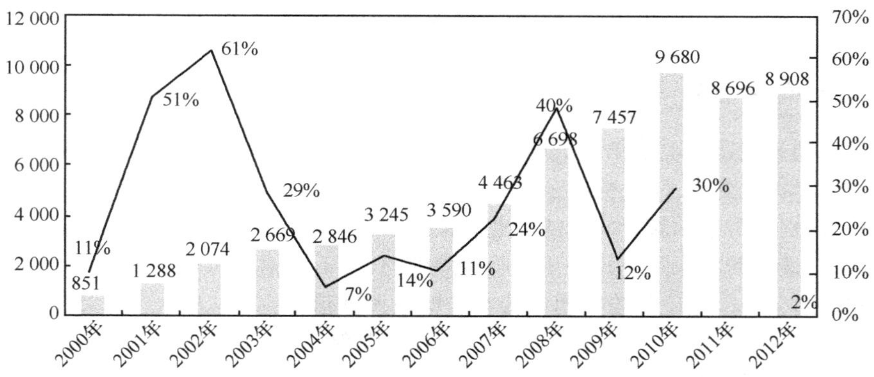

图 2-1　2000～2012 年健康保险保费收入和增幅对比图(亿元,百分比)

商业健康保险在我国健康保障体系中处于补充地位,它是社会医疗保险不可替代的补充品,有着重要的社会管理功能,健康保险的营销具有社会性。健康保险是人们对于自身健康风险事故发生时的医疗费用和失能收入损失的保障,直接影响到整个社会的稳定性。2014 年 8 月 10 日,《国务院关于加快发展现代保险服务业的若干意见》(简称新“国十条”)公布,充分肯定了商业健康保险的社会性功能,明确提出:“发展多样化健康保险服务。鼓励保险公司大力开发各类医疗、疾病保险和失能收入损失保险等商业健康保险产品,并与基本医疗保险相衔接。发展商业性长期护理保险。提供与商业健康保险产品相结合的疾病预防、健康维护、慢性病管理等健康管理服务。支持保险机构参与健康服务业产业链整合,探索运用股权投资、战略合作等方式,设立医疗机构和参与公立医院改制。”并且强调完善健康保险有关税收政策。

(三) 健康保险营销渠道的多样性

从健康保险产品的无形性和非渴求性可以看到,健康保险营销不可避免地要采用主动性营销策略,此外,营销渠道的多样性同样是保险公司关注的重点。现代健康保险市场已经不是以产定销的时代,保险公司正努力做到以销定产,不断扩大健康保险的销售渠道,包括个人代理人队伍、门店销售渠道、电子商务平台、保险代理公司、保险经纪公司、银行保险渠道等,并不断创新销售渠道和销售方法。健康保险营销渠道的多样性要求保险公司能够根据自身实力,搭建起一个完善和合适的营销网络,保障健康保险产品营销的高效性。

(四) 健康保险营销核保的困难性

健康保险核保时需要考虑的因素很多,理论上包括影响健康保险消费者疾病发生率和持续时间等的所有因素,包括年龄、性别、职业、目前的健康状况、既往病史、家族病史、收入水平、已有的健康保障水平、道德水平、习惯和嗜好、业余爱好、工作经历等。这些因素关系着保险是否能够承保,以及健康保险消费者应当缴纳的保费数额,同时保险公司想要充分掌握这些信息有着很大的困难和风险。健康保险核保的资料主要来源于投保人填写的投保书、业务人员的报告书、健康保险消费者的体检报告书和核保人员的各种调查报告。这些信息有着很大的私人性,使得保险公司在核保阶段处于不利地位,有时很难规避投保人的逆选择。此外,医疗机构提供的医疗服务项目和费用信息完全由医疗机构掌握,且相关的医疗知识十分专业,这也增加了健康保险营销核保的困难性。

三、健康保险营销的原则

（一）最大诚信原则

最大诚信原则是健康保险营销的基本原则，最大诚信原则要求保险交易过程中，交易双方秉持最大的诚信。对于保险公司来说，保险公司要秉持最大诚信，向投保人详细、准确地介绍保险合同内容和除外责任，特别是对于保险合同中的专业词汇，应当作出通俗的解释；对于投保人来说，投保人要秉持最大诚信，诚实回答保险公司关于保险风险的问题，不欺骗、不隐瞒，在风险状况发生变化时，也要及时通知保险公司。健康保险营销中特别强调最大诚信原则，是因为健康保险营销过程中，存在着更为严重的信息不对称的情况。健康保险合同涉及保险学、医学和法学等多门学科的专业知识，其专业性较其他类型的保险合同更强；同时，健康保险合同对投保人的如实告知义务要求也更高，健康保险消费者的健康状况、既往病史、家族病史、既往职业等都是保险公司核保时需要考虑的重要因素，这些信息的获得主要还是来源于投保人的告知，这种客观情况也使得健康保险的逆选择和道德风险较其他保险类型更高。健康保险营销中最大诚信原则发挥着积极、重要的作用。

（二）以客户为中心原则

健康保险营销要求以客户为中心，重视客户服务。健康保险作为一种无形性的产品，健康保险消费者对它的直观感受需要通过保险公司有形的服务体现出来。健康保险营销以客户为中心的原则，不仅要体现在保险产品的宣传和销售阶段，同样也要贯穿于保单的续保、后续服务、保险赔付阶段。只有始终如一地为客户提供优质的服务，才能使客户产生信任感和依赖感，才能长期吸引并留住客户，并使业务能够不断得到拓展。在健康保险营销中，还应注意平衡老客户的维护与新客户的开拓之间的关系。保险公司往往花费很大的力气去开拓新的客户，不能否认新客户代表着新市场，但国外已经有研究发现，新客户的消费预期的期望值要高于老客户，即是说，发展新客户的费用要高于维护老客户，且发展新客户的失败率也更高。保险公司在健康保险营销中应努力找到开拓新客户和维护老客户之间的平衡点。

（三）遵守法律法规原则

遵守法律法规是对健康保险营销的基本要求，在我国，从事健康保险营销中需要遵守我国关于健康保险营销的各种法律及相关规定，以不违法、不违规、不违反社会公共利益为原则。特别是在目前激烈的商业健康保险市场上，各保险公司应当坚决杜绝恶性竞争，坚持公平竞争，维护健康保险市场的稳定和健康发展。健康保险相对于人寿保险、意外伤害保险、财产保险等其他保险险种类型，不论是在中国还是其他国家，其发展历史都相对较短，我国对于健康保险营销的法律法规要求基本上还是遵从对整个保险营销的监管，当然，也有对健康保险营销的一些特殊法规。对于保险营销的监管，如中国保险监督管理委员会颁布并于 2009 年 10 月 1 日起实施的《保险公司管理规定》，要求保险机构的业务宣传资料应当客观、完整、真实，并应当载有保险机构的名称和地址；保险机构不得利用广告或者其他宣传方式，对其保险条款内容和服务质量等做引人误解的宣传；保险机构开展业务，应当遵循公平竞争的原则，不得从事不正当竞争；保险机构不得以捏造、散布虚假事实等方式损害其他保险机构的信誉；保险机构不得利用政府及其所属部门、垄断性企业或者组织，排挤、阻碍其他保险机构开展保险业务。由中华人民共和国第十一届全国人民代表大会常务委员会第七次会议修订通过的自 2009 年 10 月 1 日起施行的《中华人民共和国保险法》同样对保险营销的相关内容进行了明确要求，例如，第一百一十一条规定，保险公司从事保险销售的人员应当符合国务院保险监督管理机构规定的资格条件，取得保险监督管理机构颁发的资格证书；第一百一十五条规定保险公司开展业务，应当遵循公平竞争的原则，不得从事不正当竞争等。针对健康保险营销，中国保险监督管理委员会发布的于2006年9月1日起施行的《健康保险管理办法》规定，如保险公司应当对从事健康保险的核保、理赔及销售等工作的从业人员进行健康保险专业培训；保险公司销售健康保险产品，应当严格执行经审批或者备案的保险条款和保险费率；保险公司销售健康保险产品，不得有下列行为：①在医疗机构场所内销售健康保险产品，②委托医疗机构或者医护人员销售健康保险产品。

第二节 健康保险营销的主体

一、健康保险公司的一般特征

（一）更强大的精算能力

健康保险营销的主体是指健康保险产品的提供者和健康保险产品营销活动的组织者、参与者，包括健康险公司和组织参与健康保险产品营销活动的中介机构。健康险公司对于精算技术和产品定价的要求很高，这是决定健康保险业务盈利和亏损的关键。健康保险精算技术与其他人身保险精算技术，特别是寿险技术不同，寿险产品定价中主要考虑的是死亡率、费用率和利息率。健康保险精算则更为复杂，在其定价过程中，需要考虑诸多因素，如死亡率、费用率、利率、安全附加、利润率、退保率、伤病发生率、每次伤病发生后的损失幅度、趋势因子、观察期、等待期、免赔额等，此外，还有很多因素同样是健康保险定价过程中需要考虑的，如健康保险消费者的性别、职业、所在地区、婚姻状况、吸烟历史，通货膨胀、保险销售方式、核保和理赔原则、医疗技术的进步等。精算师在健康保险的定价过程中，应结合具体险种情况，选择最为重要的影响因子进行测算，保证健康保险产品定价的科学性。

（二）更全面的信息系统

健康保险业务的经营比其他保险业务的经营需要更为全面的信息系统。健康保险定价中所需要的数据很多，其数据的来源渠道也有很多，保险公司可以利用卫生部门的卫生服务调查、社会医疗保险和新型农村合作医疗组织的数据资料、国际统计机构的统计数据、专家的调研报告，以及再保险公司整理的数据等外部数据，也可以建立自己的数据库，作为健康保险定价数据的来源。经营健康保险业务的保险公司应努力建立自身完备的健康险数据库，收集整理疾病率和健康保险产品赔付等数据，这些数据对于保险公司的经营有着十分重要的参考作用。此外，在使用外部数据时，应注重数据来源的真实性、权威性、可靠性和准确性。因此，经营健康保险业务的公司都将其信息系统的建立作为健康保险产品定价、核保、承保、理赔、销售、产品开发、医疗网络管理等工作的基础。

（三）更高的风险管理能力

健康事故发生的风险主要来源于疾病、意外事故和生育，随着社会生产力的进步，整体医疗技术的进步，疾病的种类越来越多，人均医疗成本也呈现逐年上升趋势。同时健康保险中逆选择和道德风险问题也是一直以来困扰健康保险发展的因素，甚至健康保险的保险欺诈风险也远高于其他类型的保险。例如，对健康保险需求大的健康保险消费者，往往是身体状况不好，患病概率高的健康保险消费者，健康险公司面临更高的承保风险。同时，健康险公司还要加强与医疗机构的沟通与合作，健康险公司强有力的高风险管理模式是健康险公司健康发展的保障。

（四）更专业化的人才队伍

健康保险的经营专业化程度高，健康险公司除了销售健康保险产品，有时还需要提供健康保障、健康管理和增值等服务内容。由于健康保险业务的特殊性，健康保险公司需要大量专业化的人才，不仅需要懂得保险专业知识的人才，还需要具有执业资格的医生、护士、药剂师、精算师、理财师，以及大批懂得信息技术、核保核赔、法律等的专业化人才。健康险公司不仅通过社会选拔招聘人才，也更为注重人才的培育，包括在职人员的在岗培训等。

（五）注重与医疗机构和社保机构的合作

选择与医疗机构合作是健康险公司比较普遍的做法，健康险公司与医疗机构合作的主要目的在于控制医疗费用风险，降低医疗费用给付成本，降低健康保险消费者和医疗机构的道德风险，提高健康保险经营的经济效益。健康险公司与医疗机构合作是一种双赢的模式，从医疗机构获益的角度看，健康险公司的定点医院可以将绝大多数健康保险消费者的就医医院锁定，为医疗机构带来了稳定的顾客群，提高了医院的经济效益；从健康险公司获益的角度看，合作医疗机构能为健康保险消费者提供更为合理的医疗服务，降低健康险公司的医疗费用给付成本，并且可以降低医疗机构和健康保险消费者的道德风险，预防人情处方等情况的发生，同时健康险公司还能够从医疗机构更为便利和准确地获得关于健康险医疗费用成本、疾病发生率和疾病持续时间等诸多数据，这些现实数据对于健康保险产品的开发、定价和调整等都有着极为重要的意义。此外，商业健康保险作为社会医疗保障体系中的一部分，健康险公司还很注重与社保机构的合作，健康险公司与社保部门合作，为健康保险消费者提供补充医疗保险产品。

二、健康保险公司的一般组织形式

（一）国外健康保险机构的组织形式

1. 相互健康保险公司

相互健康保险公司于17世纪末产生于英国，是健康保险市场上出现最早的组织形式。相互健康保险公司由其会员共同拥有，其会员既是投保人，又是保险公司。健康保险的风险由相互健康保险公司的所有成员共同承担，经营成果也由所有成员共同分享，且相互健康保险公司是不以盈利为目的的组织。相互健康保险公司的优点在于：经营销售成本低、经营方式相对灵活、逆选择和道德风险相对较低等；它的缺点在于：成员人群有限、融资规模有限、技术能力不强、经营效率低等。目前，国际上仍有很多相互健康保险公司，如日本的住友生命保险公司、美国的纽约人寿保险公司、英国的标准人寿保险公司等。但是，相互健康保险公司在日趋激烈的市场竞争中，其销售规模和渠道的限制，使得很多相互健康保险公司逐步转为股份制公司。

2. 股份制保险公司

股份制保险公司作为一种历史悠久的保险公司组织形式，同样是现代保险企业的一种基本形式。股份制保险公司的经营效率高，它实现了所有权和经营权的分离，在现代世界健康保险市场中，股份制保险公司仍占据着保险市场的主导地位。股份制保险公司符合现代保险业发展的要求，股份制保险公司的经营目标更为明确、融资的能力强、效率高、市场适应能力强、公司规模大、资产规模大，在抢占市场份额方面也存在着优势。此外，在公司治理制度方面，股份制保险公司也有着自身的优势，股东大会、董事会、监事会等互相制衡、各司其职。股份制保险公司是由股东持股，公司股份市场价值的变化往往会影响投保人的投保意愿，此外，相对于相互健康保险公司，股份制保险公司对于逆选择和道德风险的控制能力较差。国际上，很多健康保险公司都是采用股份制的形式。美国作为保险第一大国，其人身保险公司有近2000多家，其中有九成以上的保险公司是采用股份制组织形式。同样，在德国九成以上的保险公司都是股份制保险公司，如安联保险集团等。

3. 互助型保险组织

互助型保险组织是将面临健康风险的个体投保人集中起来，利用保险的方式分散风险的一种组织形式。互助型保险组织是非盈利型组织，最初是由保险合作社发展而来，它以组织成员为中心，具有强烈的互助共济的性质，组织的目的在于解决成员家庭的困难。以日本的三井生命和美国的美国教师退休基金会为典型代表，它为组织成员和其家庭成员提供健康保险、人寿保险等保险服务。

4. 个人保险组织

个人保险组织是由个人充当保险公司的组织。个人保险组织形式在世界上相对少见，随着市场经济的发展，对于保险机构资金以及规模和效率的要求越来越高，现代个人保险组织已经越来越少，除了最为出名的劳合社。英国伦敦的劳合社是保险业中的一个特殊存在，它最初是一家咖啡店，后发展成为个人承保人集合的场所，其成员个人的资金雄厚，有一定的承保能力。但随着市场竞争的加剧，劳合社也允许了法人形式的成员加入，直至目前，法人形式的保险公司在劳合社中的比重已经超过了个人成员。

5. 私营健康保险组织

1929年，最早的私营健康保险组织在美国出现，由医院和医生协会共同开办的蓝十字(Blue Cross)和蓝盾(Blue Shield)私营健康保险。大多数的健康保险消费者是以团体的形式参保该私营健康保险，蓝十字和蓝盾私营健康保险计划除了为其成员提供基本的医疗费用保障外，还可以提供综合的高额医疗费用保障，他们为美国和加拿大健康保险市场的发展起了相当大的作用。

6. 民间健康保障社团组织

民间健康保障社团组织是不以盈利为目的的慈善性社会组织，它具有保险合作社的形式。例如，美国的东北卫生服务处，现在已经有超过两万多名的会员。加入美国东北卫生服务处，只需要申请人带上相关证件，包括住址证明、收入证明、身份证明等，每年按一定的缴费等级缴费，即可以享受健康保险保障。

7. 行业自保组织

行业自保组织是指某一行业或企业为本行业或本企业提供保险保障的组织形式。它是一种新型的健康保险组织形式，部分行业和企业不再向健康保险机构购买健康保险，而是通过自身能力，建立健康保障计划，在其成员发生健康保险事故时提供保障。行业自保组织的优点在于承保自主权更大，对于有些传统健康保险公司不承保的风险，行业自保组织可以承保；行业自保组织提供的健康保险保费较低，同时对于行业或企业来说，行业自保组织还是减轻税收负担的一种方式，更是一种员工福利计划。同时，它的主要缺点在于风险控制能力和手段低；融资能力差；防灾防损能力差；业务量仅局限在本行业或本企业中，风险不够分散等。

（二）我国健康险公司的一般组织形式

1. 国有独资保险公司

国有独资保险公司是指由国家全部出资筹建的保险公司，国有独资公司曾经是我国保险市场起主导地位的保险公司形式，并且开创了中国健康保险市场的先河，为我国保险市场稳定、健康发展起到重要的作用。国有独资保险公司有着浓厚的政府背景，同政府有着密切的合作和联系，其雄厚的资金实力和全国性的销售网络及国家信誉，使得健康保险产品在销售方面都有着很大的优势。但同时国有独资保险公司提供健康保险时，投保人、政府、公司、医院三者之间的利益联系并不紧密，致使业务质量不高，逆选择和道德风险严重。国有独资保险公司在健康保险产品定价中，其定价权往往有着政府导向，很难遵守市场规律，没有竞争优势，甚至导致亏损，这也是制约国有独资保险公司发展的最为重要的因素之一。在1999年以前,国有独资保险公司作为我国健康保险市场上的主体,几乎垄断了当时的健康保险市场,最为典型的就是中国人寿保险公司和中国人民保险公司。而后我国开始启动股份制改革,截至2005年,我国所有的国有独资保险公司都完成了股份制改革,成为了股份制保险公司,如中国人寿保险公司改名为中国人寿保险股份有限公司。虽然我国的国有独资保险公司已经完成了股份制的改革,但几家重要的保险公司,国家仍然持主要股份,从另一种意义上说,并没有改变其国有的性质。

2. 股份制保险公司

股份制保险公司是采用股份制公司形式的保险公司。目前,我国健康保险市场上股份制保险公司数量最多,它们发展十分迅猛,已经成为整个健康保险行业发展的重要推动力,如泰康人寿保险股份公司、平安人寿保险股份公司、民生人寿保险股份公司等。在我国《公司法》中对于股份制公司的设立和组织机构、股份的发行和转让等都有着详细的规定,如第七十八条,设立股份有限公司,应当有两人以上、二百人以下的发起人,其中须有半数以上的发起人在中国境内有住所。目前,我国大多数的人寿保险股份有限公司和财产保险股份有限公司都可以经营健康保险业务,但由于健康保险自身赔付率高,将近80%,且赔付周期短,一个健康保险保险期间内可能发生多次赔付,使得许多保险公司都不愿意经营健康保险市场。尽管还有些保险公司自愿承办了部分省市的基本医疗保险经办和管理业务,但商业保险公司的逐利性使得他们经营健康保险的动力不足,因此在多数人寿保险股份公司和财产保险股份公司中,其健康保险业务并不是其主营业务,技术还不成熟,投入的资源也相当有限。我国台湾地区销售健康保险产品的保险公司也是以股份有限公司的形式存在的。

3. 中外合资保险公司

中外合资保险公司是由中国经营者和外国经营者遵照中国的法律,经过保险监管机关的批准,共同出资在中国境内设立的保险公司。我国目前已有多家中外合资保险公司,都是以有限责任公司形式设立的,如在中国最早成立的中外合资保险公司中宏人寿保险有限公司,以及太平洋安泰人寿保险有限公司、安联大众人寿保险有限公司、金盛人寿保险有限公司等数家中外合资保险公司。中外合资保险公司属于中国企业法人,其设立要求外国合资者投资于保险公司中的注册资本不得低于总注册资本的25%。合资双方共同承担公司经营的风险和亏损,并共同分享公司经营利润。此外,中外合资保险公司需要遵守中国的法律法规,依法纳税。《保险法》中第一百八十五条规定:"中外合资保险公司、外资独资保险公司、外国保险公司分公司适用本法规定;法律、行政法规另有规定的,适用其规定。"

4. 外资保险公司

外资保险公司是指依照中国相关法律法规,经过中国保险监管机构批准,在中国境内设立的经营保险业务的分支机构。目前,很多外资保险公司已经进入了中国健康保险市场,他们的精算技术、经营技术更为先进,产品创新能力强,在中国健康保险市场中十分活跃,如美国友邦保险有限公司、美亚保险公司、东京海上火灾保险公司、丰泰保险(亚洲)有限公司、皇家太阳联合保险公司等。国务院2013年5月30日颁布的《中华人民共和国外资保险公司管理条例(2013年修订)》中要求,申请设立外资保险公司的外国保险公司,应当具备下列条件。

(1) 经营保险业务30年以上。

(2) 在中国境内已经设立代表机构2年以上。

(3) 提出设立申请前1年年末总资产不少于50亿美元。

(4) 所在国家或者地区有完善的保险监管制度,并且该外国保险公司已经受到所在国家或地区有关主管当局的有效监管。

(5) 符合所在国家或者地区的偿付能力标准。

(6) 所在国家或者地区有关主管当局同意其申请。

（7）中国保监会规定的其他审慎性条件。

5. 专业健康保险公司

专业健康保险公司是依照中国的相关法律、法规，经过保险监管机构批准，设立的专门经营健康保险业务以及健康管理有关的咨询服务、代理、再保险业务和资金运用的专业保险公司。我国第一家专业健康保险公司是于2005年4月成立的人保健康保险公司。随后，平安健康、昆仑健康、瑞福德健康等专业健康保险公司相继成立，打开了中国健康保险专业化经营的新局面。2010年2月26日，保险监督管理委员会批准安邦财产保险股份有限公司对瑞福德进行重组，更名为“和谐健康保险股份有限公司”（即和谐健康险）。目前，中国健康保险市场上有人保健康、平安健康、昆仑健康、和谐健康四家专业健康保险公司。2012年，这四家专业健康保险公司分别实现保险业务收入：7599.73百万元、210.75百万元、329.48百万元和24.3百万元。

专业健康保险公司的优势在于：一是专业化的经营模式，专业健康保险公司能够配合国家医疗卫生体制改革，服务于国家多层次医疗保障体系的建设，参与国家政策性健康保险的业务中；二是专业健康保险公司在健康保险定价技术与专业知识上有着相当的优势，并能够创新健康保险的险种，增强我国健康保险市场的活力；三是专业健康保险公司除了销售健康保险产品外，还能够提供与健康管理有关的咨询服务、代理、再保险业务及资金运用等服务。目前，我国的专业健康保险公司同样面临着诸多问题，市场占有率还不高，险种还不够丰富，产品结构还不合理，市场还有待拓展等。我国的专业健康保险还处于起步阶段，未来还有十分广阔的发展空间。

三、保险中介机构的组成

（一）保险代理人

在健康保险营销的主体中，保险中介机构参与健康保险的营销活动，主要是指保险代理人和保险经纪人。保险代理人是指受保险公司的委托，在保险公司授权范围内的代为办理保险业务的个人或法人。包括个人代理人、兼业代理人和专业代理人。

1. 个人代理人

个人代理人也称为保险营销员或保险业务员。在健康保险营销中，个人代理是健康保险产品销售的主渠道。2012年，全国寿险公司营销员代理健康保险保费收入达到了560.75亿元，同比增长22.3%；全国产险公司营销员代理健康保险保费收入达到了19.69亿元，同比减少3%。友邦保险率先在中国引进了保险代理人制度，个人代理人与保险公司签订代理合同，在保险公司授权范围内销售健康保险产品、提供健康保险产品咨询和客户服务等工作。个人代理人销售健康保险的优势在于其销售方式更为灵活；个人代理人可以直接接触客户，直接了解到客户的信息，能制定更满足客户需求、适合客户的健康保险计划；个人代理人能够及时向保险公司反馈投保人对于健康保险产品及售后服务等方面的意见，有利于保险公司及时发现问题；个人代理人可以销售更为复杂的健康保险产品等。个人代理人制度最大的缺陷在于佣金成本高，此外个人代理人展业过程前及展业过程中，需要保险公司投入大笔的培训费用及相关资源。不合格的个人代理人在销售过程中的销售误导等违规行为，也会对保险公司的企业形象造成不好的影响。

2. 兼业代理人

兼业代理人是指在经营自身业务的同时，代理销售保险公司的健康保险产品。银行兼业代理保险业务是最为常见的兼业代理渠道。保险公司可以利用银行广泛的营业网点，扩大健康保险产品的覆盖面，同时也能分享银行的客户群；银行兼业代理成本较个人代理人更低，可以降低保险公司的营销成本。同时，银行兼业代理也有着一定的弊端，一方面银行代理销售人员其健康保险知识较弱，对于专业性的知识理解可能有偏差，银行保险产品也通常只能是条款简单、通俗易懂的产品，不能针对具体客户设计合适的健康保险计划,不适合高端健康保险市场;另一方面银行代理渠道的竞争日益激烈,在银行兼业代理销售保险产品这一业务过程中,银行掌握的话语权更大。

3. 专业代理人

专业代理人是指专门从事保险代理业务的法人。保险监督管理委员会2013年4月27日修订的《保险专业代理机构监管规定》第七条第一款规定:“设立保险专业代理公司,其注册资本的最低限额为人民币5000万元,中国保监会另有规定的除外。”目前,我国专业代理机构很多,它可以代理销售保险产品,代理收取保险费,代理相关保险业务的损失勘查和理赔,以及中国保监会批准的其他业务。目前,在健康保险市场,专业代理人主要是代理团体保险业务,它拥有较多的业务资源,并且能够降低保险公司的健康险营销成本;专业代理人作为独立的法人,其经营业务的法律后果由其自身承担,这能够规避保险公司的法律风险;专业代理人对健康保险的专业知识较强,能够为客户提供个性化的服务。同时,专业代理人多为区域性的代理,其覆盖面有限,代理成本也偏高。

(二) 保险经纪人

保险经纪人是基于投保人的利益,为投保人与保险公司订立保险合同提供中介服务,并依法收取佣金的单位。保险经纪人是站在投保人与健康保险消费者的角度,在健康保险市场上为投保人选择保险公司和健康保险产品组合,同保险方协商健康保险计划,办理相关的投保手续。保险经纪人作为独立的法人,其业务的法律后果由其自身承担。健康保险经纪人必须拥有专业的知识,熟悉健康保险市场的行情与投保人的具体情况,能够为投保人选择和设计最为合适的健康保险计划。在西方发达国家,保险经纪人在健康保险营销中发挥着重要的作用,它能够有效地节省中间销售费用。但在我国健康保险市场上,保险经纪人不论是在数量还是业务量上都很少。

第三节　健康保险营销的客体

一、健康保险营销客体的概念

健康保险营销的客体是指保险公司为健康保险消费者设计的各种类型的健康保险产品。在我国,健康保险包括医疗保险(医疗费用保险)、疾病保险(重疾险)、失能保险和护理保险。

二、健康保险营销客体的类型与特征

根据健康保险产品保障的范围不同,健康保险营销客体可以分为医疗保险、疾病保险、失能保险和护理保险。各个险种又有不同的特征。

(一) 医疗保险

1. 医疗保险的定义

医疗保险是指以保险合同约定的医疗行为的发生为给付保险金条件,为健康保险消费者接受医疗期间的医疗费用支出提供保障的保险,是健康保险的主要内容之一。医疗费用是病人为治病而产生的各种费用,包括医疗费、手术费、住院费、护理、药品器材等费用。医疗保险分为社会医疗保险和商业医疗保险。

2. 商业医疗保险的特征

(1) 商业医疗保险常采用经验费率。商业医疗保险费率的确定因素包括发病率、医疗费用、医疗技术水平等，这些因素的区域性很强，不同于寿险可以使用预定的生命表。

（2）商业医疗保险的道德风险严重。商业医疗保险的风险中很重要的风险是医疗保险消费者的道德风险和医院的服务风险。一方面，部分消费者会选择通过商业医疗保险获得不正当利益；另一方面，医疗机构为追求利益可能会造成不合理的医疗费用的增长，使得商业医疗保险的赔付风险控制较难。

（3）商业医疗保险的核保工作更加困难。商业健康保险合同中大多有着免赔额、免责期等诸多限制性条款，以及需要消费者的体检证明，这些情况都需要核保人员做出更多的工作。

（4）商业医疗保险的核赔工作更为复杂。商业医疗保险的风险发生率较高，因而赔付率也更高。同时商业医疗保险核赔时需要核准被保险人所患疾病或伤残是否属于承保范围；所花费的医疗费用哪些可以补偿；津贴该如何给付等，这些核赔工作都需要保险公司与医疗机构加强合作。

3. 医疗保险的主要种类

（1）普通医疗保险：主要保障健康保险消费者基本的医疗费用，通常包括门诊、医药、检查等费用。普通医疗保险保费较低，适合大部分人群。由于医药费用和检查费用控制比较难，这种类型的保险通常会设置起付标准和给付比例，保险费用一般每年会更新一次。当疾病发生的费用超过保险金额时，保险公司不承担超过部分的保险责任。

（2）住院保险：当疾病需要住院治疗时，费用往往比较高，保险公司一般会将这类保险作为单独的一项保障。住院保险项目包括住院房间、治疗、医药器材、手术等费用。由于住院时间的长短将直接影响费用的高低，因此这种保险的保险金额根据病人平均住院费用情况而定。为控制费用，保单一般会规定报销的比例。

（3）手术保险：指因疾病而发生的手术费用。手术费用一般是有标准的，因此这种保险是承担全部手术费用的。

（4）综合医疗保险：是保险公司为健康保险消费者提供的一种全面的医疗费用保险，其费用一般包括医疗、住院、手术等全部费用。这种保险的保费较高，但保障全面。

4. 医疗保险的常用条款

医疗保险的常用条款主要有免赔条款、比例给付条款和给付限额条款。

（1）免赔条款：健康保险一般都会设置免赔条款，保险公司只负责超过免赔额的部分。免赔条款是医疗保险的主要特征之一。一方面，金额较低的医疗费用健康保险消费者在经济上能够承担，同时，规定免赔额可以为保险公司节省大量的工作；另一方面，免赔额的规定可以促使健康保险消费者加强对医疗费用的自我控制，避免不必要的浪费。免赔额一般有三种设计：一是单一免赔额，即针对每次赔款确定一个免赔额；二是全年免赔额，即按全年赔款总额，超过一定数额后才赔付；三是集体免赔额，即针对团体投保，规定免赔额后，小额的医疗费用由健康保险消费者承担，大额的医疗费用由保险公司支付。

（2）比例给付条款：又称共保比例条款，是对超过免赔额以外的医疗费用由健康保险消费者和保险公司按照一定比例共同分摊。此条款是在免赔额基础上经常采用的一个条款。在健康保险中，由于以人的身体为保险标的，不存在是否足额投保的问题，同时健康保险的危险不容易控制，因此在大多数健康保险合同中，对于健康保险消费者医疗保险金的支出均有比例支付的规定。比例支付既可以按照某一固定比例给付，也可以累计比例支付，即随着实际医疗费用支出的增加，保险公司承担的比例也随着增加，而健康保险消费者的自负比例减少。这样规定，既有利于保障健康保险消费者的经济利益，也有利于保险公司对医疗费用的控制。

（3）给付限额条款：由于危害人体健康的风险差异很大，医疗费用的支出也不同，为加强对健康保险的管理，保障保险公司和健康保险消费者的利益，一般对保险公司医疗保险金的最高给付都有限额规定，以控制总支出。当然，在以某些专门的大病为承保对象的健康保险中，也可以没有赔偿限额的规定,但这种合同的免赔一般比较高,健康保险消费者自负的比例也较高。

(二) 疾病保险

1. 疾病保险的定义

疾病保险是以保险合同约定的疾病的发生为给付保险金条件的保险。一些特殊的疾病往往给病人带来高额的医疗费用支出,如癌症、心脏病等。这些疾病一经确诊,必然要产生大额的医疗费用支出。因此,这种保险的保险金额比较大,疾病保险一般在确诊后,即立即给予支付保险金。

2. 疾病保险的基本特点

(1) 疾病保险作为一种独立的险种,不必附加在其他险种之上,个人可以选择投保疾病保险。

(2) 疾病保险一般会规定一个观察期(一般为 180 天),以避免恶意骗保,当健康保险消费者在观察期内检查出特种疾病后,保险公司不承担赔偿责任。

(3) 为健康保险消费者提供较大的疾病保障,一般这种疾病会对健康保险消费者的生活造成较大的影响,获得这种保障后,健康保险消费者可以较好地渡过难关。

(4) 疾病保险期限较长,这种保险一旦投保一般能够保障终生,且同时设有宽限期条款。

3. 重大疾病保险

重大疾病保险是当被保险人在保险期间内发生保险合同约定的疾病、达到约定的疾病状态或实施了约定的手术时给付保险金的健康保险产品。重大疾病保险是为病情严重、花费巨大的疾病治疗提供经济支持的特定险种。其保障的疾病一般包括恶性肿瘤、急性心肌梗死、脑中风后遗症、重大器官移植手术、冠状动脉搭桥、急性或亚急性重症肝炎、严重的原发性心肌病等。

(1) 重大疾病保险按保险期间可划分为定期型和终身型两类。

1) 定期重大疾病保险:是在约定的期间内为健康保险消费者提供重大疾病保险保障。固定期限可按年数确定(如 10 年),也可以按年龄确定(如 60 岁)。

2) 终身重大疾病保险:是为健康保险消费者提供终身的重大疾病保险保障。其可分为两种形式:一是为健康保险消费者提供终身重大疾病保险直至健康保险消费者身故;二是当健康保险消费者健康生存至约定年龄时,保险公司给付与重大疾病保险金额相等的保险金,保险合同终止。终身重大疾病保险一般都包含身故保险责任,费率相对比较高。

(2) 重大疾病保险按保险金给付可分为提前给付型、附加给付型、独立主险型、按比例给付型、回购式选择型五种。

1) 提前给付型:提前给付型重大疾病保险的保险责任包含重大疾病、死亡或高度残疾。保险总金额为死亡保额,包括重大疾病和死亡保额两部分。如果健康保险消费者发生保单所列重大疾病,保险公司按照死亡保额一定比例提前给付重大疾病保险金,用于医疗费用支付,身故时受益人领取剩余部分死亡保险金。如果健康保险消费者未发生重大疾病,全部保险金作为死亡保障由受益人领取。

2) 附加给付型:附加给付型重大疾病通常作为寿险的附约,保险责任包含重大疾病和死亡高残两类。与提前给付型不同的是,该类产品有确定的生存期间。生存期间是指健康保险消费者身患保障范围内的重大疾病开始至健康保险消费者确定的某一时刻止的一段时间,通常为 30 天、60 天、90 天、120 天等。如果健康保险消费者死亡或高残,保险公司给付死亡保险金;如果健康保险消费者罹患重大疾病且在生存期间内死亡,保险公司给付死亡保险金;如果健康保险消费者罹患重大疾病且存活超过生存期间,保险公司给付重大疾病保险金,健康保险消费者身故时再给付死亡保险金。此种产品的的优势在于死亡保障始终存在,且不会因为重大疾病保障的给付而减少死亡保障。

3) 独立主险型:独立主险型重大疾病保险包含的死亡和重大疾病责任是完全独立的,各自的保额为单一保额。如果健康保险消费者身患重大疾病,则给付重大疾病保险金,死亡保险金为零;如果健康保险消费者未患重大疾病保险,则给付死亡保险金。此类保险产品定价容易,即单纯考虑重大疾病的发生率和死亡率,但重大疾病的描述严格。

4）按比例给付型:按比例给付重大疾病保险产品是针对重大疾病的种类而设计的,同时可应用于上述各类产品,主要考虑某一重大疾病的发生率、死亡率、治疗费用等因素。健康保险消费者罹患某一重大疾病时按照重大疾病保险金额的一定比例给付,其死亡保障不变。

5）回购式选择型:回购式选择型重大疾病保险是针对提前给付型产品存在的因领取重大疾病保险金而导致死亡保障降低的不足而设计的。该产品条款规定,保险公司给付重大保险金后,如果健康保险消费者在某一特定时间后仍存活,可以按照某固定费率买回原保险总额的一定比例(如10%),使死亡保障有所增加。此类保险产品最早出现在南非,我国还处于探索阶段。

（三）失能保险

1. 失能保险的定义

失能保险又称失能收入损失保险,是指因保险合同约定的疾病或者意外伤害导致工作能力丧失为给付保险金条件,为健康保险消费者在一定时期内收入减少或者中断提供保障的保险。当健康保险消费者由于疾病或意外伤害导致残疾,丧失劳动能力不能工作以致失去收入或减少收入,保险公司在一定期限内分期给付保险金。其目的是为健康保险消费者因丧失工作能力导致其收入丧失或减少提供经济上的保障,但不承担健康保险消费者因疾病或意外伤害所发生的医疗费用。

2. 失能保险的特点

失能保险一般分为因伤害而致残疾的收入损失补偿和因疾病造成残疾而致的收入损失补偿两种。其特点主要体现在以下几方面。

（1）给付方式:失能保险一般按月或按周进行补偿,主要根据健康保险消费者的选择而定,每月或每周可提供金额一致的收入补偿,失能保险所提供的保险金不一定能完全补偿健康保险消费者的收入损失。失能保险的给付额一般都有一个最高限额,该限额低于健康保险消费者的伤残以前正常收入水平。这一限制的目的是为了促使健康保险消费者尽早重返工作岗位。

失能保险除了在健康保险消费者全残时给付保险金外,还可以提供其他利益,包括部分伤残保险金给付、未来增加保额给付、意外死亡给付、生活费调整给付、残疾免交保费条款、移植手术保险给付、非失能性伤害给付、意外死亡给付等。这些补充作为特殊条款,通过缴纳附加保费的方式获得。

（2）给付期限:是指收入保障保单支付保险金的最长时间。给付期限可以是短期的,也可以是长期的。短期补偿是为了补偿健康保险消费者在身体恢复前不能工作的收入损失;长期补偿是为了补偿健康保险消费者全部残疾而不能恢复工作的收入损失。一般而言,失能保险期间,不论是生病致残还是受伤致残均相同,从13周、26周、52周到2年、5年或给付至65岁。如全残始于55岁、60岁或65岁,可提供终身给付。多数失能为短期失能,即失能者恢复期在12个月内。若恢复期超过12个月,恢复工作能力的概率锐减,尤其是年老者,对此更宜选择较长的保险给付期间。

（3）免责期间:是指在残疾开始后无保险金可领取的一段时间,即残疾后的前一段时间。免责期间类似于医疗费用保险中的免赔额,在此期间保险公司不给付任何补偿。免责期的设定目的是排除一些不连续的疾病或受伤因其所致的丧失劳动能力可能只有几天,或者在较短的时间内,健康保险消费者还可以维持一定的生活。同时,设置免责期还可以通过取消对短期残疾的给付而减少保险成本。各保险公司的免责期不同,免责期越长,保费越便宜。此外,免责期间允许中断,如健康保险消费者在短暂恢复后再度失能,可将两段失能期间合计计算免责期。

3. 失能保险中关于残疾的界定

残疾和全残是失能保险中两个非常重要的概念。残疾是由于伤病等原因在人体上遗留的固定症状,并影响正常生活和工作能力。导致残疾的原因通常有先天性的残障、后天疾病遗留、意外伤害遗留等。失能保险对先天性的残疾不给付保险金,并规定只有满足保单载明的全残定义时,才可以给付保险金。在失能保险保单中,关于残疾的定义有多种,下面介绍完全残疾和部分残疾的定义。

(1)完全残疾:一般是指永久丧失劳动能力,不能参加工作以获得工作收入。健康保险中常见的全残定义有以下几种。

1)全残。目前多将残疾分为两个阶段:在致残初期,如健康保险消费者不能完成其惯常职业的基本任务,则可认定为全残或完全丧失工作能力,健康保险消费者就可按规定领取保险金;在致残2~5年后,健康保险消费者仍不能完成任何与之所受教育、训练或经验相当的职业任务,可认定为全残,并可继续领取残疾收入直至保险期满。这种定义可能导致健康保险消费者自愿重返任何一种有收入的职业后就不能再领取全残保险金。

2)绝对全残:失能保险单中将全残定义为绝对全残,即残疾使得健康保险消费者不能从事任何职业。现在大多数保险公司已经不再采用这种苛刻的定义。

3)原职业全残:一些收入保障保险对从事某些特定职业者(如运动员、钢琴师、医生等)销售的保单进一步放宽了全残的定义,规定健康保险消费者因伤残不能完成原职业的基本任务时,就可以认定为全残,也可以领取约定的保险金,而不论他是否从事其他有收入的职业。

4)收入损失全残:健康保险消费者由于残疾而遭受收入损失,就可以被认定为全残。这种保险单提供的残疾收入保险金包括两种情况:一是健康保险消费者因全残而丧失工作能力;二是健康保险消费者尚能工作,但因伤残致使其收入降低。

5)推定全残:在某些情况下,健康保险消费者患病或遭受意外伤害,最终是否残疾在短时间内难以推定,为此,保险公司往往在保险条款中规定一个定残期,如180天。如果健康保险消费者发生伤残在定残疾期限届满时尚无明显好转征兆,将自动被认定为全残。

6)列举式全残:部分保险公司还在保单中列举出健康保险消费者可以被认定为"全残"的情况。类似于下面的情况:双目永久完全失明、两上肢腕关节或两下肢踝关节以下缺失、终身不能从事任何工作、为维持生命必须要进行的日常生活活动需要他人帮助等。

(2)部分残疾:是指部分丧失劳动能力。如果我们把完全残疾认为是收入全部损失,那么部分残疾就意味着健康保险消费者还能从事一些收入的其他职业(这种职业比原来的职业收入少)。在这种情况下,保险公司给付的保险金是全部残疾的一部分。

(四)护理保险

1. 护理保险的定义

护理保险是健康保险的重要组成部分,在国外比较流行。护理保险是指因保险合同约定的日常生活能力障碍引发护理需要为给付条件,为健康保险消费者的护理支出提供保障的保险。一般医疗保险或其他老年医疗保险不提供长期护理的保障。护理保险的保险范围分为医护人员看护、中级看护、照顾式看护和家庭看护四个等级,但早期的护理保险产品不包括家庭看护。

2. 护理保险的特点

(1)护理保险金的给付期限:有1年、数年和终身等几种不同的选择,同时也规定有20天、30天、60天等多种免责期,如选择20天免责期,即从健康保险消费者开始接受承保范围内的护理服务之日起,在看护中心接受护理的前20天不属于保障范围。免责期越长,保费越低。终身给付保单通常很昂贵。

(2)护理保险额保费:护理保险的保费通常为平准式。也有每年或每一期间固定上调保费的,其年缴保费因投保年龄、等待期间、保险金额和其他条件的不同而有很大的区别。护理保险一般都有豁免保费保障,即保险公司开始履行保险金给付责任的60天、90天或180天起免交保费。

(3)护理保险的保单:所有护理保险的保单都是保证续保的,可保证对健康保险消费者续保到特定年龄(如75岁),有时甚至保证健康保险消费者终身续保。保险公司可以在保单更新时提高保险费率,但不得针对具体某人,必须一视同仁地对待同样风险情况下的所有健康保险消费者。

(4)护理保险的特殊条款:护理保险有不没收价值条款,即当健康保险消费者撤销现有保单时,保险公司会将保单积累的现金价值退还给投保人。

第四节 健康保险营销的对象

一、健康保险营销对象的含义、特点

(一)健康保险营销对象的含义

健康保险营销对象是指健康保险营销的指向者、目标和对象,是健康保险产品的需求方,这种需求包括现实需求和潜在需求。健康保险营销对象可以分为个体健康保险消费者和团体健康保险消费者。

(二)健康保险营销对象的特点

1. 对健康保险有着现实需求或潜在需求

经济学上对于需求的定义是,在一定时期内健康保险消费者在各种可能的价格水平上愿意购买的某种商品的数量。健康保险消费者对健康保险的现实需求是指真实存在的市场需求,健康保险消费者对于健康保险产品既有购买欲望,又有购买能力。健康保险消费者对于健康保险的潜在需求是指健康保险消费者对于健康保险产品已经有潜在的购买欲望,但是由于种种原因没有明确地显现出来。当条件成熟后,潜在需求可以转化为现实需求,实现对健康保险产品的购买。对于保险公司来说,想要在健康保险市场激烈的竞争中夺取一席之地,不但要着眼于现实需求,还要积极捕捉市场上的潜在需求,采用积极的行动化潜在需求为现实需求。

2. 健康保险消费者的范围十分广泛

一般有形产品,其营销对象往往是相对固定的客户群,如飞机、轮船等产品,其营销对象就是航空公司、航运公司。尽管这些有形产品的客户群可能会发生变化,但该产品的客户群的性质一般不会变化。健康保险产品具有无形性的特征,它是一种服务性的产品,其健康保险消费者的范围十分广泛,可以是自然人,也可以是法人。如针对个人健康保险消费者,可以提供给个人健康保险产品,如住院医疗保险等;对于团体健康保险消费者,可以提供团体健康保险计划,作为企业员工福利计划的一部分。健康是每个人生存的基础保障,可以说,健康保险消费者的范围很广泛,任何企业和个人都可以成为健康保险营销的对象。同时,正是由于健康保险营销对象广泛性的特点,保险公司在健康保险营销中要注意针对不同的客户实施不同的营销策略,健康保险营销人员要熟悉健康保险消费者心理学和行为学,不断调整营销战略计划,激发健康保险消费者对于健康保险产品的现实需求。保险公司和健康保险销售人员还需要有长远的眼光,不能由于对方不是自己的客户就有所怠慢,要树立良好的企业形象,并不断开拓新的客户群。

3. 健康保险产品的客户群具有变动性

健康保险产品的客户群不是一成不变的,随着环境因素和保险公司内部的变动,客户群也会发生变化。健康保险产品的客户群有可能不断扩大,也有可能某一健康保险产品的客户将成为其他几种健康保险产品的客户。其变动情况有以下几种原因。

(1)客户收入的增加致使其健康保险产品的购买力增强。人们一般都有健康保障的需求,但这一需求是在衣食住行满足的情况下才能追求的。从经济学上来理解，有健康保险购买欲望，没有购买能力的需求是难以成为现实需求的。当客户收入增加时，其生活水平也提高了，健康保险消费者对于生活的追求已经不仅仅在于满足基本的衣食住行的需要，健康保险消费者对于健康保险产品的需求也能够变为现实需求了，此时健康保险消费者就成为了健康保险公司的客户。因此，随着社会经济的发展和人们生活水平的提高，健康保险产品的客户群是在不断扩大的。

（2）健康保险新险种的开发使得客户群发生变化。健康保险消费者对于健康保险产品的需求不是一成不变的，它会随着社会环境和健康保险消费者自身情况的变化而变化。因此，保险公司应就社会和市场变化情况做出敏锐的反应，创新健康保险产品，针对新需求开发新的健康保险产品，扩大健康保险的客户群。一方面，保险公司应深入研究健康市场的需求变动趋势，针对新的需求开发一批产销对路的健康保险产品，包括医疗保险产品、疾病保险产品、失能收入保险产品等，使之能够满足市场的有效需求。另一方面，保险公司要建立自身的产品开发组织体系，及时通过健康保险市场的反馈情况，建立由精算、核保、理赔和营销部门组成的产品开发组织，对市场变动情况能够做出及时、准确的反应。

二、健康保险营销对象的层次

（一）根据客户的健康保险保费量划分

健康保险营销对象数量非常多，保险公司需要对其客户进行细分，更为充分和准确地了解客户，对不同的细分客户采用不同的关怀方式和市场营销活动，不断提高健康保险客户的满意度。

1. 高端客户

高端客户其经济条件优越，普遍存在着共同的价值观，自由、进取、认同成功、对信息和市场变动具有敏感性，有一定的社会责任感和归属感，在追求物质需求的同时，更为注重精神层面的追求。高端客户重视家人和朋友，有广阔的人脉资源。在对健康保险的消费观念上，高端客户主要的健康保险需求是保费高、保障高的健康保险计划。购买高额的健康保险计划能够体现自身的身份和地位，并且也是对自身和家人的责任感。此外，高端客户广阔的人脉资源也是健康保险营销的有效资源。我国新医改方案正式公布后，强调积极发展商业健康保险，鼓励保险公司开发适应市场需求的新型险种。在此背景下，很多保险公司针对高端客户，推出了高端健康保险，人保健康、太平人寿、中意人寿都已推出了各自的高端健康保险产品，这些高端健康保险普遍具有高保费、高保额、高保障、理赔快的特点。2012 年 12 月，平安健康推出业内首个包含健康奖励回报的高端保障方案——“健行尊享”医疗保障及健康促进组合计划。该款产品包含“健行天下”健康促进计划，通过建立科学的健康管理和激励体系，对参与者的健康行为和健康饮食进行干预，进而鼓励人们持续改善健康并享受奖励，推动人们保持健康生活。

2. 中端客户

中端客户更为重视的是健康保险产品的服务。目前，我国的健康保险的成熟的高端市场即将饱和，而健康保险中端客户市场正是各家保险公司争夺的重要领域。尽管我国社会医疗保险的规模在不断增加，中国健康保险消费者仍然需要自己支付相当一部分的医疗费用，同时由于医疗费用成本的逐年攀升，可以说在有着社会医疗保险的情况下，健康保险消费者自身承担的医疗费用并不低。在这种形势下，我国很多保险公司开始把目光投向了健康保险中端客户市场，专注于补充社会保障项目之外的健康保险保障、健康管理和就医服务等内容。例如，2014 年，平安健康保险公司联合平安人寿保险公司推出的两款健康保险产品，年保费均在 2000 ~ 5000 元。

3. 大众客户

健康保险大众客户数量多，健康保险产品需求量多，单个保单保费少、保险金额低，他们是健康保险市场的主力军。健康保险大众客户更为注重的是健康保险产品本身的保障功能,希望能够通过健康保险在未来由于意外事故或疾病造成医疗费用支出或失能收入损失时能够获得一定的补偿。对于大众客户,保险公司同样要以优质的服务让客户感到满意,赢得客户的信赖。

(二) 根据健康保险客户的身份划分

1. 政府客户

2014 年 10 月 27 日,国务院办公厅下发了《关于加快发展商业健康保险的若干意见》(国办发 2014 年 50 号),强调“加大政府购买服务力度,按照管办分开、政事分开要求,引入竞争机制,通过招标等方式,鼓励有资质的商业保险机构参与各类医疗保险经办服务,降低运行成本,提升管理效率和服务质量。规范经办服务协议,建立激励和约束相结合的评价机制。要综合考虑基金规模、参保人数、服务内容等因素,科学确定商业保险机构经办基本医保费用标准,并建立与人力成本、物价涨跌等因素相挂钩的动态调整机制”。政府作为健康保险产品的购买者,且委托具有资质的商业保险公司经办各类医疗保障管理服务,成为健康保险业务的重要支撑。

2. 企业客户

团体健康保险针对的客户是企业团体,企业客户将商业团体健康保险作为企业员工福利计划的一部分,可以提高企业员工的健康风险保障程度,增强员工的归属感和责任感;同时,团体健康保险的购买也是企业合理避税的一种方式,这也是企业购买团体健康保险的一个重要动力。对于保险公司来说,团体健康保险的销售可以降低核保费用、手续费等,降低营销成本。

3. 个人客户

保险公司的健康保险产品的主要购买者是个人客户。健康保险营销人员可以根据个人客户自身的健康风险状况、收入情况为其量身打造适合的健康保险计划。

1. 简述健康保险营销的含义。
2. 简述健康保险营销的特点。
3. 简述健康保险营销对象的特点。
4. 试阐述健康保险公司的一般组织形式。
5. 试分析健康保险营销的原则及其适用性。

【案例】

保险大师妙用喻意行销

在保险行销技巧中,喻意行销法不失为一种非常好用而又容易见效的行销方法,它巧妙运用日常生活中常见的事物,通过形象生动的比喻,向客户阐释应该及时购买保险的道理。

在中外保险大师行销经历中,我们不难发现此法的妙用。它所带来的,不仅是向客户展现出营销员的机智或专业,而且还能赢得可观的保单收益。在此,笔者结合柴田禾子与黄伟庆两位行销大师的经典案例做一个简要说明,供读者参考和借鉴。

柴田禾子被誉为“销售女神”,她在保险行销中,经常用“红黄绿灯”的比喻来劝导客户,让客户明白及时购买保险的重要性。她会对客户这样说:

“不管是开车上下班还是兜风,总不可能一路绿灯到底;同样的,人生也有高峰、低谷,红黄绿灯不断交替。因此,您也需要稍留脚步,重新认真思考一下自己的人生。您现在遇到黄灯,甚至红灯,可是您却毫无所觉,因此我要请您止步,停下来思考一下,这样继续下去是否有问题。”

“人生到处潜伏着难以觉察、无法预料的危机,可每个人都认为自己是那个例外,可以一路顺风。别忘了,我们经常会看到路旁一辆辆被撞得七零八落、面目全非的肇事车,可他们在前一分钟也是一路坦途、跑得飞快的车！人生路上危机四伏，决不能掉以轻心。您现在遇上红灯因而暂时止步，但要请您理解，红灯是上天恩赐给我们的人生转折点。我现在为那点微薄的佣金，耗费如此长的时间跟您说得口沫横飞，这张保单真正是专为您的家人设计的。您买保险，我赚到佣金，我感谢您；但是将来理赔的保险金可是支付给您的家人，是您家人的福祉。"

"我们保险营销员是在为您和您的家人提供最好的保险建议，这也是最适合您的保单，因此就购买这个保险吧。您是否投保与我并没太大关系，但能否挑选到一位有能力的行销人员来为您规划晚年生涯，可是会左右您的人生方向的。因此，请您做出最好的抉择，我会一直在这里为您服务，请为自己买个保险，让我为您规划终身保障吧。"

思考：柴田禾子话术有什么特点？

提示：从上述柴田禾子的话术里，我们可以发现，她运用生活中非常熟悉的"红黄绿灯"来比喻人生也是危机四伏，需要适时停下来做调整和安排，进而演绎出让客户及时购买保险的一段精彩说辞，话语诚挚而又富有说服力。

拓展阅读

商业健康险被医改寄予厚望　引入竞争机制

伴随着新医改的艰难推进，多年来备受亏损困扰的商业健康保险近来频频迎来政策利好。

2014年8月13日，《国务院关于加快发展现代保险服务业的若干意见》明确提出要"发展多样化健康保险服务，支持保险机构参与健康服务业产业链整合，探索运用股权投资、战略合作等方式设立医疗机构和参与公立医院改制"。8月27日，国务院常务会议再次强调要"加快发展商业健康保险，助力医改、提高群众医疗保障水平"。

（一）深度参与医改

"政府和市场'两手并用'将是国家推动医改的主要思路"。当记者问及商业保险将在医改中扮演何等角色时，一位保险专家告诉记者，发展商业健康保险与基本医保形成合力，不仅有助于提高人民群众的医疗保障水平、满足多层次的健康需求，而且有助于推进健康服务业发展、扩大就业，从而促进经济结构调整和民生改善。从国务院相继出台的政策来看，此番商业健康保险参与医改并非浅尝辄止，而是被寄予厚望并将深度参与其中。

实际上，商业健康保险的快速发展也在一定程度上印证了上述专家的观点。保险监督管理委员会最新统计数据显示，2014年1~7月，我国保险业原保险保费收入12 831.48亿元，同比增长19.81%，而同期健康险业务原保险保费收入增速却高达50.96%。另据相关机构预测，2013年中国商业健康保险保费收入已超过1122亿元，未来十年的保费收入将有望达到1.8万亿元，年增长率为28%~37%。从产品种类来看，前人保健康、昆仑健康、和谐健康、平安健康等保险公司推出的商业健康保险产品已达上千种，涵盖疾病保险、医疗保险、失能收入损失保险和长期护理保险等多个方面。

（二）引入竞争机制

医改是一个世界性难题，无论是英国的国家医疗服务计划（national health service，NHS），还是美国奥巴马的医改法案，其目的都至少包含两个方面——扩大医疗保险覆盖面和控制医疗费用。作为我国商业保险参与医改的"排头兵"，大病保险近年来的快速发展不仅扩大了医疗保险的覆盖面，缓解了"因病致贫、因病返贫"的问题，使绝大部分人不会再因为疾病陷入经济困境，而且也在一定程度上实现了对于医疗费用的控制。

据了解，自2012年8月国家发展和改革委员会、卫生部、财政部、人社部、民政部、保险监督管理委员会等六部委发布《关于开展城乡居民大病保险工作的指导意见》，引入市场机制建立大病保险制度以来，这项制度试点已经取得显著成效。正如中国保险监督管理委员会副主席王祖继日前在国务院新闻办公室答记者问时所说，保险业这几年经办了26个省、260个统筹地区的大病保险服务，受益人群达到4.7亿，保障水平平均提高10～15个百分点，大病报销比例达到70%以上。

大病保险的成功经验也使得政策制定者对"政府+市场"的既定思路更加笃定。按照8月27日国务院常务会议的部署，除商业保险机构受托承办的城乡居民大病保险将全面推进外，政府还将加大购买服务力度，引入竞争机制，支持商业保险机构参与各类医疗保险经办服务，同时鼓励医疗机构成为商业保险定点医疗机构，降低不合理医疗费用支出。不仅如此，国务院同时提出要丰富商业健康保险产品，开发面向老年人、残疾人等的保险产品，加快发展医疗责任等执业保险并提高覆盖面。

（三）加大政策支持

"以财政资金作为杠杆、撬动市场力量是未来财政资金发挥作用的方向。医改的市场道路就是让医疗保险发挥更大作用，除了基本医疗保险之外，还将更多依靠商业保险参与"。上述保险专家告诉记者，引导商业保险公司积极参与医改，首先要扭转目前健康保险普遍亏损的局面。

据了解，目前我国四大专业健康险公司发展并不顺利，多数公司都难以实现盈利。公开数据显示，人保健康2014年上半年亏损1.87亿元，平安健康和昆仑健康2013年分别亏损7902万元和2.8亿元，唯有和谐健康2013年实现盈利9022万元。此外，2014年上半年，中国太保获得监管部门的批准，正式和德国安联集团筹建太保安联健康险股份有限公司，目前各项筹备工作正有序推进，中国太保董事长高国富在2014年中报业绩发布会上表示，预计明年上半年即将开业。

对于亏损的原因，一位健康保险公司的负责人坦言，导致健康保险公司亏损的原因很多，但主要原因还在于实际经营中保险公司相对于医院而言处于弱势的地位，在用药、理赔信息上的不透明及数据不共享等增加了健康保险公司的经营风险，而且健康保险在国内要想获得快速发展，税收优惠是非常重要的一个环节，目前投保人无法享受税收优惠是我国与发达国家间的差距所在。

值得关注的是，政府层面的政策支持已经"跃然纸上"并有望迅速"落地"。按照国务院部署，除企业为职工支付补充医疗保险费的企业所得税政策将进一步完善外，政府还鼓励社会资本设立健康保险公司，支持商业保险机构新办医疗、社区养老、体检等机构。与此同时，政府将加强监管、规范商业健康保险市场秩序，查处违法违规行为以确保有序竞争。

资料来源：商业健康保险被医改寄予厚望．http://finance.sina.com.cn/money/insurance/bxfw/20140918/112220338378.shtml

第三章
健康保险营销人员的基本素质与职业道德

营销人员的基本素质和职业道德水平对我国健康保险行业和保险公司的发展起着十分重要的作用。随着我国健康保险业的不断发展，对营销人员基本素质和职业道德的要求也逐步提高。本章主要阐述健康保险营销人员职业基本素质的内涵、特点和职业道德的含义、构成，重点分析健康保险行业对营销人员职业道德的要求以及提高健康保险营销人员职业道德水平的途径。

第一节　健康保险营销人员的基本素质

一、素质与职业素质

“素质”一词原本是生理学概念，指人先天的生理解剖特点，包括神经系统、脑的特性及感觉器官和运动器官的特点。后来，素质的含义突破生理学的概念，成为全面衡量个体生理、心理等多方面状况的一个系统性概念。素质是以人的先天禀赋为基质，在后天环境和教育影响下形成并发展起来的内在的、相对稳定的身心组织结构及其质量水平。人的素质包括生理素质、心理素质和文化素质等方面，素质一旦形成就具有内在的相对稳定的特征，是影响个体社会生活和工作的基础性因素。

职业素质是素质的一种，它是以一般性的素质为基础，与特定工作相对应，体现个体对特定社会职业认知与适应情况的一种综合能力。职业素质是在一般素质基础上发展起来的，主要体现在职业兴趣、职业能力、职业个性及职业情况等多个方面。影响和制约个体职业素质的因素很多，这些因素主要包括：受教育程度、实践经验、社会环境、工作经历及自身的一些基本情况（如身体状况等）。

从需求角度，职业素质还具有选择性，不同的行业和不同的岗位对素质的要求不尽相同。劳动密集型行业一般要求员工具有较好的身体素质，知识密集型行业则对员工的知识水平提出了更高的要求，而服务性行业则对员工的人际交往能力有较高的要求。整体上，随着科学技术的发展，保险公司对员工职业素质的要求越来越高，特别是知识、创新等方面的素质。

二、健康保险营销人员基本素质

（一）健康保险营销人员基本素质的内涵

职业素质对个人和组织的发展都具有重要意义。一般说来，劳动者能否顺利就业并取得成就，在很大程度上取决于本人的职业素质：职业素质越高的人，获得工作的机会就越多、成功的可能性也越大。同时，员工职业素质水平的高低也会影响一个组织的发展，员工整体素质越高，公司的竞争力就越强，公司成功的可能性就越大。

健康保险营销人员基本素质是指为完成健康保险营销工作，员工在生理、知识、个性等方面所具有的质量和能力的综合。健康保险营销行业属于新兴行业，健康保险营销工作的客体、对象具有特殊性，因此健康保险营销工作对职业素质的要求与传统行业甚至一般保险营销行业都有所不同，具有自身的特点。

（二）健康保险营销人员基本素质的特点

健康保险营销工作是一项非常有挑战性的工作，对营销人员素质有较高的要求。一个优秀的健康保险营销人员的素质具有以下特点。

1. 全面性

营销工作是一项非常有难度的工作，健康保险营销工作挑战性尤其突出。要做好健康保险营销工作，需要营销人员具备全面的综合素质。不仅需要具备丰富的专业知识，而且要有良好的心理素质和高尚的道德品质。例如，做好健康保险营销工作需要具备较丰富的医学知识，能够对消费者的健康状况做出专业、准确的评价，同时又能够很好地为消费者保守秘密，防止泄露客户隐私。因此仅有知识素质，或是仅有思想道德素质都难以胜任健康保险营销工作。这体现了对健康保险营销人员素质要求的全面性特点。

2. 复杂性

在健康保险营销工作中，不同的岗位需要不同的素质。除基本的身体素质、保险专业知识和沟通能力外，对于一般健康保险营销人员，主要要求其具备高的移情性，能够从客户角度出发，发掘客户的潜在需求；而对于高级营销管理人员，还要求他们具备较高的概念技能，能够从战略高度对公司的发展做出科学的决策。

3. 特殊性

健康保险产品是保险公司向市场提供的，以居民健康为标的的有形产品和无形服务的结合体。健康保险营销工作需要面向客户，紧紧围绕健康保险产品来展开。健康保险营销产品和工作的特殊性决定了营销人员素质的要求与其他工作存在差异，特别是对沟通能力、心理承受能力和保险专业知识要求较高。健康保险产品虚拟性的属性也要求营销人员应该擅长建立与客户的信任关系。除此之外，健康保险和人的健康直接相关，因此还需要营销人员具备较丰富的医学知识。

4. 动态性

随着社会的发展，健康保险营销工作服务的客户、所处的环境及面对的竞争者都在发生变化。市场环境的变化要求保险公司的战略目标与之相适应。因此，保险公司对健康保险营销人员的素质要求也不断变化，如更丰富的保险专业知识、更高的移情性等。这些都要求健康保险营销人员不断学习，提升自己的素质。如果满足于已有的成就，可能很快就会失去领先地位。

（三）健康保险营销人员基本素质的构成

就共性而言，健康保险营销人员的素质有一般的职业素质应该普遍具备的内涵；但就健康保险营销人员角色的特殊性而言，与其他行业在从业素质上又表现出特殊性。健康保险营销人员的素质在其必要性上表现了健康保险营销人员的角色地位和职能作用的客观要求；在其现实性上是健康保险营销人员个人从业实践及素质提升所达到的结果。健康保险营销人员的素质构成主要包括道德品质、知识素质、能力素质、心理素质等。

1. 道德品质

良好的道德品质是一个合格的健康保险营销人员正确处理人与人之间、人与物之间、人与组织之间、组织与组织之间的社会关系和工作关系的基本素质。作为健康保险营销人员的基本素质之一的道德，在保险业务员应当具备的诸种素质中处于核心地位。道德是人们人生观、世界观和价值观的集中表现，是决定人的行为动力和行为方向的内在精神要素。一个合格的健康保险营销人员理应具备良好的道德素质。良好的道德品质包括对国家、组织、个人的尊重和热爱，具体表现为：热爱祖国、热爱党、尊重事实、尊重知识、尊重他人、全心全意做好对客户的服务工作。特别是健康保险的直接营销人员，他们是保险业界的中坚力量，优秀的直接营销人员更是保险公司必不可少的骨干力量。优秀的健康保险营销人员应自觉树立正确的人生观、世界观和价值观，勇于为自己所选定的事业而努力奋斗。

2. 知识素质

知识素质是指营销人员应具备的知识结构和知识水平。知识素质在健康保险营销人员的素质结构中处于基础地位。健康保险营销人员是保险人与被保险人订立保险合同，建立业务关系的桥梁和纽带，这种关键的身份就要求健康保险营销人员具有合理的学识构成，渊博的科学知识和执着的求索、进取精神。在学识上应集“专”与“博”于一身，成为通才与专才的统一。对健康保险营销人员来说，合理的知识结构就是应具备合理的知识，既要具有坚实的保险专业基础知识，又要具备广博的社科人文方面的知识；既能融会贯通保险知识和保险理论，又能学习掌握一些必备的社会学、经济学、心理学和管理学等常识，以力争使自己成为本行业、本部门名副其实的岗位专家。

在一般保险营销人员知识素质的基础上，健康保险营销人员还特别需要掌握丰富的医学知识。他们需要对保险消费者的健康状况做出准确的评估，才能够为消费者推荐最合适的健康保险产品，这既符合消费者的利益，也符合保险公司的利益。

3. 心理素质

良好的心理素质主要表现为心理健康和良好的心理承受能力。心理健康是心理承受能力的基础。心理健康通常是指具有正常的思维活动能力、积极乐观的生活态度、良好的人格情操和成熟稳定的心理行为。健康的心理是健康保险营销人员全面发展的基本要求，更是营销人员在职业活动中充分发挥自身智慧和能力、积极从事社会实践活动，不断迈向更高层次的基础条件，是健康保险营销人员取得事业成功的心理基石。

要养成正常的人格，首先需要健康保险营销人员能正确认识自我，扬长避短，不断完善自己。其次是提高自身对挫折的承受度和忍耐力，对挫折有正确的认识。面对挫折时能做到不惊慌失措，可以采取理智的应对方法化消极为积极。挫折承受能力与营销人员的思想境界及个人对挫折的主观判断和以往的挫折体验等密切相关。提高个人挫折承受力必须努力提高自身的思想境界，树立科学的人生观和价值观，不断丰富和积累人生经验与人生知识。调节好自身的认知结构、情绪状态，不断磨砺个人意志品质，改善自己的适应能力，学会自我调节，保持和现实社会的良好接触，充分发挥自身的主观能动性，使保险营销工作的人际环境更和谐。

4. 能力素质

能力素质是指人们能够顺利完成某种活动所必备的个性心理特征，是人自身所具有的一种主观的、内在的、深层次的东西。人的能力作为一种潜在的素质，唯有在从事社会实践活动的过程中才可能表现出来。能力具有三个基本特点：首先，能力是与完成某项任务相联系的自身条件，而不是社会环境因素；其次，能力是自身条件中影响某项任务完成效果的最直接、最基本的个性心理特征，而不是态度、性格等间接影响因素；最后，能力不是独立存在和出现的，它总是与人们的学习、工作、生活等社会实践活动联系在一起的，离开了具体的社会实践活动，能力就无从评价或提高和发展。

能力又可以分为一般能力和特殊能力，一般能力是指从事一切具体实践活动都必须具备的能力，如观察能力、想象能力、判断能力等，是各种能力的综合；特殊能力则是指人们从事某些特殊的实践活动所必备的能力，如书画家的鉴赏能力，音乐家对声音的分辨能力等。健康保险营销人员的必备能力主要包括语言表达与讲解能力。语言表达是健康保险营销人员最重要的基本功之一，通过健康保险营销人员对健康保险产品的讲解，使客户乐意购买适合自己及家人的健康保险产品。保险业的工作要求健康保险营销人员应具有扎实的语言功底，正确、得体的语言讲解和表达对提高健康保险营销人员的专业度是至关重要的。组织能力、概念能力、创新能力对健康保险管理岗位营销人员则非常重要。

健康保险营销工作涉及保险消费者的健康,这决定了消费者可能存在消极回避、故意隐瞒等情绪或行为,这要求健康保险营销人员能够准确判断消费者的真实意愿,并能从消费者角度出发做好营销工作。

良好的职业素质对于保险公司和健康保险营销人员都具有重要意义,因此无论是保险公司还是健康保险营销人员自身,都需要不断提高自己的职业素质。保险行业协会也应该积极行动起来,为促进行业营销人员职业素质的提高创造有利条件。

第二节　健康保险营销人员的职业道德

一、职业道德及其特点

（一）职业道德的含义

人类活动具有社会性,根据范围可以分为三类:社会生活、家庭婚姻生活和职业生活。由此,可以将道德分为社会公德、家庭婚姻道德和职业道德。这三种道德不可分割,共同构成社会的全部道德内容。

职业道德是同人们的职业活动紧密联系的、符合职业特点所要求的道德准则、道德情操与道德品质的总和。职业道德具有两重性,既是本职人员在职业活动中的行为标准和要求,同时又是职业对社会所负的道德责任与义务。职业道德是一般社会道德在职业生活中的具体体现,是职业品德、职业纪律、专业胜任能力及职业责任等方面的总称。与法律不同,职业道德属于自律范围,它通过公约、守则等对职业生活中的某些方面加以规范。与一般道德相类似,职业道德不具有强制性,它更多的是靠个人的自愿遵从来实现。

（二）职业道德的特点

1. 职业道德的差异性

职业道德的差异性在于每种职业都有其道德的特殊内容。职业道德的内容往往表现为某一职业所特有的道德传统和道德准则。一般来说,职业道德它所反映的是本职业的特殊利益和要求,而这些要求是在长期的反复的特定职业社会实践中形成的。有些是独具特色、代代相传的。不同民族有各具特色的职业生活方式,从事特定职业也有其特定的职业生活方式。这种由不同职业,不同生活方式长期积累逐渐形成的相对稳定的职业心理、道德传统、道德观念、道德规范及道德品质,则形成职业道德相对的连续性和稳定性。例如,医生的宗旨是救死扶伤,军人是服从命令,商人则要诚信无欺,教师要为人师表,领导应以身作则等,这些均是约定俗成的社会共识,已经传承了上千年。一般来说进入一个行业、从事这一职业,首先要学习和掌握这一职业的道德,要遵守行业约定、行业规范。只有认真、模范地实现这一职业道德的员工,才可能是这一职业中的优秀人才。健康保险行业在我国尚属于新兴产业,健康保险营销人员作为新的职业,其职业道德、职业理念有一个创建形成的过程。保险企业、营销人员都应为创建被社会称誉的职业道德而努力。

2. 职业道德的专业性和有限性

道德是调节人与人之间关系的价值体系。鉴于职业的特点,职业道德调节的范围则主要限于本职业的营销人员,而对于从事其他职业的人员就不一定适用。这就是说,职业道德的调节作用主要是局限在两个方面,一是组织内部关系,包括从事同一职业人员的内部关系、员工与企业之间的关系;二是组织外部关系,包括本行业营销人员同其服务对象之间的关系,营销人员与外部其他相关者的关系。超出这个范围,则职业道德就难以起到规范作用。

3. 职业道德的多样性和适用性

由于职业道德是依据本职业的业务内容、活动条件、交往范围及营销人员的承受能力而制定的行为规范和道德准则,所以职业道德就是多种多样的,有多少种职业就有多少种职业道德;但是,每种职业道德又必须具有具体、灵活、多样、明确的特点,以便于职工记忆、接受和执行,并逐渐形成营销人员个人的行为习惯。

二、健康保险营销人员的职业道德要求

健康保险行业具有社会性与公共性的特点,这使得对健康保险营销人员的职业道德有十分严格的要求。

(一) 爱岗敬业

任何职业道德都需要从本行业的职业社会责任出发,因此爱岗敬业是职业道德的基础。爱岗是敬业的精神铺垫,敬业是爱岗的行为体现,两者密不可分。其中,爱岗是指员工热爱自己的工作岗位,以正确的态度对待健康保险营销工作和客户,同时努力培养对健康保险营销工作的责任感和荣誉感。敬业是指出于对健康保险工作的热爱而产生的神圣感、使命感和责任感的情感倾向及其在行为中的体现。敬业不仅是一种主观精神状态,也是一种实践行为,它体现从业者的职业行为。敬业可以分为两个层次,低层次的敬业是为了养家糊口,这个层次的敬业包含的道德因素较少,个人利益较浓。高层次的敬业是真正认识到自己工作的意义和自己从事这个工作的社会价值。这个层次的敬业是鼓励个人工作勤勤恳恳、认真负责的精神动力。

我国传统社会文化对爱岗敬业给予了很高评价。对于健康保险营销工作,爱岗敬业更具有重要的意义。首先,爱岗敬业有利于提高保险公司的竞争力。国内外许多成功的企业都把爱岗敬业作为企业文化的核心组成部分,因为员工爱岗敬业水平与企业竞争力水平密切联系。健康保险营销人员爱岗敬业,保险行业才能充满活力。其次,爱岗敬业有助于提升保险行业和保险企业的社会形象。健康保险营销人员只有爱岗敬业才能够忠于职守,刻苦钻研业务,不断提高服务质量,提高客户的满意度,从而赢得社会对保险业和保险公司的信任和赞誉。相反,如果缺乏爱岗敬业的精神,不忠于职守,甚至无视企业和行业的利益,以不正当的手段骗取保险金,诋毁同行,可能会给保险行业和自身企业的声誉带来非常恶劣的影响。最后,爱岗敬业还能够给健康保险营销人员自身带来丰厚的回报。毫无疑问企业更愿意录用爱岗敬业的员工,也更愿意将这样的员工提升到更重要的工作岗位,而客户也更希望接受爱岗敬业员工所提供的服务。

(二) 诚实守信

诚实守信是所有职业都需遵守的道德规范,对于健康保险营销工作,诚实守信尤为重要。诚实,即忠诚老实,就是忠于事物的本来面貌,不隐瞒自己的真实思想,不掩饰自己的真实感情,不说谎,不作假,不为不可告人的目的而欺瞒别人。守信,就是讲信用,讲信誉,信守承诺,忠实于自己承担的义务,答应了别人的事一定要去做。忠诚地履行自己承担的义务是每一个现代公民应有的职业品质。诚信是一个道德范畴,现在社会,诚实守信已经成为公民的第二个"身份证"。

我国古代就非常重视诚实守信。在先秦,所谓"诚"主要是指"诚实"、"真诚"和"忠诚",要心里想的和实际做的一致,这也就是古人所说的"诚于中、形于外",就是要"勿自欺"、"勿欺人"。所谓"信",主要是"真实"、"诚实"和"信守诺言",强调一个人要"言必信",要"言而有信"等。后来,思

想家们往往把“诚”和“信”相互通用。“诚”和“信”，不论是单独使用或相连使用，在古代，表示的大体是同一个意思。

在市场经济环境下，诚实守信对于做好健康保险营销工作具有更重要的意义。市场经济是交换经济、竞争经济，又是一种契约经济。因此，如何保证契约双方履行自己的义务，是维护市场经济秩序的关键。在健康保险市场上，保险公司和健康保险消费者都无法获得对方的全部相关信息。如果不能遵循诚实守信的原则，就不可避免地产生道德风险，既危害保险公司的利益，又会危害健康保险消费者的利益。

（三）公平竞争

市场经济是法制经济，市场经济要求市场主体在同一规则下展开公平竞争。这是市场经济顺利运行的重要保障，也是维护保险行业、保险公司、健康保险营销人员和客户利益的必要保证。

我国颁布的《保险法》规定：“保险公司开展业务，应当遵循公平竞争的原则，不得从事不正当的竞争。”这不仅是对保险公司的要求，更是对健康保险营销人员职业活动的基本要求。公平竞争要求保险公司和保险公司的营销人员在市场交易中采取正当、合法的手段，尊重竞争对手，不能恶意诋毁、贬低或负面评价其他保险机构和其他健康保险营销人员，而是要依靠专业的技能和优质的服务展开竞争。

与公平竞争相对应的不正当竞争，是指经营者在市场竞争中，采取非法的或者有悖于公认的商业道德的手段和方式，与其他经营者相竞争的行为。中国的反不正当竞争法第二章列举规定了 11 种不正当竞争行为，其中 4 种属于限制竞争行为，另外 7 种属于不正当竞争行为，分别包括市场混淆、商业贿赂、引人误解的虚假宣传、侵犯商业秘密、低价倾销、违反规定的有奖销售、商业毁谤。

（四）专业胜任

专业胜任是指健康保险营销人员通过学习，不断充实和更新保险专业知识，提升专业执业水平，为客户提供优质服务。保险专业营销人员提高专业胜任能力的要求包括执业前需要取得法定资格，并具备丰富的专业知识和深厚的专业能力。只有参加并通过保险监管部门组织的职业资格考试，才具有执业资格。在执业过程中则需要不断加强业务学习，提高业务技能，才能更好地为公司创造价值，为客户提供优质服务。

专业胜任对健康保险行业、企业、消费者和营销人员自身都有重要的意义。

1. 专业胜任是我国保险业健康发展的客观需要

随着我国保险行业的快速发展，保险业增长由传统的粗放型模式向集约型模式转变，保险业的发展越来越依赖于高素质的专业人员。保险业营销人员是否能够胜任自身岗位，是我国保险业能否健康发展的关键。

2. 专业胜任是保险企业在市场竞争中成功的关键

根据人力资源理论的观点，人力资源是企业最宝贵的资源，这一点对保险行业尤为适用。特别是近年来，随着国外保险企业进入我国，我国保险企业面临的竞争将越来越激烈。培养和吸引具有国际意识和国际经营能力的健康保险营销人员是企业在市场竞争中生存与发展的关键。

3. 专业胜任是为客户提供优质服务的重要保障

随着保险行业的发展，健康保险产品日益丰富，这使得普通居民难以准确评价和选择最适合自己的健康保险产品。这就需要健康保险营销人员给予他们专业的指导和耐心的帮助，并为他们提供购买之后的售后服务工作。因此，营销人员是否能够熟悉健康保险产品，是提供优质服务的重要前提条件。

4. 专业胜任有利于健康保险营销人员自身的成长和发展

专业知识和专业技能使个人在企业中得到更高的评价，企业为了留住和激励人才会投入更多的资源。因而专业胜任有助于营销人员获得更高的薪酬、更多的培训机会,也容易晋升到更高的工作岗位。

(五) 保守秘密

健康保险营销人员在处理各项工作时,经常会接触各种商业信息和客户的个人信息,这些信息的泄露可能会损害公司或客户的利益,因此保守秘密是我国保险机构及营销人员的基本义务。保守秘密是指保险机构及其营销人员应当依法或者依照合同对国家机密、商业机密和客户个人信息进行保护的意识和行为。保守秘密既是我国法律法规的要求,也是保险行业和企业发展的客观要求,有利于保险行业公平竞争的开展。

对于健康保险营销人员,保守秘密要求做到保守国家秘密、保守商业秘密和保守客户秘密。国家机密是指关系国家的安全和利益,在一定时限内只限定特定人员知晓的事项。根据我国有关保密规定,一切国家机关、武装力量、政党、社会团体、企事业单位和公民都有保守国家秘密的义务。泄露国家机密严重的可能给予行政处分,情节严重的可能构成犯罪。商业秘密是指不为公众所知悉、能为权利人(企业)带来经济利益,具有实用性并经权利人采取保密措施的各种技术信息和经营信息。商业秘密的本质是企业的财产权利,它关乎企业的市场竞争力,对企业的发展至关重要,有的商业秘密甚至直接影响到企业的生存。保守商业秘密不仅是职业道德的要求,也是法律的要求。泄露商业秘密可能被追究法律责任。客户秘密是指关乎客户利益的私人信息,这些信息不为外界所知,信息的泄露可能会给客户带来经济上或心理上的伤害。健康保险营销人员在保险业务活动中需要深入接触服务的客户,了解并掌握客户的健康状况、生活习惯等内部情况才能对症下药,为客户设计出最佳的保险方案。这一过程中健康保险营销人员可能会接触到客户的许多隐私信息和商业秘密。健康保险营销人员对此负有严格的保密义务。健康保险营销人员应该与客户签署保密协议,同时针对客户的业务活动,把握好对每一环节的管理和保密措施。

三、健康保险营销人员职业道德的培养

关于健康保险营销人员职业道德的培养问题,外部环境的影响和内部个人自我的修炼同样重要。对于保险企业而言,要逐步完善职业道德培育的保障制度,创造有利于员工职业道德培养的环境,同时又要积极引导营销人员的自律意识,实现职业道德的自我修炼和提升。

(一) 职业道德自律

职业道德自律是人们对外在职业道德规范的认同并转化为自身的内在律令,以此指导人们自己的行动。职业道德自律是个体职业道德建设的重要内容,也是个体职业道德操作的最高形式。

1. 职业道德自律能力是职业道德生成的内在品质

职业道德行为始于道德热情,成于合理慎思,实为心灵内部的道德自律过程。理性调控、节制情感和欲望,并将职业道德情感转化为职业道德行为,就是行为层面的职业道德自律。行为者能否发挥自己的理性功能,能否控制住感性的情感和欲望,检验着道德自律能力的大小,决定着职业道德行为的施行情况。普遍存在的"知而不行"的现实道德问题,实际上就是职业道德自律能力羸弱的表现。

2. 职业道德自律能力是职业道德他律的效用基础

与职业道德自律相反,职业道德他律指因他者约束而行职业道德。职业道德他律出自他者,并影响和作用于他者,是第三人称的个体影响力。职业道德他律作为他者实施的约束,在形式上表现为普遍法则对行为者的规范。伦理实体及其规章制度,同为职业道德自律与职业道德他律的内容,内化为主观意志即为职业道德自律,外在于主观意志即为职业道德他律。而职业道德他律对行为者

的影响效果,依行为者的职业道德自律能力而定。

3. 职业道德自律能力是一切职业道德能力的总和

职业道德自律能力既影响职业道德他律的成效,又对行为者的所有行为进行职业道德检验。具有职业道德自律能力的行为者,不仅自觉自发地以职业道德约束自己,而且成就职业道德。而缺乏职业道德自律能力的行为者,不仅任由恶行从自己身边溜走,而且自己行恶使坏。因此,职业道德自律堪当一切行为之阀,职业道德自律能力堪称所有职业道德能力之总。职业道德修养和建设的关键就在于提升职业道德自律能力。

职业道德教育首先是员工个体"自己塑造自己"、"自己构建自己"的活动,而不是被动地"被塑造"或"被模造"的活动。对道德教育的认识也应从"服从、适应"的接受层次提升到"主动、超越"的发展层次。主动提升自己是优秀员工的基本素质之一,企业所提出的行为规范不仅是哪个机构的约束,更应该转变成员工自我完善、发展的内在需要。

(二) 职业道德监督

保险职业道德机制的健康发展,职业道德作用的充分发挥,以及保险职业道德体系的建设都离不开职业道德的监督。职业道德监督是职业道德他律机制的重要组成部分。保险职业监督包括两个方面,一是指建立具有规范性、合法性和操作性的职业道德规范;二是指通过增强职业道德规范对健康保险营销人员行为的约束。

保险职业道德监督机制的内容包括以下几方面。

1. 政府监管

保险职业道德监督机制是一项系统性的工程,政府监管是最重要的组成部分。提高保险业营销人员的职业道德需要充分利用政府监管部门的职能优势,将保险职业道德检查与执法检查、保险从业资格考试、检查及考核评价等信息手段相结合,用改革的精神推动保险职业道德建设,促进我国健康保险业的快速发展。

2. 行业监察

行业自律是职业道德监督机制的重要组成部分。中国保险行业协会作为健康保险营销人员的行业自律组织,具有专业优势和信息优势。通过各种公约、规定、守则等制度建设,有效发挥职业道德的指引作用,可以促进我国健康保险行业营销人员职业道德水平的提高。

3. 社会监督

保险职业道德监督机制的建立需要结合"政府推动、行业自律、企业内控、社会监督"的原则,形成全方位的监督体系,社会监督是重要的组成本分。社会监督的优势在于其广泛性和直接性。社会与健康保险营销人员直接接触,对其职业道德和行为有更全面和直观的了解,因此可以发挥自身的优势,使得外部监督机制更全面、系统。

4. 企业自律

企业既是职业道德建设的主体,又是其营销人员职业道德的监督主体。作为健康保险营销人员的直接管理者,保险公司具有职能优势和信息优势,并且可以从过程角度、空间角度等多个方面对营销人员的职业道德进行监督和管理。企业的发展离不开营销人员职业道德水平的提高,因此企业有意愿、有必要对营销人员的职业道德进行提升、监督和管理。

1. 诚实守信对做好健康保险营销工作有什么重要意义?
2. 保险公司应采取何种措施提高健康保险营销人员的职业道德水平?
3. 健康保险营销人员职业道德监督机制的多个主体各有哪些优势和劣势?

【案例】

投保人中途退保牵出巨额诈骗案

一名普通的保险公司业务员,在不到两年的时间里,伪造87份保单借款手续,侵占保险公司人民币490万元。同时,以买内部保险可获高额回报为诱饵,骗得19位亲友保险费共计900多万元。直到东窗事发,保险公司竟然一直没有察觉,该案暴露出的健康保险营销人员职业道德水平问题和保险行业监管漏洞,令不少参保人深感担忧。

案发:投保人中途退保牵出巨额诈骗案

2009年6月28日,在北京郊区一家保险公司分公司的柜台前,一名中年男子投保客户急需大额现钱周转。他递交了退保申请,以便取出投保的款项。当柜台工作人员将其信息输入电脑查询时,存档文件显示该客户因尚未结清保期内借款而不能办理退保手续。客户万分惊讶,声称自己与保险公司绝无此业务接洽,并立即要求仔细查询底档。

柜台出现的纠纷惊动了公司负责人。他们立即对该客户保单进行核查。检查发现这位客户名下的所谓保单借款手续系伪造,而经办人是该公司员工齐兰香。而当负责人将保险公司业务档案中由齐兰香负责办理的同类业务档案调出时,更是大吃一惊。他们发现,自2009年2~4月仅仅两个月时间里,经齐兰香伪造办理的保单借款手续竟达87份,金额高达人民币490万元。再仔细一查,更让他们震惊的是,齐兰香伪造办理保单借款手续侵占保险公司490万元人民币只是冰山一角,她伪造该公司的文件即保单,合计诈骗了19个人的保险金,数额竟然高达900多万。经查这19人全部是她的亲朋好友,甚至包括她的母亲。两项合计,齐兰香在一年多的时间里侵占和诈骗金额共计1500多万。

齐兰香出生于北京市怀柔区一个小村子里。1996年,她从一家金融保险专科学校毕业后,便来到该保险公司工作,一干就是十几年。参加工作后,她一直在业务柜员岗位上工作。直到2009年元旦之后,上级领导将她从业务柜员岗位调到收付费岗位,这位现年35岁的老员工没有给领导留下过什么不良印象。

但齐兰香平静的生活从离婚一刻开始便已暗流涌动。离婚后,丈夫给她留下了年幼的女儿,母女俩相依为命。齐兰香仍是每天朝九晚五上班,但她的生活已经在逐渐发生变化。和她相处多年的单位同事发现,离婚后齐兰香虽然依然不嗜打扮,却爱上了赌博。但身为普通的保险业务员,又是单身母亲,钱自然很少。她便开始琢磨怎么样能从公司里拿到她需要的钱。这个大胆的计划利用了她个人全部的专业知识、从业技能和对工作程序的熟悉,也利用了她多年来在工作单位给领导和同事留下的良好印象,更利用了亲戚朋友对她的一贯信任。

齐兰香于2007年9月精心筹划了诈骗方案并开始实施。当时还在业务岗位工作的齐兰香对亲朋好友宣称,保险公司内部有个收益率较高的产品,安全性高,不过只允许公司内部人员购买,消息在亲朋好友中散播后引起关注。但事实上,该款产品早已被公司停掉,根本不再新增客户了。

齐兰香谎称一年期的这个产品可获高息,还声称为了不让公司发现是员工卖给家里人了,只能在自己家里或公司门口收亲友的保险费,她收钱的时候,就将伪造的承保确认书交给投保的亲友。亲友们都知道齐兰香长年在保险公司工作、熟知保险业务,在她的游说下,她的妹妹等亲人纷纷拿出积蓄,托付她进行赚钱运作,其中她的姐姐为了让她们已经年迈的母亲能够老有所依,也拿钱为母亲在她那儿买了一份她所说的产品。

齐兰香利用公司管理的漏洞从公司电脑中打印用于诈骗的文本,又伺机取到了公司监管不严的业务专用章,然后以公司的名义伪造了保单交给亲友们。共有19位亲友先后遭受她蒙骗。其间也有一位亲戚在所谓的保险产品一年到期后没有继续投保,但为了博取其他亲友的信任,齐兰香从别处弄来了钱,依然按照事先伪造的利率兑付给了那位亲戚,这一切更增加了亲朋好友对该骗局的笃信不疑,继续投入资金,最终致使900余万元全被齐兰香"打了水漂儿"。

2009年元旦后,齐兰香被调到了财务岗工作,可以查到所有客户的投保记录,包括身份证号码和保单号。当时该保险公司有个业务叫"保单借款"。就是投保人在保险公司投保后,根据保单上的现金价值,可以向保险公司借款,金额是保单现金价值的70%,现金借款的期限最长为6个月。办这个业务,投保人只要拿身份证、保单,填个表,当天就可以拿到钱。齐兰香于是冒充客户的身份,用客户的保单和身份证号码,以客户的名义将钱借走。短短的两个月里,她调取了87份客户的信息,冒充这87位客户,将他们保单上的现金值以借款的方式借走,共侵占了490万元。

2010年9月19日,北京市第二中级人民法院对此案做出一审判决:齐兰香犯诈骗罪,被判处有期徒刑15年,罚金人民币1.5万元;犯职务侵占罪,判处有期徒刑10年,决定执行有期徒刑19年。

资料来源:佳琳.2011. 保险业务员为赌诈骗1500万. http://news.ifeng.com/gundong/detail_2011_01/10/4178627_0.shtml

思考:

1. 根据该案例,分析职业道德的作用和局限性。

提示:职业道德是约束健康保险营销人员的重要规范,能够降低道德风险,保障公司和客户的利益。同时也要注意职业道德约束的局限性,职业道德很大程度上依靠营销人员的自我约束,不能作为保险营销人员的唯一约束,需要配合法律法规和公司的管理制度共同发挥作用。

2. 保险公司应该如何解决保险欺诈问题?

提示:保险公司一方面应该重视营销人员的职业道德建设,提高其职业道德水平;另一方面应完善公司的监管体系,双管齐下才能规避保险欺诈行为的发生。

拓展阅读

保险中的最大诚信原则

2013年6月8日,张某为丈夫赵某在某保险公司投保了终身寿险,保险金额5万元。2014年10月28日,赵某因“帕金森综合征”死亡,张某携带保险单、被保险人死亡证明等相关材料向保险公司提出索赔申请,要求给付身故保险金5万元。

保险公司对赵某的死亡原因进行了调查。发现被保险人赵某早在2009年7月至投保日前曾5次因帕金森综合征和脑动脉硬化症等多种疾病住院治疗,但在投保时却未告知其身体病况,在投保单关于“最近健康状况及过去10年内是否患有下列疾病”的询问栏内全部填“否”,没有如实告知被保险人赵某投保前患病住院的事实。

保险公司以投保人故意未履行告知义务为由,做出了解除保险合同、不承担给付保险金责任的决定。张某不服,诉至法院。

张某诉称,在保险营销员小孙登门承揽义务时,其已经向该营销员如实告知了被保险人以前患过“脑动脉硬化症”的情况,但保险营销员小孙称“没事,不影响承保”,并积极帮张某填好投保单后,交由张某签字。对这种只能用对号在相应的方格内填写的格式合同,外星人就是认真核实,也未必能看出对错。如果有错,那只能是健康保险营销员小孙的错,而不应是投保人的错。由于营销员的行为是代理行为,后果理应由保险公司承担。而投保人已经履行了告知义务并如约交纳了保险费,在承保期间发生事故,保险公司应该赔偿。同时,按照《保险法》第31条的规定,对于保险合同的条款保险人与投保人、被保险人或者受益人有争议时,人民法院或者仲裁机关应当做有利于被保险人和受益人的解释。

保险公司辩称,投保人在投保单上隐瞒了被保险人的病情,没有履行如实告知义务。该项保险合同必须以书面的形式告知,否则要对告知不实承担法律责任。张某现年35岁,系某公司职员,是一个具有完全民事行为能力的人。她在看了营销员为她代填的投保单后,亲自签名,这一行为就是投保人对投保单上告知事项的肯定。由此而引发的一切后果,毫无疑问应由投保人自己承担,而不管其告知的内容是否由自己亲自填写。投保人的行为属于故意不履行告知义务,按照《保险法》第17条第1款和第2款中规定:投保人故意隐瞒事实,不履行如实告知义务的,保险人有权解除保险合同;保险人对于保险合同解除前发生的保险事故,不承担赔偿或者给付保险金的责任,并不退还保险费。

1. 本案中,虽然投保单是保险公司营销员代为填写的,但该投保中内容经过投保人亲笔签名确认,投保人作为一个具有完全民事行为能力的人,应该对投保单内容的真实性负责,并承担相应的法律责任。投保人在投保单的告知栏里否认被保险人投保前曾经患病,而事实上被保险人赵某投保前就曾5次因"帕金森综合征"和"脑动脉硬化症"等多种疾病住院治疗,因此投保人违反如实告知义务是毫无疑问的。

2.《保险法》规定,如果保险人采用书面形式询问的,投保人也必须以书面告知形式履行告知义务,否则就是无效的。本案中,保险公司是以投保单的书面形式对投保人和被保险人的有关情况进行询问的,投保人履行告知义务也应以书面为准。所以,张某诉称其已经口头告知营销员被保险人曾经患病,并不能证明其履行了如实告知义务,因而无法得到法院的认可。

3. 假设按照投保人张某的观点,是营销员小孙的失职,保险公司需要对营销员的行为承担责任,对投保人做出赔付。那实践中可能无法杜绝这种现象:投保人和营销员合谋,或者营销员为了追求业绩,故意引诱投保人或被保险人不如实告知,甚至投保人或被保险人告知而营销员不予重视。

4. 健康保险营销员小孙在投保人口头告知其以往"病史"的情况下,没有足够重视,替投保人填写投保单的行为亦不规范,应当承担一定的责任,本案中,保险人不能以"故意不如实告知"为由,拒绝退还投保人所缴纳的保费。

资料来源:人身保险案例及分析. http://doc.mbalib.com/view/2cfc6dfe66b9e3725f6763e567b088cc.html

第四章
健康保险市场营销环境分析

市场营销环境如何关系到保险公司能否顺利开展健康保险营销活动。在进行健康保险营销活动之前需要对健康保险营销的市场环境有客观全面的分析。本章在阐述健康保险市场的内涵、类型、特征的基础上，重点分析影响健康保险市场的宏观环境因素和微观环境因素，帮助同学学会分析健康保险市场的环境威胁和机会。

第一节　健康保险市场概述

一、健康保险市场内涵

健康保险市场是指为了满足弥补自身发生疾病或意外时的医疗费用或收入损失的需求而购买或准备购买健康保险产品的消费者群体。这里的健康保险产品，主要包括医疗保险、疾病保险、失能收入损失保险、护理保险及相关的医疗意外保险、医疗责任保险等商业健康保险产品。构成市场的三要素，包括人口、购买欲望和购买力。当这三个要素都具备了，才具备真正的营销市场。这三要素中人口和购买力是健康保险公司无法控制的要素，而健康保险公司通过营销活动能够诱导和刺激健康保险消费者的购买欲望。因此，正确分析和培育发展健康保险市场是健康保险公司成功营销的前提。

二、健康保险市场分类

为了满足健康保险市场的需求，健康保险公司需要在把握健康保险市场需求共同性的基础上，按照不同的细分标准，寻找健康保险市场需求的差异性，对健康保险市场进行分类。根据不同的划分依据，可以把健康保险市场分为不同的类型，主要包括以下几类。

（一）根据健康保险消费者的数量和组织模式分类

健康保险市场可以分为个人健康保险市场和团体健康保险市场。个人健康保险市场就是以个人为最终营销目标的健康保险市场。个人健康保险市场容量比较大，消费者分散，市场需求差异大，影响健康保险消费者的因素比较复杂，但健康保险消费者是购买产品的直接决策人，有利于健康保险公司直接掌握消费者需求。

团体健康保险市场是以机关、社会团体、企事业单位等独立核算的单位组织为营销对象的健康保险市场。在团体保险中，投保人是“团体组织”，健康保险消费者是团体中的在职人员。团体健康保险市场的消费更多的是体现集体组织的利益和意志，所以市场的需求差异性小，客户比较集中，风险因素统一，但市场容量较个人市场偏小。而且由于团体健康保险市场的实际产品消费者和健康保险产品的购买决策者的分离,使得团体健康保险容易忽略了健康保险市场实际消费者的消费需求。但由于团体健康保险市场比较集中,便于健康保险公司进行专业化沟通,团体健康保险市场是一个很值得开发的市场。

(二) 根据健康保险的保障内容分类

健康保险市场可以分为医疗保险市场和失能补偿保险市场。医疗保险和失能补偿保险是健康保险的两种基本类型。

所谓医疗保险市场是指医疗保险产品现实和潜在的购买者集合。由于社会医疗保险定位于提供基本的医疗保障,消费者对于医疗保险的认知程度较高,医疗保险市场机会大,业务种类多。但因医疗保险给付的金额直接决定于医疗费用,医疗费用的合理性备受质疑,因此虽然医疗保险市场的机会大,但在销售和核保方面风险因素大。

失能补偿保险市场是由购买或有潜在购买失能补偿保险产品需求的消费者集合。失能补偿保险市场的保费收入相对稳定,风险较小;但健康保险消费者的认知程度不高,很大一部分消费者认为健康保险就等于医疗保险,因此对失能补偿保险不重视,投保的积极性较低。这在一定程度上制约了健康保险公司的市场开拓容量。

(三) 根据保险的期限分类

根据健康保险合同保障期限的长短,健康保险市场可以分为短期保险市场和长期保险市场。短期保险市场由购买或准备购买一年期以下健康保险产品的消费者群体构成。对于健康保险公司来说,短期健康保险合同具有风险较小、风险统计和控制相对简单、保单条款的设计时效性强的优点,而且由于投保人的保费负担较小,因而容易打开市场,实现规模销售,同时选择面较宽,选择也比较灵活。但由于保单金额小,难以形成长期稳定的保费收入资金,保单到期后的续保也加大了业务量。

长期保险市场是由购买或准备购买一年期以上健康保险产品的健康保险消费者群体构成的。其突出优点是保费收入比较稳定,主要缺点是风险的控制难度极大,产品种类较少而且销售相对困难等。在我国,短期健康保险市场的发展速度很快,而长期健康保险市场的发展相对缓慢。这主要是因为:一是由于长期保单收费较高,对收入水平不高或收入不稳定的消费者来说是一个很大的消费负担,不利于消费者做出购买决策。二是主要因为保险公司与医疗卫生服务行业尚未构建稳定的保险运行机制,使得各保险机构根本无法及时、科学地对长期医疗费用做出均有可行性的预测,因而阻止了各保险机构对长期健康保险市场的开发和投入。此外,国民健康教育的普及程度较低,国民保险意识淡薄,也是长期健康保险市场发展迟滞的主要原因。

三、健康保险市场的特征

健康保险市场相对于人寿保险、财产险等其他险种市场呈现以下特征。

(一) 健康保险运营成本高,风险较大

保险公司对健康保险进行定价要考虑疾病发生率和医疗费用情况,相对于财产险和人寿保险来说,健康保险的定价较低,人均保费较低。而且疾病发生率与财产险损失率相比较频繁,所以健康保险的赔付率也较高。统计数据显示,2010 年,全国总诊疗人次同比增加 3.5 亿人次,人均诊疗次数高达 4.34 次。同时,我国医疗保险的理赔发生率为 6% ~ 8% ,其中企业补充医疗保险业务高达 25% ~ 30% ,远远高于人寿保险 0.3% ~ 0.4% 的水平。所以保险公司经营健康保险业务的运行成本较高,经营风险相对较大。

（二）健康保险属于准公共产品

公民的健康不仅仅是公民个人的问题，还是影响一个国家居民整体素质的一个重要参数，保障全体公民的身体健康是提高国家竞争力的关键。因此，商业健康保险是国家为国民提供基本医疗保险之外的补充保障，具有很强的社会性，需要企业和政府共同投入精力打造市场。

（三）商业健康保险的重要性容易被市场忽视

自1998年12月国务院发布《关于建立城镇职工基本医疗保险制度的决定》要求在全国范围内建立以城镇职工基本医疗保险制度为核心的多层次的医疗保障体系以来，实现全民医保成为国家民生的重大工程。截止到2013年，中国已经建立了以职工基本医疗保险、城镇居民基本医疗保险、新型农村合作医疗为主体，城乡医疗救助制度为基础的医保体系，全民医保覆盖率达到95%，为城乡居民“病有所医”提供了制度保障。基础医疗保障制度在为全民提供基础医疗保障的同时，在一定程度上淡化了一部分收入水平不高的消费者对商业健康保险的需求意识，遏制了他的购买商业健康保险的欲望。可实际上，无论在以社会保险为主还是以商业保险为主的医疗保障体系中，充分发挥社会医疗保险和商业健康保险的协同效应，实现政府和市场两种资源配置机制的有机结合，已成为行之有效的手段。因此需要从政策层面向消费者宣传商业健康保险对社会医疗保险的补充作用的重要性，提高消费者对商业健康保险的重视程度。

四、中国健康保险市场发展现状

（一）国内健康保险市场发展潜力巨大

作为人口大国，中国健康保险市场需求存在绝对的人口数量基础。国务院发展研究中心曾经做过的保险需求调查结果显示，中国市民对于健康保险的需求排在首位。据2010年《中国健康保险发展报告》预测，到2015年中国健康保险潜在的市场需求为2520亿~1.036万亿元，分别是2012年健康保险保费收入的2.9倍和12倍。而且最近几年来，中国的健康保险的保费收入也呈不断增长的态势。2012年健康保险原保险保费收入达到了862.76亿元，同比增长24.73%。2013年的前8个月，健康保险原保险保费收入达到了742.45亿元，同比增长28%，增长态势持续向好。2012年，健康保险原保费收入占人身险原保费收入的8.49%。截至2014年8月，健康保险在人身险总保费收入占比达到9.5%，较2013年同期的8.1%提升1.4个百分点。而且根据发达国家的经验，在成熟的商业健康保险市场中，商业健康保险占保险总金额的比例高达20%~30%，而目前我国的不足7%，因此中国的健康保险市场的上升空间很大。不容置疑，健康保险成为了人身险增长最有潜力的险种，健康保险呈现出快速增长的迹象。

（二）健康保险市场供需存在差距

面对潜力巨大的健康保险需求市场，近年来中国保险业在健康保险领域做了不少尝试。但我国商业健康保险的市场仍然存在较大的供需差距。

首先从健康保险的供给数量来看，2010年总共有89家保险公司在经营健康保险业务，其中财产保险公司36家，人寿保险公司49家，只有4家专业健康保险公司。大多是保险公司的健康保险业务部门开展健康保险业务，专业的健康保险公司数量较少。

其次从健康保险业务的保费收入来看，从2000年到2010年全国商业健康保险保费收入从65.48亿元上升到677.46亿元，几乎逐年增长。然而，其在人身保险总保费的占比却徘徊不前，甚至自2006年之后还逐年回落。2010年健康保险保费收入677.46亿元，其中寿险公司收入580.79亿元，占85.73%；专业健康险公司收入96.68亿元，仅占14.27%。这样的保险业绩，与国内健康保险庞大的市场需求是相互矛盾的，说明保险健康市场的需求对接存在差距。

再次从保险企业提供的保险产品的种类来看，保险企业提供的产品差异化特色不够，大多数产品都聚焦在重大疾病定额给付保险、住院治疗费用补偿性保险和住院津贴等几个项目上，而忽略了长期护理保险、高额医疗费用和收入补偿保险等具有市场需求的项目。

（三）中国的健康保险市场地区差异大

中国的经济发展水平存在比较明显的地区差异，特别是地区间的人均GDP、人均财政收入、人均拥有财富的水平等重要指标的差距明显，地区经济发展差异系数平均超过了0.47，最高年份达到0.49，因此中国健康保险市场需求的地区差异也十分明显。经济越发达的地区，居民收入水平越高，健康保险意识越强，健康保险需求越旺盛；相反，经济越落后的地区，居民收入水平越低，健康保险意识越薄弱，健康保险需求越低。从整个寿险的保费金额来看，经济发达地区是全国平均水平的1.65～2.21倍，中部地区大体与全国平均水平持平，而经济相对落后的西北地区还不到全国平均水平的1/3。

第二节　健康保险市场营销环境概述

一、健康保险市场营销环境的含义

根据菲利普·科特勒对市场营销环境的定义，市场营销环境就是指影响企业市场营销活动的不可控制的参与者和影响力。而不同类型的企业，所面临的营销环境有所不同。健康保险市场营销环境就是指对健康保险营销活动产生直接或间接影响的各种因素的集合。这些影响因素相互影响、相互作用，共同构建营销环境，为保险公司的经营和发展提供条件。

二、健康保险市场营销环境的分类

按照营销环境因素对保险公司的健康保险营销活动影响的直接性和间接性，可将健康保险市场营销环境分为健康保险营销宏观环境和微观环境。健康保险营销宏观环境主要包括人口环境、经济环境、自然环境、政治法律、科学技术环境和社会文化环境，这些宏观环境要素对健康保险营销活动的影响是间接的，对于保险公司来说，具有高度的不可控性。

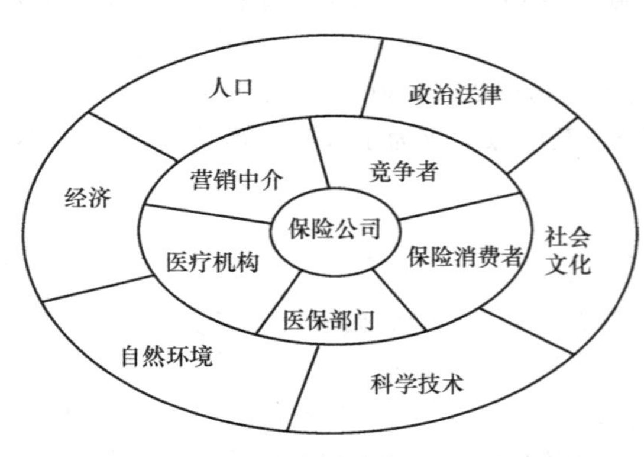

图4-1　健康保险市场营销环境

健康保险营销微观环境主要是指与保险公司的营销活动密切相关，直接影响保险公司开拓和服务目标市场的各种因素的集合。主要包括保险公司内部因素和保险公司外部因素。其中，企业内部因素主要指保险公司的组织结构、资金和企业文化，企业外部因素主要包括竞争者、健康保险消费者、健康保险营销中介、医疗机构和医疗管理部门，如图4-1所示。

三、健康保险市场营销环境的特点

(一) 客观性

保险公司的营销活动是在既定的环境条件下运行的,这些外部环境因素是客观存在的,有时会为保险公司提供发展的机遇,有时会给保险公司带来威胁。对具体某个保险公司的影响作用程度不以企业的主观意志为转移。保险公司同其他各种类型的企业一样需要了解并分析企业客观环境的各个要素,不断调整企业业务运行以适应客观环境的变化。

(二)动态性

健康保险市场营销环境的动态性,主要表现为营销环境的不断变化。首先,健康保险市场的营销宏观环境会不断发展。例如,社会经济发展水平的不断提高,国家政策法规的调整,科技水平日新月异,人口数量和结构发生变化,自然环境和地理面貌日久改变等。其次,健康保险公司的微观环境也在不断变化。如随着人们收入和生活水平的不断改善,健康保险消费者的需求偏好发生转移;为了在市场竞争中获得竞争优势,竞争者不断制定和调整针对竞争对手的营销策略,市场竞争态势时刻变迁;保险企业内部员工的素质及其对职业的要求不断发生变化、企业内部资金或多或少;与健康保险业务联系紧密的医疗机构和医保管理部门作为独立的组织总是在不断发展和变化的。总之,健康保险市场营销环境各个要素的变化性,决定了整个营销环境的动态性。

(三) 差异性

健康保险市场营销环境的差异性主要体现在两个方面:一是不同的健康保险公司由于企业所处区域不同和企业自身实力的差异,处于不同的市场营销环境中。例如,经济发达地区的保险企业,就面临更多需求的健康保险市场,而在经济落后地区的保险企业,开拓市场的难度相对较大。二是同一市场营销环境要素对不同的保险企业的影响作用不同。例如,面对实力强大的竞争者,实力相当的保险企业并不畏惧,而规模较小的保险企业却压力较大。

(四) 相关性

健康保险市场营销环境的各个因素之间是相互联系、相互影响的。健康保险市场宏观环境因素对微观环境因素会产生影响。例如,2014 年 8 月 13 日,国务院发布《国务院关于加快发展现代保险服务业的若干意见》,鼓励社会资本投资设立健康保险公司,直接激发了民营资本设立健康保险公司的动力,将会增多健康保险公司的数量,加大健康保险市场的竞争。各宏观环境要素之间也会相互影响,例如,经济发展水平与政治法规的合理性、科技发展水平之间相互促进;一国人口数量也是政府制定健康保险政策需要考虑的因素。各微观要素之间联系紧密,保险公司与保险公司之间,医疗机构、医保部门和保险公司之间,健康保险消费者与医疗机构之间在健康保险业务运行的过程中互相联系,互相影响。因此,健康保险市场营销环境实质上是各环境要素之间相互联系、相互作用的合力。

四、分析健康保险市场营销环境的意义

现代营销学认为,企业经营成败的关键,在于企业能否适应不断变化着的市场营销环境。保险公司所面临的营销环境时刻处于动态的发展变化之中,营销环境的变化既可能给健康保险公司带来机会,也有可能带来威胁。正确分析保险公司所处的营销环境态势,便于企业结合自身的发展情况,规避环境的威胁,充分利用营销环境机会,做出有利于保险发展的合理的营销决策。

第三节　健康保险市场营销宏观环境

一、人口环境

(一) 人口数量

人口、购买力和购买欲望是构成市场的基本三要素。人口的数量直接影响着健康保险市场的容量,中国作为世界上的人口大国,有着庞大的人口基数。截至2013年,中国人口已达13.57亿。

(二) 人口结构

人口结构,又称人口构成,是指将人口按不同的标准进行划分而得到的一种结果。划分标准主要包括年龄、性别、人种、民族、宗教、教育程度、职业、收入、家庭人数等因素。在人口结构各因素中,年龄结构和性别结构是最基本、最核心、影响最大的人口结构。而对健康保险市场影响较大的主要是人口的年龄结构。不同年龄段的人口对用药市场的需求不同,从而影响其对健康保险的需求程度。目前中国人口的年龄结构已经步入老龄化阶段。人口老龄化,指的是一个国家人口中老年人占比超过一定比例。根据联合国的定义,如果一个国家年龄在65岁以上的人口超过总人口的7%,这个国家可归类为老龄化社会。按照这种划分,中国在2000年之后就步入了老龄化阶段,而且老龄化程度逐步加深。到2013年,中国65岁以上人口已占总人口的9.7%。人口的老龄化使得消费者的用药需求和对健康医疗的预期保障需求加大,健康保险市场潜力巨大。

(三) 家庭规模

自20世纪70年代中国实行计划生育制度以来,中国社会的家庭规模向“三口之家,独生子女”的小规模态势发展。家庭人口的缩减,全民教育水平的不断提高,使得“子女养老”的健康养老模式逐步受到现实条件的挑战,依靠社会健康保险成为很多小规模家庭的重要保障。一些收入水平较高的小规模家庭也开始逐步将目光转向商业健康保险市场,这为商业健康保险市场提供了广阔的市场提升空间。

二、经济环境

经济发展水平是保险公司发展的外部社会条件,经济发展水平的态势直接或间接地影响保险公司的营销活动。对经济发展水平高低的衡量指标在营销领域可以聚焦在消费者收入水平、消费者储蓄和支出情况,而在宏观经济领域则体现在地区和产业发展状况、全民医疗费用支出情况等指标。

(一) 消费者收入水平

消费者的收入是指消费者从各种收入来源中所得的全部收入。消费者的收入水平是影响消费者购买力的直接因素。消费者总是会把收入按照一定的比例分配到储蓄和消费活动中,一般消费者的收入越稳定,收入水平越高,消费者的消费愿望就越高,消费占比就越高,消费者的购买力就越强。因此,消费者的收入水平高是健康保险市场迅速发展的前提。

(二) 消费者的支出模式

所谓消费者支出模式,是指消费者收入变动与需求结构之间的对应关系,也就是常说的支出结构。消费者的消费支出模式直接影响其消费支出在各项产品上的分配比例。而在消费配比中,消费者一般会将消费总金额按照其对不同产品消费需求的欲望程度来分配消费支出,其中生活必需品(包括衣、食、住、行)是消费的基础,也是第一层次消费,或者称必要消费。其次是健康保险消费,再次是奢侈品消费。当然具体到个人的消费,由于不同消费者个体对消费项目重要性的认同差别,这三个层次可能会有所变动。而针对健康保险消费,消费者往往优先选择由国家提供的基本医疗保险,即社会医疗保险,其次在消费支出允许的情况下才会考虑由商业保险公司提供的商业健康保险。不同的消费者,由于收入水平不同、受教育水平不同、价值观和性格等不同,具有不同的消费支出模式。例如,传统型消费者,一般支持模式比较保守,以入量出,严格按照前面提到的三个层次安排消费。而对于现代型消费者,偏爱信贷型消费,往往会颠倒第二层次和第三层次甚至是第一层次的消费。

(三)地区经济发展水平

各地区的经济发展水平对地区的保险企业的营销业绩具有重要的影响。发达地区经济繁荣,政府能够给职工提供的社会保障水平高,职工和人们就业机会多,收入水平较高,消费者对基本社会医疗保险以外的商业健康保险的需求强度相对较大,再加上具有商业健康保险的购买力,所以商业健康保险市场份额大。而经济发展水平相对落后的地区,政府财政收入水平低,职工的就业机会也少,商业健康保险市场份额自然也就无法保证。

受二元经济结构格局的影响,中国的城乡经济差异也很大。尽管近些年来,随着农民收入来源渠道的不断拓宽,农民收入水平不断提高。但城乡基础设施和制度健全的基本差异,及城乡居民受教育程度的差异,使得农村居民的健康保险意识与城市居民相比仍然较低。

三、自 然 环 境

一国或一地区上一切生命和非生命的事物以自然的状态呈现,构成了一国和一地区的自然环境,包括自然资源、地理环境和气候条件。自然环境为人类生存和进行生产活动提供了天然的物质基础。不同自然环境下,人们的机体、身体健康和生活习惯呈现不同的状态,而这些不同的状态,又会影响人们的经济活动。

不同自然环境条件下,存在不同的物质资源,人们为了适应所处的自然环境,会在饮食上、生活起居上按照所处环境来安排,久而久之就形成了各地的生活习俗。例如,北方生产小麦,所以北方人以面食为主,而南方生产水稻,则以米食为主。尽管现代商品经济的繁荣和交通运输的便利对人们的物质资源起到很大的调剂作用,但仍然改变不了南北方饮食的主要差异。不同的自然环境条件下,存在很大的气候差异。在不同的气候条件下,人们的饮食起居不同,疾病谱发生率不同,因此健康保险意识也存在差别,疾病高发区居民对健康保障的需求要高于疾病少发区。

四、政治法律环境

任何一个企业都生存在一定的政治法律环境下,受一国的政治法律制度的约束与影响。国民的生命健康是一国的命脉,社会医疗保障制度是各个国家的基本保障制度。因此,健康保险市场受一国的社会医疗制度的影响巨大。例如,中国在 20 世纪 50 年代起实行的城镇公费医疗制度下,健康保验市场的需求几乎为零。但随着改革的不断推进,我国社会医疗保障制度对健康保险市场需求的拉动作用已日益显露。首先,我国社会医疗保险的覆盖范围狭窄,对药品的使用范围做了严格限制,这会增加商业健康保险市场的需求空间。其次,我国社会医疗保险起付线和封顶线的设置使得参保人员仍然背负着较重的医疗费用负担。这样,起付线以下和封顶线以上的医疗费用支出加上两者之间由参保者自己承担的比例部分,也可以成为商业健康保险市场需求的一部分。再次,社会医疗保险只能覆盖到疾病治疗,但在健康预防和健康管理方面没有涉及。随着人们生活水平的不断提高,对健康管理的需求不断提高,这也为商业健康保险公司提供了成长空间。

为了促进健康保险公司的成长和发展,2014 年 8 月 13 日,国务院发布《国务院关于加快发展现代保险服务业的若干意见》出台了一系列旨在促进商业健康保险市场的政策。例如,商业保险机构可按一定比例涉足城镇居民医保基金、新农合基金,加大政府购买服务。鼓励医疗机构成为商业保险定点医疗机构降低不合理医疗费用支出、加快发展医疗责任等执业保险提高覆盖面,鼓励社会资本设立健康保险公司和支持商业保险机构新办医疗、社区养老、体检。这对促进中国的健康保险市场起重要的推动作用。

五、科学技术环境

随着世界经济发展水平的不断提高,各国都意识到科学技术进步对经济发展的贡献作用的重要性,追求科技进步成为很多国家既定发展战略,世界科技水平不断提高。科学技术进步对社会生产的各个领域和人们的生活都产生很大的影响。科学技术对健康保险市场的影响主要体现在以下几方面。

(一)互联网的普及对健康保险销售的影响

随着电子技术水平的不断提高,互联网的普及率与日俱增。互联网的普及拓宽了保险公司与健康保险消费者的沟通渠道,使保险公司能较快和较全面地获取健康保险消费者的信息,把握消费者的消费心理和需求,针对具体的消费者有的放矢地提供个性化的服务,便于做出更接近健康保险消费者需求的决策,从而减少传统销售渠道中由于供需信息不对称导致的销售费用的浪费,降低健康保险销售成本。但由于互联网信息技术存在网络信息泄露和网络诈骗风险,对保险公司来说,如何在安全的环境下运行健康保险销售平台也是一个很大的挑战。而这一点也会成为一些健康保险消费者特别是比较传统的消费者通过网络购买保险的障碍,从而影响了网络销售渠道的交易率。

(二)科学技术通过对人类生存环境的改变影响投保人的购买意识

在人类疾病谱中,约 20% 是纯人类遗传性疾病,约 20% 是纯环境性因素致病,约 60% 是遗传因素和环境因素导致的综合性疾病。伴随着科学技术的进步,我们人类生存的环境受到不同程度的破坏,人类的疾病谱也产生了很大的变化。例如,一些恶性肿瘤和脑心血管疾病发病率增高。由于人类疾病谱的改变,再加上人们生活水平的不断提高,使得人们更加注重病情预防和风险防范,提高了消费者购买健康保险的意识。

六、社会文化环境

社会文化环境是指一个国家、地区或民族的风俗习惯、道德伦理观念、价值观念、宗教信仰等。不同的社会文化环境下,人们的情感、生活习俗和价值观有所不同,健康保险意识存在差异,从而形成不同的消费需求和消费行为。

(一)社会文化环境对消费者的消费行为具有渗透性和间接性

社会文化对消费者行为的渗透性,体现在社会文化通过影响消费者居住地的风俗习惯,构成人际交往默认标准,形成舆论氛围,从而不自觉地约束消费者的消费习惯。而且一旦这个习惯固化在消费者情感当中,就会成为牢不可破伴随消费者一生经久传承的情感,致使消费者从不考虑这种消费习俗或模式的利弊，变成消费者的情感依托。

社会文化对消费者行为影响的间接性，表现为同一社会文化背景下，由于消费者的受教育程度、职业、价值观、宗教信仰的不同，社会文化对消费者行为的影响程度不同。有些消费者受社会文化的影响程度较大，而有些消费者受社会文化的影响程度较小。例如，同样是过春节，有些消费者对春节的重视程度较高，而有些消费者尽管也过春节，但不会大张旗鼓地操办春节。

（二）中国传统健康养老观念对健康保险市场的影响

受几千年传统文化和中国计划经济体制下社会保障制度模式的影响，子女养老、储蓄养老和社会救济成为大多数中国人普遍认同的健康养老模式，这从观念上束缚了消费者了解商业健康保险的意愿，阻碍了商业健康保险市场的成长。另外，健康保险作为无形产品，消费者购买的是健康保险的服务，而且只有当健康保险消费者实际发生了健康保险承保范围以内的健康问题，消费者才能享受和感受到保险产品的服务。所以出现投保后如果健康保险消费者不生病，无法体会健康保险产品的服务，如果生病又是健康保险消费者不希望的结果，所以使消费者感到自己拿钱买商业健康保险既不核算又不吉利。这种心理不利于商业健康保险市场的扩大。

第四节　健康保险营销微观环境

一、保险公司内部要素

保险公司的营销部门在制定和组织实施营销计划开展营销活动时，会与企业其他部门如高层管理部门、财务部门、办理保险的营业部、负责理赔的部门等产生业务联系，这些部门之间及各部门成员之间相互作用、相互影响，共同形成了企业内部的微观环境，具体包括以下几个层面。

（一）保险公司的组织结构

保险公司的组织结构主要是指保险公司的营销部门与其他部门之间在组织结构上的相互关系。良好的组织结构，有利于提高健康保险消费者的投保效率，享受满意的理赔服务，是取得营销成功的组织保证和必要条件。

（二）保险公司的人员、资金和设备

人员是企业营销策略的确定者与执行者，人员的素质直接决定了健康保险营销活动开展的效果，对于提供服务型产品的保险企业来说是最重要的资源。资金状况与设备等条件是企业进行一切营销活动的物质基础，它是健康保险公司提供被保险人满意服务的前提，决定了营销活动的规模。

（三）企业文化

企业文化是指企业的管理人员与职工共同拥有的一系列思想观念和企业的管理风貌，包括价值标准、经营哲学、管理制度、思想教育、行为准则、企业形象等。良好的企业文化具有凝聚力，能够提高企业内部员工对企业的忠属度，调动企业内部人员的积极性，向社会展示积极向上的正能量，吸引健康保险市场的消费者。良好的企业文化是企业内部各组织部门的黏合剂，能够促进企业内部各部门和谐相处，提高工作效率，有助于构建和谐健康的企业内部环境。

二、健康保险公司外部要素

（一）健康保险产品的消费者

健康保险产品的消费者，即是健康保险的被保险人。健康保险消费者，通过购买决策诉求自己对健康保险的价值主张和需求，促使健康保险公司不断调整企业所能提供的健康保险产品，以满足消费者的需求。消费者对健康产品的需求，引领着健康保险市场发展的趋势。对于保险公司来说，掌握目标市场消费者的数量、结构和特征，分析目标市场消费者对健康保险产品的价值主张，根据消费者的需求提供符合投保人期望的健康保险产品，是赢得目标市场的前提。保险公司与目标市场的消费者发生的联系渠道有三种，一是在销售健康保险产品前，保险公司通过市场调研的方式，接触和了解目标市场的健康保险消费者；二是在销售健康产品过程中，保险公司销售人员向健康保险消费者介绍产品，进行信息双向沟通；三是在健康保险售出后，通过理赔服务向健康保险消费者展示健康保险产品的服务水平。而在开展这三项活动的过程中，保险公司的业务代表或业务代理是具体活动的实施人，所以他们的业务开展能力，直接影响保险公司与消费者的沟通效果。在实践中，受实际业绩利益的驱使，保险业务员和业务代理更注重在健康保险的销售前和销售中与消费者的沟通，而忽视理赔过程。而理赔过程实际上才真正是消费者享受产品服务的过程。而如果消费者不发生保险范围内的健康问题和意外，就无法体会理赔过程，保险产品的这种特殊性，使得有些消费者不能明显看到消费健康保险产品的利益点，阻碍了消费者投保的购买决策。因此，保险公司更应当注重提升保险理赔过程中的服务水平，获得消费者对保险产品的良好口碑，影响其周边人群，获得市场累积效果。

（二）健康保险市场竞争者

商场如战场，竞争者是影响保险公司健康保险业务运行的最重要的微观环境要素之一。竞争者通过营销竞争，给健康保险公司带来发展的外部压力，从而促使健康保险公司不断追求企业进步。目前中国健康保险市场上参与健康保险业务竞争的保险公司主要有以下两类。

1. 保险公司的部门经营

保险公司的部门经营就是指保险公司在经营多种险种的同时，在组织内部设立专门的部门负责经营和办理健康保险。目前，中国有 100 多家保险机构在用这种方式经营着健康保险业务。在这种组织方式下，健康保险业务只是保险公司业务的一部分，相对于财产险、车险等其他险种来说，健康保险只是业务的补充，不容易被保险公司重视，不利于开拓健康保险市场，但保险公司通过经营多种险种，降低了市场风险。

2. 专业健康保险公司

专业健康保险公司指保险公司专业经营健康保险业务。专业健康保险公司是商业健康保险的最高组织模式，由于其单一经营健康保险，相对于经营险种较多的保险公司来说市场风险较多。但专业化单独经营，有利于企业专注于研究健康保险市场，对于促进一国的健康保险事业具有重要的开拓作用。目前我国专业健康保险公司仅仅有 4 家，分别为人保健康、平安健康、昆仑健康及和谐健康。

中国保险业的竞争总体呈现垄断格局。市场价值最高的前三大保险公司（或集团）的市场集中度（CR3）为 34.3%，前五大保险公司的市场集中度（CR5）为 46.4%，前十大保险公司的市场集中度（CR10）为 64.6%，表明行业整体竞争度不足。2009 年健康险保费收入 573.96 亿元，占比最大的前 5 家公司共实现保费 400.14 亿元，占当年健康保险保费的 69.71%。

（三）健康保险市场营销中介

健康保险市场营销中介是指协助保险公司开展营销活动的各种组织和个人。包括健康保险中间商、营销服务中介、金融机构、网络平台等。健康保险营销中介的素质、发展水平直接影响健康保险产品的销售情况。保险公司要想分析调查和满足目标消费市场的需求，离不开这些营销中介的共同支持。

1. 健康保险中间商

健康保险中间商是协助保险公司把健康保险产品卖给健康保险消费者的组织和个人。主要包括健康保险代理人和经纪人，他们是联系保险公司和健康保险消费者的纽带。通过健康保险中间商，保险公司把健康保险产品和服务信息传递给目标市场消费者，同时从健康保险中间商那获得目标市场消费者的需求信息。因此，健康保险中间商的规范与否，代理人和保险经纪人的从业素质，对保险公司的市场业绩产生重要的影响作用。

2. 营销服务中介

营销服务中介是指为保险公司提供健康保险市场调研、营销策划和营销活动实施的机构。主要包括市场调研公司、营销策划顾问公司和广告公司等。保险公司的营销部门在制定和实施营销活动的过程中，需要这些机构的支持和配合。由于营销服务机构的服务能力良莠不齐，保险公司在选择营销服务中介时一定要科学评估，谨慎选择，因为营销服务机构的服务能力直接决定了营销活动实施的效果。

3. 金融中介

金融中介是指能够给保险公司提供金融服务的机构。包括银行、信贷机构等。对于健康保险公司来说，资金的存量和流量相对于其他类型的企业来说更具有重要意义。拥有雄厚的资金基础是保险公司开展实施健康保险业务的基础。建立与银行、信贷机构良好的合作关系为保险公司提供了更强的资金保障。

4. 网络中介

从网上直接购买健康保险，已经成为网络消费者的购买方式，因此网络平台也是重要的健康保险销售中介。随着信息技术的不断进步，中国的网络普及率越来越高。截至 2013 年 12 月，我国网民规模达 6. 18 亿，全年共计新增网民 5358 万人。互联网普及率为 45. 8% ，较 2012 年年底提升 3. 7 个百分点，整体网民规模增速保持放缓的态势。采用网络渠道销售健康保险较传统业务员渠道成本低，而且方便快捷，有利于达成交易。但由于网络购买存在支付风险，再加上网络销售监管空洞，所以网络销售发展速度受限。但随着网购习惯在消费者购买活动中的不断加深，网络中介销售健康保险是未来的一大趋势。

（四）医疗机构

在健康保险业务运行的过程中除保险公司、健康保险消费者外，还涉及医疗机构。消费者购买健康保险产品后，如果发生了健康保险范围内的意外损害和疾病，需要去专业医疗机构接受诊断和治疗，医疗机构的治疗手段和收费方式直接决定了健康保险理赔的金额，医疗机构的治疗方案是否合理直接影响到健康保险公司的利益。在商业健康保险经营运作过程中，防止保险欺诈行为对于保险公司的经营管理具有重要意义。由于医学保健技术知识的垄断存在严重的信息不对称，健康保险消费者与医生合谋就会使保险公司处于信息劣势地位，保险公司的信息劣势地位决定了健康保险特定的经营风险，因此利用医疗服务机构提供伪证作案的保险欺诈行为时有发生。另外，即使健康保险消费者不与医疗机构合谋，但医疗机构通过给健康保险消费者诊断和治疗疾病，对健康保险的理赔金额也会产生重要的影响作用。在现行的医疗体制下，面临医生道德风险过度医疗问题，使健康保险公司面临过度赔付的风险。因此,健康保险公司在为客户提供健康风险保障服务的同时,需要加强与医疗服务机构的沟通,探索合理有益的合作模式。

通常健康保险公司与医疗机构的合作模式有两种:一是健康保险公司与医疗机构签订合作协议,设置健康保险理赔定点医疗机构。但这种合作模式,无法避免在合作过程中医疗机构的道德风险问题。二是健康保险公司延伸产业链,投资于医疗机构或健康管理机构,但这样可能会使健康保险消费者在投保活动中产生弱势感觉。健康保险机构处理好与医疗机构的合作关系,是健康保险顺畅运营的保障。

(五)医疗保险管理部门

医疗保险管理部门负责办理居民参加医疗保险登记,收缴医疗保险费,记录缴费,管理个人账户,确认并支付待遇,管理医疗保险资金,提供查询。他们所拥有的居民参保信息,具有权威性、客观性和精确性的特点,是保险公司获取市场参保人数信息的重要渠道。而且通过医疗保险管理部门推荐的健康保险产品,具有权威性,容易引起消费者的重视。因此,保险公司应该注重建立与医疗保险管理部门的沟通机制,真正发挥商业健康保险对基本医疗保险的补充功能。

第五节 健康保险营销环境机会威胁及对策分析

一、健康保险营销环境威胁和机会

(一)健康保险营销环境威胁

健康保险营销环境威胁是指对健康保险公司组织开展营销活动不利或限制其进一步发展的宏观环境或微观因素。按照这些不利环境要素对健康保险公司的威胁程度,可将其分为可以对抗的不利环境要素、对抗难度较大的不利环境要素和无法对抗的环境要素。健康保险公司在分析环境要素时,不仅要区分环境要素是有利还是有害,还要对不利环境要素的危害程度进行评估。

(二)健康保险营销环境机会

健康保险营销环境机会是指对健康保险公司的发展和营销活动有促进作用的各种契机。按照这些环境机会能给企业带来利益的大小程度不同,可以分为非常有利的机会、比较有利的机会、有利程度较小的机会。

在影响健康保险公司营销环境的要素中,环境威胁和机会并存,最终营销环境对健康保险公司是威胁大于机会,还是机会大于威胁,取决于各环境要素的综合合力,因此健康保险公司需要对各环境要素分别分析评估后,综合评估企业所面临的环境状态。

二、健康保险公司环境威胁与市场机会分析

(一)分析方法

依据对市场营销环境进行分析的角度不同,方法有 PEST 分析法、波特的五力分析法和 SWOT 分析法。

1. PEST 分析法

PEST 分析法主要是对企业的宏观环境进行分析。其中,P 是政治(political system),E 是经济

(economic),S是社会(social),T是技术(technological)。即分别从这四方面分析对企业的市场营销活动的影响。由于宏观环境要素较多,所以PEST分析法还有多种扩张模式,如STEEPLE分析模式,即包括社会(social)、技术(technological)、经济(economic)、环境/自然(environmental)、政治(political)、法律(legal)、道德(ethical)等宏观环境要素。

2. 波特的五力分析法

五力分析法是迈克·波特于20世纪80年代基于企业竞争的角度提出来的,他认为供应商、消费者、目前竞争者、潜在进入者、替代品这五个力量综合影响一个产业的竞争环境。因此,它是用来分析企业所在行业竞争特征的一种有效的工具。

3. SWOT分析法

SWOT分析法是strength、weakness、opportunity、threat这四个英文单词的首字母的缩写,指的是企业根据自身优势、劣势,分析组织外环境提供的机遇和受到的威胁。其中S(strength)、W(weakness)主要指企业内部要素,而O(opportunity)、T(threat)主要指外部环境要素。SWOT分析法运用系统的思想,综合考虑了企业内部资源和外部环境,应用比较广泛。在综合对企业内部和外部环境进行评估后,通常采用威胁和机会分析矩阵进行分析,如图4-2和图4-3所示。

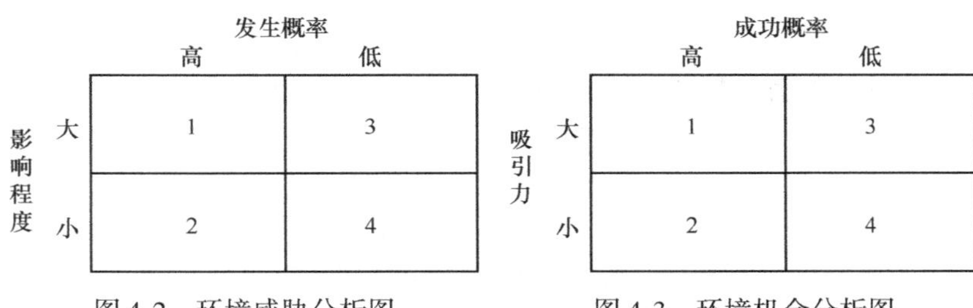

图4-2　环境威胁分析图　　图4-3　环境机会分析图

把图4-2和图4-3联系在一起综合进行分析,评估健康保险公司市场营销环境威胁和机会的大小,可得到环境威胁和机会分析图,如图4-4所示。

(二) 健康保险公司对环境机会与威胁的市场营销对策

在对企业所面临的市场营销环境进行威胁与机会分析后,健康保险公司需要根据自身所处的环境态势,做出相应的对策。

1. 理想业务

如果健康保险公司环境处于理想区域内,就意味着企业处于高环境机会和低环境威胁态势,企业应当继续坚持原有经营,注意维护目前良好的市场状态。

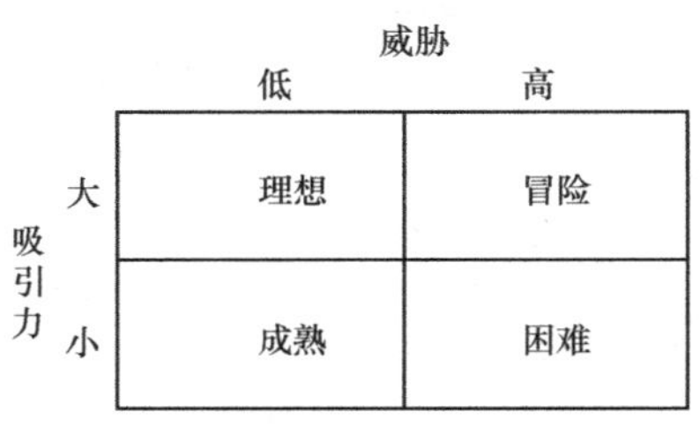

图4-4　环境威胁与机会分析图

2. 冒险业务

冒险业务指高环境机会和高环境威胁的业务。面对这样的业务,健康保险公司在关注市场吸引力的同时,需要考虑市场威胁的风险,评估企业应对市场风险的对抗能力。面对威胁,健康保险公司通常有三种选择。

(1)对抗策略:指健康保险公司直面环境威胁,克服企业所遇到的困难,努力对抗和扭转企业营销环境的不利因素。

(2)减轻策略:当无法彻底扭转和克服市场营销环境的不利因素时,企业加强对自身的调整,以尽量减小和降低营销环境对企业的不利影响程度,提高企业对环境的适应性。

(3)放弃策略:当企业无法对抗,也无法通过调试自己适应市场营销环境时,企业全面放弃或转移某项被不利环境影响到的业务，避免营销环境的威胁。

3. 成熟业务

成熟业务是指低环境机会和低环境威胁的业务，处于此种市场营销环境中，意味着市场增长的潜力已经不大，此市场上已经存在市场主导地位的企业，如果市场的主导者就是本企业，企业需要在继续保持市场状态的同时，积极寻找新的市场增长点。如果本企业是后进入者，则无需再涉足该市场。

4. 困难业务

困难业务指的是那些低环境机会和高环境威胁的业务。对于该类市场环境状态的业务，转移业务或放弃业务是企业最好的选择。

1. 按照被保险人的数量和组织形式不同，健康保险市场可以分为哪几类？
2. 商业健康保险市场具有什么样的特点？
3. 影响健康市场的宏观因素微观因素有哪些？
4. 如何分析健康保险市场营销环境的威胁与机会？

【案例】

新国十条下专业健康险公司健康管理的发展策略

自新“国十条”颁布实施以来，我国人保健康、平安健康、昆仑健康、和谐健康四家专业健康保险公司纷纷打造健康管理优势，延展健康产业链，提升专业化经营水平。

（一）服务项目不断增多，健康管理专业特色日渐彰显

人保健康推出了以“诊疗绿色通道、慢性病管理、家庭医生、异地转诊”为核心的4大类12项健康管理服务项目。平安健康以合资为契机，整合平安和Discovery的资源，提供包括健康体检、口腔保健、健康医疗咨询、协助门诊预约及住院安排、住院探视、第二诊疗、全球急难援助、国内医学专家诊疗和海外第二诊疗意见等多项服务。昆仑健康提出了以健康文化为基础、健康管理为核心、健康保险保障为保障的“三位一体”的“治未病”的理论模式，推出融合健康管理的保险产品“昆仑祥云高原特定疾病医疗保险”，为客户提供高原健康指导手册和高原旅行期间5×8小时电话咨询服务；推出“昆仑康麟女性孕育保险”，为孕期妇女提供健康指导。和谐健康依托医疗机构与特约商户合作，为特约商户及会员提供日常健康指导、干预和诊疗管理服务。

（二）专业架构逐步确立，健康管理服务保障能力有效增强

人保健康在公司内部单独设立了健康管理部，并组建了一支由专兼职健康管理人员及外聘医学专家组成的1600多人的专业队伍。平安健康亦单独设立了健康管理部，通过外部资源的有效嫁接，打造了一支由境内外医学专家组成的诊疗专业队伍，为初步诊断疑似或罹患30种重大疾病的客户联系国内相关领域的医学专家提供诊断及诊疗方案咨询服务，为初次罹患保险责任范围内的18种疾病时，依托全球医疗网络团队，提供海外第二诊疗意见。昆仑健康成立了“治未病”健康管理部，依托自身的“治未病”中心培养了一批专业中医保健诊疗服务队伍。和谐健康在公司内部设置了医疗合作部负责健康管理业务的统筹、规划与推动。

（三）运营平台日趋完善，健康管理技术支撑能力明显加强

人保健康建立了包含健康管理应用系统、网站、电话和短信平台等多功能的健康管理业务平台，开发了具有自主知识产权的健康管理系统，依托公司网站设立了就医指南和健康咨询栏目。平安健康开发了健康管理技术服务平台，引进了战略投资者南非Discovery健康保险公司的Vitality健康管理会员合作制模式的核心技术，建设“健康活力网”，开发医疗编码系统，建立了自己的医疗数据库。昆仑健康自主完成了少儿成长发育健康监测系统建设，并在广州和杭州成立了“KY3H‘治未病’中心”。和谐健

康利用合作医疗机构探索自身的运营服务平台，为客户提供常规的健康管理服务内容。

（四）合作网络迅速扩展，健康管理服务可及性更趋便利

人保健康通过与近700家知名医院、体检机构和专业健康管理服务机构合作搭建了服务网络，与美国郎朮公司和欧乐旅行援助公司合作，为客户提供海外二次诊疗意见服务和全球救援服务。平安健康已建立了全球医疗服务协作网络和客户服务响应系统，能够提供24小时中英双语电话咨询服务，平安急难救助系统覆盖全球主要国家和地区。昆仑健康与国内知名中医院等医疗服务机构合作，组建“中华治未病网”服务网络，成立“治未病”中心，提供富有中医特色的健康管理服务。和谐健康依托合作医疗机构与特约商户，为客户提供日常常规的健康指导、干预和诊疗管理服务。

思考：

1. 人保健康、平安健康、昆仑健康、和谐健康四家专业健康保险公司从哪些方面打造健康保险的专业化经营？

2. 从这四家健康保险公司的专业化经营中可看出，影响健康保险公司的环境要素有哪些？

提示：这四家专业健康保险公司，在“国十条”政策的激励下，在熟悉中国医保政策的基础上，从健康保险消费者的需求出发，尊重消费者的文化认同，深化和拓展保险产品的内涵和外延，注重提升服务水平，充分运用网络化技术，尽量打造保险公司与医保部门、医院的和谐环境。

拓展阅读

新华保险医疗服务网络已具雏形

近日，新华健康投资设立的新华济南健康管理中心开业，由此新华保险打造的全国初级医疗服务网络已具雏形。据悉，早在2011年年初，新华保险在同行业中率先提出打造“中国优秀的、以全方位寿险业务为核心的金融服务集团”的五年发展战略，专注于寿险业务，以人的需求为核心，提供覆盖客户全生命周期的保险保障和理财服务，发展延伸至健康和养老等产业。

根据这一战略，2011年下半年，新华保险全资子公司新华健康应运而生。新华健康一成立，就确定了“保险保障+健康管理”的创新业务模式，致力于为广大消费者和新华保险客户提供高品质、全方位、覆盖全生命周期的健康管理、医疗服务、养老看护及健康保险等一体化服务，构建完整的健康保险产业链，满足客户多样化和个性化的健康需求。

随后，新华健康先后在西安、武汉、青岛、济南等12个城市，建立了12家健康管理中心。目前，新华健康业务从健康体检延伸到健康促进、亚健康评估及调理、功能医学、口腔诊疗、慢病管理、就医协助等覆盖全生命周期的全面健康管理服务。根据不同客户的健康状况，提供有针对性的健康干预指导方案，包括改善生活方式、健康教育、慢性病管理、诊疗指导、就医服务等科学健康管理服务。同时，新华健康努力打造星级服务标准，在服务细节方面处处体现“以客户为中心”的服务理念。新华健康还将健康管理与保险保障相结合，让客户在享受健康医疗服务之外，还可获得专业的人身保险、健康保险等保险保障服务，打造出“保险保障+健康管理+医疗服务”的创新业务配套服务。保险业新“国十条”的发布为新华保险提供了强大的政策支撑，新华保险将依托新华健康继续深耕大健康产业。首先，继续完善“保险保障+健康管理”的创新业务模式。一方面，借助健康数据，开发更具针对性的健康保险产品，并可根据客户的身体健康状况，为每一位客户提供有针对性的保险支持方案，在给客户提供健康管理的基础上更添加一份保险保障，让客户畅享全生命周期的健康与安全；另一方面，健康管理和寿险产品相结合，实现对客户病前、病中、病后的全程管理。其次，在继续完善健康管理服务网络的情况下，新华健康将整合国内外医疗资源，通过合作、控股和参股的方式，借助国内外专业机构管理能力和经验，快速积累医疗服务行业的能力和经验，逐步进入私人医生、高端诊所、专科医

院及综合医院等领域，建立新华保险医疗服务网络；同时整合国内外护理服务资源，依托新华保险的养老产业，打造专业护理人才培养、护理服务人才派遣、第三方管理咨询服务等专业化、标准化的业务体系，建立新华保险护理服务网络。

时间：2014-11-28 11:40

资料来源：新文．2014．新华保险医疗服务网络已具雏形，中国消费网．中国消费者报

第五章
健康保险消费行为分析

在自由竞争市场环境下，健康保险公司的一切经营活动，包括健康保险营销活动，都与健康保险消费者的行为有着密切的联系。因此，分析健康保险消费者的投保心理和动机对于了解健康保险消费者的投保行为非常重要。本章主要介绍健康保险消费者的投保心理及投保心理活动过程，健康保险消费者的心理活动或者投保动机对其投保行为的影响；团体健康保险消费者的投保特点、投保行为模型；影响团体健康保险消费者投保行为的内部和外部因素及投保决策过程等。

第一节　健康保险消费者投保心理

投保心理是指在健康保险消费者投保过程中发生的心理活动，是健康保险消费者根据自身的需要与偏好，选择和评价保险产品的心理活动。投保心理支配着健康保险消费者的投保行为，并通过投保行为加以体现。投保行为是投保心理活动的集中表现，是投保活动中最具意义的部分。而健康保险，作为保险产品中的特殊产品，健康保险消费者在选择时也遵循着这一心理规律。因此，健康保险营销既是了解和熟悉健康保险消费者投保心理的一个过程，也是对于其加以引导以促成健康保险投保行为实现的一个过程。

一、健康保险消费者的投保心理活动过程

根据心理学的原理，健康保险消费者自主的、有意识的消费行为，通常要经过一系列的心理活动过程才能做出，而心理活动过程就是健康保险消费者对于各种信息和影响因素进行处理加工的过程。健康保险消费者的心理活动过程是一个动态的过程，一般包括三个阶段，即认知过程—感情过程—意志过程。

（一）健康保险投保心理活动的认知过程

认知过程是一个非常复杂的过程，是指健康保险消费者认识客观事物的过程，是对信息进行加工处理的过程，是健康保险消费者由表及里、由现象到本质地反映客观事物特征与内在联系的心理活动。它是由感觉、知觉、记忆、思维和想象等多种认知要素组成的一个完整过程。

现实中，健康保险的投保活动便是首先从对健康保险产品的认知过程开始的，作为投保心理活动过程的起点和第一阶段，健康保险消费者所产生的各种投保心理与行为现象，如投保动机的产生、投保态度的形成、投保过程中的选择比较等，都是建立在健康保险消费者对健康保险产品的认知过程之上的。例如，健康保险消费者会接触到各家保险公司营销人员对于健康保险的营销活动，如推介新的健康险种、各种保险承诺、保险广告等，这些信息会不断地刺激健康保险消费者。而健康保险消费者此时通过大脑对这些外部信息加以接受、整理、加工、储存，从而形成对健康保险产品的某种

认识,这一过程就是投保心理活动过程的认知过程。

(二)健康保险投保心理活动的情绪过程

情绪或情感,是健康保险消费者对事物的一种态度的体验,是健康保险消费者的需要得到满足与否的反映,是伴随着认识活动和意志行动而出现的。它具有独特的主观体验的形式和外部表现的形式,具有极为复杂的神经生理、生化的机制,包括健康保险消费者在心理和生理的许多水平上的整合。而投保心理活动的情绪过程是指健康保险消费者在认识健康保险产品时所表现的个体态度,是其投保心理活动的特殊反映形式,是健康保险消费者考虑自身的保险需求是否得到满足而引起的内心心理活动变化。如果所接触的健康保险产品不能满足其保险需求,就会产生不满或者厌恶的消极情绪;如果推介的健康保险产品能够满足其对于健康保障的需求,就会产生高兴、愉悦等积极情绪。

健康保险消费者在投保活动中的情绪过程大体可以分为四个阶段。

1. 悬念阶段

悬念阶段,是指健康保险消费者有健康保险的需求,但是并未付诸实施进行投保的行为。在这个阶段,健康保险消费者处于一种犹豫的情绪状态。如果其对于转嫁自身健康风险的需求很强烈,这种犹豫将有可能进一步提升为一种焦虑感。

2. 定向阶段

定向阶段,是指健康保险消费者对于能够满足其需求的健康险种已经形成初步的认知,此刻健康保险消费者的情绪处于定向状态,即对于各种健康险种表现出特定的情绪回馈,如喜欢或不喜欢、满意或不满意等。

3. 强化阶段

强化阶段,是指如果健康保险消费者对提供的健康保险产品的情绪认知趋向于喜欢、满意,于是这种情绪会得到强化,催生强烈的投保欲望,并有可能对投保决策的制定起到促进作用。

4. 冲突阶段

冲突阶段,是指健康保险消费者对提供的健康保险产品的功能进行全面的评价。现实中可能某个单一的险种不能满足健康保险消费者多种、全面健康保障的需要,健康保险消费者将处于情绪的矛盾和冲突中,产生犹豫和纠结。这一过程中,如果最终积极的情绪占据主导地位,健康保险消费者就有可能做出最终的投保决定。

(三)健康保险投保心理活动的意志过程

意志是人所特有的心理现象,是人自觉地确定目的,并且选择手段根据目的调节支配自身的活动,以排除干扰克服困难,达到预定目的的心理过程。它是人的意识能动作用在消费行为中的表现。

健康保险消费者在经历认识过程与情感过程以后,是否采取实际的购买活动,还有赖于健康保险消费者心理活动的意志过程。它是健康保险消费者在确定了购买的目标以后,自觉地支配和调节自己的行动,努力排除各种困难从而实现购买的心理活动,是健康保险消费者由确定购买动机转变为购买行动的心理保证。

投保心理活动的意志过程是健康保险消费者在投保活动中表现出来的有目的、自觉的支配和调节自己行为的心理活动。

1. 健康保险消费者投保心理活动的意志过程的基本特征

(1)目的性:意志和目的是分不开的。离开了自觉的目的,就没有意志而言,所以盲目、冲动的行动都是缺乏意志的行动。其目的越明确,其意志就越坚定。当然这个目的是受客观条件所限制的。

健康保险消费者购买健康保险是为了满足转嫁健康风险的需要,是要经过思考而明确其购买目的，然后有意识、自觉地调节投保行为。为了实现投保目的，健康保险消费者还要根据自己的主观条件加以确定。例如，选择保险公司、选择健康保险险种、投保金额大小等这些需要健康保险消费者自己作出决定。

（2）选择性：人的意志行动是由一定的动机引起的，但由动机过渡到行动的过程可以是不同的，简单的意志行动中过程可以直接过渡，但在较复杂的意志行动中，人的动机常常是非常复杂的。在许多场合，会同时出现引导不同行动的动机。

在实际投保活动中，健康保险消费者同时有多种健康风险转嫁需要，因此就会产生多种购买动机。有时这些购买动机的方向是一致的，有时可能完全相反。例如，保障需求与缴费能力的矛盾，健康保险消费者既想获得尽可能充分的健康保险，又想尽可能少交保费，因此意志就表现为排除干扰，解决这些冲突。健康保险消费者必须对自己风险转嫁的需要进行选择，根据自己实际的经济条件和需要的轻重缓急，在比较的基础上作出理智的投保决定。当然外界的信息如其他人的投保行为，可能会强化这种购买目的。

（3）行动性：意志行动往往与克服困难相联系。这一特点表明健康保险消费者在经过成熟选择后采取实际的投保行动。实际投保行为是真正表现出意志的重要环节，它不仅要求健康保险消费者克服内部困难，而且要排除外部的干扰。通过意志的努力，实现既定的投保目的。在健康保险消费者的购买过程中，如果得到营销人员的热情接待和帮助，则会强化健康保险消费者的投保决定。

在投保行为中，由于多种因素的影响，有的可能导致积极的情绪反应，有的可能引起消极的情绪反应。为了克服其消极情绪，就有赖于意志行动的心理过程。

2. 健康保险消费者健康保险投保心理活动的意志过程

在购买活动中，健康保险消费者对产品的意志过程可分为三个阶段。

（1）投保决定阶段：健康保险消费者的投保活动是有目的的。健康保险消费者对健康保险产品的意志过程可以在有目的的购买行动中表现出来。有时这个目的可能是具体的。如对健康险种的投保价格、保障内容、保障时间有一个具体的印象，但也可能不够具体，如对某种健康险选择哪家保险公司没有确定，然而经过思考或经过不同险种间的比较而明确购买目的，并作出购买决定。同时，健康保险消费者在投保时，也会遇到这种情况，当他面对需要进行健康风险转嫁的需求时，必须进行选择，要根据不同健康险的性价比，根据自身的经济条件和风险转嫁需要的轻重缓急，作出具体投保决定，这也需要作出意志努力才能决定。

（2）投保决策运行时间：意志过程的这一阶段是健康保险消费者作出投保决定后实施的阶段。当健康保险消费者通过对所需健康险种进行分析、比较和选择后，一旦决定，就会付诸投保行动。当然，健康保险消费者从决定到行动，并不都是十分顺利的。它不仅要求健康保险消费者克服内部困难，还需要排除外部障碍，为实现投保目的，就要付出一定的意志努力。

（3）体验投保执行效果阶段：当健康保险消费者投保后，经过体验，往往会对自己的投保决定进行检查，重新考虑购买此种健康险是否满意，形成投保后感受。这一阶段往往决定健康保险消费者是否对这种险种进行重复投保或终止投保行为。

在健康保险消费者投保行为的上述三个阶段中，第一阶段比较关键和复杂，常常要进行大量的心理活动才能最后完成，而且在这一阶段中使健康保险消费者的意志质量，即自觉性、果断性和自制性得到具体、生动的体现。因此，培养良好的意志质量对健康保险消费者的投保行为方式具有重要的作用。

二、健康保险消费者的个性心理

健康保险消费者的个性心理特征指的是在健康保险消费者的投保心理活动的一般规律中发生在特定的个体健康保险消费者身上，既有一般规律，又有明显的个性特征的现象。

个性心理特征是指个人带有倾向的、本质的、相对稳定的心态特征。包括能力、兴趣、气质、性格等方面。它的形成基础很复杂。它体现了个体的独特风格和心理活动。正由于不同的人有不同的个性心理特征，才使得其购买行为复杂多样、变化多端。其中，能力是体现健康保险消费者完成投保活动的潜在可能性特征；兴趣是健康保险消费者投保心理倾向性的特征；气质是健康保险消费者投保心理活动的动力特征；性格是反映健康保险消费者对现实环境和完成投保活动的态度上的特征。

（一）能力与投保行为表现

能力是个人能否顺利完成某种活动，并直接影响活动效率的个性心理特征。健康保险消费者的能力结构包括一般能力、特殊能力、人际交往能力和应变能力。

1. 一般能力

一般能力是指在许多活动中都必需的带共同性的基本能力，它适合于多种活动的要求。在健康险投保活动中，一般能力又包括以下一些具体的能力。

（1）注意力：有些健康保险消费者能够迅速地从众多的健康险品种中搜寻到满足自身需求的险种，而有些健康保险消费者却不能。这种情况就是注意力的差异所致。

（2）观察力：是个体对事物进行准确而又迅速的感知能力。观察力强的健康保险消费者，往往能很快地挑选出他所满意的险种和公司。如果健康保险消费者观察能力较差，他往往看不到某些险种的不太明显的优点或缺点。

（3）记忆力：一个健康保险消费者能否记住某个险种的内容，关系到他能否有效地作出投保决策。有的决策是面对具体险种时作出的，而有的决策则是在没有见到具体险种的情况下作出的。在后一种情形中，记忆是一个关键。健康保险消费者一旦对于能满足其自身健康风险转嫁需要的险种有明确的记忆，那么他可以在保险营销行为之前就作出购买决策。

（4）判断力：它表现在健康保险消费者选购健康险时，通过分析、比较对不同险种的优劣进行判断的能力上。一般来说，判断力强的健康保险消费者，能迅速果断作出投保或不投保的决策；反之，判断力差的顾客，经常表现为优柔寡断，有时甚至会作出错误的判断。

这种能力，也表现在对已购买险种的使用中，有的能迅速发现险种的优劣，作出正确的评价，而有的健康保险消费者则不能。

（5）比较能力：这一般表现为健康保险消费者能够根据自身需要，考虑市场中更加适合自己的险种。

（6）决策能力：当健康保险消费者选中了自己满意的险种，是否能下决心投保，这还需要有决策能力。

2. 特殊能力

特殊能力是某种专门性活动所必需的知识和技能，它属于专业技术方面的能力。例如，对于不同健康险保障范围的鉴别能力，健康险合同赔付条款的理解能力，个人投保上限与保障范围的评价能力等。

3. 人际交往能力

人际交往能力是指健康保险消费者在面对保险营销人员选择健康险的过程中，表现出的人与人之间的交往。在健康险的市场营销活动中，作为买方的健康保险消费者，就需要与作为卖方的营销人员进行深入交流沟通，以获得最大化的利益回报。

4. 应变能力

应变能力是指在健康险营销活动中，健康保险消费者为了获取自身健康风险转嫁的最大利益诉求，需要具备一定的应变能力，从心理、利益分配、供求关系等方面来把握投保行为的最终效果。

（二）兴趣与投保行为表现

所谓兴趣，是一个人力求接触和认识某种事物的一种意识倾向。投保行为兴趣是指人们需要某一种健康险的情绪倾向。兴趣是人们从事各项活动的重要推动力。

1. 兴趣的种类

（1）依据兴趣的内容和倾向性，可将其分为物质的兴趣和精神的兴趣。物质的兴趣是指健康保险消费者对健康险产品本身的兴趣，需要交纳的保费、可以获得的保障额度等。精神的兴趣是指健康保险消费者为满足精神需求而形成的态度倾向，如对大型保险公司和小型保险公司的态度差异。

（2）依据兴趣与指向对象的关系，可将其分为直接的兴趣和间接的兴趣。由事物本身而引起的兴趣称直接兴趣，如在投保活动中，健康保险消费者对某家保险公司或者某个健康险种的特定需要而产生的喜爱和追求等。对某种事物的本身没有兴趣，而对于这种事物未来的结果有兴趣，称为间接兴趣，如有些健康保险消费者选择健康险时对于保险公司并不关注，只关心不同健康险种差异等。

（3）依据人的意识参与兴趣的程度，可将其分为情趣和志趣。情趣是感情作用于兴趣的结果，如健康保险消费者过往保险产品大多在某家保险公司购买，虽然对于其推出的健康险目前没有需求，也会去投保。志趣是意志作用于兴趣的结果，往往是一种偏好，如某些健康保险消费者对于自身健康水平的关注度非常高，于是他们对于健康险的投保热情就会很高。

2. 几种常见的兴趣类型

由于兴趣具有个别差异的特征，因而反映到健康保险消费者具体的健康险投保倾向性上有以下几种常见类型。

（1）偏好型：健康保险消费者兴趣的指向性形成对一定事物的特殊喜好。此类健康保险消费者的兴趣非常集中，甚至可能带有极端化的倾向，直接影响到他们的投保行为。例如，有些健康保险消费者对于健康的关注度远超其他物品如财产等，他们在保险选择时会更加留意健康险种。

（2）广泛型：这类属于具有多种兴趣的健康保险消费者。他们对外界刺激反应灵敏，可以受到各种健康险和保险公司广告、宣传的吸引或社会环境的影响，购买不拘一格。

（3）固定型：此类健康保险消费者兴趣持久，往往是某些险种的长期健康保险消费者。他们的购买具有经常性和稳定性的特点。与偏好型的区别在于尚未达到成癖的地步。

（4）随意型：此类多为兴趣易变的健康保险消费者。他们一般没有险种的特殊偏爱或固定习惯，也不会成为某种险种长期的忠实投保群体，他们容易受到周围环境和主体状态的影响，不断转移兴趣对象。

（三）气质与投保行为表现

气质是一个人心理活动的动力特征。所谓心理活动的动力特征，是指心理活动和状态的强度、速度、灵活性和稳定性。例如，有些人活泼、好动、反应迅速，有些人安静、稳重、反应迟缓等。

气质一般是在先天生理素质的基础上，通过生活时间，在后天条件影响下形成的。由于先天遗传因素不同及后天生活环境的差异，不同健康保险消费者在气质类型上存在着多种个别差异，这种差异会直接影响健康保险消费者的心理和行为，从而使每个健康保险消费者的行为表现出独特的风格和特点。气质一经形成，便会长期保持下去，并对人的心理和行为产生持久影响。但是，随着生活环境的变化、职业的熏陶、所属群体的影响及年龄的增长，人的气质也会有所改变。

由于不同健康保险消费者的气质类型不同，投保行为有以下几种不同的表现形式。

（1）胆汁质型健康保险消费者：这类健康保险消费者表情外露，心急口快，投保选择时言谈举止显得匆忙，不愿意反复选择比较，因此往往是快速地，甚至是草率地做出投保决定。他们到市场上就想急于完成购买任务，如果候购时间稍长或营销人员的工作速度慢、效率低，都会激起其烦躁情绪。

（2）多血质型健康保险消费者：健康险的命名、宣传彩页的外观、营销人员的言谈举止等对这类健康保险消费者影响较大，但有时注意力容易转移，兴趣忽高忽低，行为易受感情的影响。他们比较热情、开朗，在实际投保过程中，愿意与保险营销人员交换意见或者与其他健康保险消费者攀谈，在投保过程中，易受周围环境的感染、投保现场的刺激和社会时髦的影响。

（3）黏液质型健康保险消费者：这类健康保险消费者挑选险种比较认真、冷静、慎重，信任文静、稳重的营业员。他们善于控制自己的感情，不容易受广告、宣传彩页、营销人员的干扰和影响。他们对不同的健康险，喜欢自己加以细心的比较、选择后才决定投保。

（4）抑郁质型健康保险消费者：这类健康保险消费者选择险种时，表现得优柔寡断，显得千思万虑，从不仓促地作出决定；对营销人员或其他人介绍将信将疑、态度敏感，挑选险种时小心谨慎、过于一丝不苟；还经常因犹豫不决而放弃购买。

（四）性格与投保行为表现

性格是个性的重要方面。它是指一个人在个体生活中形成的，对现实的稳固态度及与之相适应的习惯了的行为方式。人的性格是在生理素质的基础上，在社会实践活动中逐渐形成和发展起来的，且性格的形成主要决定于后天的社会化过程，具有较强的可塑性。性格虽然并非个性的全部，但它却是表现一个人的社会性及基本精神面貌的主要标志，在个性结构中居于核心地位，是个性心理特征中最重要的方面。而性格又是十分复杂的心理构成物，包含多方面的特征，如态度、理智、情绪、意志等。因此，一个人的性格是通过不同方面的性格特征表现出来的，并且是各种特征有机组合形成的独具特色的性格统一体。

健康保险消费者的性格，是在投保行为中起到核心作用的个性心理特征。由于不同健康保险消费者的性格特点不同，形成了千差万别的投保行为。

1. 从投保态度看

（1）节俭型：这类健康保险消费者勤俭节约、朴实无华、生活方式简单，认识、考虑问题比较现实。他们选购健康险的标准是适用。对于健康险信息，容易接受内在关于健康保障等方面的内容，投保活动中不喜欢营销人员人为地赋予险种内容之外的象征意义。此类健康保险消费者群体在我国为数众多，尤其在中年健康保险消费者中更是多见。

（2）自由型：这类健康保险消费者态度浪漫，生活方式比较随性，选择健康险种标准多样，他们不拘泥于一定的市场信息，有时也受营销宣传的诱导，联想丰富，不能完全自觉地、有意识地控制自己的情绪。

（3）保守型：这类健康保险消费者态度严谨、固执，生活方式刻板，喜欢遵循传统消费习惯，对有关新险种的市场信息抱怀疑态度，有意无意地进行抵制。

（4）怪癖型：这类健康保险消费者态度傲慢，往往具有某种特殊的生活方式或思维方式。选购险种时往往不能接受别人的意见、建议；有时会向营销人员提出一些令人不解的问题和难以满足的要求，自尊心强而过于敏感，投保情绪不稳定。

（5）顺应型：这类健康保险消费者态度随和、生活方式大众化。他们一般不选择标新立异的险种。其行为受相关群体影响较大，和与自己相仿的健康保险消费者群体保持比较一致的投保水平，对社会时髦不积极也不反对；能够随着社会发展、时代变迁改变自己的投保方式和习惯。

2. 从购买方式看

（1）习惯型：这类健康保险消费者，当他们对某个保险公司的产品有深刻体验后，便保持稳定的注意力，逐步形成习惯性的投保行为，不轻易改变自己的信念，购买中遵循惯例，长久不变。

（2）慎重型：这类健康保险消费者，在采取投保行为之前，要做周密考虑，广泛收集有关信息；在投保前，尽可能认真、详细地进行各种类似健康险种的比较，选择衡量各种利弊之后才作出投保决定。

（3）挑剔型：这类健康保险消费者，一般都具有一定的投保经验和健康保险相关知识。选择险种时的主观性强，善于观察别人不易观察到的细微之处，阅读合同和说明时极为小心仔细，有时甚至达到苛刻程度。

（4）被动型：这类健康保险消费者，往往是奉命投保或代人投保，没有投保经验，在进行险种投保时大多没有主见，表现出不知所措的言行，渴望得到营销人员的帮助。

3. 从个体活动的独立程度看

（1）独立型：这类健康保险消费者有主见，能独立自主地作判断和选择，不易受外界因素影响，他们往往是团体投保决策的关键人物。

（2）顺从型：这类健康保险消费者易受暗示，购买时会犹豫不决。

三、健康保险消费者的投保动机

在任何时期，个人总会有许多需求。这些需求是由生理或者心理紧张状况引起的。当需求达到足够强度水平时，它就成为动机。动机是一种需求，它能够产生足够的压力驱使人们行动，以实现目标；目标达到，需要得到满足，内心紧张状况消除，行为过程即告结束。

由此看出，在行为过程中，直接引起、驱动和支配行为的心理因素是需要和动机，而动机又是在需要基础上产生的。因此，需要是健康保险消费者投保行为的原动力，动机则是健康保险消费者投保行为的驱动力。因此，研究健康保险消费者的投保动机有助于了解健康保险消费者的投保行为。

动机将健康保险消费者的需要具体行为化。表现为健康保险消费者按照自己的动机去选择保险公司和健康险种。而选择后还有后续的进一步的投保行为，因此健康保险消费者行为实质上是一种动机性行为，源于各种投保动机。

（一）投保动机的形成

作为投保行为的驱动力，投保动机的形成需要具备三个基本条件。

1. 存在保险需要

即只有当社会中的健康保险消费者感觉自身健康有风险，想要通过保险转嫁风险的需要，并且这种需要达到足够强度时，才有可能产生采取购买保险的方式来转嫁风险的动机。

2. 内部和外部的刺激条件

虽然需要可以产生动机，但是从需要转变为动机还要相应的刺激条件。如健康保险消费者感觉身体不再像年轻时候强壮，或者受到保险营销人员的推销和广告等内部与外部的刺激时，使其内心产生某种不安情绪，形成紧张状态，进而演化为动力，形成健康保险的投保动机。

3. 有满足保险产品需要的对象和条件

如健康保险消费者意识到自己面临各种健康风险威胁时，当保险公司提供相应的健康险种时，并在适当的外部刺激下，健康保险消费者就会产生投保动机。

在投保动机形成过程中，三个条件缺一不可，而其中外部刺激更为重要。因为健康险是一种典型的非渴求产品，因此往往需要外部刺激来启动保险需要，外部刺激越强，需求转化为动机的可能性就越大。因此，如何给健康保险消费者更多的外部刺激，是推动其投保动机形成乃至实现投保行为的重要前提。

（二）健康保险投保动机对投保行为的影响

根据心理学理论，投保动机在改变健康保险消费者的投保行为活动方面具有下列作用。

1. 诱发和停止投保行为

投保动机是投保行为的直接动力，其重要作用之一就是能够诱发和停止投保行为。如健康保险消费者通过健康险投保,其自身的健康风险需求得到满足后,投保动机就会消失,于是投保行为也会停止。

2. 引导投保行为方向

引导健康保险消费者在众多的健康风险转嫁需求中进行识别,确定最基本的需要。将确定的最基本需要具体化,发展成为某家保险公司或是某类健康险具体的投保意愿。从而获取投保行为效用最大化。

3. 维系和强化投保行为

在健康保险消费者投保活动的过程中,鼓励健康保险消费者采取行动,直到投保目标最终实现。

第二节 个体健康保险消费者投保行为

个体健康保险消费者在进行投保行为中,其行为活动轨迹遵循相应的行为模型。

一、个体健康保险消费者投保行为模型

个体健康保险消费者投保行为模型的中心是健康保险消费者心理和健康保险消费者特征,如图 5-1 所示。

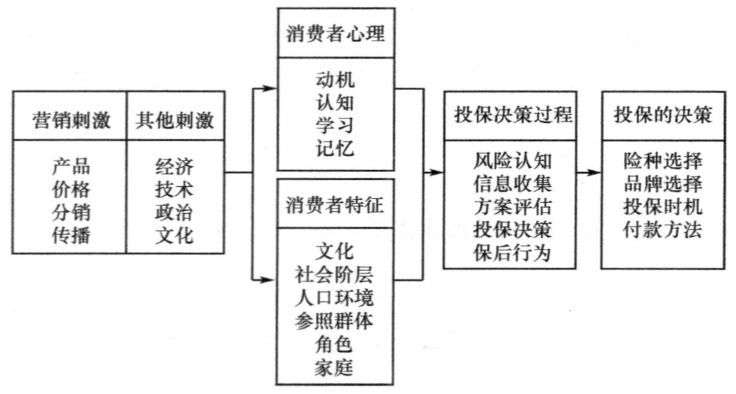

图 5-1 健康保险消费者投保行为模型

二、影响个体健康保险消费者投保行为的外部因素

外部因素主要指社会、人文和人口统计等方面的因素,包括文化、社会阶层、人口环境、参照群体、角色、家庭等。

(一) 文化因素

文化是知识、信念、艺术、法律、伦理、风俗和其他由大多数社会成员所共有的能力、习惯等构成的复合体。首先,文化是一个综合概念,它包括了影响个体思维过程与行为的所有方面。其次,文化又是一种后天学习的行为,个人绝大多数行为是经由学习获得,而非与生俱来的。每一个健康保险消费者多是在一定的文化环境中成长并在一定的文化环境中生活,其投保行为必然受到文化环境的深刻影响。

1. 文化价值观的差异与投保行为

文化价值观是一个为社会的大多数成员所信奉,被认为是社会普遍倡导的信念。文化价值观是通过一定的社会规范来影响人们行为的。社会规范是文化对个人行为设置的边界。不同文化背景下的社会规范会造就不同的文化价值观。文化价值观广义上可分为三类。

(1) 他人导向价值观,即反映社会对于个体之间、个体与群体之间及群体彼此之间应如何相处或建立何种关系的基本看法。例如,社会更加重视集体的作用,健康保险消费者在做投保决策时可能会较多地依赖于他人的帮助和指导。由此,保险公司在进行健康险的促销活动时,就可以把营销关注点放在个人健康保障就是家庭健康保障的基础上,通过引起健康保险消费者的共鸣来提升营销效果。

(2) 环境导向价值观,即反映社会与其经济、技术和物质环境之间的相互关系的看法。例如,在一个安于现状、对承担风险采取回避态度的社会中,健康保险消费者在投保时可能对新的健康险种较为谨慎。

(3) 自我导向价值观,即反映社会成员认为应为之追求的生活目标以及实现这些目标的途径、方式。例如,在西方发达国家,政府鼓励人群居安思危,关注长期生活质量,健康保险消费者在进行健康险投保时就会表现出积极、主动且比较理智的行为。

2. 亚文化与投保行为

文化很少是完全同质的。大多数文化中还包含许多亚文化。亚文化实质就是主文化的细分和组戎部分,亚文化为其成员提供更加具体的认同感和社会化。亚文化包括国籍、宗教、种族、地域亚文化等。

从健康保险消费者来看,其具体的投保行为不仅会带有某一主文化的基本特性,同时会带有所属亚文化的特有特征。例如,在中国北方地区,北方居民的性格较为豪爽,在投保行为上会表现出果敢和粗放。

3. 社会阶层与投保行为

社会阶层是依据经济、政治、教育、文化等多种社会因素划分的社会集团。社会阶层的分层不同国家分类方式不同,在美国,按照收入、教育水平等标准从低到高划分了七个层次。相同社会阶层的成员具有相近的价值观、兴趣爱好和行为方式。例如,在中国,健康保险消费者在健康险的投保活动中,收入高的群体表现比较积极,收入较高的群体表现比较保守,收入一般的群体表现比较犹豫,收入较低的群体表现比较冲动。

(二) 社会因素与投保行为

社会因素是指社会上各种事物,包括社会制度、社会群体、社会交往、道德规范、国家法律、社会舆论、风俗习惯等。它们的存在和作用是强有力的,影响着人们态度的形成和改变。

1. 参考群体

参考群体由对一个人的态度和行为有直接或间接影响的群体构成。对一个人有直接影响的群体称为成员群体。参考群体使健康保险消费者接触到新的行为和生活方式,影响他们的态度和自我观念。在群体中存在意见领袖。意见领袖是在与产品相关的非正式交流中,对特定的产品或产品种类提供意见或信息的健康保险消费者。如中国人寿选择姚明作为其寿险的代言人,通过姚明的讲述利用其社会领袖人物的意见作用来引导其他健康保险消费者购买其公司的险种。

2. 家庭

家庭是社会中最重要的健康保险消费者购买组织,家庭中丈夫、妻子和孩子在投保活动时会发挥不同的影响。而家庭的类型会影响健康保险消费者投保行为的独立性,家庭结构的变化会使投保态度发生变化。处于家庭生命周期的不同阶段,健康保险消费者的投保行为的理智性也会不同。同时家庭的收入水平最终会影响投保的支出金额。

3. 角色和地位

健康保险消费者在社会中属于许多群体——家庭、俱乐部和各类组织。健康保险消费者在每个群体中的位置可以用角色和地位来定义。角色由周围的人期望此人履行的所有职责构成。每个角色都传递一种地位，反映出社会给予此人的尊重程度。健康保险消费者在投保活动时，其所处的特定的角色和社会地位会影响其投保决策。例如，在现今中国，很多年轻父母由于只有一个孩子，所以为了孩子更好地成长，多会把健康险的主要投保行为都集中在孩子身上，而且投保决策也更加坚决。所以在很多保险公司的健康险种类中，针对青少年的险种明显多于其他年龄段。

（三）个人因素与投保行为

健康保险消费者投保决策还会受到个人特征的影响，主要包括健康保险消费者的年龄、所处的生命周期、职业、经济状况、生活方式、个性和自我概念。

1. 年龄和生命周期

健康保险消费者在一生中会对于不同的产品和服务进行购买决策，消费行为还受家庭生命周期以及各时点家庭人数、年龄和性别的影响。对于健康险同样如此。青年时期，健康保险消费者对于健康险可能多停留在关注层面，投保决策较少。进入中年阶段，随着身体素质的下降、家庭成员的变化、收入的变化，健康保险消费者对于健康险可能更容易产生投保行为。进入老年阶段，健康保险消费者最为关注的是自身的身体的健康和生命的延续，对于健康险的需求和投保行为将大幅增加。

2. 职业和经济条件

职业也影响健康保险消费者的投保模式。从事高危性行业的健康保险消费者对于健康险的关注程度和投保行为可能远远高于从事普通行业的健康保险消费者。

健康保险消费者当年和未来预期的经济条件也会对于健康保险消费者投保行为产生影响。经济衰退时期，健康保险消费者对于非渴求品的保险产品关注程度将大幅度下降。

3. 个性和自我概念

每个健康保险消费者都具有会影响投保行为的独特个性。个性指的是有区别的心理特征，它导致对环境刺激的相对一致和持久的反应。个性通常可以用自信、占有欲、自主、顺从、社交能力、防御性和适应能力等性格特征来描述。每家提供健康险的保险公司也具有自己的个性，健康保险消费者喜欢选择与自己的个性相匹配的保险公司投保。

4. 生活方式和价值观

生活方式是健康保险消费者在世界上的生活模式，表现为他的活动、兴趣和观点。一般可根据自我导向和资源将健康保险消费者分为8组，如图5-2所示。

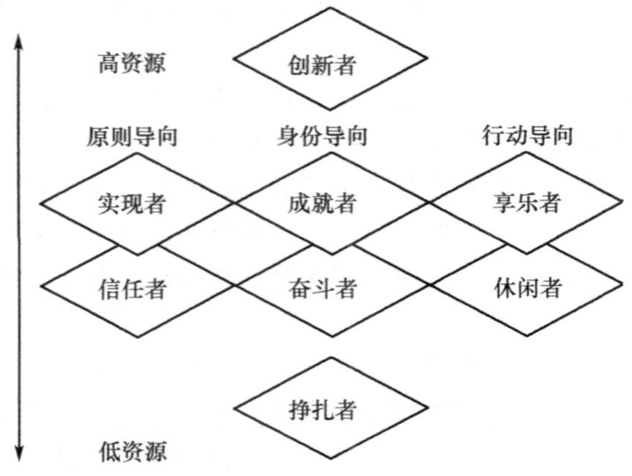

图5-2 健康保险消费者价值观生活方式模型

如自我导向最高的创新者消费人群就会更加容易接受新的健康险种,并尝试形成投保行为,而挣扎者可能对于任何健康险都没有特殊的需求。

三、影响个体健康保险消费者投保行为的内在因素

内在因素主要是指健康保险消费者心理方面的因素,主要包括动机、感知、学习、信念和态度。

(一) 动机

动机,也称驱动力,是一种足够充足地促使健康保险消费者去追寻满足他们需要的需求。而健康保险消费者转嫁健康风险的需要是投保行为的原动力,投保动机是投保行为的直接驱动力。

根据马斯洛的需求层次理论,人的需求有五个层次:生理的需求、安全的需求、社交的需求、被尊重的需求和自我实现的需求。在较高层次的需求出现前,较低层次的需求首先得到满足。例如,在健康保险消费者的投保行为中,曾经进行过健康险投保行为的健康保险消费者后续的投保行为所涉及的险种和投保金额可能就比初次投保的健康保险消费者更广、更高。

(二) 感知

感知是人们为了了解客观事物而选择、整理和理解信息的过程。健康保险消费者对于相同的刺激可以想成不同的感知,这是因为健康保险消费者有 3 种不同的感知过程:选择性关注、选择性曲解和选择性保留。于是作为健康险的营销企业,在接触健康保险消费者的过程中,就需要通过一些营销手段的改变来影响健康保险消费者的感知过程来提升营销的效果。

(三) 学习

学习是指由经验引起的健康保险消费者行为上的改变。健康保险消费者会在投保活动中不断获取知识、经验和技能,不断完善其投保行为。和其他消费行为类似,投保行为很大程度上是后天学习获得的。健康保险消费者通过学习增加对于健康险产品知识的了解,丰富投保经验,从而帮助自身建立重复性投保行为。

(四) 信念和态度

通过实践和学习,健康保险消费者获得信念和态度,信念是健康保险消费者对某些事物所持的描述性的想法,态度是健康保险消费者对某些事物所持的意志的评价、感受和倾向。

信念和态度的形成与改变会直接影响健康保险消费者的投保行为。例如,对某健康险种有较好体验的健康保险消费者会对该险种及提供险种的公司产生积极的态度;反之,则会产生消极的态度。

作为保险产品一种的健康险,由于其特殊性,在实际的投保行为中,健康保险消费者经常表现出两种态度:一是拖延,特别是涉及需要长期支付保费的时候,认为满足今天的健康需求比满足明天的健康需求更容易,因而往往使长期健康保障服从于其他更现实的需求;二是避免,因为健康保险是对于健康的风险分担,健康保险消费者对于风险的恐惧经常抑制其对于保障的考虑。

四、个体健康保险消费者的投保决策

(一) 个体健康保险消费者在投保决策中的角色

在个体健康保险消费者的健康保险投保决策中,一般以家庭为投保单位进行。家庭成员参与决策过程,并在其中扮演不同的角色。但投保决策的最后决定人,一般是家庭中的某一个或几个成员。一般有五种常见的角色,在决策中各自发挥着不同的作用。

1. 倡导者

倡导者首先提出健康险投保的建议,他们通常具有较强的健康风险管理意识。例如,在现今环境污染日益严重的情况下,父母多会考虑子女以后的健康问题,为子女进行相应的健康险的投保。倡议者一般具有丰富的社会生活经验和理念,是健康险营销人员需要重点关注的对象。

2. 影响者

影响者对倡导者提出的投保建议发表个人意见,影响建议是否被采纳。例如,祖父母可能会认为孙子女年纪太小,没有必要把金钱花费在远期的健康保障上。

3. 决策者

决策者是指对倡议有决定权的人。例如,在北方城市中,可能家庭中的成年男性最终决定是否为子女进行健康险投保,选择哪个险种、哪家保险公司等。

4. 购买者

购买者是指最终与保险公司签订健康险合同并按合同规定缴付保险费的人。

5. 享用者

享用者即享受健康保险保障的人。例如,父母给子女投保健康险后,子女即为享用者。

(二) 个体健康保险消费者投保决策的内容

个体健康保险消费者投保决策的内容就是进行投保决策时需要解决的问题,主要包括六大方面。

1. 为什么投保(why)

为什么投保即权衡投保动机,是寻求近期健康风险转移还是远期健康水平保障?

2. 投保哪种健康险(what)

投保哪种健康险是投保决策的核心,即确定健康险投保的具体险种和具体内容,包括险种名称、保险期限、保险金额、缴费方式等。

3. 投保保障规模(how many)

投保保障规模是根据享用者的需要与购买者的支付能力确定投保金额。

4. 选择哪家保险公司(where)

选择哪家保险公司即确定投保的公司。对保险公司的选择主要考虑其规模、服务水平、健康险特色等。

5. 何时投保(when)

何时投保即确定投保时间。这主要取决于购买者转嫁风险的迫切程度和健康险的发展前景。

6. 怎么投保(how)

怎么投保即确定投保的方式。可以选择的方式有网上投保、上门服务、代理人投保、经纪人投保;付款方式有现金、支票、银行转账等。

(三) 个体健康保险消费者投保决策过程

投保决策过程是健康保险消费者谨慎地评价保险公司、健康险产品、费率、服务质量等因素后,进行理性选择,获取较高健康风险保证性价比的过程。投保决策过程包含风险认知、信息收集、方案评估、投保决策与保后评价五个阶段,如图5-3所示。

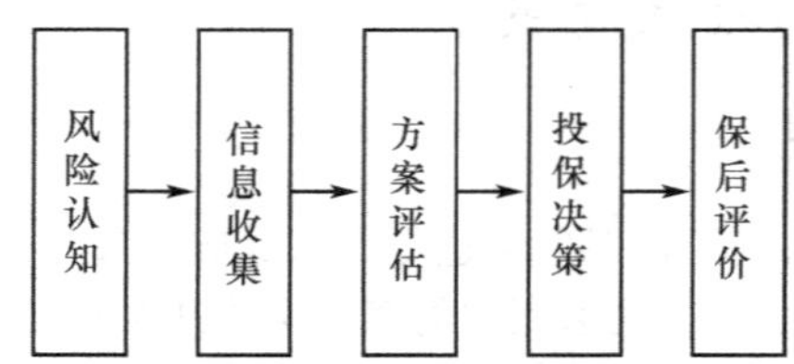

图5-3 个体健康保险消费者投保决策过程

1. 风险认知

健康险投保决策过程实质上就是一个解决现在及未来可能的健康风险威胁的过程,而这一过程开始于投保人对健康风险的认知。健康保险消费者在投保过程中,有很多因素可能会影响到其对所面临的健康风险的认知。例如,健康保险消费者可能在朋友生病后没有能力支付医疗费用而联想到自身的情况,或者通过保险公司的健康险宣传等,都会提升健康保险消费者对于自己面临类似的健康风险的关注度,从而产生寻求解决方案的行为,即产生对于健康险的需求。

2. 信息收集

在对于健康风险产生认知的基础上,健康保险消费者处于健康风险转嫁的动机驱动,开始寻求解决方案,于是会进入信息收集的过程。健康保险消费者的信息来源主要有以下几种:健康保险消费者自身过往的健康险投保经验;健康保险消费者周边信息源,包括亲朋好友、家人、同事等;公众信息源如报刊、网络、保险公司广告、营销信息等。在广泛搜集的基础上对所获得的信息进行适当的筛选、整理、加工后即可形成自身健康风险转嫁的多种备选方案。

3. 方案评估

健康保险消费者对各种备选方案进行评价,针对保险公司的信誉、保险公司财务状况、不同健康险的功能、价格等进行评估与比较。最终做出投保决策。

4. 投保决策

健康保险消费者根据一系列评估准则对所有方案进行评估后,就要做出最终投保决策。投保决策包括对于健康险种的确定、险种提供公司和保险代理人的选择、投保时间与投保金额的确定、缴费方式的确定等。

5. 保后评价

健康保险消费者投保后,会对投保的健康险做出评估。主要考虑险种是否能真正满足自身健康风险转嫁的需要,是否达到投保行为前的期望。如果达到或者超过期望值,满意的健康保险消费者可能会重复投保并向他人推荐;反之,则健康保险消费者可能会出现退保行为。

第三节 团体健康保险消费者投保行为

团体健康保险是以各种社会团体为投保人,以其所属员工为被保险人(包含团体中的退休员工),当被保险人因疾病或分娩住院时,由保险人负责对其住院期间的治疗费用、住院费用、看护费用,以及在被保险人由于疾病或分娩致残疾时,由保险人负责给付残疾保险金的一种团体保险。团体健康保险消费者即指上述购买健康险的组织或集团,包括企事业单位、机关或者其他团体。

一、团体健康保险消费者投保特点

同个体健康保险消费者相比,团体健康保险消费者的投保行为具有如下特点。

(一)投保人数少,但是涉及金额庞大

在团体健康险中,是以单个企业或者单位作为投保人,相对于个人健康保险消费者而言,数量很少。但是由于团体规模比单个健康保险消费者庞大,其面临的健康风险也相对集中,尤其是经营性团体。因而,所涉及的团体健康险投保金额都较大,甚至是巨额的。

(二)投保决策的参与者众多

团体健康险投保关系到团体中所有成员的利益,所以其投保的决策单位可能非常庞大且复杂,在进行投保决策时会涉及不同职能部门、不同层级的参与者。

(三)投保行为波动大

因为团体健康险涉及的投保金额巨大,对于团体而言其保费负担会构成团体非常重要的一项支出项目。因此,当经济环境、团体经营绩效发生变动时,就可能对其投保行为产生影响。另外,巨大的保费负担,也会导致团体对于风险转嫁条件的变动更加敏感,导致其投保行为的改变。

二、团体健康保险消费者投保行为模型

团体健康保险消费者投保行为模型如图5-4所示。

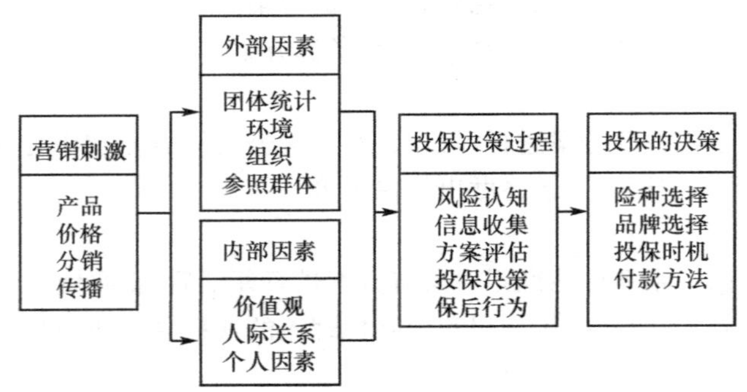

图5-4 团体健康保险消费者投保行为模型

团体健康保险消费者投保行为模型和个体健康保险消费者投保行为模型类似,其中心是团体价值观。它存在于团体成员对团体及其运作所特有的信念和态度中,即团体文化,或称企业文化、公司文化,它反映和影响团体的需求和欲望,影响团体的投保行为和投保决策。

三、影响团体健康保险消费者投保行为的外部因素

(一)团体统计

团体统计包括团体特征与团体成员特征。例如,团体规模的大小不同,其职能部门的设置也会存在差异,于是投保决策的参与者也会不同。例如,在大型企事业单位可能参与投保决策的人员很多,而小型企业投保决策可能仅有业主或经理参与。

(二)环境因素

环境因素包括经济环境、法律环境、技术环境、政治环境、文化环境等。例如,在高速发展的经济环境中,团体因为发展的前景很好,其在健康险投保时,会有意识地制订相比平时更多的投保计划。

(三)组织因素

每个团体都有符合自身情况的特定的组织目标、政策、组织结构和制度等。这些对于团体的投保决策有直接的影响。例如,团体对于所属的员工健康的重视程度越高,对规避风险的意识越高,其购买团体健康险的可能性就越高。

(四)参照群体

参照群体的投保观念不仅影响团体的投保行为,也会左右团体健康保险消费者的投保决策。例如,同行业中的领先者往往是富有创新精神的团体,他们的健康险投保行为会带动其他团体健康保

险消费者的效仿。

四、影响团体健康保险消费者投保行为的内部因素

(一) 价值观

一般来说,团体健康保险消费者投保行为较之个体健康保险消费者的投保行为更加理性与经济。但是不同团体健康保险消费者所具备的价值观会影响其投保行为。例如,事业单位健康险投保可能更加关注险种的风险转嫁能力,而企业单位健康险投保可能更加关注险种的性价比。

(二) 人际关系

人际关系是指处于团体健康保险消费者投保决策的核心位置的成员之间的关系。在团体健康保险消费者产生投保行为过程中,投保意识及投保决策往往受到这类人际关系因素的影响。人际关系中各个参与者的权限大小、地位高低、情绪好坏等,会在一定程度上影响决策方向和决策内容。

(三) 个人因素

团体决策中心里参与投保决策的人,难免会受到个人价值观、年龄、受教育程度、职务、个性及对风险的态度等因素的影响。这些因素进而会影响他们对风险的认识和理解,并最终影响对保险的参与,从而影响投保的决策。

五、团体健康保险消费者的投保决策

(一) 团体健康保险消费者投保决策过程的参与者

1. 受益者

团体投保行为的发生,主要是为了满足其成员的健康风险转嫁的需要。因此,在投保决策制定中,必然听取他们的意见和要求。而成员会有两种直接的反映:满意或者不满意。

2. 影响者

在团体投保行为中,团体中的管理人员、员工等,对于投保决策有很大影响,通常是相关职能和技术部门成员。

3. 投保者

投保者是团体授予正式权利去进行投保行为的个体。通常投保者对于保险公司、险种、数量、保费等投保细节有直接的选择权利。

4. 决策者

决策者是拥有选择和决定投保行为的人。一般情况下决策者往往是团体的权利中心成员。

5. 信息控制者

信息控制者是能够控制外界信息流入企业内部的人。

(二) 团体健康保险消费者的投保决策过程

团体健康保险消费者的投保决策过程与个体健康保险消费者的投保决策过程相同,包括下面五个阶段:风险认知、信息收集、方案评估、投保决策、保后评价。

1. 简述个体健康保险消费者的投保心理活动过程。
2. 简述个体健康保险消费者的个性心理特征。
3. 分析个体健康保险消费者的投保行为。
4. 分析个体健康保险消费者与团体健康保险消费者在投保行为中的异同。

【案例】

平安健康险拓展中小企业　高端医疗险存量仅 10 亿

和讯网消息 8 月 28 日,中国平安旗下平安健康保险股份有限公司与全球福利经纪领域的知名品牌——美世达信员工福利在上海联合发布了面向中小企业员工的高端医疗福利解决方案。这是国内高端医疗保险公司首次为中小企业量身定做高端医疗保障方案,也是平安健康险正在实施的“蓝海战略”的一部分。

据美世员工健康与福利业务中国区负责人李兆琦介绍,该中小企业高端医疗福利解决方案,将原来主要面向跨国公司或本土大企业的保障计划进行了内容创新,新方案中最少 5 个成员即可投保,可承担进口药和自费药品费用。投保企业员工不仅可在社保医院普通病区就医,还可选择特需门诊及外资或私立医院就医,并可享受预约就诊、绿色通道及包括直升机医疗转运在内的紧急救援服务。

“这一方案通过具有创新的保障内容,使中小团体客户在预算有限的情况下,也可以享受大企业的保障条件,从而为保留核心人才提供有竞争力的医疗福利激励。”李兆琦表示。

2013 年美世咨询全行业福利调研报告称,在市场流行的福利项目中,超过 92% 的企业管理人员已经在享受由雇主提供的补充医疗福利,但是高端医疗福利在他们当中的普及度只有 2% 。高端医疗作为企业员工福利体系中的重要一环,在中国拥有巨大的潜在市场。

平安健康险总经理 Andrew Scott 指出,今年以来,健康险团体新单业务占比近 40% ,其中六成客户来自从未购买过高端团体医疗险的企业雇主,高端医疗险的蓝海市场正在迅速开启。

“高端医疗险目前的存量市场蛋糕还太小,大约 10 亿保费规模。”Andrew Scott 透露,平安健康的近期目标就是在高端市场上保证现有的存量客户不流失,并不断优化能力来为这些客户服务,同时重点拓展包括中小企业在内的“蓝海客户”,把市场蛋糕做大。

资料来源:李辉 .2014. 平安健康险拓展中小企业高端医疗险存量仅 10 亿 .http://insurance. hexun. com/2014-08-28/167974144. html[2014-11-19]

思考:

平安健康险选择中小企业作为其客户人群的原因是什么?

提示:高端健康险市场发展潜力及团体健康保险消费者投保特点。

拓展阅读

健康险规模占比仅一成　专业化发展亟待“顶层设计”

核心提示:不少人推断我国健康险的市场空间极大,前景无限。但商业健康险的蛋糕究竟在哪里?什么样的产品才是最值得期待的健康险产品?

【编者按】这是最好的时代,也是最坏的时代。同在今年,有人看好中国健康险市场,不断增加投资;亦有人不看好中国健康险市场,计划撤离。尽管自 2002 年以来,我国健康险每年的增速均保持在 20% 以上,去年甚至以近 30% 的速度飙涨,占比却仍不到人身险总保费收入的一成。本期保险圆桌邀请业内嘉宾深度剖析健康险,探讨寿险业整体增度放缓的大环境下,“站在十字路口”的健康险能否扛起发展的大旗,成为人身险市场真正的“独秀”;在日益增大的健康保障需求下,如何通过各自的特色产品及服务满足甚至引领市场需求;如何与社会保险更加良好地衔接,以促进商业健康险更加高效、顺畅地发展。

“大力发展商业养老和健康保险,建设多支柱的社会保障体系有利于减轻政府未来的财政负担。”中国保监会主席项俊波在6月27日陆家嘴论坛上明确指出。

虽然“大力发展健康险”的口号几乎见诸每年全国保险监管工作会议的工作计划，但若干年过去，其规模推进依然起色不大。健康险的盈利及规模拓展已经成为行业性难题。

几家专业健康险公司虽然在专业化道路上不断深入，但规模和盈利的收效却难言成功；健康险经营者无一不感觉其市场开拓的艰难——医疗数据缺乏、评估能力弱、产品结构单一、经营风险居高不下……

不仅如此，一直扮演“补充”角色的商业健康险，如何与我国基本医疗保险体系、大病医疗保险制度等进行高效合理的衔接及分工，都是健康险从业者期待出现在顶层设计中的基础元素。

健康险蛋糕在哪里？

2012年年底，瑞士再保险公司（下称“瑞再”）曾发布的一份题为《医疗保障缺口：亚太区2012年》的报告显示，亚太区的医疗保障缺口到2020年可能升至1970亿美元。

反观健康保险消费者市场，瑞再另一份调查显示，中国市场上需求最高的两类保险是住院医疗保险和重大疾病类保险，而驱动人们购买这些保险的原因主要源自对罹患大病及无力支付长期医疗花费的担忧。

因此，不少人推断我国健康险的市场空间极大，前景无限。但商业健康险的蛋糕究竟在哪里？什么样的产品才是最值得期待的健康险产品？

《21世纪》：我国健康险市场目前处于何种水平？

（中国保监会人身险部养老与健康险处副处长）李航：自2002年以来，健康险每年增速保持在20%以上，今年一季度的增长速度在25%左右，从一个侧面反映出健康险消费需求很大。但这与专业人士的预期还有很大差距，因为我们的市场与发达国家相比差异很大，几家专业公司也都感觉经营难度比较大。

（北京保监局寿险处处长）陆玉华：拿北京来说，北京是全国最大的健康险市场，保费收入80亿元，占全国的10%左右，有74家保险公司。2009年，北京保险监督管理局做了一系列调研，发现商业健康险在北京的经营也比较难，具体表现为：公司缺乏必要的数据积累，行业没有统一的经营标准，行业缺乏合作和自律，健康险经营还很不专业。

［瑞再（中国）北分副总经理］乐清文：瑞再曾经在2012年选取了中国、日本、新加坡、韩国等几个文化互通、习惯相近的亚洲地区做过健康险调研。结果显示，中国人的平均预期寿命高于其他几个国家，但退休年龄却是最早的，而且开始退休规划的年龄又是最晚的，通常要到40多岁才真正思考自己的晚年生活，因此无论是健康上还是财务上的安排都相对滞后。

而且，调研对象在北京、上海、广州、深圳四个城市，为平均月收入约7500元的中端人群。虽然这部分人在国内相对健康意识较强，但和其他几个国家/地区比起来还有明显差距。可见在健康险领域，中国会在一个相当长的阶段具有极大的发展空间。

《21世纪》：瑞再调研称亚洲医疗保障缺口有1970亿美元，我国健康险这块蛋糕有多大，在哪里？

（中国人寿健康保险部副总经理）孙志军：1970亿美元缺口这个数字，看起来大，实际不大，也就是2012年北京财政收入的4倍左右。我看蛋糕这个概念大体分四个组成要素：政府、监管、保险公司、消费群体，缺一不可。现在这个蛋糕只是潜在要成型或者只成型部分的蛋糕。

……

《21世纪》：具体到健康险产品，一个现象是费用报销型的险种保费收入只占30%，重病险70%左右，这样合理吗？

……

(人保健康总裁)李玉泉:住院津贴保险市场需求很大,但占比低,因为这个领域赔付比较高,风险控制很难。而重大疾病保险需求大,且经营效果也不错。但是健康保险不仅限于医疗和疾病,还有护理和失能保险。现在高速老龄化社会,加上计划生育的影响,很需要护理保险,不仅是护理金,更需要护理行为。中国居家养老为主的现状,护理保险恰恰是健康保险很能发挥作用的领域。

林瑶珉:目前中国寿险业发展出现瓶颈,健康险和养老险是未来最主要的增长点,即便过往非常有限的实践,也足以说明保障型健康险对公司的利润是有卓越贡献的。

………

资料来源:21 世纪网

第六章
健康保险营销调研与预测

本章主要介绍健康保险营销市场调研、营销市场预测和营销市场决策。健康保险营销调研包括营销调研的意义、内容和方法;健康保险营销市场预测包括预测的作用、原则、内容和方法;健康保险营销市场决策包括决策的原则、内容、方法及程序。

第一节　健康保险营销调研

一、健康保险营销调研的含义

健康保险营销调研是指保险公司系统地、客观地收集、整理和分析市场营销活动的各种资料或数据,用以帮助营销管理人员制定有效的市场营销决策。这里所谓"系统"指的是对市场营销调研必须有周密的计划和安排,使调研工作有条理地开展下去。"客观"指对所有信息资料,调研人员必须以公正和中立的态度进行记录、整理和分析处理,应尽量减少偏见和错误。"帮助"指调研所得的信息以及根据信息分析后所得出的结论,只能作为市场营销管理人员制定决策的参考,而不能代替他们去做出决策。

二、健康保险营销调研的意义

(一)决策者需要寻找新的市场机会

在做出把某一健康保险产品投入市场的决策之前,要了解哪些是消费者新的需要和偏好,哪些健康保险产品已进入其生命周期的尽头等。

(二)决策者在制定决策后必须在其实施过程中进行监测、评价和调整

在许多情况下,市场营销调研就是针对决策是否有效而进行的,分析一项新的决策是否使市场营销活动向更为有利的方向发展。

(三)预测未来

市场营销调研为预测提供资料依据,预测的准确性很大程度上取决于市场营销调研的质量。营销调研与预测是密切联系又有区别的两个概念。

(四)提高营销效率

在通过互联网做品牌传播相关的网络营销时,需要在了解自己所在行业的发展行情,以及从保

险公司自身的具体情况出发,选择相对应的营销方式,这样更能提高营销效率。

互联网时代的到来,也带来了无限商机。区别于传统营销方式的高成本、低效率,网络营销能够给保险公司提供直接面向万千消费者的广大平台,不但降低了保险公司的销售成本,实现了价格最低化,进而使保险公司的收益最大化,而且宣传过程中的低价格可以吸引到更多的顾客关注,事实证明,这是一种良性、可持续性的循环。

三、营销调研的内容

(一) 市场需求容量调研

保险市场需求容量调研主要包括:市场最大和最小需求容量;现有和潜在的需求容量;不同产品的需求特点和需求规模;不同市场空间的营销机会,以及保险公司和竞争对手的现有市场占有率等情况的调查分析。

(二) 可控因素调研

可控因素调研主要包括对健康保险产品、价格、销售渠道和促销方式等因素的调研。①健康保险产品调研:包括有关健康保险产品性能、特征和顾客对健康保险产品的意见和要求的调研;健康健康保险产品寿命周期调研,以了解健康保险产品所处的寿命期的阶段;健康保险产品的包装、品牌、外观等给顾客的印象的调研,以了解这些形式是否与消费者或用户的习俗相适应。②价格调研:它包括健康保险产品价格的需求弹性调研;新健康保险产品价格制定或老健康保险产品价格调整所产生的效果调研;竞争对手价格变化情况调研;选样实施价格优惠策略的时机和实施这一策略的效果调研。③销售渠道调研:它包括保险公司现有健康保险产品分销渠道状况,中介机构在分销渠道中的作用及各自实力,用户对中介机构尤其是保险代理公司、保险代理人的印象等项内容的调研。④促销方式调研:主要是对人员推销、广告宣传、公共关系等促销方式的实施效果进行分析、对比。

(三) 不可控制因素调研

1. 政治环境调研

它包括对保险公司健康保险产品的主要用户所在国家或地区的政府现行政策、法令及政治形势的稳定程度等方面的调研。

2. 经济发展状况调研

它主要是调查保险公司所面对的市场在宏观经济发展中将产生何种变化。调研的内容有各种综合经济指标所达水平和变动程度。

3. 社会文化因素调研

调查一些对市场需求变动产生影响的社会文化因素,例如,文化程度、职业、民族构成,宗教信仰及民风,社会道德与审美意识等方面的调研。

4. 技术发展状况与趋势调研

技术发展状况与趋势调研主要是为了解与本保险公司经营有关的技术水平状况及趋势,同时还应把握其他健康保险公司技术水平的提高情况。

5. 竞争对手调研

在竞争中要保持保险公司的优势,就必须随时掌握竞争对手的各种动向,在这方面主要是关于竞争对手数量、竞争对手的市场占有率及变动趋势、竞争对手已经并将要采用的营销策略、潜在竞争对手情况等方面的调研。

四、营销调研的程序

（一）调研准备阶段

调研准备阶段主要是确定调研目的、要求及范围并据此制订调研方案。在这阶段中包括三个步骤。

1. 调研问题的提出

营销调研人员根据决策者的要求或由市场营销调研活动中所发现的新情况和新问题，提出需要调研的课题。

2. 初步情况分析

根据调查课题，收集有关资料作初步分析研究。在许多情况下，营销调研人员对所需调研的问题尚不清楚或者对调研问题的关键和范围不能抓住要点而无法确定调研的内容，这就需要先收集一些有关资料进行分析，找出症结，为进一步调研打下基础，通常称这种调研方式为探测性调研。探测性调研所收集的资料来源有：现有的资料，向专家或有关人员作调查所取得的资料。探测性调研后，需要调研的问题已明确，就有以下问题以待解决。

3. 制订调研方案

调研方案中确定调研目的、具体的调研对象、调研过程的步骤与时间等，在这个方案中还必须明确规定调查单位的选择方法、调研资料的收集方式和处理方法等问题。

（二）调研实施阶段

调研实施阶段的主要任务是根据调研方案，组织调查人员深入实际收集资料，它又包括两个工作步骤。

1. 组织及培训

保险公司往往缺乏有经验的调研人员，要开展营销调研首先必须对调研人员进行一定的培训，目的是使他们对调研方案、调研技术、调研目标及与此项调研有关的经济、法律等知识有一个明确的了解。

2. 收集资料

首先收集的是第二手资料，也称为次级资料。其来源通常为国家机关、金融服务部门、行业机构、市场调研与信息咨询机构等发表的统计数据，也有些发表于科研机构的研究报告或著作、论文上。对这些资料的收集方法比较容易，而且花费也较少，我们一般将利用第二手资料来进行的调研称之为案头调。其次是通过实地调查来收集第一手资料，即原始资料，这时就应根据调研方案中已确定的调查方法和调查方式及确定好的选择调查单位的方法，先一一确定每一被调查者，再利用设计好的调查方法与方式来取得所需的资料。我们将取得第一手资料并利用第一手资料开展的调研工作称为实地调研，这类调研活动与前一种调研活动相比，花费虽然较大，但是它是调研所需资料的主要提供者。本节所讲的营销调研方法、技术等都是针对收集第一手资料而言的，也就是介绍如何进行实地调研。

（三）调研总结阶段

营销调研的作用能否充分发挥，它和做好调研总结的两项具体工作密切相关。

1. 整理和分析

通过营销调查取得的资料往往是相当零乱的，有些只是反映问题的某个侧面，带有很大的片面性或虚假性，所以对这些资料必须做审核、分类、制表工作。审核即是去伪存真，不仅要审核资料的正确与否,还要审核资料的全面性和可比性。分类是为了便于资料的进一步利用。制表的目的是使各种具有相关关系或因果关系的经济因素更为清晰地显示出来,便于作深入的分析研究。

2. 编写调研报告

它是调研活动的结论性意见的书面报告。编写原则应该是客观、公正、全面地反映事实,以求最大程度上减少营销活动管理者在决策前的不确定性。调研报告包括的内容有:调研对象的基本情况、对所调研问题的事实所作的分析和说明、调研者的结论和建议。

五、营销调研的方法

(一)访问法

访问法是通过询问的方式向被调查者了解市场情况,获取原始资料的一种方法。采用访问法进行调查,对所要调查了解的问题,一般都事先陈列在调配表中,按照调查表的要求询问,所以又称调查表法。根据调查人员与被调查者接触方式的不同,又可将访问法分为人员访问、电话访问、邮寄访问和网上访问等。

1. 人员访问

人员访问是通过调查者与被调查者面对面交谈以获取市场信息的一种调查方法。询问时可按事先拟定的提纲顺序进行,也可采取自由交谈方式。

(1)人员访问优点:①人员访问具有很大的灵活性,由于调查者与被调查者双方面对面交流、交谈的主题可以突破时间限制;同时对于一些新发现的问题,尤其是那些争议较大的问题,调查者可以采取灵活委婉的方式,迂回提问,逐层深入。当被调查者对某一问题误解或不理解时,调查者可以当面予以解释说明,有利于资料收集工作的顺利进行。②拒答率较低,与其他方式相比,人员访问容易得到较高的回答率,这也可以说是人员访问最为突出的优点之一。③调查资料的质量较好,在访问过程中由于调查者在场,因而既可以对访问的环境和被调查者的表情、态度进行观察,又可以对被调查者回答问题的质量加以控制,从而使得调查资料的准确性和真实性大大提高。④调查对象的适用范围广,由于人员访问主要依赖于口头语言,因此它适用的调查对象范围十分广泛,既可以用于文化水平较高的调查对象,也可以用于文化水平较低的调查对象。

(2)人员访问缺点:①调查费用较高,主要表现为调查者的培训费、交通费、工资以及问卷和调查提纲的制作成本费等;②对调查者的要求较高,可以说调查结果的质量很大程度上取决于调查者本人的访问技巧和应变能力;③匿名性较差,因而对于一些敏感性问题,往往难以用个人访问来收集资料;④访问调查周期较长,因而在大规模的市场调查中,这种收集资料的方式较少见。

2. 电话访问

电话访问是通过电话中介与选定的被调查者交谈以获取信息的一种方法。由于彼此不直接接触,而是借助于电话这一中介工具进行,因而是一种间接的调查方法。

(1)电话访问优点:①调查时间和费用均较经济。虽然有时电话费用相当可观,但与人员访问比较,因电话访问可以节省旅途时间和交通住宿等差旅费用,总费用成本相对低廉。②问卷回收快速。电话访问在电话接通后马上可以直接访问,花费时间最少,在有限的时间内,能完成较多的访问,而且可快速回收样本。③可以访问到广泛样本对象。电话访问法不能完全访问到所有的社会大众,但由于当今社会各种群体的人几乎全都有电话,而分类电话簿更是提供充分完整的样本来源,因而可以广泛搜集样本;④受访员影响较少,访问成功机会较大。

(2)电话访问缺点:①由于电话访问调查的项目过于简单明确,而且受通话时间的限制,因而调查内容的深度远不及其他调查方法。②电话访问的结果只能推论到有电话的对象这一总体,因而先天存在着母体不完整的缺陷,不利于资料收集的全面性和完整性。③不能使用视觉的帮助。有一些调查项目需要得到被调查者对一些图片、广告或设计等的反应,电话访问无法达到这些效果。当然可以提前把类似的资料寄给被调查者。④由于电话访问是通过电话进行的,调查者不在现场,因而很难判断所获信息的准确性和有效性。

(3) 电话访问应注意的问题:①设计好问卷调查表,这种问卷调查表不同于普通问卷调查表,由于受通话时间和记忆规律的约束,大多采用两项选择法向被调查者进行访问;②挑选和培训好调查员。电话访问对调查员的要求主要是口齿清楚、语气亲切、语调平和;③调查样本的抽取及访问时间的选择问题,通常的做法是随机抽取几本电话号码薄,再从每个电话号码薄中随机抽取一组电话号码,作为正式抽中的被调查者。至于访问时间的选择,一要根据调查内容而定,如访问年轻人有关消费者偏好问题,最好选择在工作日的晚上,而对老年人购买习惯的访问,则可以选择白天;二要考虑被调查者的生活习惯等问题。

尽管电话访问存在着诸多缺陷,但对那些调查项目单一、问题相对简单明确、并需及时得到调查结果的调查项目而言,仍不失为一种最理想的访问方式。

3. 邮寄访问

邮寄访问是市场调查中一种比较特殊的资料收集方法,它是一种将事先设计好的调查问卷邮寄给被调查者,由被调查者根据要求填写后寄回的一种调查方法。

(1) 邮寄访问优点:①调查的空间范围广,邮寄访问可以不受被调查者所在地域的限制,只要是通邮地区都可以被选为被调查对象。②费用低。与其他访问方法相比,邮寄访问可以说是市场调查中一种最为便宜、方便、代价最小的资料收集方法。③邮寄访问可以给予被调查者相对更加宽裕的时间作答,便于被调查者深入思考或从他人那里寻求帮助,而且可以避免面访调查中可能受到调查人员倾向性意见的影响。④邮寄访问的匿名性较好,所以对于一些人们不愿公开讨论而市场决策又很需要的敏感性问题,邮寄访问同网上访问一样,无疑是一种上选方式。

(2) 邮寄访问缺点:①问卷回收率低,因而容易影响样本而的代表性;②邮寄访问的另一大缺陷是问卷回收期长,时效性差。由于各种主客观原因,问卷滞留在被调查者手中的时间较长,这就可能产生一类问题,当很多问卷回收到以后,往往已经失去其分析研究的价值了。

(3) 提高邮寄访问问卷回收率的方法:①不要问卷发出去就撒手不管了,试着做些事后性的工作,如发封跟踪信、打个跟踪电话,寄张明信片等,也许会收到一些意想不到的效果。有调查学者研究表明,跟踪提醒一般可将问卷回收率提高大约20个百分点。②附加一点实惠的东西,如给予一定的中奖机会,赠送一些购物优惠券,享受会员待遇等,有时候也许比打100个跟踪电话来得快。③预先通知一下,这也许并不会花费你太多的时间和精力,却能在一定程度上满足被调查者的情感需求,激发其合作热情,提高问卷作答质量和问卷回收率。④请权威机构主办,市场调查由受人尊重的权威机构主办将大大提高问卷的回收率。在国内,由政府机构主办和支持的市场调查受到“礼遇”的可能性和收集资料的容易程度大大高于其他机构。

此外,附上回邮信封和邮票等小小的细节问题也被认为是提高回收率的有效方法。

4. 网上访问

网上访问是一种随着网络事业发展而兴起的最新访问方式,是一场新的革命。主要是市场调查者将需要调查的问题系统制作,通过互联网收集资料的一种调查方法。

(1) 网上访问的优点:①表现在其辐射范围上;②网上访问速度快,信息反馈及时;③匿名性很好,所以对于一些人们不愿在公开场合讨论的敏感性问题,在网上将是一方畅所欲言的乐土;④费用低廉。以上四种访问方式比较起来,网上访问的费用将是最低的。

（2）网上访问的缺点：①最主要的缺点是样本对象的局限性，也就是说，网上访问仅局限于网民，这就可能造成因样本对象的阶层性或局限性问题带来调查误差；②所获信息的准确性和真实性程度难以判断，如调查女性对××健康保险产品的意见，并不排除“热心”该问题的男士出来讨论，而后者在某种意义上说并没有发言的权力；③网上访问需要一定的网页制作水平。

但不管怎样，随着网络事业的迅猛发展和网民比例的不断上升，网上访问不仅代表着一种趋势，也代表着一种潮流，其作用将越来越凸显。

（二）观察法

观察法就是对调查对象直接观察，在被调查者没有意识到自己受到调查的情况下，观察和记录被调查对象的行为及反应等。观察法用于某些不愿回答或无法回答的情况，这是一种不可缺少的直接收集资料的方法。观察法主要有三种不同形式。

1. 直接观察法

直接观察法就是调查者直接对调查对象的行为反应、感受等进行观察，记录调查对象的全部实际活动。在进行市场调查时，调研人员并不访问任何人，只是观察现场的基本情况，然后记录备案。一般调研的内容有某段时间的客流量、被观察者在各点的停留时间、该点人员的流动状况、被观察者的基本特征等。

2. 行为记录法

在取得被调查者同意之后，用一定装置记录调查对象的某一行为。在运用时，该方法一般是通过录音机、录像机、照相机等一些监听、监视设备，记录下被调查者的活动或行为。如电视台在一些典型视听者家中安置电视节目测试仪，把他们家里收看电视的时间长短、节目等情况记录下来，以便研究分析电视广告的播放时间、内容与方法等。

3. 实际痕迹测量法

调查员不亲自观察购买者的行为，而是观察行为发生后的痕迹，如设顾客意见簿，用户要求联系簿，或广告附上回答等做法，就是属于实际痕迹测量法。

观察法的主要特点是，由于观察对象并未意识到正在被调查，所以调查对象不受外界因素的影响。这往往能得到较为真实、自然的结果，搜集的资料具有较高的准确性和可靠性，有目的地调查现场发生的情况。

它的不足之处就是通过对调查者的观察，只能了解被调查者的行为，无法掌握被调查者内在的心理变化，无法了解被调查者的思路。

在营销的应用上，观察法主要应用在橱窗布置调查、交通流量调查、公司内产品摆设调查、消费者购买动作调查、选址位置调查、销售现场巡回调查等方面。

（三）实验法

实验法起源于自然科学的实验求证。自然科学的实验，是通过实验室求证的，而市场研究的实验，则通过实验市场求证。上述的调查法与观察法均属于记录性研究，其结果主要说明事物间的关系。而实验法是为了验证某个假设，其目的是为了说明因果关系。所以，实验法是说明因果关系的较好方法。但目前这种方法仍然处在发展阶段，只有在以下方面，才被常常使用。

（1）测验市场销售的策划：例如，测验广告策略的销售成果，就常使用此法。测验的销售区域越广，所了解的变量越多，所获得的结果也较好。

（2）测验销售促销方法：例如，测验数家分公司销售的情况，即在一定期间，记录其展业、承保情况，最后计算出销售增加比例。

（3）实验法：在市场研究中，使用实验法的还有对产品价格的决定，某一产品以若干不同价格出售，详细记录其销售情况，然后确定价格。

实验法最大的缺点是控制变量复杂、应用范围较小。其目的是解决市场营销问题，故仍受到重视。

第二节　健康保险营销预测

一、健康保险营销预测的概念与作用

（一）健康保险营销预测的概念

健康保险营销预测是指通过对市场营销信息的分析和研究，寻找市场营销的变化规律，并以此规律去推断未来的过程。换句话说，就是运用科学方法，对未来的一定范围的市场产品供需发展趋势做出定性、定量的分析和预测。营销预测是调查分析市场的延伸，是保险公司搞好经营管理的重要手段，是制订生产和推销计划的重要依据。

（二）健康保险营销预测的作用

1. 营销预测为保险公司战略性决策提供依据

保险公司通过预测可以对消费者需求和消费者行为等变化趋势做出正确的分析和判断，确定保险公司的目标市场。通过预测能够把握市场的总体动态和各种营销环境因素的变化趋势，从而为保险公司确定资金投向、经营方针、发展规模等战略性决策提供可靠依据。

2. 营销预测是保险公司制订营销策略的前提条件

保险公司营销的最终目的是为了获取利润。保险公司要实现自己的利润目标就需要在产品、定价、分销、促销、原料采购、库存运输、销售服务等方面制订正确的营销策略。然而，正确营销策略的制订取决于相关市场情况的准确预测。

3. 营销预测有利于提高保险公司的竞争能力

在当前激烈的竞争市场中，保险公司与竞争对手的优劣势是在不断变化的。通过及时、准确的预测，保险公司就能掌握市场发展和转化的规律，以便保险公司扬长避短，挖掘潜力，适应市场变化，提高自身的应变能力，增强竞争能力。保险公司不仅应预测自己产品的市场份额，还应预测市场同类产品、替代产品等未来发展趋势，同时，还必须预测竞争对手产品、市场的发展趋势，以便保险公司采用相应的竞争策略。

二、健康保险营销预测的原则

（一）连贯性

健康保险市场预测具有一定的连贯性。连贯性是指把未来的发展同过去和现在联系起来。市场是一个连续发展的过程，未来的市场是在现在市场的基础上发展起来的。人们可以依据收集到的过去和现在的资料推出将来的变化。

（二）相关性

健康保险市场需求的变化和国民收入水平、市场价格变动指数、消费需求结构等因素密切相关，存在着相互制约、相互依存的关系。这一特点可使人们通过影响市场需求的各项变化因素来预测需求量的增减。

（三）类推性

健康保险市场预测具有一定的类推性。类推性是指市场上各种一定事物之间存在某种类似的结果和发展模式。所以，人们就可以根据已知事物的某种类似的发展模式，类推未来某个预测目标的发展模式。

三、健康保险营销预测的类型

（一）总体预测和具体预测

总体预测涉及面广，它是粗线条、综合性的对总体或总量的预测，如保险公司对国内某一地区总体市场状况的预测等，其目的是了解该市场总体供求情况，为保险公司确定经营方向、制订营销战略规划提供依据。

具体预测涉及面窄，是较细致的、专业性的对个体或分项的预测，如保险公司对自己产品销售量的预测，或对自己产品市场生命周期的预测等，其目的是为保险公司制订相应的营销策略提供依据。

（二）长期预测、中期预测、短期预测和近期预测

长期预测为 5 年以上的预测，中期预测为 1 ~ 5 年的预测，短期预测为 1 季度至 1 年的预测，近期预测为 1 周至 1 季度的预测。实际上，期限并无统一的标准，不同的保险公司对时间界限的划分是不尽一致的。

（三）定性预测和定量预测

定性预测又称质的分析，是以人们的直觉或经验做出主观判断，粗略地预见事物的发展趋势或估计出一个概数。

定量预测是根据调查得到的数据资料，运用数学方法对未来市场营销变化做出量的估计。在健康保险营销预测实际工作中，往往要求将两类方法结合运用，才能得到科学、准确的预测数据。

四、健康保险营销预测的内容

（一）保险市场需求潜量的预测

保险市场需求潜量是指在一定时期和特定区域内，全体买方对某项保险产品的最大可能购买量。通过对市场需求潜量的预测，保险公司就有可能掌握市场的发展动态，以便合理地组织自己的经营活动，如确定目标市场、筹措资金、规划规模等。

（二）保险公司销售的预测

保险公司销售预测是保险公司对生产的各种产品销售前景的判定，包括对销售的品种、规格、价格、销售量、销售额、销售利润及其变化的预测。通过销售预测，了解消费者需求的新动向，研究开拓市场，它是保险公司制订和实施价格策略，选择分销渠道和销售促进策略的重要依据。

（三）保险市场占有率的预测

预测本保险公司所经营的产品销售量在整个市场产品销售总量中所占的比例，这就是通常所说的保险市场占有率的预测。从市场占有率增加或减少的预测中，可以判断市场需求、市场竞争和保

险公司的经营发展状况,采用相应的市场竞争策略,保证保险公司经营的方向。

(四)保险公司所需资源的预测

保险公司经营需要的资料主要是物质资源。通过对所需资源的预测,可以对资源的市场供应状况及其变化趋势、降低资源消耗的可能性、资源的价格变化等进行准确判断,以便保险公司根据自身能力,合理地进行生产布局,搞好新产品开发或老产品改造。

五、健康保险营销预测的程序

(一)确定预测目标

确定目标就是明确要预测什么,达到什么目标。预测目标一般是根据保险公司要解决的问题去确定。预测目标包括预测的项目(即要解决的具体问题)、地域范围要求、时间要求、各种指标及其准确性要求等。预测目标是进行其他预测步骤的依据。

(二)分析整理资料

根据预测目标进行市场调查,对市场调查所收集的资料进行认真的核实与审查,去粗取精,去伪存真,并进行归纳分类,分析整理,分门别类地编号保存,力争使之系统、完整、准确。为预测做好资料准备。

(三)选择预测方法

根据预测目标和资料情况,选择可行的预测方法。在预测过程中,仅仅使用一种方法进行预测不太多见,也不太可靠。通常,保险公司经常以定性和定量的方法同时进行预测,或以多种预测方法互相比较印证其预测结果,这样可使预测的准确度提高。

(四)建立预测模型

进行定量预测时,往往要建立预测模型。预测模型是以数学方程式表达的各种变量之间的函数关系,抽象地描述保险公司市场营销活动中各种因素、现象之间的相互关系。根据预测模型,运用数学方法,或借助电子计算机,做出相应的预测。

(五)编写预测报告

对预测结果进行检验、评价之后,应编写预测报告。一般要求预测结果简单明了,并要求对预测过程、预测指标、资料来源等做出简明的解释和论证。报告应及时传递给决策者,以便决策之用。

六、健康保险营销预测的方法

预测保险市场是改善经营管理、促进产品销售不可缺少的环节,预测是否准确及时,关键在于方法诀窍。预测方法诀窍种类较多,结合我国实际情况,介绍几种常用的预测方法。

(一)定性预测方法

定性预测方法,又称判断分析法,是依据人们在市场活动中获得的经验和分析能力,通过对影响市场变化的各种因素的分析、判断和推理,来预测未来的发展变化。

定性预测方法的特点是简便易行,特别是在不可控因素和不可定量因素比较多时,采用这种方法进行短期判断有其明显的优势。然而,这种方法也有其缺陷,它不能提供以精确数据为依据的预测结果,主观随意性比较大,有时易发生疏忽和失误。

定性预测方法即使在今天也是一种不可忽视的预测方法,特别是当不具备定量分析条件时就需要通过对市场发展变化进行定性分析,推测市场未来的发展趋势。使用定性预测法,挑选行家、专家非常重要,这些人一定要具有专门知识和丰富的经验。常用的定性预测方法有以下几种。

1. 专家预测法

(1) 特尔菲法:也称函询调查法或专家调查法。这是向专家、用户或熟悉预测目标情况、有一定经验的人进行调查,征询他们对某个预测目标的意见。然后,集中他们的意见,做出预测的一种方法。特尔菲法是古希腊阿波罗神庙的名称,这座神庙传说具有很强的预测能力,因此,把它称为特尔菲法。这种方法是美国兰德公司20世纪40年代末制订的较为盛行的一种预测方法。它是采取系统的程序、不具名和反复进行的方法。草拟调查提纲,提供背景材料,轮回征询不同专家的预测意见,最后再汇总调查后的预测结果。有时要往返好几轮,直到意见基本一致为止。其程序是:①提出要求,明确预测目标,书面通知被选专家,提供有关资料,请他们回答采用什么资料,分析提出的问题,专家根据自己的知识和经验,提出预测意见,说明其依据和意见,并书面答复;②根据专家预测意见,归纳整理,分别说明不同预测值的依据和理由,再寄给各位专家,要求专家修改原先意见,提出新的要求,专家对各种预测意见及其依据和理由进行分析,提出修改意见及其依据和理由。经过反复征询、归纳、修改,直至意见基本一致为止。采用这种预测方法,可节省时间、减少费用、预测准确,适宜长期预测。

(2) 专家意见法:是指由有关专家对市场发展趋势做出预测的方法。专家意见法既可以发挥专家的优势和作用,也可以克服保险公司人员进行预测可能出现的主观性和片面性。

2. 意见预测法

(1) 顾客意见调查法:又称用户调查法,是直接征求顾客意见,了解顾客购买意向和心理动机,从而预测未来销售状况的一种预测方法。

(2) 营销人员意见法:是指由主管负责人召集有关的营销人员预测未来一定时期内各自负责的地区或项目的市场情况,然后由保险公司主管人员加以综合,做出预测的方法。

营销人员判断法的优点在于,营销人员一直与市场打交道,他们了解消费者,熟悉市场情况,所提供的信息及所做的预测往往比较接近实际。当然,这种方法也有局限性,营销人员有可能从自身利益出发,低估预测数字。

(3) 经理人员意见法:是指由保险公司的经理(主管领导)把与市场有关和熟悉市场情况的人员召集在一起,请他们对未来市场的发展形势或某一重大市场变化发表意见,做出判断和估计,然后,经理人员在此基础上做出预测。

(二) 定量预测法

定量预测法,又称数量分析法或数理统计预测法,它是根据市场调查所取得的数据资料,运用数字模型进行计算,并据此预测未来市场变化的一种预测方法。这种预测方法的一个显著特点是运用数学、统计学和计算机等方法或工具,用数据对未来进行客观描述,因此其科学性、严密性更强。一般来说,在历史资料比较完备和准确、事物发展变化趋势比较平稳的情况下,这种方法的优势更为明显。当然,这种方法也有不足之处,这就是它只能根据量的变化来寻找规律,当存在着复杂的非量的因素变化时,这种方法就会比较局限。

定量预测法可以分为两大类,一类是时间序列分析法;另一类是因果关系分析法。

1. 时间序列法

在社会经济发展过程中,很多经济变量的发展变化都与时间呈现某种特定关系,健康保险需求也是如此。基于此,我们可以通过对健康保险需求量的时间数列外推的方法预测未来健康保险需求量的变化趋势。时间序列预测法的特点是把预测变量看作是时间的函数。当所研究的健康保险需求量时间数列变化没有大的波动时,这种方法较为理想。这种方法的缺点在于无法反映出健康保险需求量变化的原因,当宏观外部因素发生变化而影响健康保险需求量水平时,难以准确反映。

(1) 外推法:为消除偶然因素,可采用平均法做预测。常用的预测法有简单平均法、加权平均法、几何平均法等。

1) 简单平均法:以观察期的算术平均数作为下期的预测值。其计算公式如下:

$$\bar{S} = \frac{s_1 + s_2 + \cdots + s_{n-1} + s_n}{n} = \frac{\sum_{i=1}^{n} S_i}{n}$$

式中 S 为算术平均数,s 为变动值,n 为项数,$\sum$ 为总和符号。

例 6-1:某保险公司 2010 年 1 ~6 月的短期健康险保费收入如表 6-1 所示。

表 6-1　某保险公司 2010 年 1 ~6 月的短期健康险保费收入额

月份	1	2	3	4	5	6
保险费收入(万元)	107	81	123	115	129	152

问:用简单平均法预测 2010 年 7 月份保费收入额是多少?

解:根据公式

$$\bar{S} = \frac{s_1 + s_2 + \cdots + s_{n-1} + s_n}{n} = \frac{\sum_{i=1}^{n} S_i}{n}$$

$$\bar{S} = \frac{107 + 81 + 123 + 118 + 129 + 152}{6} = 118.33(\text{万元})$$

简单平均法虽然计算简便,但有时结果不够准确。当市场需求比较平稳时,可采用此方法。

2) 加权平均法:根据历史上不同阶段资料的重要性和对未来的影响程度,分别赋予不同权数然后再加以平均。其计算公式:

$$\bar{S} == \frac{\sum sf}{\sum f}$$

式中 S 为加权平均数,f 为次数或权数,s 为标志值,$\sum sf$ 为权数系数乘积之和。

例 6-2:某保险公司 2010 年短期健康保险赔款如表 6-2 所示。

表 6-2　某保险公司 2010 年 1 ~6 月的短期健康险赔付额

赔款额(元)	件数
2 500 以下	20
5 000 以下	40
7 500 以下	30
10 000 以下	24

问:该年度每件短期健康险赔款额的平均数是多少?

解:根据公式

$$\bar{S} = \frac{\sum sf}{\sum f} = \frac{2500 \times 20 + 5000 \times 40 + 7500 \times 30 + 10000 \times 24}{20 + 40 + 30 + 24} = 6271.93(\text{元})$$

3）几何平均法：就是运用几何平均数求出预测目标的增长速度，然后进行预测。它适用预测目标发展过程一贯上升或下降，且逐期环比率速度大体接近的情况。其计算公式：

$$M = \sqrt[n]{X_1 \cdot X_2 \cdot X_3 \cdots X_n}$$

式中 X 为变动值，n 为预测对象的项数，M 为几何平均数。

例 6-3：某保险公司 2010 年 1～6 月短期健康险保费收入情况如表 6-3 所示。

表 6-3　某保险公司 2010 年 1～6 月的短期健康险保费收入额

月份	1	2	3	4	5	6
保费收入(万元)	107	81	123	115	129	152
增长比例		0.757	1.519	0.925	1.218	1.178

请预测 2010 年 7 月份保费增长率是多少？

解：根据公式

$$M = \sqrt[n]{X_1 \cdot X_2 \cdot X_3 \cdots X_n} = \sqrt[5]{0.757 \times 1.519 \times 0.925 \times 1.218 \times 1.178} = 1.526$$

答：2010 年 7 月份保险费增长率为 1.526。

（2）趋势法：又称趋势分析法，是指根据过去若干时期实际数量的平均水平，考虑变化趋势的平均数，预测未来时期数量的方法。

趋势预测法的主要优点是考虑时间序列发展趋势，使预测结果能更好地符合实际。根据对准确程度要求不同，可选择一次或二次移动平均值来进行预测。首先是分别移动计算相邻数期的平均值，其次确定变动趋势和趋势平均值，最后以最近期的平均值加趋势平均值与距离预测时间的期数的乘积，即得预测值。常用的方法是一次移动平均法。

一次移动平均法是指将观察期的数据由远而近按一定跨越期进行一次移动平均，以最后一个移动平均值为确定预测值依据的一种预测方法。其计算公式：

$$\bar{Y} = \frac{Y_t + Y_{t-1} + \cdots + Y_{t-n+1}}{n}$$

式中 $\bar{Y}$ 为末项第 t 时期的一次移动平均数；Y_t 为每项实际数据，t 为每个移动平均数中末项的时期数；n 为每个序时平均数所包括的序时项数。

例 6-4：某保险公司代理人 2008～2010 年各季度实际出售的长期健康险保单数量如表 6-4 所示。

表 6-4　趋势预测资料及计算表

年季度	销售保单量(张)	四个季度移动平均数(张)	变动趋势	变动趋势平均数
2008.1	50			
2008.2	30	56.25		
2008.3	80	53.75	-2.50	
2008.4	65	52.50	-1.25	+0.94
2009.1	40	51.25	-1.25	+12.50
2009.2	25	60.00	+8.75	+2.50
2009.3	75	58.75	-1.25	+4.69
2009.4	100	62.50	+3.75	+1.25
2010.1	35	70.00	+7.50	
2010.2	40	65.00	-5.00	
2010.3	105			
2010.4	80			

表中的资料是按 $n=4$ 来计算一次平均数的。表中第三栏的计算如下：

$$\bar{Y}_4=\frac{Y_4+Y_{4-1}+Y_{4-2}+Y_{4-3+1}}{n}$$

$$\bar{Y}_4=\frac{50+30+80+65}{4}$$

$$\bar{Y}_4=56.25$$

$$\bar{Y}_5=\frac{Y_4+Y_{5-1}+Y_{5-2}+Y_{5-2+1}}{n}$$

$$\bar{Y}_5=\frac{30+80+65+40}{4}$$

$$\bar{Y}_5=53.75\text{（张）}$$

依次类推，逐项移动，求出各季度的趋势值，表中的第四栏是将下一行的移动平均数减去上一行的移动平均数，其差即为变动趋势。第五栏是将第四次变动趋势数相加之和除以 4，其商即为变动趋势平均数。

根据表 6-4 资料问：2011 年第一季度保单销售量是多少？

解：该保险公司预测保单销售量的公式：

预测保单销售量＝过去若干期保单销售平均数+距离预测期的期数×变动趋势平均数

一季度保单销售量＝65+3×1.25＝68.75（张）

答：2011 年第一季度保险代理人销售保单数量为 68.75 张。

通过一次移动平均法对原始的时间数列进行修整，可以消除短期、近期内不规则变动的影响，适合用来预测保险业务在短期内发展的基本趋势。

2. 因果分析法

（1）弹性系数法：对某种产品需求量的大小取决于人们的收入水平与该产品的价格水平。也就是说，一定时期的消费水平与一定时期的居民收入水平和价格水平有着密切的联系。

1）需求的收入弹性：是指由收入变化引起的需求变化程度。一定时期消费者的消费水平取决于其收入水平的高低，即收入水平是消费水平的主要决定因素，也是进行消费水平预测的一个重要指标。

需求的收入弹性是用收入弹性系数来表示的。产品需求的收入弹性系数为需求量的相对变化与收入的相对变化之比。一般有点弹性与弧弹性之分，其计算公式为

$$E_i=\frac{Q_t-Q_0}{Q_0}\times\frac{I_0}{I_t-I_0} \qquad \text{（点弹性）}$$

$$E_i=\frac{Q_t-Q_0}{Q_t+Q_0}\times\frac{I_t+I_0}{I_t-I_0} \qquad \text{（弧弹性）}$$

式中：E_i 为产品需求的收入弹性系数，Q_t 为观察年产品的需求量，Q_0 为基期年产品的需求量，I_t 为观察年的收入水平，I_0 为基期年的收入水平。

在这里必须指出的是，以不同年份作为观察年与同一基期年进行比较，往往会得到不同的收入弹性系数，而收入弹性系数应该是一个相对稳定的常数值。这就要求在求出不同观察年份对于同一基期年的收入弹性后，再求出它们的平均值，然后用此平均值预测某种产品的需求量。

计算公式：

产品年需求量＝基期年产品需求量×（1+产品需求收入弹性×预测年较基期收入的增长率）

例 6-5：某保险公司通过市场调查，得到某地 2001～2008 年居民收入与某种健康保险产品需求量的有关资料及以 2001 年为基期年求得的需求的收入弹性系数（点弹性），见表 6-5。

表 6-5 需求的收入弹性系数表

年份	人均收入（元）	需求量（万件）	产品需求收入弹性
2001	2000	1.2	
2002	2400	1.4	1.20
2003	2900	1.7	1.08
2004	3600	20.0	1.20
2005	4400	2.4	1.20
2006	5400	3.0	1.133
2007	6000	3.8	1.062
2008	8000	4.7	1.029

根据表6-5计算的结果，可求得该产品需求的收入弹性的平均值为1.129。若根据预测，该地区在2006年人均收入将达到15 000元，即比2001年将增长6.5倍，假设其他条件不变，则2006年该地区对该产品的预测需求量：

产品的预测需求量=1.2×(1+1.129×6.5)=10.0062(万件)

2）需求的价格弹性：是指产品的需求量对价格变动的敏感程度。一般说来，产品价格水平的高低与消费需求的多少有密切关系。价格越高，需求量越少；价格越低，需求量越多。需求的价格弹性，常用价格弹性系数，即需求量的相对变化与价格相对变化之比来表示。

产品的价格弹性一般有点弹性和弧弹性之分，其计算公式：

$$E_P = \frac{Q_t - Q_0}{Q_0} \times \frac{P_0}{P_t - P_0} \text{（点弹性）}$$

$$E_P = \frac{Q_t - Q_0}{Q_t + Q_0} \times \frac{P_t + P_0}{P_t - P_0} \text{（弧弹性）}$$

式中：E_p 为产品需求的价格弹性，Q_t 为在新价格下的需求量，Q_0 为现行价格下的需求量，P_t 为新价格，P_0 为现行价格。

若需求的价格弹性系数小于1，说明弹性小，即市场价格变动对产品需求量的影响程度不大；若需求的价格弹性系数大于1，说明弹性大，即市场价格变动对产品需求量的影响程度大。

产品需求的价格弹性确定以后，在其他条件不变的情况下，可以用来预测未来产品价格的变化对产品需求量的影响。

预测年产品需求量=现价的需求量×（1+产品需求的价格弹性系数×预测年价格较现行价格的变化率）

例6-6：某健康保险产品在2001年的单张保单价格为100元时，销售量为15 000件，2002年价格为95元时，销售量为15 800件，则该保险产品需求的价格弹性：

$$E_P = \frac{Q_t - Q_0}{Q_0} \times \frac{P_0}{P_t - P_0} = \frac{15\,800 - 15\,000}{15\,000} \times \frac{100}{100 - 95} = 1.067$$

若该产品在2001年的单件价格为92元，则2001年该产品的预测需求量：

15 000×(1+1.067×8%)=16 280.40(张)

(2) 因果预测法：是根据事物之间的因果关系来预测事物的变化，通过对需求预测目标有直接或间接影响因素的分析找出其变化的规律，并根据这种变化规律来确定预测值。常用的方法是回归分析法。

回归分析法是根据一个或一组自变量的变动情况预测与其有相关关系的某随机变量的未来值。进行回归分析需要建立描述变量间相关关系的回归方程。这里介绍一元回归分析法的应用。一元回归方程式：

$$Y=a+bx \qquad a=\frac{\sum Y_i}{n} \qquad b=\frac{\sum(t_iY_i)}{\sum t_i^2}$$

Y_i 代表各期的实际资料，t_i 代表时间变量值。若时间为奇数时，可用中间的时间为原点，用“0”表示，若时间为偶数时，可用中间的两个时间的中点为原点，中间两个时间分别用“-1”和“+1”表示。

例 6-7：某保险公司营销部想了解未来几年寿险业务的发展情况，收集了 2008～2012 年有效保单数据的有关资料及计算，如表 6-6 所示。

表 6-6　某保险公司保单数据资料

年份	t_i	Y_i	t_iY_i	t_i^2
2008	-2	75 000	-150 000	4
2009	-1	87 460	-87 460	1
2010	0	99 680	0	0
2011	1	113 200	113 200	1
2012	2	128 640	257 280	4
$n=5$	$\sum t_i=0$	$\sum Y_i=503\ 980$	$\sum(t_iY_i)=133\ 020$	$\sum t_i^2=10$

将表 6-6 数据带入公式求出 a 、b 值。

$$a=\frac{\sum Y_i}{n}=\frac{503\ 980}{5}=100\ 976$$

$$b=\frac{\sum(t_iY_i)}{\sum t_i^2}=\frac{133\ 020}{10}=13\ 302$$

$$Y_{2013}=100\ 796+13\ 302\times3=140\ 702(\text{张})$$

$$Y_{2014}=100\ 796+13\ 302\times4=154\ 004(\text{张})$$

答：2013 年和 2014 年该保险公司有效保单的预测值分别为 140 702 张和 154 004 张。

第三节　健康保险营销决策

一、健康保险营销决策概念及原则

（一）健康保险营销决策概念

市场调查和预测的直接目的是为了进行营销决策，决策是预测工作的延续。营销决策是保险公司决定其营销活动所采取的战略和策略，是保险公司科学管理工作的必要前提。

健康保险营销决策是指从两个以上的可执行性方案中，经过科学比较分析，选择最佳方案，确定未来的经营过程。决策的主体是管理者，它的本质是一个动态的过程，这一过程由多个步骤组成；决策的目的是为了解决问题或者利用机会，实现某种目标。

（二）健康保险营销决策原则

1. 针对性原则

针对性原则即能解决问题，实现目标。如面对亏损保险公司认为问题出在人浮于事上，因此保险公司希望制订减员目标以解决亏损问题。

2. 具体化原则

任何一项决策都是为了实施，因而必须是可行的。要保证决策的可行性，必须分析现有的人力、物力、财力、科学技术水平等主客观条件，分析事物发展过程中可能发生的各种变化，分析决策实施后产生的各种影响，经过慎重的、全面的、科学的论证、审定、评估，做出可行性分析，确定可行性的程度，在此基础上做出的决策才是科学的。

3. 动态原则

保险营销环境是处于一个不断变化中的体系，决策者必须考虑环境的因素，根据环境的变化，及时调整策略，以应对环境变化对决策目标的实现可能造成的影响，因此，决策绝不是一次完成的，而是不断地与环境发生互动的过程。

二、健康保险营销决策的内容

1. 目标决策和方针决策

保险经营目标是保险公司在一定时期内预期达到的经营成果，包括对社会的贡献目标、市场目标、发展目标、利益目标等，这种决策是对保险公司总体市场大发展、调节、控制、指导作出的决策。

经营方针是保险公司某个时期生产经营的行动纲领，它是根据保险公司的经营特点、经营目标而作出的决策。它关系到保险公司的发展方向和经营效益的好坏。

2. 市场决策和销售渠道决策

市场决策是在了解市场对保险公司产品需求的基础上，去解决产品管理、营销策略及人力管理与组织转型等问题，这些问题同时作用于管理者的决策，就是我们所做的市场决策工作。

对决策起主导作用的因素主要有6个，他们分别是智能、管理、技术、劳力、资金、资产。而作为决策者，必须合理处理好这六者之间的关系，才能体现决策的意义。

首先要考虑“人”的因素。因为人是以上几个要素里最具主观能动性的。其次是要考虑“钱”的问题。保险公司的产品开发要钱、并购要钱、员工激励要钱、产品推广也要钱，俗话说，“巧妇难为无米之炊”。再次是要考虑“物”的因素。在决策的过程中，来自方方面面的因素对决策的正确与否起着关键的作用。在衡量和判断一件事情的得失时，物的因素是考虑最多的。最后也是最重要的就是要综合考虑智能、管理和技术等方面的因素，在新经济时代到来之际，这一点显得特别重要。就一个保险公司而言，决策者必须懂得这个保险公司生产、经营的全过程，包括市场调查、技术开发、生产加工、广告策划、销售组织等各个环节。

渠道决策是保险公司最重要的决策之一，保险公司认识到自己的发展阶段和不同客户的经营理念，选择适合保险公司不同发展阶段的合作伙伴，如果伙伴不成长就要淘汰它，如果自己不成长，也会被客户淘汰掉。还要确定开拓市场的具体方法，是顺着做市场还是倒着做市场，这些方法要靠销售代表对市场的把握。在具体规划渠道的时候不但要使用成本估计工具，来考虑销售渠道的成本，还要用战略的眼光来看渠道，要考虑竞争对手的渠道策略。最好抢在竞争对手之前降低销售重心，拉近和经销商的物理距离、心理距离，有的时候要暂时承担较高的成本压力，设立分公司，培养人员，为今后的发展打下基础，目标就是快速、便捷地解决客户需求。

渠道决策过程中的主要步骤：首先是分析消费者需求；其次要了解渠道选择中的种种限制因素；再次是设计渠道模式；最后还要选择具体的中间商，并对如何管理渠道成员做出决策。

三、健康保险营销决策方法

（一）定性决策方法

1. 集体决策法

（1）头脑风暴法：相关专家或人员聚在一起，在宽松的氛围中，敞开思路，畅所欲言，寻求多种决策思路。原则是:①各自发表自己的意见,对别人的建议不作评论;②建议不必深思熟虑,越多越好;③鼓励独立思考、奇思妙想;④可以补充完善已有的建议。

(2) 名义小组技术:向小组成员提供与决策问题相关的信息。小组成员独立思考,提出决策建议,并尽可能详细地将自己提出的备选方案写成文字资料。然后召集会议,让小组成员一一陈述自己的方案。

2. 有关活动方向的决策方法

(1) 经营单位组合法:美国波士顿咨询公司制订并推广的一种有效的经营活动方向分析方法。该方法的主要工具是由相对于最大竞争者的市场份额和市场年增长率两个坐标组成四个方格的矩阵,每个方格代表不同类型的业务领域。①问号领域:位于高的市场增长率和低的市场份额,说明公司力图进入一个已有领先者占据的高速增长的市场,这一领域需要大量的资金来开发,以提高它们的市场占有率,成为公司的"明星",但该领域有较大的风险性,需要慎重选择。在这一组合中,组织可运用增加营销投资或收购竞争保险公司的战略,提高市场占有率,使产品向"明星"方向发展。②明星领域:这一领域的市场份额和市场增长率都很高,具有一定的竞争优势,但维持竞争力需要很多投入,组织需要运用投资、改进产品、提高生产效率等战略,维持组织的高市场占有率。而当市场增长率减慢以后,它就会转变为现金牛,源源不断地为组织创造财富。③现金牛领域:这一领域处于低的市场增长率和高的市场份额区域,是低市场成长率与高市场占有率的组合,组织能生产低成本的产品,因此具有很强的竞争地位。公司从这里获得利润来支持明星类、问题类领域及新项目的研究与开发。决策应集中在维持市场的优势地位,延缓进入成熟期的时间。④瘦狗领域:这是处于低市场增长率和低市场份额区域的业务领域。在竞争中处于劣势,没有太大的发展前途,公司需要考虑其生存的必要性,适当地收缩或淘汰,如图 6-1 所示。

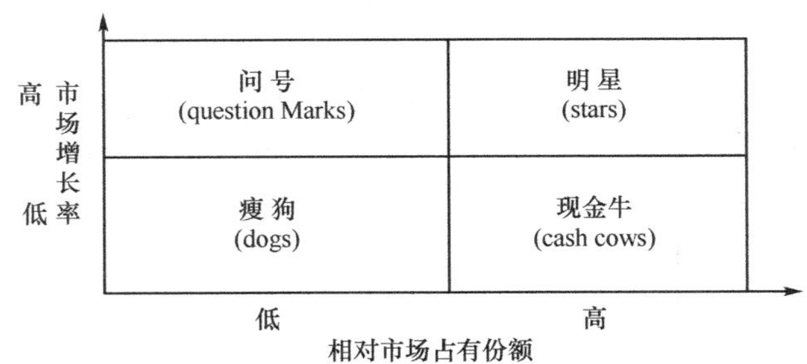

图 6-1 市场占有率波士顿矩阵图

(2) 政策指导矩阵:由荷兰皇家壳牌公司创立。它是用矩阵形式,根据市场前景和相对竞争地位来确定保险公司不同经营单位的现状和特征。市场前景由盈利能力、市场增长率、市场质量和法规限制等因素决定,分为吸引力强、中等、无吸引力三种;相对竞争力受到保险公司在市场上的地位、生产能力、产品研究和开发等因素的影响,分为强、中、弱三类、这两种标准、三个等级的组合,可以把保险公司经营单位分成九种不同的类型,如图 6-2 所示。

	强	中	弱
吸引力强	1	4	7
中等	2	5	8
无吸引力	3	6	9

图 6-2 政策指导矩阵

（二）定量决策方法

1. 确定型决策方法

制订决策的理想状态是具有确定性，即由于每一个方案的结果都是已知的，管理者能做出理想而精确的决策。确定型决策的方法一般有判断选择法、边际利润法、盈亏平衡法。这里只介绍盈亏平衡法。

盈亏平衡法：又称量本利分析法。它是研究生产、经营一种产品达到不盈不亏时的产量或收入的决策问题。这个不盈不亏的平衡点称为盈亏平衡点。显然，生产量（或销售量）低于这个产量时，则发生亏损；超过这个产量（销量）时，则获得盈利。如图 6-3 所示，随着产量的增加，总成本与销售额随着增加，当到达平衡点 A 时，总成本等于销售额，即成本等于收入，此时不盈利也不亏损，此点对应的产量 Q 即为平衡点产量；销售额 R 即为平衡点销售额。同时，以 A 点为界线点，形成亏损和盈利两个区域，如图 6-3 所示。

盈亏平衡分析的目的就是找出这种临界值，即盈亏平衡点（BEP），判断投资方案对不确定因素变化的承受能力，为决策提供依据。一般来说：经营安全率≥30%，说明经营状况良好；25% ≤经营安全率≤30% 为较好，要警惕；经营安全率<10% 则很危险。其计算公式：

$$I = S - (C_v \times Q + F) = P \times Q - (C_v \times Q + F)$$

$$I = (P - C_v) \times (Q - F)$$

$$C = F + C_v \times Q$$

$$S = P \times Q$$

I 为销售利润，P 为产品销售价格，C 为总成本，S 为销售收入，F 为固定成本总额，C_v 为单件变动成本，Q 为销售数量。

$$\text{盈亏平衡点产量} = \frac{F}{P-C_v} \qquad \text{经营安全率} = \frac{\text{实际或预期销售量}-\text{盈亏平衡点销售量}}{\text{实际或预期销售量}}$$

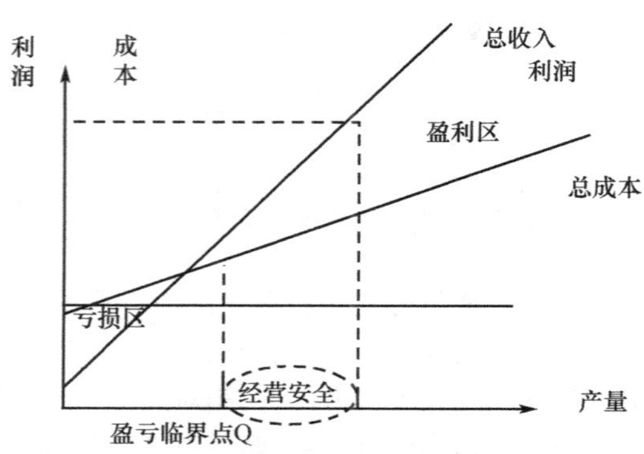

图 6-3 盈亏平衡分析法

例 6-8：某短期健康险年设计销售保单 6000 张，每件产品价格为 50 元，变动成本为 20 元，单位产品税金 10 元，年固定成本为 64 000 元。求最大利润，产量盈亏平衡点，安全经营率，生产能力利用率表示的盈亏平衡点。当价格下跌 46 元/件时，安全经营率为多少？并估计风险。

解：当价格为 50 元/张时，根据公式得

最大利润 = 6000×50−(64 000+20×6000+10×6000) = 56 000（元）

产量盈亏平衡点 = 64 000÷(50−20−10) = 3200（件）

经营安全率 = (6000−3200)÷6000 = 46. 67%

当价格为 46 元/张时，根据公式得

经营安全率=(6000-4000)÷6000=33.33%

计算结果表明,当价格下跌到46元/件时经营安全率有所下降(≥30%),但仍然处于经营良好状况,项目风险很小。

2. 不确定型决策

不确定型决策是指在不稳定条件下进行的决策。在不确定型决策中,决策者可能不知道有多少种自然状态,即便知道,也不能知道每种自然状态发生的概率。常用的不确定型决策方法有小中取大法、大中取大法和最小最大后悔值法等。下面通过举例来介绍这些方法。

例6-9:某保险公司打算生产某产品。根据市场预测,产品销路有三种情况:繁荣、一般和萧条。生产该产品有三种方案:①增加营业网点;②招聘代理人员;③扩大公司展业人员。据估计,在各方案的不同状态下的收益见表6-7。问保险公司选择哪一个方案?

表6-7　各方案在不同状态下的收益值

项目	繁荣(万元)	一般(万元)	萧条(万元)
增加营业网点	180	120	-40
招聘代理人员	240	100	-80
扩大公司展业人员	100	70	16

(1) 小中取大法:采用这种方法的管理者对未来持悲观的看法,认为未来会出现最差的自然状态,因此不论采用哪种方案,都只能获取该方案的最小收益。故在进行决策时,首先计算各方案在不同自然状态下的收益,并找出各方案所带来的最小收益,即在最差自然状态下的收益,然后进行比较,选择在最差自然状态下收益最大或损失最小的方案作为选择方案。

其决策程序:

首先,从每个方案在不同自然状态下的收益值中,选出一个最小收益值。

在表6-7中,①方案的最小收益为-40万元;②方案的最小收益为-80万元;③方案的最小收益为16万元。

其次,比较各个方案选出的最小收益值,从中选出一个最大收益值的方案作为决策方案。本例中最大收益值为16万元,对应的方案是③。

这种方法的特点是非常保守,决策者的指导思想是唯恐决策失误而造成较大的经济损失,因此在进行决策分析时,比较小心谨慎,从最不利的客观条件出发来考虑问题,力求损失最小。

(2) 大中取大法:又称乐观决策法。采用这种方法的决策者对未来持有乐观看法,认为未来会出现最好的自然状态,因此不论采用哪种方案,都能获取该方案的最大收益。

其决策程序:

首先,计算各方案在不同状态下的收益,并找出各方案所带来的最大收益。例6-9中,各方案中的最佳状态下的最大收益值分别为180万元、240万元、100万元。

其次,比较各方案,选出最大收益值的方案作为决策方案。本例中最大收益值为240万元,对应的方案是②。

这种方法的特点是决策者对未来比较乐观,可采用最大收益值标准,选择支出较少、利润最大的方案。

(3) 后悔值法:又称大中取小法。由于决策者不了解未来的变化情况,常常会因选错了方案而后悔,为了避免决策失误而造成较大的后悔,遭受较大的损失,应选择后悔值最小的方案作为决策方案。所谓后悔,是指管理者在选择了某方案后,如果将来发生的自然状态表明其他方案的收益更大,那么,决策者会为自己的选择而后悔。后悔值是指在某一自然状态下的最大收益值与各方案收益值之差。按照后悔值进行决策的方法，先要找出各个方案的最大后悔值，然后从最大后悔值中选取最小后悔值的方案为最优方案。

采用这种方法进行决策的程序：

首先，计算各方案在某一种自然状态下的后悔值。

某方案在某状态下的后悔值等于该自然状态下的最大收益值减去该方案在该自然状态下的收益值。从表 6-8 可见，在繁荣状态下，最大收益值为 240，然后用最大收益值与各方案的收益值进行比较，求出每个方案的后悔值分别为 60、0、140；同样在一般状态下，最大收益值为 120，可求出三个方案的后悔值分别为 0、20、50；在萧条状态下，最大收益值为 16，可求出三个方案的后悔值分别为 56、96、0。

表 6-8　各方案在各自然状态下的后悔值

项目	繁荣（万元）	一般（万元）	萧条（万元）
增加营业网点	240-180=60	120-120=0	16-(-40)=56
招聘代理人员	240-240=0	120-100=20	16-(-80)=96
扩大公司展业人员	240-100=140	120-70=50	16-16=0

其次，找出每一种方案的最大后悔值，方案①最大后悔值为 60，方案②最大后悔值为 96，方案③最大后悔值为 140。

最后，从最大后悔值中选择后悔值最小的方案作为所要的方案。从表 6-8 中看出，60 是最小后悔值，因此方案①为最佳方案。

3. 风险型决策

风险型决策也称随机决策，在这类决策中，自然状态不止一种，决策者不能知道哪种自然状态会发生，但能知道有多少种自然状态及每种自然状态发生的概率。

如果决策问题涉及的条件中有些是随机因素，它虽然不是确定型的，但可以知道它们的概率分布，这类决策被称为风险型决策。

（1）期望值法：就是把每个行动方案的期望值都求出来，甲乙比较。如果决策目标是效益最大，则采用期望值最大的行动方案；如果决策目标是损失最小，则采用期望值最小的行动方案。

例 6-10：某保险公司拟开发 A、B 两个产品，A 产品需投资 20 万元，开发后如销路好，每年可盈利 10 万元，如销路差，每年可盈利 2 万元。B 产品需投资 18 万元，开发后如销路好，每年可盈利 4 万元，如销路差，每年可盈利 1 万元。预计两个产品的生命周期均为 8 年。根据保险市场预测，两个产品在今后 8 年内销路好的概率为 0.8，销路差的概率为 0.2。使用期望值法评价并选择最优方案，并根据题意作出表 6-9。

表 6-9　期望值决策表

产品	销售概率		年盈利率		效益期望值
	好	差	好	差	
A	0.8	0.2	10	2	(0.8×10+0.2×2)×8=37.2
B	0.8	0.2	4	1	(0.8×4+0.2×1)×8=18.2

从表中效益期望值比较可以看出，该保险公司开发 A 产品的方案比较好。

（2）决策树法：基本程序与期望值法完全一样，只是期望值法适用于比较简单的问题决策，对比较复杂的问题,计算起来比较困难,需要用决策树法进行决策。

例 6-11:某保险公司尝试推销 A、B 两个产品,地点从甲、乙两地任选一个。根据市场预测得出 A、B 两个产品在甲、乙两地区的效益与概率,见表 6-10,使用决策树法找出最佳推销地点。

表 6-10 效益与概率比较表

地区	销路好				销路一般				销路差			
	A 产品		B 产品		A 产品		B 产品		A 产品		B 产品	
	概率	效益	概率	效益	概率	效益	概率	效益	概率	效益	概率	效益
甲	0.6	10	0.8	8	0.5	9	0.7	8	0.5	-1.5	0.4	-1
乙	0.7	9	0.7	7	0.7	8	0.6	7	0.4	-1.0	0.2	-0.8

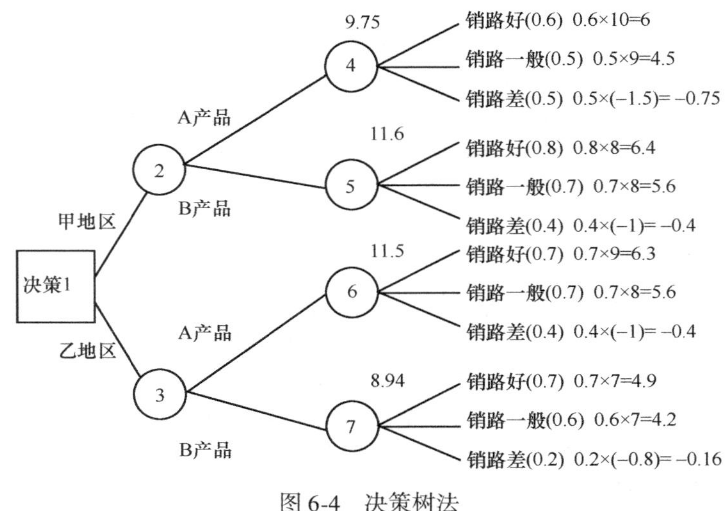

图 6-4 决策树法

图 6-4 中方框称为决策节点,表示做出决策。由决策点引出的直线称为方案枝,每一枝条代表一个方案,并与状态节点连接。状态节点以圆圈表示,它表示选择某一方案后可能出现的情况及其后果。由状态节点引出的直线称为概率枝,每一枝条代表一种自然状态,要在概率枝上简要地说明自然状态的内容和其出现的概率。概率枝的右端写上该方案在该自然状态下的损益值。

根据决策树的测算结果可得出:甲地区为 A、B 两产品推销的最佳地点。

四、健康保险决策的程序

决策活动不是一件偶然地、孤立地为了解决某个问题而进行的活动。决策也不只是限于从几个可供选择的方案中选定一个最优方案的简单行动,更不能误认为只有选定最佳方案才是决策。决策是一个复杂的全过程,并且贯穿于决策活动的各个阶段。

决策程序大致可分为发现环境问题、确定目标、搜集资料、制订方案、评估和优选方案、贯彻实施、反馈及追踪检查等七个过程。这种划分是相对的,可简化步骤。

(一) 发现营销环境问题

任何决策都是从发现和提出问题开始的。所谓环境问题,是指应该或可能达到的状况同现实状况之间存在的差距,也表现为需求、机会、挑战、竞争、愿望等,是一个矛盾群,是客观存在的矛盾在主观世界中的反映。矛盾的复杂性决定决策中问题的复杂程度。但并非任何问题都要决策,面对纷繁复杂的问题,要经过一系列思维活动,对问题进行归纳、筛选和提炼,善于抓住有价值的问题,把握其关键和实质。

(二) 确定营销目标

发现问题后,接着就要确定目标。确定目标是决策中的重要一环,目标一错,失之毫厘,谬以千里。目标应具体,不能抽象空洞,含混不清,尽可能量化、指标化。

在实际的操作中,目标的确定需要从保险公司的实际情况出发,因需要的不同而异,因此在决策的过程中,首先应选择并确定决策的目标。如果决策目标定不下来,那么搜集来的情报就是盲目的,甚至是无用的,制订备选方案也就没有了目的性。

(三) 搜集资料,掌握情报信息

搜集与决策有关的情报资料,是进行科学决策的重要依据。情报信息量的大小、正确与否,直接影响到决策的质量。所以,在决策过程中,情报和信息资料的收集是十分重要的。当然,情报和信息资料的收集,一方面要有目的、有针对性地进行收集、整理、分析;另一方面,也要依靠平时的积累和存储,充分发挥诸如信息中心、档案室等的作用。为了使情报和信息资料的收集工作做到准确、及时,还要注意防阻、防走漏、防歪曲、防偏向性。

(四) 制订多种方案

针对目标,拟定供选择用的各种可能方案,是决策的基础。这项工作主要是由智囊机构承担的。如果只有一个方案,就没有比较和选择的余地,也就无所谓决策。国外常有这样的说法,“没有选择就没有决策”。拟定方案阶段的主要任务是对信息系统提供的数据、情报,进行充分的系统分析,并在这个基础上制订出备选方案。要求做到:①必须制订多种可供选择的方案,方案之间具有原则区别,便于权衡比较;②每一种方案以确切的定量数据反映其成果;③要说明本方案的特点、弱点及实践条件;④各种方案的表达方式必须做到条理化和直观化。

(五) 优选方案

在方案选择之前,先要对各种备选方案进行评估。要尽可能采用现代科学的评估方法和决策技术,对预选方案进行综合评价。这项工作主要由智囊机构来承担。主要通过定性、定量、定时的分析,评估各预选方案的近期、中期、远期效能价值,分析方案的后果及其影响。在评估的基础上,权衡各个方案的利弊得失,并将各方案按优先顺序排列,提出取舍意见,由决策机构定夺。

(六) 贯彻实施

方案选定后,要付诸实施,在普遍实施前最好先进行“试点”。试点要注意选择在整个系统中具有典型性的地方,不能人为地创造某些特殊条件,这样纵然试点成功,也很难以实践。在试验实证中,应特别注重可靠性分析。需要调整决策时,要采用必要的控制性措施,保证可以正常实施,以达到预定目标。有的需要采取排除措施或应变措施加以解决。如果方案在实施试点中根本行不通,那就要推倒重来了。

如果是重大决策,相应的决策者应负担起监督实施的责任,修正或重新拟定方案,尤其是关键阶段、关键时刻,要加强控制和监督,以保证组织内实施决策方案的及时性和可操作性。

(七) 反馈及评价决策效果

即使是一个优化方案,在执行过程中,由于主客观情况的变化,发生这样那样与目标偏离的情况也是常有的。因此,必须做好反馈和评价工作。这个阶段的任务,就是要准确、及时地把方案实施过程中出现的问题、执行情况的信息,输送到决策机构,以进行追踪检查。

1. 进行营销调研的一般程序有哪些?各步骤的主要工作是什么?
2. 营销市场预测的作用与原则有哪些?
3. 定量决策法与定性决策法优缺点有哪些?

【案例】

居民风险与保险意识调查问卷

您好!耽误您的时间我深感抱歉,我们是中国太平洋保险公司的工作人员,目前我们正在进行一项居民风险意识和保险需求行为的调查。请您在百忙中回答下列问题,我们不胜感激!您只需要在选择的答案前标号上划√,或写在横线上即可。

1. 您的性别是: A. 男 B. 女
2. 您是家庭的: A. 户主 B. 配偶 C. 老人 D. 子女
3. 您的年龄是: A. 18~29 岁 B. 30~39 岁 C. 40~49 岁 D. 50~59 岁 E. 60 岁以上
4. 您的文化程度: A. 研究生及以上 B. 大学 C. 高中、中专或技校 D. 初中及以下
5. 您家庭的年总收入是: A. 2 万以下 B. 2~4 万 C. 4~7 万 D. 7~10 万 E. 10 万以上
6. 您有养老金吗 A. 有 B. 没有
7. 您有医疗保险吗 A. 有 B. 没有
8. 过去 5 年有没有保险代理人向您介绍过保险 A. 有 B. 没有

如"有"

(1)有多少次(请填写):________

(2)最近一次是什么时候(请填写):________

9. 您目前拥有何种保险(可多选)________

   A. 人寿保险 B. 养老保险 C. 家庭财产保险 D. 人身医疗保险

   E. 子女教育基金 F. 人身意外伤害保险 G. 其他(请填写):________

10. 您是通过何种途径了解到与保险有关的知识与信息的

    A. 电视广告或短片 B. 相关书籍

    C. 报刊杂志 D. 互联网

    E. 保险公司发放的宣传材料 F. 其他(请填写):________

11. 您对保险业在我国目前经济与社会发展中所起的作用满意吗

    A. 满意 B. 不满意

12. 对于国内保险制度,您觉得不理想的是什么(可多选)

    A. 售后服务欠佳 B. 理赔纠纷 C. 保障性不够

    D. 医疗给付不足 E. 产品多元化 F. 保费不合理

    G. 其他(请填写):________

13. 您对保险公司的信任程度是

    A. 十分信任 B. 比较信任 C. 半信半疑

    D. 完全不信任

14. 请问您对购买保险有什么顾忌

    A. 保险公司不赔偿 B. 无力承担保险费用

    C. 其他(请填写):________ D. 没有顾忌

15. 假如您想购买保险,您最需要的是哪一个产品(可多选)

A. 养老类　　B. 医疗类　　C. 意外类

D. 分红类　　E. 财产类

F. 其他(请填写):________

16. 您的家庭每月需要支出多少生活费

A. 2000元以下　　B. 2001~3000元　　C. 3001~4000元

D. 4001~5000元　　E. 5000元以上

17. 依您的经济能力,您认为投资保险每年缴付多少钱比较合适

A. 1000元以下　　B. 1001~2000元　　C. 2001~3000元

D. 3001~4000元　　E. 4000元以上

18. 您对下面哪个寿险公司的印象不错

A. 中国人寿　　B. 平安保险　　C. 太平洋人寿

D. 新华人寿　　E. 泰康人寿　　F. 友邦保险

G. 其他(请填写):________H. 都不了解

思考:

1. 在设计调研问卷时,我们应在哪些方面引起注意?

2. 该问卷设计中包含了哪几种问题?

提示:问卷设计包含问卷内容、调查主题、信息完整性等;一般而言,在市场调查中,有两种主要问题类型,开放式问题和封闭式问题。

拓展阅读

电话访问三要素

(一) 积极询问

一个优秀的电话访问员需要通过积极主动的询问来获知问题答案并发现新问题。询问要求电话访问员具备一定的技巧,怎么问、如何才能够引导被访者说出心中的想法,是得到有用数据的关键。针对有性格差异的对象采取不同的询问方式,有重点地进行询问,才能事半功倍,要尽量以简短、有启发性的询问引导被访者回答,可用“是非题”的形式让客户回答“是”或“否”。询问技巧往往能体现一种素质,要具备这种素质需要电话访问员在日常的工作中不断总结,积累经验,逐步形成与被访问者沟通无阻碍的能力。

(二) 专注聆听

在通话过程中,切忌被访者话没有说完就将其打断,专注地听完被访问者的回答和意见是电话访问员与被访问者建立友好关系的第一步。专注聆听,是对被访问的重视,最先实现的效果是被访问者不再对访问员排斥。另外,当被访问者在回答对某事的看法时候,如果情绪出现较大波动,说话偏激时,电话访问员的素质在此时就会充分地凸显出来,这对交流成功至关重要。当电话访问员愿意并且乐意做受访者的听众,尊重他所说的客观事实,不计较他的语言态度,等他宣泄完毕和恢复理智时,再对他心平气和地继续进行访问,那么受访者对访问员的抵触心理可能就此缓解甚至打消,反而有可能积极配合反映一些问卷上没有却十分重要的情况。

（三）微笑应答

微笑是对被访者的尊重，不要以为对方看不到你就不知道你的态度，这大错特错。一般来说，在无法面对面的情况下发自内心的微笑更容易被对方所感知。如果说微笑服务需要的是电话访问员的耐心、专心、热心等心理素质，那么应答就是电话访问员的技术、经验等业务知识的综合表现。由于通话时间的限制，要求电话访问员能够快速反应，及时调整问话方式与方法，并在访问过程中边听边记录被访问者的回答。

第七章

健康保险目标市场策略

保险公司必须善于选择适合自己并能充分发挥自身资源优势的目标顾客群从事健康保险营销，确立其在健康保险大市场中的位置，这是保险公司营销管理中的战略决策问题。这个决策过程是由市场细分、目标市场选择和市场定位三个环节组成的，这三个环境是相互联系、缺一不可的。其中，市场细分是企业目标市场选择与市场定位的基础和前提。本章主要介绍健康保险市场细分的内涵、原则、标准、方法与步骤、选择目标市场营销策略应考虑的因素，以及目标市场选择的条件和目标市场选择策略。

第一节　健康保险市场细分

一、市场细分概述

（一）市场细分概念内涵

市场细分理论是1956年由美国市场营销学专家温德尔·史密斯(Wende-Smith)首先提出来的，这一理论被认为是企业市场营销工作的一个重大突破。它是指企业面临的目标市场规模过大，企业无法服务，按照细分标准把某一类产品的整个市场划分为若干个具有某些共同特征的小市场，而经过划分的小市场里的消费群体称为目标消费群体。它是企业经营以消费者为中心的现代市场营销观念的必然产物，也是第二次世界大战后，众多商品市场由卖方市场转变为买方市场这一新形式下企业营销战略的新发展，更是企业贯彻以消费者为中心的现代市场营销观念的必然产物。

健康保险市场细分理论主要有两个理论依据：第一，健康保险产品消费者对健康保险的需求具有明显的差异性；第二，保险公司可以利用有限的资源进行有效的竞争。健康保险市场细分的基础是健康保险产品消费者对健康保险需求的多样性或差异性。因此，健康保险市场细分不是对健康保险产品进行分类，而是对同一种健康保险产品需求各异的消费者进行分类，每一个消费者群就是一个细分市场，也称为“子市场”或“亚市场”。

从需求角度来看，健康保险产品的市场可以分为两类：同质健康保险市场和异质健康保险市场。同质健康保险市场指消费者对健康保险产品的要求基本相同或极为相似，则该健康保险产品的市场就是同质市场。异质市场是指消费者对健康保险产品的要求不尽相同，则该健康保险产品的市场就是异质市场。同质市场和异质市场在不同的时期、不同的条件下，是可以相互转化的。实际上，对健康保险产品的市场细分就是把一个健康保险异质市场划分为若干个同质子市场的过程。

（二）健康保险市场细分原则

健康保险市场细分的原则是指导保险公司正确对健康保险产品市场的细分，以此判断市场是否有效的目标。因此，健康保险公司应该遵守以下基本原则。

1. 可衡量性原则

可衡量性原则是指对健康保险产品细分出来的市场是可以识别和衡量的。市场细分后不仅有明显的范围，而且也能估量出健康保险产品的市场规模及其购买力的大小。为此保险公司所收集的细分资料应该可以进行衡量比较，否则市场细分就会因为无法准确确定和衡量而难以描述，细分市场也就失去了意义。

2. 差异性

差异性是指健康保险产品各细分市场的消费者对同一市场营销组合方案会有差异性反应，或者说对营销组合方案的变动，不同细分市场会有不同的反应。一方面，如果不同细分市场顾客对产品需求差异不大，行为上的同构型远大于其异质性，此时保险公司就不必费力对市场进行细分。另一方面，对于细分出来的市场，保险公司应当分别制订出独立的营销方案。如果无法制订出这样的方案，或其中某几个细分市场对是否采用不同的营销方案不会有大的差异性反应，便不必进行市场细分。

3. 可进入性原则

可进入性原则是指细分出来的市场必须是保险公司的营销活动能够到达的市场。市场的细分和选择必须适应保险公司的营销力量和开发能力，必须是保险公司有可能进入并占有一定份额的市场，否则就没有现实意义。如细分的结果发现已有很多竞争者，自己无力与之抗衡，或虽有未满足需求，但因缺乏资源，这些健康保险的细分市场就不宜贸然开拓。

4. 可盈利性原则

可盈利性原则是指细分市场的规模必须使保险公司有利可图，有一定的现实需求和潜在需求。保险公司选择目标市场的目的，是为其提供适销对路的健康保险产品并获得盈利。即市场细分后，其市场规模或容量要大到足以使保险公司获利。市场细分进行时，保险公司首先必须要考虑到细分市场上消费者的数量，还有他们的购买力及购买产品的数量和频率。如果细分市场的规模过小，市场容量太小，细分工作所耗费的成本过高，就不值得进行市场细分。

5. 相对稳定性原则

相对稳定性原则是指细分出来的子市场，在一定时期、一定阶段内要具有相对的稳定性。相对稳定的细分市场，使得保险公司营销策略、方案、效益也会相对稳定，有利于保险公司节约人力、物力、财力资源。否则，细分市场变化快，保险公司营销活动也就难以适应市场需求变化，就会出现经营风险，影响预期利润。

二、健康保险市场细分标准

（一）消费者市场细分的标准

消费者对保险公司产品需求的差异性是进行市场细分的理论依据，凡是构成消费者差异的因素都可以作为保险公司市场细分的标准。

1. 地理环境

地理环境是保险公司细分市场应首先考虑的重要因素。健康保险公司应根据健康保险产品消费者所处的自然环境和地理位置来细分市场，包括城市的规模、人口密度、国家、地区，以及不同地区的气候、地形、地貌等将整体市场划分为不同的小市场。之所以地理变数成为健康保险市场细分的首要依据，是因为在不同地理环境下对于同一类健康保险产品的消费者往往会有不相同的需求与偏好，因此对保险公司所采取的营销策略和措施也将会有不同的反应。

2. 人口因素

人口因素是保险公司细分市场重要而又常用的依据，包括社会阶层、年龄、性别、职业、收入、教育程度、家庭结构、宗教、国籍、家庭生命周期等。很明显,人口变量的因素与健康保险产品需求差异之间存在着密切的关系。健康保险产品与人的健康息息相关,每个人对于健康保险需求情况不一,主要是因为不同的年龄、不同的受教育程度、不相同的消费者在生活兴趣、价值取向、个人生活方式及审美观念等方面会有很大的差异性。因而,从人口统计变量因素来进行市场细分对健康保险公司而言及其重要,直接关系到健康保险公司的营销管理能否成功。

3. 心理因素

心理因素指消费者的心理特征,包括生活方式、性格、兴趣、偏好,对各种营销要素的敏感程度等。很显然,所谓的心理因素,也就是指按照消费者的心理特征去细分市场。在一般情况下,我们按照以上所述的几种标准划分出来的消费者,他们处于同一群体中,但对产品的需求经常也会显示出差异性,这是心理因素在发挥作用。健康保险产品消费者的购买决定受消费者心理因素影响,作用机制十分复杂,因此保险公司在对目标市场进行市场细分时往往会把消费者心理因素作为重要因素进行考量,进而明确市场细分方向。

4. 购买行为

购买行为是指依据购买者对商品的了解程度、态度及使用情况等反应将他们划分为不同的群体,具体包括购买时机、追求的利益、使用频率、品牌和商标的信赖程度、购买动机、消费数量等。绝大多数人认为,它能成为市场细分的最好起点,是因为行为变数可以更直接地反映出消费者的需求差异。保险公司在制定营销计划时应根据以上的划分标准对消费者的消费行为进行梳理,掌握重要划分标准为公司的健康保险产品市场细分打下基础。

(二) 组织用户市场细分的标准

对于健康保险产品而言,消费品市场细分的对象是个人,组织用户市场细分的对象是团体。许多用来细分消费者市场的标准,同样可用于细分组织用户,如根据地理、追求的利益和使用率等变量加以细分。不过,组织与消费者在购买动机与行为上存在差别,所以除了运用前述消费者市场细分标准外,还可用一些新的标准来细分生产者市场。

1. 用户规模

在组织市场中,有的用户购买量很大,而另外一些用户购买量很小。保险公司应当根据组织用户规模大小来细分市场,并根据用户或客户的规模不同,保险公司制订的营销组合方案也应有所不同。例如,对于大客户,宜直接联系、直接供应,在价格、信用等方面给予更多优惠;而对众多的小客户,则宜于使产品进入商业渠道,由健康保险经纪人或代理人去组织供应。

2. 购买状况

根据组织的购买方式来细分市场。组织购买的主要方式包括直接重购、修正重购及新任务购买。不同的购买方式的消费量、决策过程等不相同,因而可将健康保险产品的组织市场细分为不同的小市场群,保险公司据此来制订有针对性的营销计划。

保险公司在运用细分标准进行市场细分时必须注意以下问题:第一,市场细分的标准是动态的。市场细分的各项标准不是一成不变的,而是随着社会生产力及健康保险市场状况的变化而不断变化的,如年龄、收入、城镇规模、购买动机等都是可变的。第二,不同的保险公司在市场细分时应采用不同标准。因为各保险公司的人才、资源、财力和营销具有明显差异,所采用的标准也应有区别。第三,保险公司在进行市场细分时,可采用一项标准,即单一变量因素细分,也可采用多变量因素组合或系列变量因素对健康保险市场进行细分。

三、市场细分的方法与步骤

（一）市场细分的程序

美国市场学家麦卡锡提出细分市场的一整套程序，这一程序包括七个步骤。

（1）选定产品市场范围，即确定进入什么行业，生产什么产品。产品市场范围应以顾客的需求，而不是产品本身特性来确定。对于保险公司来说，其产品是很明确的，即健康保险产品，但健康保险产品种类繁多，应根据市场需求情况来制订健康保险产品，进而明确产品所覆盖的市场范围。

（2）列举潜在顾客的基本需求。保险公司可以通过调查，了解潜在消费者对即将推出的健康保险产品的基本需求。这些需求可能包括：针对何种疾病，保费支付情况，收入保障情况等。

（3）了解不同潜在用户的不同要求。对于列举出来的基本需求，不同顾客强调的侧重点可能会存在差异。除在疾病、医疗保险和收入保障方面具有大的共性之外，健康保险消费对在这三大方面的具体需求具有明显的差异，这部分应重点调查其对健康保险的细微差别。

（4）抽掉潜在顾客对健康保险的共同需求，把对健康保险产品的特殊需求作为细分标准。

（5）根据潜在顾客基本需求上的差异，将其划分为不同的群体或子市场，并赋予每一个子市场一定的名称。

（6）进一步分析每一细分市场需求与购买行为的特点，并分析其原因，以便在此基础上决定是否可以对这些细分出来的市场进行合并，或作进一步细分。

（7）估计每一细分市场的规模，即在调查基础上，估计每一细分市场的顾客数量、购买频率、平均每次的购买数量等，并对细分市场上产品竞争状况及发展情况进行分析。

（二）市场细分的方法

1. 单一变量因素法

单一变量因素法是指保险公司根据市场营销调研结果，选择影响健康保险产品消费者或用户需求最主要的因素作为细分变量，从而达到市场细分的目的。这种细分法以保险公司的经营实践、行业经验和对组织客户的了解为基础，在宏观变量或微观变量间，找到一种能有效区分客户并使公司的营销组合产生有效对应的变量而进行的细分。例如，健康保险产品可以根据年龄细分市场分为儿童疾病险、中年人疾病险、老年人疾病险等。

2. 多个变量因素组合法

多个变量因素组合法，也称综合因素细分法，是根据影响消费者需求的两种或两种以上因素进行的市场细分。健康保险公司可以通过健康情况、收入水平、年龄三个因素对健康保险产品进行市场细分。

3. 系列变量因素法

系列变量因素法是根据企业经营的特点并按照影响消费者需求的诸因素，由粗到细地进行市场细分。这种方法可使目标市场更加明确而具体，有利于企业更好地制订相应的市场营销策略。如保险可按照地理位置、性别、年龄、收入、健康状况等系列因素进行市场细分。

第二节　目标市场选择

一、目标市场选择的条件

目标市场选择是指保险企业在划分好细分市场之后，估计每个细分市场的吸引力程度，并选择进入一个或多个细分市场。选择目标市场的首要步骤是评估各个细分市场,即对各细分市场在市场规模增长率、市场结构吸引力和公司目标与资源等方面的情况进行详细评估。在对这些指标综合比较、分析的基础上,才能选择最优化的目标市场。经过细分之后,会使保险企业面临许多不同细分市场机会,而市场细分的目的在于从对客户的分析中,捕捉市场的机遇,因此细分工作就不应停留在对市场的划分中,而是应该结合保险企业自身的竞争力去评估细分市场和选择细分市场,从而确认保险公司的消费者来源。

(一)有一定的规模和发展潜力

保险企业进入健康保险市场是期望能够有利可图,如果市场规模狭小或者趋于萎缩状态,保险企业进入后难以获得发展。此时,应审慎考虑,不宜轻易进入。当然,保险企业也不宜以市场吸引力作为唯一取舍,特别是应力求避免雷同,即与竞争企业遵循同一思维逻辑,将规模最大、吸引力最大的市场作为目标市场。保险企业共同争夺同一个顾客群的结果会造成过度竞争和社会资源的无端浪费,同时使消费者的一些本应得到满足的需求遭受冷落和忽视。目前大多数保险企业动辄将城市尤其是大中城市作为健康保险的首选市场,而对小城镇和农村市场不够重视,这很容易步入误区,如果转换一下思维角度,经营尚不理想的保险企业可能会有新的局面。

(二)细分市场结构的吸引力

细分市场可能具备理想的规模和发展特征,然而从赢利的观点来看,它未必有吸引力。波特认为有五种力量决定整个市场或其中任何一个细分市场的长期的内在吸引力。这五个群体是:同行业竞争者、潜在竞争者、替代产品、购买者和供应商。

1. 细分市场内竞争者的威胁

如果某个细分市场已经有了众多的、强大的或者竞争意识强烈的竞争者,那么该细分市场就会失去吸引力。如果该细分市场处于稳定或者衰退状态,新产品推出不断大幅度扩大,固定成本过高,撤出市场的壁垒过高,竞争者投资很大,那么该细分市场竞争情况比较糟糕。这往往会导致保险公司出现价格战、广告争夺战,从而导致保险公司要参与竞争就必须付出高昂代价的局面。

2. 潜在竞争者的威胁

如果健康保险中的某个细分市场可能吸引会增加新的供给量和大量资源并争夺市场份额的新的竞争者,那么该细分市场就会没有吸引力。问题的关键是,新的竞争者能否轻易地进入这个细分市场,如果新的竞争者进入这个细分市场时遇到森严的壁垒,并且遭受细分市场内原有公司的强烈抵御,新的保险公司便很难进入健康保险领域,或已在健康保险业务中的保险公司就很难进入该细分领域。保护细分市场的壁垒越低,原来占领细分市场的公司的抵御能力就越弱,这个细分市场就越缺乏吸引力。某个细分市场的吸引力随其进退难易的程度而有所区别,根据行业利润的观点,最有吸引力的细分市场应该是进入的壁垒高、退出的壁垒低。在这样的细分市场里,新的保险公司很难进入,但经营不善的保险公司可以安然撤退;如果健康保险产品的细分市场进入和退出的壁垒都高,细分领域的利润潜量就大,但也往往伴随较大的风险,因为经营不善的保险公司难以撤退,必须坚持到底;如果健康保险产品的细分市场进入和退出的壁垒都较低,保险公司便可以进退自如,然而获得的报酬虽然稳定但不高;最糟糕的情况是进入细分市场的壁垒较低,而退出的壁垒却很高,于是在大环境良好时,进入者较多,但在经济环境较差时却很难退出,其结果是保险公司的供给量偏大,竞争异常激烈,收入呈下降趋势。

3. 替代产品的威胁

保险公司的健康保险产品如果在某个细分市场存在着替代产品或者有潜在替代产品,则该细分市场就失去吸引力。因为替代产品会限制细分市场内价格和利润的增长,保险公司应密切注意替代产品的价格趋向。如果在这些替代产品行业中产品所有创新或有所发展,或者竞争日趋激烈,这个细分市场的价格和利润就可能会下降。

4. 购买者讨价还价能力加强的威胁

如果某个细分市场中消费者的讨价还价能力很强或正在加强,该细分市场就没有吸引力。一般情况下,健康保险产品的消费者会设法压低价格,对健康保险产品提出更高的要求,并且使竞争者互相斗争,所有这些都会使保险公司的利润受到损失。如果健康保险产品的消费者比较集中或者有组织,或者该健康保险产品在消费者的成本中占较大比重,或者产品无法实行差别化,或者顾客的转换成本较低,或者由于消费者的利益较低而对价格敏感,或者消费者能够向后实行联合,消费者的讨价还价能力就会加强。保险公司为了保护自身利益,可选择议价能力最弱或者转换保险公司能力最弱的消费者,而最好的防卫方法是提供消费者无法拒绝的优质的健康保险产品供应市场。

5. 供应商讨价还价能力加强的威胁

由于健康保险产品更多的是提供保障服务,属于无形商品范畴。因此,保险公司的供应商不甚明确,大致包括主管部门、金融机构、公用事业和提供办公条件企业等,如果这些供应商能够提价或者降低产品和服务的质量,或减少供应数量,则该公司所在的细分市场就会没有吸引力。如果供应商集中或有组织,或者替代产品少,或者供应的产品是重要的投入要素,或转换成本高,或者供应商可以向前实行联合,那么供应商的讨价还价能力就会较强大。虽然保险公司不具有明显的供应商,但也必须保持与主管部门、金融机构和公用事业等单位建立良好关系,并不断开拓多种供应渠道,分散对供应商的依赖集中度。

(三) 符合企业目标和能力

一方面,在健康保险产品中的某些细分市场虽然有较大吸引力,但不能推动保险企业实现发展目标,甚至分散保险企业的精力,使之无法完成其主要目标,这样的市场应考虑放弃。另一方面,还应考虑保险企业的资源条件是否适合在某一细分市场经营。只有选择对保险企业有条件进入、能充分发挥其资源优势的市场作为目标市场,保险企业才会立于不败之地。

二、目标市场选择策略

(一) 无差异营销

无差异营销就是把健康保险整体市场作为保险公司的目标市场,其着眼点是消费者的共同需要,不考虑需要的差异,并以一种市场营销组合方案,推出一种或几种产品去吸引、满足所有的顾客。优点是成本的经济型。缺点是:①大多数健康保险产品不适用,保险企业一般不宜长期采用;②消费者的不同需求不能得到满足,最后是无法与采用差异性营销的其他同类企业相竞争。此策略适用于同质市场的产品,以及有广泛需求、能够大量供给与销售的产品。

(二) 差异性营销

差异性营销是指保险公司把健康保险产品的整体市场划分为若干细分市场,选择两个以上乃至全部细分市场作为目标市场,按照不同子市场的不同需求,分别制订不同的市场营销组合,分别开展不同的市场营销活动。优点是能够分别满足不同消费者群的需要;有利于保险公司扩大销售,能树立良好的市场形象,提高消费者对公司产品的信赖程度和购买频率;降低保险企业在市场上的失败风险。而其缺点是生产费用、管理费用、销售费用会大幅度增加。该策略适用于经营差异性较大、市场变化较快的健康保险产品的保险企业,以及那些本身有一定的资源能力应付市场变化所带来的产品更新和服务更新的保险企业;具有比较雄厚的财力、较强的产品开发能力和素质较高的营销人员的保险企业。

（三）集中性营销

集中性营销是指保险企业集中所有力量，进入一个细分市场，或是对该市场进一步细分后的几个更小的市场部分，力图在这些子市场中占有较大的市场份额。其优点是易于取得经营上的成功，因为易于满足特殊需求而有助于提高保险企业与产品在市场上的知名度。缺点是潜伏着较大的风险，如遇不成功可能对保险企业产生致命的影响。该策略适用于资源力量有限的中小保险公司。

三、选择目标市场营销策略应考虑的因素

（一）企业资源实力

保险公司在人力、物力和财力等方面的资源禀赋不一，直接影响企业目标市场的选择。实力雄厚的保险公司，供应能力强，可采用无差异性或差异性市场策略；如果保险公司所拥有的资源较少，无力兼顾整个市场，宁可采用密集性策略，进行风险性营销管理。

（二）市场特点

不同的健康保险产品细分市场具有不同的特点，各类市场健康保险产品消费者的文化、职业、兴趣、爱好、购买动机等都有较大差异。如消费者的需要、兴趣、爱好等特征大致相同或甚为接近，即市场类似程度大、同质性高，可采用无差异性市场策略；而市场需求差别大，消费者的挑选性强，则宜采用差异性市场策略或密集性市场策略。

（三）产品同质性

产品同质性是指消费者所感觉产品特征相似的程度。健康保险产品涵盖医疗保险、疾病保险、收入保障保险三大方面，从大类上看具有较高的同质性。但在每一大类下，健康保险产品又具有明显的特征，保险公司应分别采用不同的市场策略，选择不同的目标市场。对于健康保险产品具有较高同质性的，可实施无差异性市场策略，但还存在另一种情况，即健康保险产品品质、保障功能深度差别较大，消费者购买时十分注意其保障功能和价格，并常以它们所具有的特性为依据，对这类同质性低的产品，宜采用差异性或密集性策略。

（四）产品生命周期

产品生命周期包括投入期、成长期、成熟期和衰退期四个阶段。保险公司应随产品生命周期的发展而变更目标市场策略，尤其要注意投入期及衰退期两个极端时期。当新产品处于投入期时，重点在于发展消费者对产品的基本需求，一般很难同时推出几个产品，宜采取无差异性市场策略，以探测市场需求与潜在顾客。当然，保险企业也可发展只针对某一特定市场的产品，采取密集性市场策略，尽全力于该细分市场。当产品进入衰退期，保险公司若要维持或进一步增加销售量，宜采用差异性市场策略，开拓新市场；或采取密集性市场策略，强调品牌的差异性，建立产品的特殊地位，延长产品生命周期，避免或减少公司的损失。

（五）竞争者市场策略

保险公司在对健康保险产品的目标市场策略选择时，往往视竞争对手的策略而定。不同竞争者的目标组合的侧重点不同。保险公司必须了解每个竞争者的目标重点，才能对其竞争行为的反应作出正确的评估。竞争者的市场目标及其行为变化，可以通过密切观察和分析竞争者目标及其行为变

化，为保险公司的竞争决策提供方向。竞争者的市场目标存在的差异，进而会影响到公司的营销模式。如当竞争对手在进行市场细分并采用差异性市场策略时，该保险公司如采取无差异性策略，就不一定能更好地适应不同市场的特点，必然与竞争者抗衡。

第三节 市场定位

一、市场定位的内涵

市场定位就是保险公司根据竞争者现有产品在市场上所处的位置，针对消费者对该健康保险产品某种特征或属性的重视程度，强有力地塑造出本公司产品与众不同的、给人印象鲜明的个性或形象，并把这种形象生动地传递给消费者，从而使该产品在市场上确定适当的位置。

市场上许多同类产品品牌繁多，各具特色，广大消费者都有自己的价值取向和认同标准，定位就是勾画本公司有别于其他公司的形象，所以公司要想在目标市场上取得竞争优势和更大效益，就必须在了解购买者和竞争者两方面情况的基础上，确定本企业的市场位置，树立企业形象，为产品培养一定的特色。这种形象和特色可以是实物方面的，也可以是心理方面的，或两者兼而有之，物美价廉、经济实惠。在营销战略中，作为营销传播观念的“定位”于20世纪60年代末70年代初被誉为现代营销之父杰克·特斯特所倡导，定位观念也被称为有史以来对美国营销影响最大的观念。定位的核心思想是区别市场，焦点经营，任何一个品牌都必须在接受者的心目中占据一个位置，形成有利于竞争者的价值，并维持好自己的经营焦点；也就是说，定位就是在预期客户的头脑中如何独树一帜。

二、市场定位在保险公司营销中的作用

在保险行业中，健康保险的同类产品品牌繁多，消费者面临着选择困难，消费者购买的理由是保险公司重点要研究的问题，这就要保险公司有效的市场定位来解决。因此，市场定位在企业营销中作用很大，具体事项主要表现在以下几个方面。

（一）强化产品的针对性

消费者的购买和消费越来越注重个性化。因此，保险公司要确定具体的服务目标。对服务目标定位的前提是对健康保险市场进行细分。通过合理、严密的市场细分，保险公司可以对各细分市场中的消费需求和市场竞争状况加以对比，这样既可以根据对比结果了解和掌握各细分市场中服务对象的需求满意度，同时可以看出自身所具有的优势和劣势，这有利于保险公司采取正确的营销策略。

（二）增强公司产品在市场上的竞争力

任何保险公司都有自己的长处和短处、优势和劣势，在市场上盲目出击，极有可能导致营销失败。确定保险公司与竞争者的相对市场位置，保险公司要准确分析自己产品与竞争对手产品在成本及品质和服务上的优势，以优势对劣势打击竞争产品占领市场，进而可以增强公司产品在市场上的竞争力。

（三）开拓新市场

产品的生命周期理论告诉我们，任何的产品都有生命周期，不可能在市场上一直保持垄断地位。现在产品的市场寿命越来越短，产品两年一升级四年一换代的现象实属屡见不鲜。真正的市场定位

是在市场细分的基础上做出的。保险公司通过市场细分,可以掌握消费者的不同需求情况,从而发现未被满足或未被充分满足的需求市场。然后根据市场细分和企业自身优势正确确定自己的市场,推出新的健康保险产品,开拓新市场领域。

(四) 确定事业领域

由于人的欲望是无止境的,需求是多样的,因此,任何一家保险公司包括规模最大的公司也不可能满足购买者的全部需要,而只能满足其一部分。也就是说,保险公司必须充分认识自身的优势和劣势为自己确定一个正确恰当的市场定位,即确定公司的事业领域。

三、保险公司进行市场定位的依据

(一) 根据产品属性和顾客所获利益定位

健康保险产品本身的属性以及由此获得的利益能使消费者体会到它的市场定位,保险公司通过广告促销等措施,在消费者心目中强化使用该产品所获得的利益,通过消费者的使用,在他们的头脑中留下鲜明印象。一般情况下,保险公司在推出新产品并进行市场定位时,应该强调它的产品属性和消费者所获得的利益。

(二) 根据健康保险产品的用途定位

健康保险产品具有针对医疗、疾病和收入的保障功能,由于时代变迁,社会的不断发展,保险公司原有的一些老产品逐步被新产品替代,市场份额逐渐丧失,这时就需要对老产品进行重新定位,不断创新其功能与用途,延长产品的生命周期,增加健康保险老产品的销售量。

(三) 根据消费者定位

很多公司经营者们常常试图把他们的产品推荐给适当的使用者或某个分市场,以便根据该分市场创建恰当的形象。保险公司可以采取这种定位方法,推出健康保险的高端产品,把此产品定位在有身份的高收入人群,并对购买者的购买资格进行了解,不断筛选出符合此条件的消费者,让市场形成此产品即是高端收入群体的专属的形象,通过这种方法,可以提升该保险公司的品牌形象,从而该产品保持较好的收益率。

(四) 根据产品档次定位

健康保险产品档次定位时强调把产品分为三六九等,不同的档次有不同的价格,针对不同的消费者;对于高档次的消费者就提供高档产品,而对低档次的消费者则提供低档次的产品。这样的定位方式可以满足不同档次需求的消费者,从而可以提高保险公司的竞争力,增加健康保险产品的销售额,通过这种定位方法还可以加深该产品在消费者头脑中的印象。

(五) 根据竞争定位

当前,保险公司在进行市场定位时,不能忽略的是竞争对手的定位情况,唯有知己知彼方能百战百胜。保险公司推出健康保险产品时还可以根据与竞争对手直接有关的不同属性和利益进行定位,采取差异化的定位策略,进而获取市场份额。

四、市场定位的策略

（一）创新定位

市场营销管理是创造并激发需求，其中创新定位是创造需求的一种重要途径，寻找新的尚未被占领但有潜在市场需求的位置，填补市场上的空缺。如日本索尼公司的索尼随身听等一批新产品正是填补了市场上迷你电子产品的空缺，并进行不断的创新，使得索尼公司即使在"二战"时期也能迅速发展，一跃成为世界级的跨国公司。采用这种定位方式时，保险公司应明确创新定位所需的产品在技术上、经济上是否可行，有无足够的市场容量，能否为公司带来合理而持续的盈利。

（二）迎头定位

迎头定位策略是指保险企业根据自身的实力，为占据较佳的市场位置，不惜与市场上占支配地位的、实力最强或较强的竞争对手发生正面竞争，而使自己的产品进入与对手相同的市场位置。其定位方法的优点是竞争过程中往往具有相当的吸引力，甚至产生轰动效应，公司及其产品可以较快地为消费者或用户所了解，易于达到树立市场形象的目的。其最大的缺点是具有较大的风险性，因为竞争对手的原有市场中已形成相当的品牌影响力或市场份额。

（三）避强定位

避强定位策略是指保险公司力图避免与实力最强的或较强的其他保险公司直接发生竞争，而将自己的产品定位于另一市场区域内，使自己的产品在某些特征或属性方面与最强或较强的对手有比较显著的区别。此定位策略的优点是能使企业较快地在市场上站稳脚跟，并能在消费者或用户中树立形象，风险相对较小。但也具有明显的缺点，即避强往往意味着公司必须放弃某个最佳的市场位置、很可能使公司处于最差的市场位置。

（四）重新定位

重新定位通常是指对销路少、市场反应差的产品，或者产品本身很好，但为了进一步扩大市场占有率，能有效地与竞争对手相抗衡进行的二次定位。重新定位的原因可能是公司决策失误所引起的，也可能是对手有力反击或出现新的强有力竞争对手而造成的，重新定位正确，能够获得成功。重新定位是以退为进的策略，目的是为了实施更有效的定位。例如，万宝路香烟刚进入市场时，是以女性为目标市场，它推出的口号是：像 5 月的天气一样温和。然而，尽管当时美国吸烟人数年年都在上升，万宝路的销路却始终平平。后来，广告大师李奥贝纳为其做广告策划，他将万宝路重新定位为男子汉香烟，并将它与最具男子汉气概的西部牛仔形象联系起来，树立了万宝路自由、野性与冒险的形象，从众多的香烟品牌中脱颖而出。自 20 世纪 80 年代中期到现在，万宝路一直居世界各品牌香烟销量首位，成为全球香烟市场的领导品牌。保险公司已经推出的健康保险产品如遇到瓶颈，可以在综合内外部条件和资源的情况下，考虑采取重新定位，获取市场竞争地位。

1. 健康保险市场的细分标准有哪些？请结合保险行业的特点举例说明。
2. 如何选择健康保险的目标市场？由哪些因素决定？
3. 未来健康保险市场定位的发展趋势如何？应如何应对市场不断变化带来的定位风险？

【案例】

中端寿险长期空白　细分之路方向在前步难迈

在2012年短期医疗保险市场中，低端的补充医疗保险占95.8%，高端医疗保险占3.8%，中端医疗保险仅占不足0.4%。

“看到了方向，却迈不开步子”。这似乎可以用来形容眼下国内寿险业面对中端市场时的状态。业内几乎没有人质疑“国内中端保险市场几乎处于空白状态”这一观点，也不会有人否认这一市场的巨大潜力。《证券日报》记者了解到，有研究机构预测，仅在健康险市场中，中端产品的市场规模就将从2011年的可忽略不计，发展到2015年的60亿元，以及2020年的670亿元。面对这一潜力巨大的市场，保险公司已经明确了方向——进一步细分中端市场。但遗憾的是，目前他们尚未找到明确的细分模型。

2012年的1亿元

高端、中端、补充医保产品的划分依据为人均（件均）年保费：12 000元以上的为高端产品；2000～12 000元为中端产品；低端产品为2000元以下保费的，通常是补充医疗保险。

为什么说中端保险市场为空白？一组健康险的数据可以很好地说明。2012年，我国的短期医疗保险市场的保费明细显示，高端医疗保险市场规模10亿元，中端保险市场规模1亿元，补充医疗保险市场规模240亿元。数据表明，短期医疗保险市场中，低端的补充医保占95.8%，高端医疗险占3.8%，而中端医疗险仅占不足0.4%。

《证券日报》记者是从波士顿咨询公司合伙人兼董事总经理罗英处获得这一数据的。她称，国内市场的医疗保险以寿险公司提供的大病保险产品为主，短期医疗保险市场又以团体补充医疗保险和高端医疗保险为主。

除了保费的划分依据外，高中端医疗险产品从承保范围和服务，以及对于险企的盈利性上，都有不同。比如，从承保范围和服务上，高端医疗险产品的保额最高为2000万元，承保所有门诊、急诊住院费用，除部分高档医院外的所有医院，包含部分国外就医支出，增值服务为直付、预约、VIP病房和急诊救援等。中端产品的承保范围相对高端医疗险产品有所缩小，例如，不含高档/外国医院，且保额较低。补充医疗险的承保范围覆盖公共医疗保险下的个人现金支持，仅限公共医疗保险指定医院，大部分涵盖门诊/急诊，也有一部分只涵盖住院费用；通常辅以意外、大病和生育险及住院津贴，无增值服务。而在盈利性上，高端医疗保险产品的赔付率通常在60%～80%，净利润率为0～5%；中端产品的赔付率为70%～80%（保险责任含门诊），或者60%～70%（保险责任不含门诊），净利润率为0～5%；补充医疗险的赔付率为70%～120%，风险主要来自门诊/急诊，净利润率为负。

2020年的670亿元

尽管目前的中端医疗保险市场处于空白状态，但其发展潜力巨大。罗英认为，这有多重原因。

首先，中端市场客户有一定的经济基础，对补充医疗保险的保障程度和范围并不满意，需要更好的服务和医疗保障。因此，国内消费者对更好的服务、更广的承保范围存在日益扩大的升级购买需求。同时，健康险价格仍然是主要门槛，中端保险相比高端医疗保险，价格上更能被客户接受。另外，医院和保险公司也希望推动收入增长，他们对此的拓展动力，也能在一定程度上促进中端保险市场的发展。

基于上述分析，罗英预测，国内中端医疗保险市场规模将不断增长。其中，2011～2015年，中端医疗保险市场规模预计年增长率为138%；2015～2020年，中端市场规模预计年增长将保持在60%。

在具体规模上，2011年中国690亿元的商业医疗险市场规模，几乎被补充医疗保险和大病保险瓜分，两者规模分别为320亿元、360亿元。到2015年以至2020年，这种情况将在一定程度上得到改变。2015年，预计商业医疗险市场规模为1350亿元，其中，中端市场规模预计为60亿元，另外还包括规模20亿元的高端市场，规模560亿元的补充医保，以及700亿元的大病保险。而到2020年，商业医疗险市场规模预计为3330亿元，其中，中端市场670亿元，高端市场120亿元，补充医保市场1130亿元，大病保险市场1410亿元。

中端市场可再细分

中端保险市场目前几乎属于尚未被开发的空白地带，对相关原因，友邦中国首席市场官张晓宇曾表达过自己的观点，他认为，这与国内寿险业务同质化情况严重相关，产品创新多为不实，各公司之间并没有形成充分的差异化、多元化竞争。

《证券日报》记者亦了解到业内对于如何挖掘中端市场机会的观点。如信诺全球医疗险中东及亚太地区首席市场官董栋就认为，尽管中端市场是区别于高端与低端的市场细分，但中端市场还可以再进一步细分，找到能够更精准地识别这些市场客户的细分方式，才能真正指导保险公司的产品开发设计。“健康险产品的设计过程会包括多个维度，比方说客户的资产情况、客户的健康意识、保险是全球覆盖还是区域覆盖等，一款产品会有200多个维度指标，这也意味着有更多的空间可以进一步细分”。越来越多的市场主体看到中端市场的潜力，已经有包括招商信诺、平安健康、友邦中国、人保健康在内的多家险企表示将挖掘国内医疗健康险的中高端市场，但如何实现精准细分客户需求，仍是对这些险企不小的挑战。

“如何把各项维度调整到一个最优化的状态来满足本土的需求，第一步，中端市场非常大，找到市场细分模型，是下一步工作非常重要的方向。”董栋称。

资料来源：刘敬元．2014．中端寿险长期空白　细分之路方向在前步难迈．http://insurance. hexun. com/2014-10-09/169132933. html

思考：

1. 从以上案例中你可获取哪些信息？对健康保险的发展趋势预测是什么？

提示：从文中提供的数据和发展状况进行预测。

2. 如何对健康保险进行具体的市场细化？其细分的标准包括哪些？

提示：应结合保险市场细分和市场定位角度进行分析与判断。

拓展阅读

全民医保背景下的中国商业健康保险定位与发展：澳大利亚经验的启示

澳大利亚是世界上实行社会福利制度最早、最好的国家之一。该国从1910年开始建立社会福利制度，目前一个相当完善的社会福利网络已覆盖全国各地，社会福利种类多样而且齐全，公民从出生到死亡都可以享受名目繁多的福利津贴。在医疗福利方面，澳大利亚实行全民医疗保健制度，所有公民都必须参加医疗保险，并可免费在公立医疗机构获得基本医疗服务。这样高的医疗保障福利并没有阻碍澳大利亚商业健康保险的发展，有44.9%的澳大利亚人购买了商业健康保险。当前我国正在建立覆盖全体公民的医疗保障体系，即“全民医保”，在这样的背景下，如何对我国商业健康保险进行定位并促进其健康发展，澳大利亚的经验值得我们借鉴。

澳大利亚的全民医疗保障制度将所有人纳入一个体系中，在这个体系内没有城市居民与乡村居民之分，没有公务人员与非公务人员之分，更没有公务人员之间的等级之分。在这个体系外，也没有一个由国家公共医疗资源建立的，为特殊群体服务的医疗保障体系。全体人民都在同一个医疗保障制度体系内，享受统一标准的医疗服务及同等的医疗保障待遇。

尽管我国医改方案的设计达十个版本之多，但在医疗保障制度构建上有一项基本原则是达成共识的，即政府须加大财政投入力度，努力打造覆盖城乡全体居民的医疗保障体系。在此指导思想下，截至2007年年底，我国城镇职工基本医疗保险已经覆盖1.7亿人，7.3亿多农民参加了新型农村合作医疗，针对城镇非从业人员的居民基本医疗保险的试点也从今年开始在317个城市全面铺开。澳大利亚与我国国情及经济基础不一样，因此所实施的医保模式也不完全一样。澳大利亚人口少，经济基础好，实行的是全民统一的健康保险，而我国人口众多，经济还不富裕，实行的是针对不同群体分别设计的医疗保险，但是也基本实现了全覆盖，所以全民医保是我们改革的价值取向。在这个意义上说，我国和澳大利亚有相似之处。因此，澳大利亚在全民健康保险制度下的商业健康保险定位和政策对我们全民医保模式下的商业健康保险政策设计具有借鉴意义。

在一个成熟的保险市场中，商业健康保险保费收入占人身保险保费收入的比例一般为30%左右。2006年我国的这一占比为8.81%；2005年我国医疗费用支出7400多亿元，同年商业保险支出仅18多亿元，个人负担的医疗费用约5800亿元，医疗费用缺口为78.37%；同年商业健康保险提供的医疗费用支出仅占全国医疗费用支出的3%，个人自付部分的6%。现实表明，我国商业健康保险的发展严重滞后于经济和社会发展的需要，大力发展商业健康保险是构建和谐社会的必然选择，全面推进商业健康保险制度创新是大力发展商业健康保险的必由之路。

我国商业健康保险的发展存在着一系列的障碍。首先，在整个医疗保障体系中，商业健康保险的定位长期以来处于辅助、附属的地位，从制度层面来看，商业健康保险只是作为社会基本医疗保险的补充，没有成为家庭医疗保障体系的组成部分。在推行全民医保之前，我国商业健康保险的定位是作为城镇职工医疗保险的补充来设计的，但是新型农村合作医疗制度的推行和城镇居民医疗保险的建立，使得商业健康保险的空间逐步缩小。其次，政府未能统筹考虑社会医疗保险和商业健康保险的协调发展，城镇职工基本医疗社会保险和商业健康保险的定位不清，导致的直接结果是商业健康保险可操作的市场空间小，难以充分满足保险经营大多数法则的要求，从城镇职工基本医疗保险参保对象看，它基本囊括城市居民中最优质的投保人资源，他们有相当的固定收入，年龄结构也比较理想，而商业保险公只能做一些补充险或是面向没有固定工作的人群，风险明显偏高。最后，社保机构强制推出企业大额补充医疗保险，商保险失去了在健全多层次医疗保障体系中本应由商业健康保险来经营的补充医疗保险部分。

因此，需要借鉴澳大利亚的经验，对我国商业健康保险进行重新定位。国务院《关于促进保险业改革发展的若干意见》明确了商业保险是社会保障体系的重要组成部分，这是我们对商业健康保险定位的基础。作为医疗保障制度重要组成部分的商业健康保险应当在和谐社会建设中发挥应有的作用。这是我们对商业健康保险的基本定位。为此，整合管理医疗保障制度，最大化发挥医疗保障制度的积极保护作用，最大化改善全体国民身心健康状况，提高全民的生活质量和整个社会的福利水平，在这样一个分析框架下来寻求促进商业健康保险发展的政策思路。

第八章
健康保险竞争策略

在市场经济条件下，企业间的竞争是必然的。不同的企业面对不同的市场环境必然采取不同的竞争策略。保险公司面对纷繁复杂的市场环境，同样要对竞争者进行识别，进而评估竞争者的目标、优势与劣势、反应模式，并由此确定竞争策略。保险公司在竞争中还要承担对员工、消费者、社区和环境的社会责任，并将这种社会责任作为竞争力。本章主要对竞争者进行分析，阐述竞争中的社会责任。

第一节　竞争者分析

一、识别竞争者

识别竞争者，首先应界定“竞争者”的概念。一般来讲，一家保险公司可以把提供相似或同类健康保险产品的保险公司都看作自己的竞争者，如中国人寿保险公司可以把所有的寿险公司都作为自己的竞争者。从广义来看，还可以把所有提供与寿险类似功能和服务产品的企业都看作自己的竞争者，如中国人寿保险公司不仅把其他寿险公司看作竞争者，而且把银行、救济、自我保障等部门都看作竞争者。甚至将范围再拓宽一些，把所有同本保险公司争夺顾客的企业，都纳入竞争者的范畴。例如，中国人寿保险公司可以把房地产公司也看作竞争者，因为消费者若买了房子可能就没有能力再买寿险。总之，可以从行业与市场两个方面识别竞争者。

（一）从行业方面识别竞争者

从行业方面来看，提供同一种或相近产品并可互相替代的企业构成一个行业，如健康保险行业。在同一行业中，一个新险种的推出、服务水平的提高、保险费率的降低等，都会导致消费者投保取向的变化。从这个层面来看，不同的保险公司互为竞争对手。因此，保险公司要想在本行业中处于领先地位，就需要了解整个保险行业中存在的竞争者及竞争模式，以确定竞争者的范围。

（二）从市场方面识别竞争者

从市场方面来看，保险公司的竞争者是那些与自己的顾客需要相类似，或为相似顾客群服务的企业。例如，从行业方面来看，中国人寿保险公司的竞争者是平安寿险公司、太平洋寿险公司等。但从市场方面来看，顾客的需要是具有保障或投资功能的产品，因此中国人寿保险公司的竞争者也可以是银行、证券等具有保障或投资功能的金融产品。从市场方面鉴别竞争者可以开阔保险公司的眼界，使其不仅看到现在的竞争者，而且看到未来的潜在竞争者，从而有利于保险公司制订中长期发展规划。

（三）从行业、市场方面综合识别竞争者

确定保险公司竞争者的关键是从行业和市场两个方面来综合考虑，分析健康保险产品及市场细分的情况。每个细分市场都存在不同的竞争问题与竞争模式，形成不同的竞争机会。

1. 行业竞争者

所有以大体相同费率向同一健康保险消费者群体提供同样产品的保险公司都是竞争者。例如，中国平安寿险公司可以将提供"长效还本家财险"的保险公司视为竞争对手；中国太平洋寿险公司可以将提供与其"万能寿险"相类似产品的保险公司视为竞争者。

2. 品牌竞争者

所有提供与本保险公司相同或者类似险种的保险公司都是竞争者。例如，所有的人寿保险公司互为竞争者，所有的财产保险公司互为竞争者。

3. 形式竞争者

所有提供相同保险产品与服务的保险公司都是竞争者。商业性人寿保险公司与社会保险机构之间，尽管性质不同，但所提供的保障项目有许多共同之处，如养老保险、医疗保险、意外伤害保险等。在一定时期内，人们有支付能力的保险需求是有限的。因此，社会保险领域的扩大和保障水平的提高会影响商业保险的发展速度，是商业保险公司的间接竞争对手。

4. 一般竞争者

所有为争取保险消费者的货币而存在竞争的都是保险公司的竞争对手。从其作用来看，保险与储蓄有许多共同之处，例如，都是将现在收入的一部分作为未雨绸缪之计准备应付将来的需要，以保障老年经济生活的安定；都是一种投资手段，使资金增值；都能不同程度地应付不测事件。所以，一个潜在健康保险消费者持有的资金既可用于储蓄，也可以购买保险，在个人手持现金存量既定的条件下，储蓄与保险此消彼长。因此，银行也是保险公司间接的竞争对手。

5. 直接竞争者

凡是以相同的策略追逐相同目标市场的保险公司都是本保险公司最直接的竞争者。

二、竞争者策略分析

（一）评估竞争者的优势和劣势

一个保险公司的竞争者能否实施它们的策略并达到其目标，这依赖于每个竞争者的资源和能力。保险公司需要识别每个竞争者的优势与劣势。首先，收集所有竞争者近期业务的相关数据，尤其是销售额、市场份额、保费收入等。任何信息都有利于形成对每个竞争者优势与劣势的客观估计。一个对市场做过评估的新竞争者就能随之决定发起挑战对象。保险公司通常通过二手资料、个人经验和传闻来了解竞争者的优势与劣势。例如，它们可通过向健康保险消费者、保险代理人进行初步的市场调研来增加对竞争者的了解。保险公司应长期监测以下三种变量来评估竞争者的优势与劣势。

（1）市场份额：即竞争者在目标市场的销售份额。

（2）心理占有率：这是指在回答"举出保险行业中你首先想到的保险公司"问题时，提名竞争者的健康保险消费者在全部健康保险消费者中所占百分比。

（3）情感占有率：这是指在回答"举出你喜欢购买其险种的保险公司"问题时，提名竞争者的健康保险消费者在全部健康保险消费者中所占百分比。

其次，根据以上监测的变量，将搜集到资料的竞争者按照市场份额由大到小、心理占有率由高到低、情感占有率由高到低的顺序进行排列，就可以排列出竞争者的优势大小，后者评估竞争者的优势

与劣势所在。另外,在寻找竞争者劣势时,保险公司应该设法识别它们为其业务和市场所作假想有哪些未能成立或不可能成立。

(二) 竞争者的反应模式

了解竞争者的优势和劣势还不足以说明其可能采取的行动或者对诸如降价、加强促销、推出新产品的反应。每个竞争者都有其一定的经营哲学、企业文化和起主导作用的信念。在进入健康保险市场或投入一种新的健康保险产品时,保险公司需要了解既定竞争者的思维体系,并预测竞争者可能采取的行动。竞争者通常有以下几种反应模式。

1. 从容不迫型

有些竞争者对既定竞争者的变化反应不迅速或者并不很强烈。他们可能会觉得其业务会取得很好的成绩,也可能对其他竞争者的反应迟钝,另外,他们也许没有作出反应所需的资金。保险公司必须努力弄清楚竞争者从容不迫反应的原因以便采取有针对性的对策。

2. 选择型

竞争者可能只对某些类型的攻击做出反应,而对其他攻击则不作出反应。例如,竞争者可能对削价做出反应以表明对手是枉费心机的,但它可能对竞争者广告费用的增加不作任何反应,认为这些并不构成威胁。了解主要竞争者在哪些方面作出反应,可为公司采取最为可行的攻击方案提供线索。

3. 凶猛型

这类竞争者对保险领域内任何进攻都会作出迅速而又强烈的反应,因而不会让一种新的健康保险产品轻易进入市场。凶猛型竞争者意在向其他保险公司表明最好不要向其发动进攻,因为防卫者将会战斗到底。

4. 随机型

有些竞争者并不表露可预知的反应模式。这类竞争者在特定场合可能会或不会作出反应,而且无论根据其经济、历史或其他情况,都无法预见其反应。

三、确定竞争者

(一) 确定竞争者的目标

确定保险公司的竞争者之后,还要进一步探讨每一个竞争者在市场上追求的目标及目标与市场行为之间的关系。首先,大多数竞争者的目标是利润最大化,但需要明确的是,竞争者是侧重短期利润还是长期利润,是追求满意的利润还是最大的利润。其次,每个竞争者追求的是一组目标,包括盈利规模、市场份额的增长、技术领先、服务领先等,但是每个竞争者目标组合的侧重点是不同的。最后,有些竞争者追求的是在健康保险险种和健康保险消费者细分市场方面的目标。尤其是当发现竞争者计划进入目前属于本保险公司的细分市场时,应抢先下手,予以狙击。

(二) 确定竞争者的策略

保险公司必须不断审核其竞争者的策略,根据竞争者采取的主要策略的不同,可将竞争者分为不同的策略群。在一个策略群内存在激烈的竞争,在不同的策略群之间也同样存在竞争。而且各个策略群都有不同的策略组合,并不断修正。

第二节 市场竞争者策略分析

根据保险公司在目标市场上所起的作用，可将这些保险公司的竞争地位分为四类：市场领先者、市场挑战者、市场跟随者和市场补缺者。针对处于不同地位的保险竞争者，应选用不同的竞争策略，见表8-1。

表8-1 保险公司市场竞争策略实战表

竞争者地位	策略重点
市场领导者	·强调行业形象与企业广告 ·扩大市场并强化营销通路 ·强调“我就是”的营销诉求 ·降价以整合市场竞争态势
市场挑战者	·寻求市场领导者的弱点并加以正面攻击 ·强化产品创新、多品牌、大量密集性广告 ·建立品牌经理制度并扩张产品系列 ·巩固营销通路中的经销网
市场追随者	·强调“我也是”的营销诉求 ·找出能与市场领导者结合形象的市场空间 ·集中营销能力于主要地区市场 ·扩大经销网，提高确定的市场占有率 ·采用“坐二望一”的集中性的市场全面作战策略
市场补缺者	·采取游击战术，专供不起眼的“小市场” ·高价位专业游击战，专供“买方市场” ·蚕食市场的游击战，逐步进入目标市场 ·打带跑的游击战，机动性扰乱市场竞争者的市场优势 ·特定细分市场上的游击战

一、市场领导者的抢先竞争策略

市场领导者是指在健康保险市场上占有最高市场份额的保险公司。它通常在健康保险产品开发、保险费率变动、保险促销强度等方面领先于其他保险公司。无论领导者是否受到赞赏或尊敬，其他保险公司都不得不承认它的领先地位。但是领导者也必须随时注意其他保险公司的动向，不使自己轻易丧失良机，失去领先地位。因此，为了维持市场领导者的领导地位，需要不断增强自己的实力，巩固自己的地位，市场领导者通常采取的策略如下所述。

（一）扩大总市场

扩大总市场即扩大整个保险市场的需求，当保险市场对某一种健康保险产品的需求增加时，受益最大的将是占市场份额最多的保险公司。市场领导者往往通过三条途径来实现扩大保险市场需求的目标。

1. 挖掘新用户

由于健康保险消费者对某种健康保险产品还未认识，或健康保险产品的价格高于某些健康保险消费者的期望，或者健康保险产品本身还存在不尽如人意的地方，或者健康保险产品销售渠道还不畅通。这些都可能阻碍健康保险消费者对该健康保险产品的购买和使用。因此,保险公司可以通过广告宣传、适当的定价水平或相应的产品改进与服务、销售渠道的调整等来扩大保险市场对保险公司健康保险产品的需求。

2. 开辟产品的新用途

产品新用途的发现,是市场需求扩大的重要来源之一。例如,平安保险公司的信用卡还具有保险的功能。

3. 增加使用者的使用量

提高健康保险产品的使用频率,增加健康保险消费者对健康保险产品的使用数量,也是扩大保险市场需求的重要手段之一。

(二) 保持现有市场占有率

处于领先地位的保险公司必须时时提防竞争者的挑战,保持已有的市场份额不被侵蚀。通常的做法是采取创新发展、筑垒防御、直接反击等。

1. 创新发展

从一定意义上说,创新是保险公司发展的"常青树"。市场领导者要想保持已有市场份额,就要不断创新,在创新中求稳固,在创新中求发展。例如,中国人寿保险公司为了保持自己的市场份额,不断推出新的险种、新的服务,以满足现有市场中健康保险消费者不断增加的多层次需求。

2. 筑垒防御

市场领导者在拥有了领先的竞争地位后,面临的主要任务并不是"四面出击",而应是学会防守,学会保护,学会巩固,不使已有的市场份额丢失掉。

3. 直接反击

在受到其他竞争者挑战时,市场领导者也会采取直接反击的方式。如大幅度追加保险促销预算,使用各种促销手段,针锋相对地进行促销战;或者大幅度削减健康保险产品的市场售价,利用低价击败竞争对手;或者对竞争对手的主要市场或主要产品系列发起猛烈的攻击,以挤垮竞争对手。

(三) 提高市场占有率

市场占有率的进一步提高,会给保险公司带来更多的利润;但同时也会带来一些问题。例如,当地政府可能采取的干预与限制;利润率可能会下降等。

市场领导者扩大整个保险市场,是因为它在现有市场占有率最高,只要市场的销售量增加,它就是最大的受益者。市场领先者既可以采取扩大营销的方式来提高其市场占有率,也可以采用各种防守措施来保持其市场占有率。总之,一个有经验的市场领先者是永远不留任何机会给它的竞争者的。

二、市场挑战者的进攻竞争策略

市场挑战者是指位于行业中第二或第三的保险公司:它们以市场领先者、经营不善者或小型经营者为攻击对象,以扩大市场占有率为目标,选择进攻策略。市场挑战者最常用的策略是正面攻击、侧翼攻击、围堵攻击、游击战等。例如,甲保险公司在某细分市场的市场占有率最高,而乙保险公司也想进入这个市场,这对乙保险公司而言就是正面攻击,这个竞争策略往往遭到的反击也最大。在侧翼攻击的情况下,乙保险公司考虑进入的细分市场是甲保险公司竞争力或服务较差的市场,如甲保险公司在投资连结寿险经营上比较薄弱,乙保险公司就专门研究投资连结寿险市场并开发此类险种。在迂回攻击的情况下,乙保险公司还可以采取不直接与甲保险公司发生正面冲突的方式竞争,如开发新的目标市场。在游击战的情况下,乙保险公司若无法对甲保险公司提出正面挑战,就采取向对方在某个细分市场发动小规模的、断断续续的攻击方式。这种方式包括有选择降价、爆发式促销行动等。一般来说,游击战是小保险公司用来对付大保险公司的常用策略。总之,市场挑战者策略旨在抢夺市场领先者地位和吞并弱小者市场。

市场挑战者可以有多种方式向市场领先者发起“进攻”。例如,在广告、健康保险产品、健康保险产品价格、服务、渠道等方面展开不屈不挠的“抗争”。

(一) 价格竞争

价格竞争机制是市场经济运行的基础,市场挑战者常用的“抗争”手段就是价格,主要的表现形式有降低费率、折扣、返现。例如,泰康人寿就曾推出“12 月 1 日至 12 月 31 日,一次性缴清保费即返 2% ”的价格优惠。但是,如果不顾风险无限制地降价,出现价格竞争过度,会导致整个保险行业的风险累积加剧,影响保险行业的健康发展。

(二) 产品竞争

市场挑战者可以利用开发低档低价产品,吸引价格敏感型的健康保险消费者;提供高档高价产品,满足某些健康保险消费者对高品位产品和某种社会地位象征物追求的心理;增添健康保险产品项目,给健康保险消费者以更大的选择空间。例如,《健康险管理办法》叫停“返还型健康保险”后,平安人寿将原产品全面升级,为是否享有社会医疗保险的不同人群提供不同的医疗保障,为以往同时投保社会保险和商业健康保险的健康保险消费者缓解了在理赔时容易发生的冲突。光大永明人寿在国内尚属首次推出“康顺无忧重大疾病保障计划”,不仅保险全面,涵盖了包括癌症、急性心肌梗死、肢体瘫痪等 40 种重大疾病,还提供癌症复发额外保障及保证费率。市场挑战者通过产品竞争,达到削弱竞争对手、扩大自己市场的目的。

(三) 服务竞争

市场挑战者可以通过改善和提高服务质量,增加服务内容,延长服务时间,改进服务方式等向市场领先者进行攻击。

(四) 渠道竞争

市场挑战者可以采取一对一的销售方式,或直销的方式向市场挑战者进攻。

(五) 广告竞争

市场挑战者是以投放广告的形式向市场领导者“偷袭市场份额”,通过广告传播保险公司的形象、健康保险产品特色、服务质量等,从而削弱市场领导者在健康保险消费者心目中的形象,并增强自己的品牌形象。

三、市场追随者的追随竞争策略

市场追随者是指那些不想扰乱市场现状而想保持原有市场占有率的保险公司。市场追随者并非不需要策略,而是谋求用其特殊能力参与市场的发展,有些市场追随者甚至会比本行业的领先者获得更高的投资回报率。因此,市场追随者必须懂得如何保持现有的客户、如何争取一定数量的新客户,因为每个追随者都力图给目标市场带来某些独特的利益,如地点、服务和融资力方面的优惠或方便。市场跟随者必须保持低廉的成本和优秀的产品质量与服务,当新市场开放时,市场追随者也必须很快打进去。跟随的策略有三种:紧随其后策略、有距离跟随策略和有选择跟随策略。

（一）紧随其后策略

市场追随者在目标市场的选择与营销策略的制订等方面，采取了与市场领先者“亦步亦趋”但又不过于激进的方式，从而既享受了市场领导者开创先河的利益，又没有因激怒市场领先者而引来“灭顶之灾”。

（二）有距离追随策略

市场追随者在目标市场的选择、健康保险产品的研制与开发、价格水平的确定、渠道的选择、广告诉求形式等方面既仿效市场领先者，又力求有所创新，保持一定的自我发展空间，从而达到分享市场和利益的目的。

（三）有选择追随策略

市场追随者并不是完全地、面面俱到地仿效市场领先者，而是在某些方面追随市场领先者，并在可以发挥企业自身优势的方面，坚持自己独特的做法。

四、市场补缺者的插缝竞争策略

市场补缺者是指那些通过专业化经营来获取最大限度的利益，并试图在大企业的夹缝中求得生存与发展的中小保险公司。这些保险公司往往盯住大保险公司所忽视的市场空缺，通过游击战术，专业化经营，集中自己的资源优势来满足这部分市场的特殊需求。他们力图用自己的“一技之长”，寻找市场中的空缺，并迅速地填充它们。

市场补缺者所选择的市场空缺大致有以下特征：该市场空缺仍有一定的市场规模、利润水平和发展潜力；市场主要竞争者对该市场空缺不感兴趣或者没有觉察到；具有填补该市场空缺所需要的资源条件、能力与经验；保险公司在这一市场上建立起市场声誉后，能够有效地抵御主要竞争者的进入。

市场补缺者的“插缝”策略主要是通过游击战和专业化经营来实现的，正如专一化战略所述，它主要包括市场专一化、地理区域专一化、顾客规模专一化、产品专一化等。

五、其他竞争策略

保险公司在营销活动中还可以灵活运用生命周期竞争策略、成本领先竞争策略、差异化竞争策略、专一化竞争策略、合作竞争策略和品牌竞争策略等，本部分主要就前四种竞争策略进行介绍。

（一）生命周期竞争策略

健康保险产品从进入直至最终退出保险市场的整个生命周期即投入期、成长期、成熟期和衰退期，由于各个阶段面临的竞争环境的不同，保险公司对于处在不同发展阶段的健康保险产品应该实施不同的竞争策略，以提升竞争力。

1. 投入期

由于刚投入市场，健康保险产品的市场认知度低、销售数量少，同时销售成本高。保险公司应着重于广告宣传，把销售力量直接投向最有可能的健康保险消费者，可选择以下四种策略。

（1）快速占领竞争策略：也称为快速高价竞争策略或双高竞争策略，是指以高价格和高促销费用投入保险市场，以求迅速扩大销售量，加强市场渗透和扩张，收回健康保险成本的竞争策略。

（2）缓慢占领竞争策略：也称为选择性渗透竞争策略或低费用高价格竞争策略，是指以高价格低促销费用投入保险市场的竞争策略。

(3) 快速渗透竞争策略:也称为快速推销低价竞争策略,是指保险公司以高促销费用低价格投入市场的竞争策略。

(4) 缓慢渗透竞争策略:又称为低费用低价格竞争策略,是指保险公司以低价格低促销费用投入市场的竞争策略。

这四种竞争策略的实施条件总结如下,见表 8-2。

表 8-2 投入期不同竞争策略的主要适用条件

	价格需求弹性	潜在竞争	功能	市场认知度
快速占领竞争策略	小	大	新颖突出	要求
缓慢占领竞争策略	小	小	新颖	要求
快速渗透竞争策略	大	大	新颖	不要求
缓慢渗透竞争策略	大	小	改进	要求

2. 成长期

在成长期,保险公司竞争的核心是尽可能地延长健康保险产品的成长时间,以便最大限度地提高市场占有率,是健康保险产品能在销售最高限度时到达成熟期,从而获取尽可能多的利润。可采取如下五种竞争策略。

(1) 改良策略:保险公司应根据健康保险消费者的需求改进健康保险产品的性能、功能及产品的特色。

(2) 价格策略:保险公司要根据生产成本和市场价格的变动趋势,分析竞争对手的价格策略,保持原价或适当调整价格。

(3) 渠道策略:为进一步向市场渗透,保险公司应重视代理网点建设,建设一支高素质的代理人队伍。同时,进一步巩固和改进与银行的合作关系。

(4) 促销策略:促销的重点应该集中到树立保险公司和健康保险产品的形象上,主要目标是建立健康保险消费者对健康保险产品品牌的偏好,创立品牌,争取新的健康保险消费者。

(5) 服务策略:保险公司应坚持做好售后服务,特别是热情为客户提供多种附加值的服务,这有利于树立保险公司的良好形象和提高市场竞争力。

3. 成熟期

保险公司的主要竞争策略是通过改良现有健康保险产品,达到牢固抓住已经占领的市场,防止与抵御竞争对手的蚕食进攻,尽可能延长健康保险产品市场寿命的目的。对健康保险产品的改良策略主要有以下几种。

(1) 市场改良:从广度和深度上拓展现有市场,争取新的健康保险产品消费者,同时刺激原有健康保险产品消费者的购买。

(2) 产品改良:通过对现有健康保险产品的改进,不断提高健康保险产品质量,提升其功能,塑造特色,从而增加健康保险产品的销售。

(3) 服务改良:首先强调服务手段的创新,如利用电子商务加强投保的便利性,开展通保通赔等;其次在认真研究健康保险消费者需求的基础上,不断扩大服务内涵;最后追求差异化的服务,为竞争对手提供多样性选择。

(4) 营销组合改良:保险公司通过改变定价、渠道、促销方式等延长成熟期。

4. 衰退期

进入衰退期后,保险公司竞争的着力点在于弃旧图新,尽快开发健康保险新产品,实现产品的市场替代。

（二）成本领先策略

成本领先策略也称低成本策略，在这种策略的指导下保险公司决定成为所在行业中实行成本领先运营的商家。成本优势的来源主要有规模经济、专利技术、原材料的优惠待遇和其他因素。

1. 成本领先策略的实施条件

保险公司的成本领先策略必须在满足一定前提条件下适用，适用的条件如图 8-1 所示。

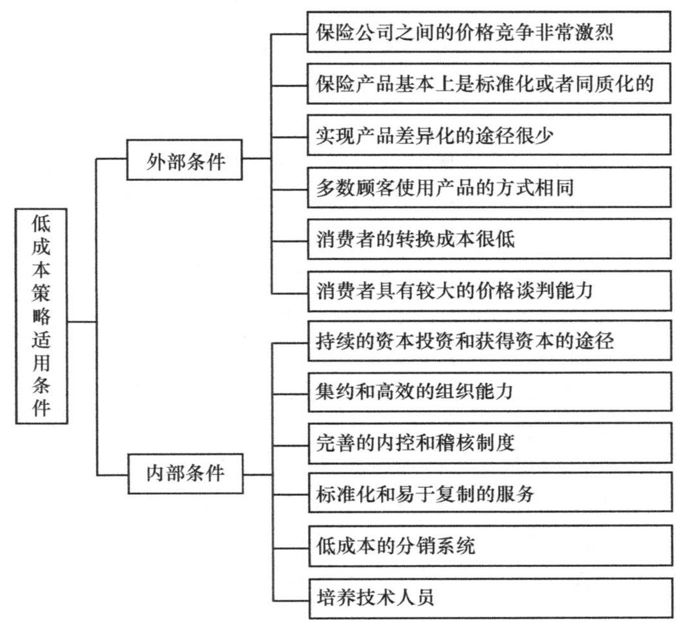

图 8-1　保险公司适用低成本策略的前提条件

2. 成本领先策略的目标

成本领先策略在不同的保险公司和同一保险公司的不同发展阶段，所追求和所能达到的目标是不同的，其目标是多层次的。保险公司应当根据自身的具体情况，整体筹划，循序渐进，最终实现最高目标。

（1）成本领先策略的最低要求是降低成本。以最低的成本实现特定的经济目标是每个保险公司都应当追求的，当影响利润变化的其他因素不变时，降低成本始终是第一位的。但成本又是经济活动的制约因素，降低成本意味着对保险公司中每一个人都有成本约束，而摆脱或减轻约束是人的本性所在。因此，实施成本控制和加强成本管理是保险公司永恒的话题。在既定的经济规模、技术条件和质量标准条件下，不断地挖掘内部潜力，通过降低消耗、提高劳动生产率、合理的组织管理等措施降低成本，是成本领先策略的基本前提和最低要求。

（2）成本领先策略的高级形式是改变成本发生的基础条件。成本发生的基础条件是保险公司可利用的经济资源的性质及其相互之间的联系方式，包括劳动资料的技术性能、劳动对象的质量标准、劳动者的素质和技能、保险公司的管理制度和企业文化、外部协作关系等各个方面。在特定的条件下，单位产品的劳动消耗和物料消耗有一个最低标准，当实际消耗等于或接近这个标准时，再要降低成本只有改变成本发生的基础条件，可通过采用新设备、新设计、新程序、新材料等，使影响成本的结构性因素得到改善，为成本的进一步降低提供新的平台，使原来难以降低的成本在新的平台上进一步降低，这是降低成本的高级形式。这一点在一些对信息技术含量高的健康保险产品上显得尤为重要和困难。

（3）成本领先的最低目标是增加保险公司的利润。在其他条件不变时，降低成本可以增加利润，这是降低成本的直接目的。在经济资源相对短缺时，降低单位产品消耗，以相同的资源可以生产更多的产品，可以实现更多的经济目标，从而使保险公司获得更多的利润。但成本的变动往往与各方面的因素相关联，若成本降低导致质量下降、价格降低、销量减少，则反而会减少企业的利润。因而，成本管理不能仅仅着眼于成本本身，要利用成本、质量、价格、销量等因素之间的相互关联，以合适的成本来维系质量、维持或提高价格、扩大市场份额等，使保险公司能够最大限度地获得利润。同时，成本还具有代偿性特征，在不同的成本要素之间，一种成本的降低可能导致另一种成本的增加；在成本与收入之间，降低成本可能导致收入下降，通过高成本维持高质量可提高收入，也有可能获得高利润。

（4）成本领先策略的最终目标是使保险公司保持竞争优势。保险公司要在市场竞争中保持竞争优势，在采取诸多的策略措施和策略组合中，成本领先策略是其中的重要组成部分，其余各项策略措施通常都需要成本管理予以配合。策略的选择与实施是保险公司的根本利益所在，降低成本必须以不损害保险公司基本策略的选择和实施为前提，并要有利于保险公司管理措施的实施。成本管理要围绕保险公司为取得和保持竞争优势所选择的策略而进行，要适应保险公司实施各种策略对成本及成本管理的需要，在保险公司策略许可的范围内，在实施公司策略的过程中，引导保险公司走向成本最低化是成本领先策略的最终目标，也是成本领先策略的最高境界。

3. 成本领先策略的利弊

采用成本领先策略的收益在于：抵挡住现有竞争对手的对抗；抵御购买商讨价还价的能力；更灵活地处理供应商的提价行为；形成进入障碍；树立与替代品的竞争优势。采用成本领先策略的风险主要表现在：降价过度引起利润率降低；新加入者可能后来居上；丧失对市场变化的预见能力；技术变化降低保险公司资源的效用；容易受外部环境的影响。

（三）差异化策略

差异化策略就是保险公司以独特的产品或服务满足消费者的独特需求。相比低成本策略，实行这一策略时，价格差异明显增加，产品或服务的排他性明显增加。在这一策略中，成本不再是重点。差异化策略可以在品牌、服务、产品、技术、渠道等方面得到体现。

1. 差异化策略的实施条件

实行差异化策略有时会与争取占有更大的市场份额的活动相矛盾。实行差异化策略往往要求保险公司对于这一策略的排他性有思想准备。这一策略与提高市场份额两者不可兼顾。在建立保险公司的差异化策略的活动中总是伴随着很高的成本代价，有时即便全行业范围的消费者都了解保险公司的独特优点，也并不是所有消费者都将愿意或有能力支付保险公司要求的高价格。只有在满足一定条件时才可以实行差异化策略，差异化策略的实施条件如图 8-2 所示。

保险公司利用差异化策略可以建立起顾客对企业的忠诚，形成强有力的进入障碍，增强了公司对供应商讨价还价的能力，削弱消费者讨价还价的能力；由于差异化策略使企业建立起顾客的忠诚，使得替代品无法在性能上与之竞争。

2. 差异化策略的风险

保险公司利用差异化策略时要注意其风险：当消费者认为低成本产品和差异化产品间的价格差异很重要时，公司可能丧失部分客户；当消费者所需的产品差异因素下降或者差异化特征对客户的意义逐渐消失时，差异化策略就显得不合时宜；当消费者通过学习对差异化特征的价值认知变小时，其会丧失对差异化的追求；当模仿者能力提升时，差异化会变得不再明显。

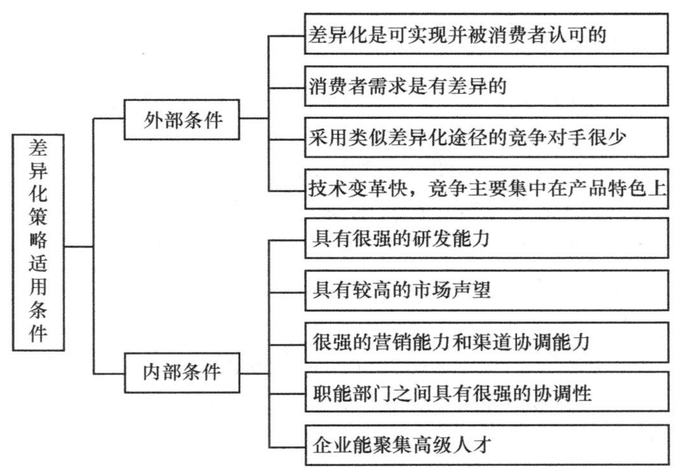

图 8-2　保险公司差异化策略的前提条件

（四）专一化策略

专一化策略是指以更高的效率、更好的效果为某一特殊的健康保险消费群体服务，从而使保险公司在某一点上，超过那些在较广阔范围内竞争的对手。保险公司要集中力量于某个特殊的顾客群、某产品线的一个细分市场或某一地区市场。

1. 专一化策略的形式

专一化策略的实施有多种形式，常见的有按最终健康保险消费者专一化、按健康保险消费者规模专一化、按分销渠道专一化、按项目专一化、按地理区域专一化、按健康保险产品或者产品线专一化、按质量和价格专一化等。

2. 专一化策略的风险

（1）提供大范围服务的竞争对手与提供特殊服务的保险公司之间成本差别变大，以致针对特殊目标市场的服务丧失了其成本优势或者按专一化策略产生的差别化优势被抵消。

（2）在特殊的细分市场与整体市场之间，人们所期待的产品或服务间的差距缩小。

（3）竞争对手在特殊的细分市场中又找到了新的细分市场，从而使原有的专一化被打破。

第三节　竞争中的社会责任

保险公司社会责任是指保险公司在创造利润、对股东承担法律责任的同时，还要承担对员工、保险消费者和环境的社会责任。企业社会责任要求企业必须超越把利润作为唯一目标的传统理念，强调要在生产过程中对人文价值的关注，强调对消费者、对环境、对社会的贡献。企业社会责任可以按照约束力的大小划分为经济责任、法律责任、道德责任和义务责任，也可以按照作用对象划分为经济责任、社会责任和环境责任。保险公司也要协调包括股东在内的利益相关方的利益。保险公司由于其所处行业的特殊性，其利益相关方不仅包括股东、员工、债权人、合作伙伴，而且还包括广大健康保险消费者，甚至包括相关政府部门。

一、社会责任和保险公司营销竞争策略的关系

保险公司重视和履行企业社会责任,可以有效提升企业形象,从而提升竞争力。从这个角度来看,企业社会责任策略是与低成本策略和差异化策略等同等重要的一种竞争策略。

之前探讨的低成本策略和差异化策略都有其适用条件,具有一定的局限性,而企业社会责任策略可以有效延展保险公司营销竞争策略。在肯尼斯·安德鲁斯的企业战略框架中,企业社会责任被列为决策分析的一个重要因素。他认为战略决策包括四个主要方面:一是识别和评价企业的优势劣势;二是识别和评价环境中的机会与威胁;三是识别和评价管理者的个人价值观与管理抱负;四是识别和评价对社会应承担的责任。

企业社会责任已经成为评价企业的深层标准。从长期的、战略的观点看,许多社会责任都能与企业经营管理目标结合在一起,实现企业利益与社会利益的统一。此外,消费者群体中已形成了一大批社会责任型消费者,他们会以个体的购买行为对企业的社会责任表现作出反应。从这个角度看,实施企业社会责任策略可以有效提升保险公司的企业形象,提升保险竞争力。

保险公司的经营有显著的特殊性,特别需要得到消费者的认可和信赖。在当前社会信用缺失和道德价值观重构的情况下,保险公司尤其需要履行企业社会责任,有效提升企业形象,获取消费者的认可和信赖,最终形成自己的核心竞争力。

二、保险公司履行社会责任的基本要求

(一) 要按照发展是第一要义的要求,承担经济责任

保险公司要依法合规经营,坚持科学发展,防范化解风险,营造公开、公平、公正和安全、稳定的行业竞争秩序,以优质的专业服务,持续为国家、股东、员工、客户和社会公众创造经济价值,为社会创造财富。深入贯彻落实科学发展观,保持充足的偿付能力,坚持健康可持续发展是保险企业最主要的社会责任。

(二) 要按照构建和谐社会的要求,承担社会责任

保险公司要以符合社会道德和公众利益要求的经营理念为指导,积极维护客户、员工和社区大众的社会公共利益;承担慈善责任,投身社会公益活动,构建社会和谐,促进社会发展。保险公司既要讲经济效益也要讲社会效益,要实现企业利润最大化和社会效益最大化的有机统一。

(三) 要按照可持续发展的要求,承担环境责任

保险企业要支持国家产业政策和环保政策,节约资源,保护和改善自然生态环境,支持社会可持续发展。我国资源短缺,要提高资源利用效率,大力发展循环经济和环保经济。因此,保险公司不仅要承担环保义务、改善生态环境,还要通过开发新产品提高企业竞争力,通过开展业务支持客户节约资源与保护环境。

复习思考题

1. 如何识别并评估竞争者?
2. 简述不同竞争地位的保险公司采取的竞争策略。
3. 保险公司营销竞争策略有哪些?
4. 低成本策略的适用条件有哪些?

【案例】

平安防癌险或"胎死腹中"

防癌险火了，越来越多的险企加入到防癌险市场中。市民黄先生(化名)从事旅游行业多年，他告诉记者，近日有平安保险销售人员找到自己，向他推荐了一款平安新推出的"爱无忧"防癌疾病保险，"据说产品目前是预售阶段，买100万保额的保费大概1万多元，我表达了购买意向，但是之后那个代理人也没再来找过我。"

昨日，有接近保监会消息人士向记者透露，平安这款尚未上市的防癌险已经上报给保险监督管理委员会，但是监管层并未向其发放回执，消息人士表示，这就意味着这款防癌险"胎死腹中"。昨日，平安人寿回复本报记者，目前产品在正常开发中，暂无具体信息可以披露。不过也有业内人士指称，原则上来说，这款产品可以进行修改之后再向监管部门报备，"不过这需要时间，而且也需要更改相关的产品名以获得产品再通过"。

记者了解到，从今年2月份泰康人寿(微博)在微信朋友圈通过"微互助"的模式购买防癌险，3月份海康人寿推出了新版防癌险，再到5月份中国人寿全面铺开防癌险销售，整个防癌险市场热情度高涨。业内人士坦言，防癌以前主要是包含在重疾险当中的一个概念，很少有险企单独把这一块列出来成立一个新的险种。

记者了解到，平安这款防癌险本来准备6月23日正式上市，主打"限时"、"限量"，所谓"限时"，其销售时间分为两批，在广东市场第一批产品销售时间原定为6月23日至6月30日，准备冲刺4700万元保费，第二批的销售时间为7月1日至7月31日，准备冲刺1.5个亿的保费规模。

消息人士告诉记者，平安看到了火爆的防癌险市场，迅速到保险监督管理委员会(保监会)将产品报备，准备跟国寿错峰在银保渠道销售。"结果没有料到，保监会在产品报备后并没有将报备回执给保险公司，但在银保渠道销售中，银行要求有保监会的报备回执才能够允许销售，这意味着监管层间接否掉了这款产品"。

知情人士告诉记者，平安很早就开始准备6月底的产品，主打"限量，价格低，唯一一款终身保障型防癌保险，且无需体检"，在预售阶段已经大量拜访了高端客户，"按照保费跟其规模计算，其保单均件保费应该会要求过万，所以目前客户群体多为高端优质客户。事实上有不少客户已签订了购买意向，若突然被告知无法销售相信会很影响其在高端客户层面的形象"。

据业内人士分析，平安的这款创新产品在设计上存在隐患。

"监管层并未告知否掉产品的原因，但是查看产品本身不难发现一些问题"。业内人士告诉记者，"作为防癌险产品，属于健康险的一种，一般这类产品往往都是通过个险营销员销售。因为这类产品本身较为复杂，并不是那么简单易懂，如关于一些恶性肿瘤、原位癌等所涉及的专业名词，以及条款一些理赔和投保的规定仍然需要专业人员的讲解。但是银行并不是这样一个适合可以耐心坐下来听产品需求分析、产品讲解的地方，加上银行往往是过往分红险产品销售误导的集中爆发地，所以相信监管也对这方面有所考虑，进行适当的风险控制。"

另外，上述人士分析，因为平安这次主打的是"限时"、"限量"，保额最高可以买到100万元，且免体检，"正常来说，高额健康险的核保都需要十分谨慎，以免给公司自身经营带来问题和风险，所以在风险控制上也存在一定隐患"。更有险企内部人士指出，也并不排除平安企图利用第一波防癌险销售集中在6月底，进行粉饰中报业绩的可能性。

资料来源：周慧. 2014. 平安防癌险或"胎死腹中". http://gzdaily.dayoo.com/html/2014-06/13/content_2657402.htm

思考：

1. 保险市场竞争中，保险公司应如何选择竞争策略的？

提示：保险公司应根据自己的市场目标及保险竞争者的地位，选择抢先策略、进攻策略、追随策略、插缝策略。

2. 在此案例中,平安是如何选择竞争策略的?

提示:在防癌险市场竞争中,平安紧追泰康人寿、海康人寿、中国人寿之后,主打着“限量,价格低,唯一一款终身保障型防癌保险,且无需体检”的宣传口号对防癌险进行了创新,选择“紧随其后策略”加入到热情度高涨的防癌险细分市场中。

拓展阅读

保监会拟规范保险赠送　严禁借此进行不正当竞争

2014 年 11 月 24 日,保险监督管理委员会(保监会)发布《关于规范人身保险公司赠送保险有关行为的通知(征求意见稿)》,明确表示严禁以赠送保险为由,变相开展违法违规业务或进行不正当竞争,拟规范人身保险公司赠送保险的相关行为。

保监会称,人身保险公司可以以促销或者公益事业为目的赠送人身保险,但不能赠送财产保险。所赠送的人身保险产品只能是意外伤害保险和健康保险,且保险期间不能超过 1 年。对每人每次所赠送保险的纯风险保费不能超过 100 元,以公益事业为目的地赠送保险不受此金额限制。

保监会同时表示,人身保险公司赠送人身保险时,投保人对被保险人应当具有保险利益,所赠送的人身保险是以死亡为给付保险金条件的,应经被保险人同意并认可保险金额;人身保险公司应向投保人出具纸质或电子保险单,赠送团体人身保险产品的,应向被保险人出具纸质或电子保险凭证。

保监会最后要求人身保险公司总公司应加强对赠送保险行为的管控,赠送保险行为要经过总公司的批准。严禁以赠送保险为由,变相开展违法违规业务或进行不正当竞争。

附:《关于规范人身保险公司赠送保险有关行为的通知》征求意见稿。

各人身保险公司:

为规范人身保险公司赠送保险的行为,维护人身保险市场的正常秩序,保护保险消费者的合法权益,现就人身保险公司赠送保险的有关问题通知如下。

一、赠送保险是指保险人在订立保险合同时,免除投保人支付保险费的义务,或者代替投保人履行支付保险费的义务。人身保险公司可以以促销或者公益事业为目的赠送人身保险,但不能赠送财产保险。所赠送的人身保险产品只能是意外伤害保险和健康保险,且保险期间不能超过 1 年。对每人每次所赠送保险的纯风险保费不能超过 100 元,以公益事业为目的地赠送保险不受此金额限制。

二、人身保险公司赠送的人身保险产品应当符合《人身保险公司保险条款和保险费率管理办法》的有关规定。

三、人身保险公司赠送人身保险时,投保人对被保险人应当具有保险利益,所赠送的人身保险是以死亡为给付保险金条件的,应经被保险人同意并认可保险金额;人身保险公司应向投保人出具纸质或电子保险单,赠送团体人身保险产品的,应向被保险人出具纸质或电子保险凭证。

四、人身保险公司对于所赠送人身保险对应的保费,根据会计准则不应确认为保费收入,但是要根据监管规定计提准备金,同时将赔款计入赔付成本。

五、人身保险公司应当将赠送的人身保险视同正常销售的保险产品进行管理,认真做好客户服务、保全和理赔工作;其中赠送的意外伤害保险要符合《人身意外伤害保险业务经营标准》的有关要求。

六、人身保险公司总公司应加强对赠送保险行为的管控,赠送保险行为要经过总公司的批准。严禁以赠送保险为由,变相开展违法违规业务或进行不正当竞争。

本通知自下发之日起施行,《关于规范寿险公司赠送保险有关行为的通知》(保监发〔2005〕98号)同时废止。

资料来源:中国证券报官方网站.2014. 保监会拟规范保险赠送 严禁借此进行不正当竞争

第九章

健康保险产品策略

健康保险产品是健康保险营销活动的基础及对象，在健康保险营销中占有十分重要的地位。本章主要阐述健康保险产品的定义、分类方法及健康保险产品主要种类，进而介绍各类健康保险产品的具体构成和生命周期，以及健康保险产品开发的原则和策略、开发程序等内容。

第一节　健康保险产品及其开发策略

一、健康保险产品的概念、分类及整体形象

（一）健康保险产品的概念

根据我国2006年9月1日开始实施的《健康保险管理办法》的规定中，健康保险是指保险公司通过疾病保险、医疗保险、失能收入损失保险和护理保险等方式对因健康原因导致的损失给付保险金的保险。因此，健康保险产品是指保险公司和健康保险消费者之间，通过签订健康保险合同所明确的健康保险的具体险种。

（二）健康保险产品的分类

根据不同的分类方法，健康保险产品大致可分为如下几种。

1. 按照《健康保险管理办法》的规定分类

按照《健康保险管理办法》的规定可分为疾病保险、医疗保险、失能收入损失保险和护理保险等四种。

（1）疾病保险：是指以保险合同约定的疾病的发生为给付保险金条件的保险。通常这种保单的保险金额比较大，给方式一般是在确诊为特种疾病后，立即一次性支付保险金额。

疾病保险的基本特点：①个人可以任意选择投保疾病保险，作为一种独立的险种，它不必附加于其他某个险种之上；② 疾病保险条款一般都规定了一个等待期或观察期，观察期结束后保险单才正式生效；③ 为被保险人提供切实的疾病保障，且程度较高；④保险期限较长；⑤ 保险费可以分期交付，也可以一次交清。

此外疾病保险还有重大疾病保险。重大疾病保险保障的疾病一般有心肌梗死、冠状动脉绕道手术、癌症、脑中风、尿毒症、严重烧伤、急性重型肝炎、瘫痪和重要器官移植手术、主动脉手术等。

（2）医疗保险：是指以保险合同约定的医疗行为的发生为给付保险金条件，为被保险人接受诊疗期间的医疗费用支出提供保障的保险。医疗费用保险中补偿的费用一般包括门诊费用、药费、住院费用、护理费用、医院杂费、手术费用和各种检查费用等。

医疗保险包括费用补偿型医疗保险和定额给付型医疗保险：①费用补偿型医疗保险是根据被保

险人实际发生的医疗费用支出，按照约定的标准确定保险金数额的医疗保险，给付金额不得超过被保险人实际发生的医疗费用金额；②定额给付型医疗保险是按照约定的数额给付保险金的医疗保险。

（3）失能收入损失保险：是指以因保险合同约定的疾病或者意外伤害导致工作能力丧失为给付保险金条件，为被保险人在一定时期内收入减少或者中断提供保障的保险。即当被保险人因遭受约定的疾病、伤害或意外伤害而暂时或永久失能无法工作时，可以得到定期的收入补偿。失能收入损失保险一般可分为两种，一种是补偿因伤害而致残废的收入损失，另一种是补偿因疾病造成的残废而致的收入损失。

收入的补偿通常采用按月支付固定津贴的方式进行给付。给付期限为收入保障保单支付保险金最长的时间，可以是短期或长期的，因此有短期失能及长期失能两种形态。短期补偿是为了补偿在身体恢复前不能工作的收入损失，而长期补偿则规定较长的给付期限，这种一般是补偿全部残废而不能恢复工作的被保险人的收入。

（4）护理保险：是指以因保险合同约定的日常生活能力障碍引发护理需要为给付保险金条件，为被保险人的护理支出提供保障的保险。长期护理保险的保险范围分为医护人员看护、中级看护、照顾式看护和家中看护四个等级。典型长期看护保单要求被保险人不能完成下述五项活动之两项即可：①吃；②沐浴；③穿衣；④如厕；⑤移动。除此之外，患有老年痴呆等认知能力障碍的人通常需要长期护理，但他们却能执行某些日常活动，为解决这一矛盾，目前所有长期护理保险已将老年痴呆和帕金森病及其他精神疾病包括在内。

2. 按照保险期限时间分类

按照保险期限时间可分为长期健康保险和短期健康保险。

（1）长期健康保险：是指保险期间超过一年或者保险期间虽不超过一年但含有保证续保条款的健康保险。

（2）短期健康保险：是指保险期间在一年及一年以下且不含有保证续保条款的健康保险。

保证续保条款是指在前一保险期间届满后，投保人提出续保申请，保险公司必须按照约定费率和原条款继续承保的合同约定。

3. 按照承保对象分类

按照承保对象可以分为个人健康保险和团体健康保险。

（1）个人健康保险：是以单个自然人为投保人的健康保险。

（2）团体健康保险：是以团体法人为投保人、团体成员为被保险人的健康保险。

在美国，大多数的医疗费用保险都是以团体健康保险的形式承保。

4. 按照保险金给付方式分类

根据给付方式可以将健康保险产品分为定额给付型、费用报销型和住院补贴型。

（1）定额给付型：是指保险金额在投保双方签订合同时就已经确定的，当被保险人初次患合同规定的疾病、并经保险公司指定的医疗机构确诊后，保险公司按照保险合同规定向被保险人一次性给付保险金，保险合同终止或该项保险责任终止，保险公司将不再承担责任。

（2）费用报销型：是指保险公司根据被保险人实际支出的各项医疗费用，按照保险合同约定的报销比例报销，但报销总额不超过该险种的保险金额。

（3）住院补贴型：是指保险公司根据被保险人实际住院天数，根据保险合同规定的每天补贴标准给付保险金的健康保险。

5. 按照合同形式分类

按照合同形式分为主险合同和附加险合同。主险合同是指健康保险可以独立出单，承保由于意外事故或疾病造成的收入损失或医疗费用，或者同时承保这两类损失。附加险合同是指健康保险不能单独出单,只能作为附加险种出单。

(三) 健康保险产品的整体形象

现代营销意义上的产品是由核心产品、形式产品和外延产品三个部分所组成的一个完整的整体。健康保险产品作为一种特殊的产品,其整体形象同样是由核心产品、形式产品和外延产品三个部分所组成的一个完整的整体。

1. 健康保险产品的核心产品

健康保险产品的核心产品是客户所需要的核心利益,也就是产品最为基础的核心使用价值。其是指健康保险产品能通过疾病保险、医疗保险、失能收入损失保险和护理保险等方式对因健康原因导致的损失给付保险金的保险功能和效用,也就是健康保险产品的保险价值,是健康保险产品存在的基本前提,能满足消费者对健康保险产品的基本需求。核心价值除了能够通过经济补偿与保险金给付提供健康保障外,还具有一定的积累与防灾防损等辅助功能。

健康保险产品的核心产品是消费者购买健康保险产品的动力所在,也是购买的目的所在。

2. 健康保险产品的形式产品

健康保险产品的形式产品是指健康保险产品(即健康保险合同)的可以由消费者直接观察和感觉到的形体部分。它包括健康保险产品的保险人、险种、保险标的、保险责任和责任免除、保险责任等待期、保险合同犹豫期、保险期限和保险责任开始时间、投保人的相关权利义务、理赔程序,以及理赔文件、保险费及支付方式、保险金赔偿及给付方式等。我国《保险法》规定保险合同应当包括事项有:①保险人名称和住所;②投保人,被保险人名称和住所,以及人身保险的受益人的名称和住所;③保险标的;④保险责任和责任免除;⑤保险期间和保险责任开始时间;⑥保险价值;⑦保险金额;⑧保险费及支付办法;⑨保险金赔偿或者给付办法;⑩违约责任和争议处理;⑪订立合同的年、月、日。

健康保险产品的形式产品是健康保险产品在消费者面前具体的体现形式,也是顾客购买健康保险产品时选择的主要依据。

3. 健康保险产品的外延产品

健康保险产品的外延产品是指在健康保险产品合同签订前、签订时及保险合同正式生效后发生的健康保险的各种服务。实质上是满足健康保险产品购买者的其他各种需要如购买时的介绍及指导,理赔时的积极态度,各种服务承诺、指导、保证等。它在很大程度上体现了保险人的形象和信誉,代表着保险人的市场竞争吸引力,能大大增强消费者的购买欲望。特别是以商业盈利为目的的商业保险公司,在健康保险产品的外延产品应尽力弱化盈利色彩,更多展现对被保险人的正确引导、积极的人性化个性服务、积极的理赔服务等良好的企业形象。

健康保险产品的外延产品是吸引、促进消费者购买健康保险产品的重要条件。

二、健康保险产品开发的原则及策略

(一) 健康保险产品开发的原则

健康保险产品对消费者而言,是希望通过购买健康保险产品来防范、分散、转移因健康原因导致的损失,增强对疾病的保险能力。对保险公司而言,则是希望通过签订健康保险合同、收取健康保险金去实现企业的经济效益和社会效益。因此,健康保险产品的开发必须兼顾满足保险公司和社会公众两方面的利益,遵循以下原则。

1. 需求导向原则

市场经济条件下,健康保险业的发展必然受到市场客观规律的制约,按市场机制运行。市场机制的供求机制要求保险公司在健康险种的设计、开发和销售等方面必须以满足健康保险的各方面需求为前提,市场需求是保险产品开发的基础。因此,健康保险产品开发必须坚持以市场需求为导向。

随着社会的不断发展,人们对健康保险的需求亦将不断发展,因此需求导向原则不仅要考虑社会公众现在对健康保险的需求,更要考虑今后需求的发展。特别是我国老龄化的加快、生活和工作节奏的加快、生活水平的飞速提高,都将会影响人们对健康产品需求的变化。

2. 效益性原则

市场经济条件下,保险公司作为健康保险市场的市场主体,其经营必须遵循风险机制,在防范市场风险的同时追求经济效益的最大化。因此健康保险产品的开发就必须从效益性出发,做到保险新产品的开发既能适应满足社会公众对健康保险的需要,又能合理防范和减少风险,为保险公司赢得商业利润。

利益原则要求保险公司必须注意处理好健康保险的社会效益和企业自身经济效益的关系,处理好近期利益与长远发展利益的关系,处理好同市场现有健康险种竞争的利益关系。

3. 合法性原则

健康保险产品的开发必须是在遵守国家的有关法律法规、保险法的前提下进行,以充分保障健康保险消费者的切身利益不受损失。同时健康保险产品的开发还必须遵守社会道德规范,兼顾社会公众、保险公司的利益。

合法性原则主要体现在健康保险产品的条款设计合法、权利责任合法、审批合法、健康保险合同签订合法、理赔合法等诸多方面上。

4. 国际化原则

随着我国改革开放和全球保险市场一体化进程的大力推进,健康保险市场必将全面开放。保险公司要想在激烈的健康保险市场竞争中立于不败之地,健康保险产品的开发必须着眼于国际保险市场,坚持国际化原则,在健康保险险种和条款设计上、在保险推广上、在理赔服务上、在企业形象建设等诸多方面积极吸收国外的先进技术和管理经验,增强与国际健康保险市场接轨的能力。

(二) 健康保险产品的开发策略

健康保险产品的开发策略指健康保险产品开发的具体方法和途径,是保险公司企业经营策略的重要组成部分。健康保险产品的开发不仅要着眼于健康保险的市场现状、险种结构、市场份额,同时还必须结合保险公司的企业现状、经营能力、开发能力,选准公司的业务经营方向和战略,争取有利的竞争地位和较大的市场份额。保险公司在产品开发时一般采取以下策略。

1. 创新策略

创新策略即根据健康保险市场需求特点及趋势,设计开发出全新的健康保险产品,以满足健康保验新细分市场的需求。但是因创新产品的开发需要企业具有雄厚的技术实力、管理实力和营销实力,一般的小公司难以为之;同时由于创新产品是全新产品,市场规模和盈利能力均需要时间的检验,因此需要承担更大的市场风险。

2. 改进策略

改进策略是对现存健康保险的险种进行技术改进,保持其长处,克服其缺陷,以促进其对健康保险客户的更好保险能力、更有针对性的保险、更快捷的服务,同时提高保险公司的经济效益。该策略相对于全新健康保险产品的开发由于可节省保险公司的人力、物力,所以被许多保险公司采用。

3. 引进策略

引进策略是指直接从其他保险公司那里引进现行的健康保险险种。这种策略因为具有风险小、简便易行的特点,被许多健康保险保险公司采用。特别是随着全球保险市场一体化的加速推进,国内保险公司吸收引进国外保险公司现行的、市场潜力大、经济效益明显的健康保险险种,对加速自身发展有着特别的意义。

三、健康保险产品的开发程序

健康保险产品开发是指保险公司基于社会公众的健康保险市场需求及其变化状况，以及自身发展的需要，而创造新的健康保险产品或对现有的健康保险产品进行改良、组合，以适应健康保险市场需要、提高自身竞争能力的行为过程。

健康保险新产品的开发是一个极为复杂的、全方位的系统工程。一般而言，须经过健康保险需求信息资料收集，资料整理研究，提出几个初步方案进行可行性分析、筛选、报批、市场投放等多环节的复杂过程。由于健康保险和我国医疗体制的特点，健康保险风险更为复杂，故健康保险新产品开发必须尤其关注风险控制，在此前提下设计出有市场竞争力，并且能为保险公司带来经济效益的健康保险新险种是健康保险新产品开发的关键。

健康保险新产品的开发的具体程序可分为以下几个环节。

1. 保险市场调查及初步方案提出

在开发健康保险新产品之前，保险公司必须先对健康保险市场需求、新开发险种目标市场进行市场调查，了解健康保险客户对新的健康风险保障的需求及其市场潜力，结合公司现有的经营状况，从中寻找到健康保险产品开发的方向，并提出数个可行性方案，供进一步的分析、筛选。

初步方案的构思、建立主要依据有消费者的需求发展及意见反馈、保险代理人的信息反馈、科研教育机构的研究动态、各种情报资料、竞争对手和国际健康保险发展情况分析、本企业的技术人员、研究机构等。主要方法有原健康保险产品的推广演义、更新换代法，健康保险市场需求分析法、头脑风暴法等。

2. 健康保险新产品可行性分析

针对所提出的健康保险新产品的预案，保险公司需结合保险精算技术，对新产品的预计销售额、成本和利润等因素的分析，判断产品与企业营销战略目标的符合程度及盈利能力，选择健康保险险种开发的重点。

可行性分析的参考因素有市场因素如健康保险市场潜力、竞争情况、分销渠道、销售预测、收益水平、客户意见等；企业因素如企业实力、技术能力、开发周期、成本、营销队伍、企业优势等。

3. 健康保险新产品设计

健康保险新产品的设计包括核心产品设计、形式产品设计和外延产品设计。我国《保险法》规定保险合同应当包括的事项，因此，健康保险新产品的设计就是围绕规定的条款进行设计。

健康保险核心产品设计即健康保险产品对健康保险投保人所能提供的健康保险风险保险。不同的健康保险产品，其基本保险功能有所不同，这些基本功能是通过设计具体的健康保险条款来确定的。健康保险核心产品设计主要体现在保险标的、保险责任和责任免除的设计。所以，健康保险条款的设计便成了健康保险险种开发的关键环节。

健康保险形式产品的设计是设计健康保险具体险种的其他基本条款。设计的主要内容包括保险期间和保险责任开始时间、保险价值、保险金额、保险费及支付办法，保险金赔偿或者给付办法，违约责任和争议处理等方面。

健康保险外延产品的设计根据健康保险产品的不同特点，建立适当的机构和制度，配置适当的人员为客户提供咨询、核保、承保、防灾、防损及理赔等服务，努力提高产品的竞争力。

4. 健康保险新产品鉴定

健康保险产品设计完成后，交由保险公司的有关机构或专家顾问咨询机构进行鉴定把关。鉴定的内容主要包括健康保险险种的市场潜力大小，健康保险险种的盈利能力，以及条款的完整性等。

5. 健康保险新产品报批或备案

健康保险产品设计是否合理,直接关系到广大健康保险消费者的切身利益。因此,保险公司新拟定的健康保险险种的保险条款和保险费率,应当按照中国保监会的有关规定报送审批或者备案。保险公司呈报健康保险合同格式及得到相应监管机构的相关文件,从而获得有关产品的各种许可。

6. 健康保险新产品市场投放

完成上述五个程序后,健康保险新产品即可投入市场。但健康保险新产品往往要经过健康保险市场的检验,保险公司通过试销来证实该项产品的生命力后再大规模推广。正式进入市场时,还必须考虑针对已选定的目标市场决定推出的时机、策略。

四、健康保险产品的开发方向

根据我国健康保险现状,吸取国外在健康保险上的先进经验,结合我国社会和经济的发展前景和人们对健康保险的需求,我国健康保险产品的开发应在以下几个方面进行努力。

1. 应适应我国社会经济和生活水平的快速发展

随着我国社会经济和生活水平的飞速发展,社会公众对健康保险的需求必然与时俱进、不断提高。对相当部分消费者而言,健康保险不再是只满足基本需求、克服困难的临时保险手段,而将会逐渐发展成为一种保障生活质量的不可或缺的措施之一。因此,健康产品的开发应适应我国社会经济和生活水平的飞速发展对健康产品的需求。

2. 应适应老龄化社会的需求

现阶段,伴随我国社会的快速老龄化、家庭规模的小型化、平均寿命的提高和医疗费用不断增长,老年住院和护理的成本和压力不断增高,导致对住院和护理保险的需求越来越高,我国的老年人的住院和护理保险将会进入一个快速发展的时期。所以,健康保险产品的开发应以此为导向,在护理保险、特别是长期护理保险产品,住院保险的开发上给予特别的关注,以适应老龄化社会的需求。

3. 应适应基本医疗保险以外的需求

现阶段,我国的基本医疗保险和商业健康保险基本上是以基本的医疗保障需求为前提。但随着人们生活水平的不断提高,那些超出了保障范围属于除外责任范围的、而在现实生活中又是常见的如牙科医疗保健、眼科医疗保健、畸形整形等费用越来越高,在这些方面开发出适宜的特种健康保险险种,将会具有不小的消费市场需求。

第二节　健康保险产品组合策略

健康保险产品由于在设计时就被赋予了不同的核心价值功能,使其在不同的健康保险需要方面发挥着不同的作用。但是,随着我国经济的飞速发展和生活水平的日益提高,导致社会公众对健康保险需求范围越老越广、需求强度越来越高、需求的差异化越来越大。直至今日,只靠单一的健康保险产品已经很难以满足日益多样化、个性差异化的健康保险需求。因此,健康保险产品的组合策略,已成为更好地满足健康保险需求的主要手段,且在更好地满足消费者健康保险需求的前提下,能更好地实现保险公司的经济效益,越来越受到保险公司的高度重视和常规化使用。

一、健康保险产品组合的概念

健康保险营销活动以满足健康保险消费者健康需求为中心,而健康保险需求只能通过向消费者提供健康保险产品去实现。因此,健康保险产品就成为了健康保险营销中非常重要的要素,对保险公司的影响成败关系重大。在健康保险市场竞争日趋激烈的形势下,众多保险公司为提高服务质量、更好地满足消费者的健康保险保险需求,同时也为了更好地提高健康保险营销的效率,积极致力于推出健康保险产品及其服务的组合。

(一)健康保险产品组合的含义

所谓健康保险产品的组合,是保险公司将现有的不同健康保险险种,根据各自不同的保险特点,将其按照一定的特定健康保险需求有机地进行健康保险产品组合,以达到更好地满足健康保险需求目的的同时、更好地实现保险公司经济效益的策略。其也称健康保险产品搭配。

(二)健康保险产品组合的宽度、深度和关联度

健康保险产品的组合,涉及健康保险所推出的全部健康保险产品的大类、健康保险产品的项目组合。

产品大类(又称产品线),是指一组在价值、销售渠道、消费者等方面都比较相似或接近的产品项目就构成了产品线。对健康保险产品而言,是指健康保险产品中具有某种密切关系的健康保险险种,如疾病保险险种与医疗保险险种,都是与疾病和医疗相关的健康保险险种。

产品项目(又称产品品种),是指企业所生产和销售的产品中,彼此之间在性能、规格、式样等方面相区别的各种产品项目。每一产品项目都具有能反映其特定的名称、编号或型号。对健康保险产品而言,是指健康保险中的具体险种,如长期险险种和短期险险种。

1. 健康保险产品组合的宽度

产品组合的宽度是指在产品组合中所包含的产品大类数量(产品线数量)。具体到健康保险产品组合而言,其组合宽度是指健康产品组合中具有的险种大类类别数量,如组合中所包含的疾病保险、医疗保险、失能收入损失保险和护理保险数量。

2. 健康保险产品组合的深度

产品组合的深度是指在产品组合中所包含的产品项目数量(产品品种)。具体到健康保险产品组合而言,其组合深度是指健康产品组合中某一险种大类中的险种数量。例如,医疗保险中的综合医疗险、补充医疗险、住院补贴险等。

3. 健康保险产品组合的关联度

产品组合的关联度是指在产品组合与产品大类之间的密切相关程度。具体到健康保险产品组合而言,其组合关联度是指健康产品组合中各险种大类(如疾病保险险种、医疗保险险种、失能收入损失险种和护理保险险种)之间的密切相关程度,如医疗保险险种与失能收入损失保险险种之间、失能收入损失保险险种与护理保险险种之间。

健康保险产品组合的宽度、深度和关联度在健康保险营销战略上具有重要的意义。保险公司增加健康保险产品组合宽度(即增加健康保险险种类别),可扩大保险公司的经验范围,充分发挥企业的资源利用率,提高经营效率。保险公司增加健康保险产品组合深度(即增加每一健康保险的具体险种数量),可满足广大消费者的不同健康保险需求,吸引更多的健康保险消费者。保险公司增加健康保险产品组合的关联度,既可扩大保险公司的经营范围,又可满足不同的健康保险需求,最终可提高保险公司在某一区域健康保险市场的市场占有率和知名度,充分发挥企业资源优势。

二、健康保险产品组合的原则及制约要素

(一)健康保险产品组合的原则

目前,保险公司所推出的健康保险产品的保险责任趋向于单一化,这为健康保险产品的组合提

供了极大的可能。不同健康保险险种的多种组合,能够形成不同特色的健康保险组合方案,不但能更好地满足不同健康保险消费者的需求,还可方便保险公司的营销,提高经济效益。在健康保险产品组合时,必须遵循以下组合原则。

1. 满足需求的实用原则

健康保险需求的更好满足,是健康保险产品组合的出发点和终结。健康保险产品组合,是根据客户健康保险需求的特点,按照相应的组合方法,以实现健康保险产品的保险功能互补、层次互补和时间互补,使健康保险需求得以更好地真实满足。

2. 适用性的合理原则

需求是无止境的,但适用才是最好的。不同的健康保险消费者,因其在自身的年龄、职业、身体状况、经济状况及保险价值取向等诸多方面各异,导致在健康保险需求上呈现差异化,很难用一种固定的健康保险产品组合方式满足多数消费者的需求。因此保险公司必须根据消费者的不同情况,设计最合理适用的健康保险组合方式,去满足不同消费者对健康保险的特定需求。

3. 效益最大化配置的经济原则

效益最大化配置的经济原则是指健康保险消费者,都渴望实现以最小的投入,获得最大的健康保险效益。但由于健康保险险种的专业性较强,消费者自身很难实现健康保险的效益最大化配置,这就要求保险公司在设计健康保险产品组合时,站在消费者的立场去考虑,利用自身专业优势,积极帮助其在保险效益最大化前下提选择在保费上投入小的险种组合,实现其健康保险的效益最大化配置的经济原则。

4. 诚实信用原则

由于健康保险产品的专业性较强、保险条款专业性用语及投保前置条款繁多,使得消费者在选择健康保险产品时,与保险公司和保险营销员相比常常处于信息掌握的弱端,在购买健康保险时往往难以做出合理的决策。再加上部分保险营销员由于营销任务和经济需求压力,容易诱导消费者过度消费健康保险的产品组合,损害消费者利益。因此,在设计及销售健康保险产品组合时,必须坚持诚实信用原则,站在消费者立场去为其着想,客观介绍健康保险产品组合的特点、保险范围、适用条件及责任免除等,正确引导消费者合理消费。

(二) 健康保险产品组合的制约要素

健康保险产品的组合,强调的是保险公司必须坚持对健康保险消费者的适用、合理、互补、经济和信用原则,站在坚持维护消费者利益的立场上去开展健康保险营销。同时,我国健康保险的相关法律法规也对保险公司的市场营销行为进行了相应的规范。所以,健康保险产品的组合,必然要受到相关因素的制约。

1. 法律要素

我国《健康保险管理办法》对健康保险产品组合做出了明确的规定,如在第十三条中规定"保险公司拟定的建立保险产品包含两种以上健康保障责任的,应当由精算责任人按照一般精算原理判断主要责任,并根据主要责任确定产品类型"。该规定明确了保险公司在进行健康产品的组合时,必须明确某一健康保险产品中保险责任的主险和附加险的区别。同时,该条款还规定了健康保险一般不得包含死亡保险责任,除非疾病保险产品中,可以包含死亡责任险。这些规定中,都对健康保险的产品组合做出了明确的规定。

2. 我国基本医疗保险要素

我国基本医疗保险是由国家立法对我国公民实施的健康保险制度,通过强制性社会保障方法筹集资金,保证平等地获得基本的医疗服务。一般具有以下特点:①基本医疗保险制度是国家立法强制实施的社会保障制度;②政府通过税收或社会保险费缴纳方式筹集基本医疗保险基金;③政府负责基本医疗保险计划的制定、管理和实施;④政府向全体国民提供统一标准的基本医疗保险待遇,这种待遇水平只限于满足基本医疗保险；⑤基本医疗保险一般只能到公立医疗机构或医疗保险指定的定点医疗机构就诊。而商业健康保险则是缴费和权力对等的关系，保险公司在收取保险费的前提下建立与被保险人的契约健康保险关系，对被保险人因疾病或意外伤害造成的医疗费用支出和收入损害进行补偿。这更多体现合同规定的契约关系，而与国家立法强制的、全体国民保障水平相同的基本医疗保险是具有差异的。

在一般的补偿型商业健康保险险种中，都对被保险人是否具有社会医疗保险进行区别，在保险条款、费率及赔付金额上都进行区别对待。因此，在进行健康保险产品组合时，必须对被保险人是否具有基本医疗保险进行区别。

3. 健康保险产品的关联度

进行健康保险产品的组合，必须考虑所组合的健康保险产品之间在保险责任上的密切关联程度，优选在保险责任方面互补的组合，而不是简单的叠加甚至重叠，或者出现健康保险责任的空白。例如，在以家庭为单位进行健康保险产品组合时，必须考虑各家庭成员在家庭中的经济地位、经济能力、承担的责任角色进行险种组合；如针对不同年龄段的被保险人，健康保险产品的组合就应该突出组合后的保障重点。单身年轻人以保障自身为主，其组合以意外伤害、加重大疾病、加医疗保险为佳；中年以上的被保险人，则以身体健康的衰退、进入疾病高危期和退休后的保障为主要保险目的，其组合以医疗保险、加重大疾病险、加意外险为宜。

4. 被保险人的客观情况

健康保险产品组合，最终是需要由被保险人去消费。因此，健康保险的产品组合，必须根据被保险人的客观情况进行组合。只有那些能够更好地满足被保险人需求的健康产品组合，才具有强大的生命力，才能成为保险公司最有力的营销武器，才能实现保险公司的营销目标。

三、健康保险产品组合的具体策略

健康保险产品组合的具体策略，必须以健康保险相关的法律法规为指导，以满足健康保险消费者的需求为前提，遵循实用原则、合理原则和经济原则，更好地满足健康保险消费者的需求。健康保险产品的组合一般采取以下策略进行组合。

（一）扩大健康保险产品的组合宽度

扩大健康保险的组合宽度，即增加健康保险的险种系列，以适应人们对健康保险的需求的不断发展。例如，在重大疾病险产品中组合增加临终关怀险。

（二）扩大健康保险产品的组合深度

扩大健康保险的组合深度，即增加健康保险某一险种的具体数量，以满足社会公众对某一险种的不同需求。例如，增加护理险的长期护理险、手术护理险、临终护理险、重大疾病护理险等。

（三）扩大健康保险产品的组合关联度

扩大健康保险的组合关联度，即在满足社会公众对某一类险种需求的同时，兼顾对其他相关险种的需求满足。例如，在重大疾病险的同时，组合住院险、护理险。

（四）缩短健康保险产品的组合

缩短健康保险产品的组合，是减少健康保险组合中不受健康保险消费者欢迎的健康保险险种，以缩短产品组合，降低健康保险支出，扩大消费者数量。例如，对年轻的健康保险消费者，在健康保险产品组合中去除长期护理险。

在进行健康保险产品组合时，常用的组合方法有：

1. 按照对健康保险需求的层次进行组合

不同的消费者，由于其经济水平、文化素养、健康保险意识的差异，导致对健康保险的需求是有差异的。健康保险产品的组合也必须遵循这种差异性，向不同层次的被保险人提供不同层次的健康保险产品组合，以充分满足其健康保险需求。

2. 按照健康保险条款功能进行组合

不同的健康保险条款，所提供的健康保险责任不同。根据其健康保险不同的功能特点进行健康保险的功能互补组合，既可扩大健康保险的保险功能范围，又可突出某些核心保险功能。这可以扩大消费者更多的健康保险功能选择范围，又可提高保险公司的营销效益。

3. 按照家庭责任进行组合

家庭成员在家庭中，各自承担着不同的家庭责任角色，一旦发生疾病或意外伤害时，给家庭所造成的影响是有差异的。主要经济支柱成员一旦发生不幸，将会给整个家庭的经济状况带来极大的打击。因此，在设计家庭健康保险组合方案时应以此为据，对承担主要经济责任的家庭成员，注重保险责任应以寿险加意外险为主，强调保障功能；而对一般家庭成员，则以防范为主，注重费用补偿，多以疾病险加养老险为主。

4. 按照年龄的不同进行组合

不同年龄段，健康状况、经济状况、疾病发生概率不同，因此对健康保险产品的消费需求不同。在进行健康保险产品组合时，应根据被保险人的年龄不同所导致的各种差异，设计出符合不同年龄阶段特色的健康保险功能产品组合，以充分满足不同年龄段消费者的健康保险需求。

第三节　健康保险产品生命周期策略

一、健康保险产品生命周期的概念

任何一种产品，都必然经过一个研制开发(诞生)后的市场投入、成长、市场成熟和市场衰退的变化过程，即产品自市场投入至被市场淘汰而退出市场的全过程。产品的生命周期就是指某一类产品自投放市场到从市场消退所经历的投入期、成长期、成熟期和衰退期的整个市场时期。

健康保险产品的生命周期是指健康保险的某一险种产品，自获得批准后的市场投入期(导入期)，到被健康保险市场消费者逐渐认识阶段的缓慢成长期，到被一定数量的消费者认识、接受后拥有一定数量稳定消费者的成熟期，到最终消费者因被其他更实用、更实惠的健康保险险种替代后逐渐减少的衰退期的整个市场过程。

健康保险产品的生命周期是指其市场生命而非自然生命，健康保险产品的生命周期是对整体市场而言；不同健康保险产品的生命周期不一致，严格说来只有等健康保险产品走完其生命周期后方能准确叙述其周期。影响健康保险产品生命周期的因素很多，但科学技术的发展、市场需求的变化和健康保险产品自身的缺陷是最主要的因素。

二、健康保险产品各生命周期的特征及对策

健康保险产品的生命周期可分为投入期、成长期、成熟期和衰退期四个周期，各生命周期会呈现出不同的特征。

(一) 投入期及对策

投入期又称为导入期，是指健康保险产品获批准后刚投放进入市场的初期。此时，健康保险产

品的消费者大多对此险种还不了解，保险推销不畅，只有少数消费者成为勇于尝试的第一人。而此时为了扩展销量，保险公司需投入较大的人力、物力和财力去促销该险种，导致经营成本高。大多保险公司在投入期不但不能实现盈利，还需承担营销投入的风险。

此时，一般在单位时间里（ΔT）增加的购买健康保险的消费者数量（ΔQ）的比值 $\Delta Q/\Delta T<10\%$。

根据健康保险产品投入期的特点及此期以迅速扩大产品知名度和销售额的营销目标，保险公司需采取加大人员和广告促销力度，积极推行各种优惠销售的策略，迅速提高销售额，占领能够占领的市场。

（二）成长期及对策

成长期是保险公司在不断促销的营销努力下，在投入期取得了一定的实效，部分消费者接受并开始购买该健康保险产品。随着购买者的不断增加，该险种的销量不断增长，市场进入成长期。

处于成长期的健康保险产品，随着销售数量的较快增加，销售批量增加，营销成本下降，能为保险公司带来一定的经济利益。但是此时竞争对手亦将会开始对具有市场价值的健康保险产品给予较大的关注，并且将会随时进入市场进行竞争。此时，一般在单位时间里（ΔT）增加的购买健康保险的消费者数量（ΔQ）的比值 $\Delta Q/\Delta T>10\%$。

根据健康保险产品成长期及此期以市场占有率和增长率为中心任务的特点，保险公司需采取改善健康保险产品品质、开发新的子市场、加大保险公司形象促销力度的市场策略。

（三）成熟期及对策

成熟期是健康保险产品在保险公司的大力营销下，经过成长期后该险种的市场的销售网络已成熟，同类险种竞争激烈，销售费用增加的时期。此时购买消费者达到一定的数量，尽管保险公司继续采取各种营销刺激手段，但购买者的人数并不随之增加而保持相对稳定的数量。此时，一般在单位时间里（ΔT）增加的购买健康保险的消费者数量（ΔQ）的比值 $\Delta Q/\Delta T$ 趋近于零。

此时，多家保险公司在该险种的市场份额上将保持相应的稳定比例。

根据健康保险产品成熟期的特点，保险公司需采取降低健康保险产品促销力度、维持企业形象促销力度、调整产品组合的策略，以延长健康保险产品生命周期和巩固市场占有率；同时应将企业市场营销重点向新的健康保险产品倾斜。

（四）衰退期及对策

衰退期是健康保险产品在经过投入期、成长期、成熟期后，市场出现了适应健康保险新需求发展的更新、更实用和更实惠的健康保险新险种，导致老险种被逐渐替代而与市场渐行渐远，消费者数量日益减少，原有营销策略无效，部分企业退出竞争的时期。此时，一般在单位时间里（ΔT）增加的购买健康保险的消费者数量（ΔQ）的比值 $\Delta Q/\Delta T<0$。

经历投入期、成长期、成熟期和衰退期四个周期后，某一健康保险产品就走完了其市场生命周期。

根据健康保险产品衰退期的特点，保险公司需采取停止健康保险产品促销、适当调整无利市场、但积极维系稳定市场的策略，以积极获取余利。

三、健康保险产品生命周期的预测

健康保险产品生命周期的预测是一项极难但又非常重要的工作，其重要性对企业而言关乎性命。在预测健康保险产品生命周期时，主要应考虑下列因素：健康保险消费需求的发展更新速度、健康保险产品的同质化程度、某一健康保险产品的不可修补性的缺陷。

常用的预测方法有如下两种：

1. 类推法（经验法）

用一种相类似的、已走完其市场生命周期的健康保险产品的生命周期，来推导另一健康保险产品的生命周期的方法。

此法的应用，一定需要类推者具有相当丰富的实践经验，能较准确把握健康保险产品运行发展的一般规律。

2. 销售变量比值法（增长率比值法）

用某一健康保险产品在某一区域范围内，在较长的单位时间内的销售量变化值（$\triangle Q$ 表示）和时间的变化值（$\triangle T$ 表示）的比值来推导健康保险产品的生命周期的方法。

具体结果如下：

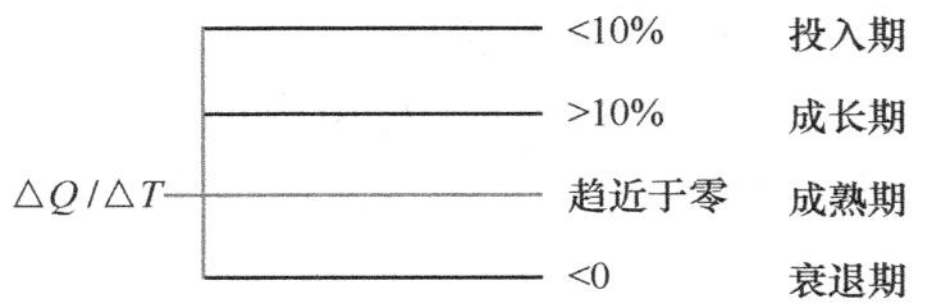

该法的使用时必须注意：①所收集的数据样本必须具有足够多的量，以能够进行统计学处理；②收集数据的市场范围必须具有足够的覆盖率，能反映市场的客观状况；③收集数据的时间段不能太短，但也不能太长。时间太短了难以真实反映市场客观状况，太长了则会失去预测的意义。

四、健康保险产品生命周期的异常情况及其对策

随着科学技术日新月异的飞速发展，推动了现代生活节律的高速发展变化，制造能力的空前提高，导致消费市场产品的新旧更新加快，其生命周期也随之加速变化。所以，市场上各种产品的生命周期也并非呈现规则地分为投入期、成长期、成熟期和衰退期四个周期的变化轨迹。健康保险产品亦如此，有不少的产品其生命周期呈现出不规则的发展变化轨迹。

健康保险产品出现生命周期异常概率较高的情况有如下几种，如图 9-1 所示。

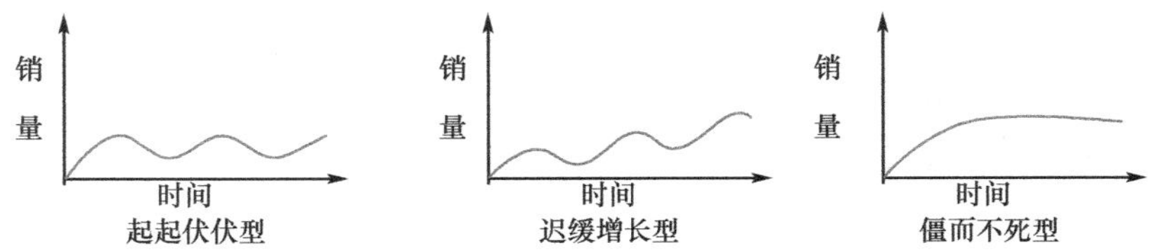

图 9-1　健康保险产品生命周期异常情况

（一）起起伏伏型

起起伏伏型是指健康保险产品自上市销售后，市场销量增长缓慢，市场时常出现上下波动起伏变化，没有呈现规则的投入期、成长期、成熟期和衰退期四个周期的发展变化轨迹。

主要的原因多是由于保险公司的市场营销工作缺乏长期稳定的战略目标和持续有效的市场营销，市场营销工作经常时断时续，导致市场销量亦随之起起伏伏。

对此，保险公司应该建立长期稳定的、可持续发展的市场营销战略，并从人力、物力和财力上确保市场营销工作处于有计划的、持续的稳定推进。

（二）迟缓增长型

迟缓增长型是指健康保险产品自上市销售后，市场虽具有一定的销量，但在相当长的时期内其

增长缓慢,且增长速度起伏变化,没有出现强劲增长势头的发展变化轨迹。

主要的原因多是保险公司虽然制定了正确的市场营销战略目标,但市场营销工作力度不够或者管理不力,导致市场增长迟缓。

对此,保险公司应该大力加强市场营销工作,强化管理,采取各种强有力的刺激措施,真正落实营销人员的责权利,确保市场营销工作持续的大力推进。

(三) 僵而不死型

僵而不死型是指健康保险产品自上市销售后,经保险公司的大力营销,刚开始时市场虽然赢得了一定的销量,但在此后长时间里业绩不佳,增长乏力。

主要的原因多为两方面:一是保险公司的市场营销工作缺乏长期稳定的战略目标和持续有效的市场营销;二是市场营销工作管理不力和力度不够。

对此,保险公司应该修订其市场营销战略,建立长期稳定的、可持续发展的市场营销战略,并且大力加强市场营销工作,强化管理,采取各种强有力的刺激措施,真正落实营销人员的责权利紧密结合,确保市场营销工作持续的大力推进。

1. 健康保险产品的概念是什么?
2. 常见的健康保险产品种类有哪些?
3. 健康保险产品开发的原则有哪些?
4. 健康保险产品生命周期的概念是什么?

【案例】

健康保险产品:人保健康"一生无忧"重疾个人护理保险

投保说明	保险期间	保障至70周岁	
	缴费期间	15年、20年可选	
	缴款方式	银行转账——年度缴纳	
	保险金额	10万~30万可选	
	等待期	180天	
	犹豫期	10天	
保障内容	保险责任	给付金额	保障说明
	重大疾病保险金	保险金额	若在保险期间内(除等待期),发生合同约定的重大疾病,保险公司给付重大疾病保险金
	身故保险金	保险金额	若在保险期间内,因意外伤害原因导致身故或非意外原因(除等待期)导致身故,保险公司给付身故保险金
	老年护理保险金	每年保险金额的2%	若保险合同有效且被保险人生存,在被保险人60~69周岁可每年领取一次
	长期护理保险金	保险金额	因意外伤害或180天后因意外伤害以外的其他原因,致使被保险人丧失日常生活能力,保险公司给付长期护理保险金
	老年关爱保险金	保险金额	若在没有发生保险事故且保险期间届满时仍生存时,保险公司给付老年关爱保险金

续表

特别说明	等待期	180 天。在等待期内被保险人因意外伤害之外的原因导致被确诊初次患上合同中所定义的重大疾病(一种或多种)、身故,保险公司将无息返还所交保费
	犹豫期	10 天。在此期间,您可以提出解除本合同,保险公司将在扣除不超过 10 元的工本费后无息退还您所交纳的保险费

张先生,男,30 周岁,购买了 10 万元"一生无忧保障计划",选择 20 年缴费,年缴保费 3700 元,以下的保障将会伴随他至 70 周岁。

——长期护理保险金 10 万元;

——老年关爱保险金 10 万元;

——重大疾病保险金 10 万元;

——身故保险金 10 万元;

——老年护理保险金 2 万元(60~69 周岁每年可领取 2000 元,每年按照保额的 2%给付)。

若张先生在 31 周岁时不幸罹患重大疾病或丧失生活自理能力,张先生将获得 10 万元赔付,而仅仅支出了 3700 元,如图 9-2 所示。

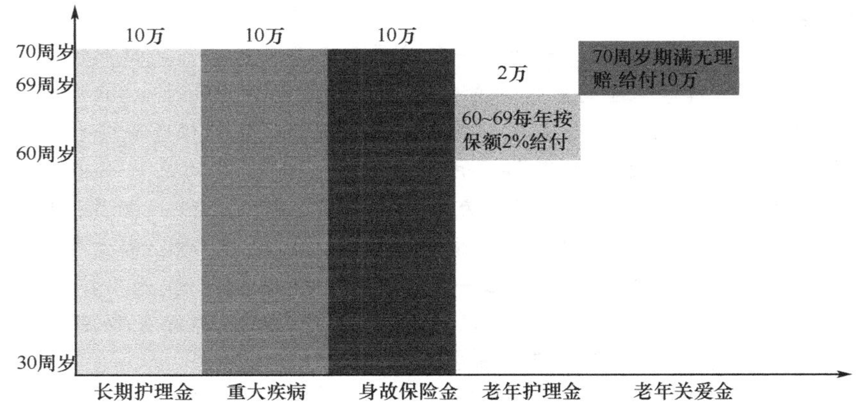

图 9-2　人保健康"一生无忧"重疾个人护理保险

思考:

1. 什么是等待期?

提示:等待期指合同在生效的指定时期内,即使发生保险事故,受益人也不能获得保险赔偿,这段时期称为等待期。等待期是为了防止投保人隐瞒高风险因素,而投保以获得保险金的行为。

2. 投保流程是怎样的呢?

提示:预约后由健康险专员为您详细解答相关问题,确认购买意向后 2 个工作日,投保确认函快递人员送上门由投保人本人进行投保及缴纳保费确认回执,保险公司将在您签收投保确认书后的 3 个工作日内从您同意及授权情况下提供的银行账户中进行第三方公对公转帐托收第一年度的保险费,并在托收成功当晚 24 点正式生效,正式的保险合同连同首期扣款发票会在扣款成功之后 4 个工作日内送上门由投保人本人签收。

提示:

1. 本产品由中国人民健康保险股份有限公司承保,仅限深圳市的客户购买,客户从慧择保险网购买,后续理赔等相关事务均可由慧择保险网协助您办理。

2. 本保障计划所承保的重大疾病以保险合同条款上的释义为准。

3. 18~40 周岁投保金额为最高 30 万,41~50 周岁投保金额为最高 10 万。

4. 经慧择网购买的顾客,若发生保险事故,慧择网(热线:4006-366-366)将提供协助理赔服务。

资料来源:www. hzins. com/stud. 慧择保险网

拓展阅读

日本是较早实现医疗保险制度全民覆盖的发达国家之一,也是世界上卫生系统绩效最好的国家之一,2009 年其国民的平均寿命达 83 岁(男性和女性分别为 80 岁和 86 岁),为世界最高。但其卫生支出的总体水平并不高,其卫生总费用占 GDP 的比例为 8.5%,低于世界上大多数发达国家,在经济合作发展组织国家中排在第 20 位。而且与其他发达国家相比,日本健康公平性也较好。这些健康结果的取得都与日本实现健康保险的全民覆盖密切相关。

从 20 世纪 60 年代起,日本就建立了覆盖全体国民的医疗保险制度。日本的医疗保险有国民健康保险和雇员健康保险之分。前者是普通国民(包括农民、自营业者和退休人员)参加的保险;后者为雇员健康保险,即受雇于 5 人以上企业的劳动者及其家属都必须加入的保险,包括四种以特定雇员为对象的健康保险项目:船员保险、国家公务员等共济组合、地方公务员等共济组合、私立学校教职工共济组合。其中根据主办者的不同又可分为由政府主办、健康保险互助会主办的两大类。政府主营的部分主要吸纳没有设立健康保险互助会的中小企业参保,而健康保险互助会则是由大型企事业自己分别设立并掌管的互助性保险机构。

由于日本的医疗保险是强制保险,所以一般雇员和公务员从工作之日起便从工资中自动扣除保险费。参加国民健康保险的农民和自营业者因为是非工资收入者,只能自己到市町村政府交纳。按制度规定,滞纳保险费者医疗费必须自行负担。医疗保险费负担比率在各种保险之间有一定的差别,国民健康保险是按每户定额收取保险费,平均每户一年 150 893 日元。在职职工医疗保险中,一般受雇者保险费率为 8.5%,劳资各负担 4.25%;船员保险征收比率为 8.8%,劳资各负担 4.4%;公务员原则上个人缴费部分为 2.46%~5.00%;私立学校教职员的缴费比率为 8.45%,这两类也是由劳资各负担一半。此外,医疗保险规定,无工作能力、无收入来源和无法交纳保险者,若经核实可划为生活保护范围,免交保险费,享受免费医疗;收入低下的农民和自营业者可享受免交一半保险费的待遇。

第十章

健康保险定价策略

价格是影响健康保险产品需求的重要因素，也是保险公司进行竞争的重要法宝。保险公司在为健康保险产品定价时要考虑很多因素，也有很多价格策略可以选择。本章着重介绍健康保险产品定价及影响因素、健康保险产品定价方法、健康保险产品定价策略及健康保险产品定价调整策略。

第一节　健康保险产品定价及影响因素

一、健康保险产品定价基础

价格是市场营销过程中置于交易物之上的货币价值，是营销组合的一个关键因素。价格能影响公司的销售量，而产品的销售量会影响产品的生产、营销和服务相关的成本。所以，价格通过影响产品的销售量来影响成本。产品价格的上涨或下跌可能导致消费者多买或少买该产品，进而导致销售量的增加或减少。随着销售量的增加或减少，公司的总收入和总成本也会相应的增加或减少。于是，总收入或总成本的增加或减少直接对利润产生影响。

（一）健康保险费和健康保险费率

健康保险费是健康保险消费者按一定保险条件，为取得保险公司健康的保障，向保险公司交付的费用。保险公司根据法律或合同办理的各种保险，在保险事故发生后，要承担一定的义务，即赔偿因疾病而造成伤害的损失。很显然健康保险消费者为此必须向保险公司交付一定的费用，这种费用就是保险费。保险费是保险合同生效的重要因素。保险公司所取得的保险费，应当能够履行对健康保验消费者所负担的赔款并建立各种准备金，以及支付保险企业在经营上的支出。

健康保险费率即健康保险价格，是保险公司按单位保险金额，向健康保险消费者收取保险费的标准。单位保险金额一般为100元或1000元。例如，某健康保险每千元保险金额收取保险费2元，用千分号表示为2‰，即2‰为保险费率。

健康保险定价即厘定健康保险费率，应根据人的身体为保险标的的客观环境和主观条件形成的危验程度，运用数理统计方法来进行计算。

（二）健康保险费率的一般构成

健康保险费率由两部分构成，即纯费率和附加费率。

1. 纯费率

纯费率又叫自然费率，是依据纯费率收取的纯保费，主要用于满足保险补偿和建立保险基金，依据附加费率收取的附加保险费则用于弥补各项营业费用和支付税金等。按照纯保险费率收取的保险费称为纯保费，纯保费是保险公司的赔偿基金，赔偿基金作为保险基金的一个重要组成部分，其功能就是补偿被保险公司的损失。

健康保险的纯保费用于支付保险金的给付,其计算方法有三种。

(1) 自然纯保险费:是指直接以各年龄组的疾病发生率和住院率为标准计算的保险费。由于疾病发生率和住院率有随年龄提高而增大的特点,保险费也随被保险公司年龄的增长而增加。按自然纯保费方式计算纯保险费的健康保险,比较适用于以青壮年为对象的时间较短的定期保险。

(2) 趸交纯保险费:是指一次交清的纯保险费。它将保险期内在各年龄组的自然纯保险费折算成投保当时的现值,按总和一次交清。

(3) 年交均衡纯保险费:是指在保险期内健康保险消费者每年按一个固定的数额交纳保险费。年交均衡纯保险费在数量上要求健康保险消费者每一年交付的全部纯保险费的现值必须与一次性交纳的纯保险费的现值相等。

2. 附加费率

附加费率是指一定时期的经营费用总额与保险金额的比率。按照附加费率收取的保险费被称之为附加保费,是以保险公司的营业费用为基础计算的,用于保险公司的业务费用支出、手续费支出及形成平均利润等。一般来说,保险公司的经营费用主要包括下列内容:

(1) 业务费用:包括代理费用、宣传广告费用、税金、工资、办公费用、培训费、招待费等。

(2) 防灾防损费用:包括为被保险公司购置防灾器材费用、防灾宣传费用和防灾奖励费用等。

(3) 准备金:为了保持保险财务的稳定性,保险公司必须积累一笔准备金,即用于应付发生重大损失时,当年保险基金不足以赔付时而准备的资金。

二、影响健康保险产品定价的因素

(一) 定价目标

保险公司对自己的目标越清楚,则定价时就越容易。需要明确的是,定价目标建立在该保险公司整体目标的基础上,而且应该与预期经营目标一致,因此定价目标通常因各保险公司而异,甚至在特定的保险公司内因产品而异。一般来说,保险公司通过定价来追求三个主要目标:生存导向型目标、利润导向型目标、竞争导向型目标。

1. 生存导向型目标

如果保险公司遇到生产力过剩或激烈竞争,或者要改变健康保险消费者的需求时,它们要把维持生存作为其主要目标。为了能够继续经营,继续销售险种,保险公司必须定一个比较低的价格。此时,利润比起来生存要次要很多。对于保险行业而言,低价格也是一个特殊的下限,受到健康保险产品成本的约束。如果保险公司相信能够从投资业务中获得比较高的收益,那么健康保险产品的价格可以低于承保成本。但是,长远来看,长期保持低于成本的价格不利于保险公司保持偿付能力。所以,保险公司必须学会怎样增加保费收入和经营利润,否则将面临破产。

2. 利润导向型目标

这个目标还能进一步细分为:获得当期最高利润目标、获得适量利润目标、获得预期收益目标等。当期最高利润目标的含义是指通过所定价格尽快实现最大限度的利润和投资收益。就健康保险公司而言,选择当期利润最大化目标必须满足一定条件:健康保险公司所经营的健康保险产品性能较好,替代品较少;或者这种健康保险产品的弹性小,不致因价格高而引发销售量锐减;或者市场供不应求,采取高价虽在一定程度上抑制销售,但不影响经营者的目标销售量。否则,经营者就应采取较为稳健的长期利润最大化目标。适量利润又称满意利润,是指与健康保险公司的投资额及风险程度相适应的平均利润。处于市场追随者地位的保险公司多采用这种策略。适当的利润目标可以使保险公司避免不必要的竞争,另一方面,由于价格适中,消费者愿意接受,可以使保险公司获得长期的利润。以预期收益为目标则要求保险公司能较为准确地预测市场需求的变动趋势、自身经营能力及成本变动情况,并在此基础上成功的确定投资收益率和销售收益率。以预期利润作为定价目标的保险公司,应具备两个基本条件:第一,保险公司应该具备比较强的实力,竞争力比较强,在行业中处于领导者的地位;第二,采用这种定价目标的多为新产品、独家产品等。

3. 竞争导向型目标

采用竞争导向型目标的公司是以竞争环境为主要因素来考虑定价策略。例如,市场撇脂策略和稳定价格目标等。一些经营规模大、经营效率高、资金雄厚、竞争力强的保险公司,有时喜欢制定高价来"撇脂"市场,而后通过逐步降低价格,将竞争者挤出市场或防止竞争者进入市场。公司通过这种方法可以从各个细分市场取得最大的收益。一些规模大、实力雄厚的保险公司,常以稳定价格作为定价目标,以避免剧烈价格竞争造成的损失。同时也可以通过稳定本身产品价格来稳定行业竞争态势,保持其优势地位,获得稳定收益。

(二)产品成本

根据健康保险经营管理学的观点,健康保险产品是健康保障业务和服务业务的组合。因此,健康保险产品中所包含的成本因素主要包括风险成本和营运成本,见表 10-1。

表 10-1 健康保险产品成本构成表

生产要素	风险成本	营运成本
资本	自己承担的损失成本利息	物质资料成本,包括折旧、租金、利息
劳动力		
外部组织包括再保险公司、中介公司	再保险成本	
技术、信息		信息成本

首先,保险公司的风险成本主要包括保险公司自己承担的损失成本、再保险成本,以及对现有保险业务量预计的将来偿付额所要储备的各种准备金和资本投资所产生的资金成本(利息)。其中,损失成本是随机变量,其数值和损失走势的随机性有关。事先只能估计损失成本的实际值。再保险成本则是由原保险公司向再保险公司支付的再保险费,扣除再保险佣金和再保险利润分成的部分。

其次,健康保险产品中的营运成本包括所有劳动和服务人员的工资等人工成本,有形营运资料、辅助资料、原材料等物质资料成本和投资失误生产要素的资本的利息,以及信息成本等。

在健康保险产品中,除了要考虑这些因素之外,还要考虑因投资失败所带来的损失。然后,我们在这些预期成本的基础上还要附加一定的利润,这才形成健康保险产品价格。

在保险经营中,许多因素都会影响保险成本的预测。而这些因素多是变动的、未知的。因此,保险公司必须谨慎的建立假设条件,用严谨的精算方法估计产品的成本。如果对这些数字估计偏于保守,则可能导致保险价格定得过高,不利于保险竞争;而如果对这些数字的估计过于乐观,则可能导致保险价格定得过低,使保险公司无利可图,甚至亏损。然而,保险公司又没有经验或者研究数据作为假设的基础,全新产品的定价非常困难。保险公司只有在新产品中获得了相关经验并且积累了成本数据之后,对新产品成本的预测能力才会大大加强。所以,保险公司必须认真分析,提高预测的准确度。

(三)确定需求

对大多数健康保险产品而言,在其他因素不变的情况下,健康保险产品需求与保险价格成负相关关系,即价格上涨,需求下降;价格下降,需求上涨。健康保险产品的需求弹性反映了需求量对价格变化的敏感度,一般用弹性系数来表示。

根据学者的研究,健康保险的需求弹性不是特别明显。价格下降时,消费者会或多或少地多购买一些健康保险产品,而价格上升时,消费者可能不情愿购买更多的产品。因此,这些产品的需求的确表现出了一些价格弹性,但是我们不知道他们的弹性是大于1还是小于1。

(四)健康保险消费者自身因素

健康保险消费者对价格的敏感性能够强烈影响保险公司以各种不同的价格出售的产品的数量。因此,我们在制定价格的时候,就应该从以下三方面考虑健康保险消费者因素。

1. 购买力

购买力是对客户购买商品或服务的能力的一种度量。购买力一般受经济条件(譬如通货膨胀率、税率和失业率等)的强烈影响。我们在确定营销对象和制定保险价格时,都应该把客户的购买力考虑进去。

2. 价格意识

健康保险消费者的价格意识对于健康保险消费者的重要性因产品或细分市场而不同。因此,保险公司需要根据价格意识的一般水平和在特定细分市场进行选购的比较,制订和改变定价策略。在购买意识比较强的细分市场里,保险公司很难在竞争水平之上制定价格。而在不具有特别价格意识的目标市场中,保险公司可能在产品定价上有更大的余地。

3. 理想的价格弹性

在产品定价时,保险公司必须考虑健康保险消费者所希望的价格灵活程度。有些健康保险消费者需要某一水平的固定价格,其他则需要更多的弹性价格,甚至愿意支付稍微更高的价格。这样保险公司也具有了一定的降价空间。因此,在做出价格决策时,保险公司必须考虑健康保险消费者对价格保证和价格弹性的偏好。

(五)竞争者

我们如果不是垄断,在定价时就必须考虑竞争对手的价格和销售策略。因为健康保险产品的消费者会比较几个保险公司的价格而做出选择。因此,我们在定价时也应考虑以下因素:竞争对手和竞争产品的数量;在竞争对手的产品组合中,该产品的重要性;竞争对手已经投入该产品的资源水平;竞争对手可获得的财务资源水平;竞争对手的定价行为历史;竞争对手对价格变化的预期反应;竞争对手的整体优势和劣势。

(六)营销组合变量

由于产品营销组合的变量之间密切相关,价格能够影响该组合中的其他三个要素(产品、促销和分销),也能被其影响,促销努力的类型、分销体系的形式及产品本身(包括其特征、给付和服务水平)都影响产品的成本,因此也影响到产品的价格。

因为产品及分销影响客户对产品认识和期望的方式,所以产品和分销也影响定价。促销将产品告知健康保险消费者,并说服他们,使他们认为产品物有所值。在认为某一产品的价格合理时,客户通常更乐意购买该产品,有效的促销能够提高产品的总需求量,使公司在相同的价位上售出更多的产品。同样,用于销售产品的分销方法,也能够强烈影响消费者对产品价格的认识。例如,健康保险消费者可能认为通过代理人或经纪人体系分销的产品价格一定会高于通过邮寄或其他中介方式分销的产品价格,因为后者不需要提供从个人销售方式中可获得的一对一服务。

(七)监管要求

我国大部分保险条款和价格受到直接的监管。《保险法》规定:有关社会公众利益的险种、强制保险的险种及新开发寿险的险种，应当报保监会审批，主要险种的条款费率由保监会制订，或保监会委托保险公司和保险同业公会制订；主要险种之外的条款和费率由总公司自行制订，报保监会备案。因此，我国的保险公司不能够随意变动健康保险产品的价格，这实际上限制了保险公司运用价格策略进行竞争。保险公司制订的产品价格将受到其他监管要求的间接影响。例如，保监会规定了寿险和非寿险责任准备金的提取数、保险保障基金的建立及偿付能力的监管等方面。这些监管要求都间接地影响了健康保险产品的定价。从另一个层面讲，这时保险公司或许可以在考虑这些间接监管要求的前提下运用价格策略来进行市场营销了。

三、健康保险定价的原则和方法

（一）健康保险定价的基本原则

1. 保险保障原则

健康保险的基本职能是提供经济补偿，保险公司收取的保险费应能充分满足保险公司履行健康保险赔偿责任的需要，以保障健康保险消费者的经济利益。保险费率是保险公司收取保险费的依据。健康保险定价必须保证保险公司有足够的资金来源和偿付能力，能够补偿因危险事故发生所需赔偿（或给付）的金额，以及支付有关的营业费用。因此，从实现保险基本职能的角度看，保险价格水平应与提供充分保险的要求相适应，否则，就会危害保险经营，使保险企业破产倒闭，健康保险消费者也将蒙受经济损失。

2. 公平合理原则

公平是指健康保险定价必须考虑能适用个别危险，使健康保险消费者的保险费负担，基本上按照保险标的危险程度大小来分担。由于相同保险标的在不同地点、不同时间和因不同主体所具有的风险水平不同，这就要求在保险费率水平上也应有所差异。但这种差异性只能在相对精确的程度上得以实现，要做到完全公平是很难的，因为承保标的危险情况不可能完全一样。要想做到完全公平，除非个别核算，但这种办法不仅事实上行不通，而且也不符合大数法则的要求。为了计算方便，通常将同一性质的危险归纳为若干类，然后计算分类价格，以适用于不同种类的保险标的。

合理是指保险价格水平应与健康保险消费者的风险水平和保险公司的经营需要相适应。保险价格过低，必然会影响保险基本职能的实现，使健康保险消费者得不到充分的保障。而价格过高，特别是对附加费用比例过高，会加重健康保险消费者的经济负担，损害健康保险消费者的利益，也不利于保险业务的发展。

3. 稳定灵活原则

稳定是指保险价格一经确定，在相当的时期内应保持相对的稳定，不要过于频繁的变动。保险价格相对稳定对保险公司和健康保险消费者双方都有好处。从健康保险消费者的角度看，保险价格稳定，可以使健康保险消费者的负担稳定，能依照预计金额按时支付保险费。如果保险价格频繁变动，则不利于健康保险消费者核算经费。从保险公司的角度看，稳定的价格有利于稳定成本核算和业务经营。灵活是指保险价格虽力求保持稳定，但仍须有灵活性。也就是说，在短期内应注意保险价格的稳定，在长期中又应该根据实际情况的变动对其作适当的调整。因为在较长的时期内，由于社会、经济、技术、文化的不断进步，保险标的所具有的危险是变动的，保险价格水平也应随之而变动。例如，随着医药卫生、社会福利的进步、人类寿命的延长、死亡率的降低、疾病的减少，人寿保险过去制定的价格就需要进行调整以适应变化了的新情况。

4. 促进防损原则

预防损失在现代保险经营中占有非常重要的地位，健康保险定价应体现促进防损精神，引导和鼓励健康保险消费者积极从事预防损失的各项活动。这不仅是为了减少保险赔款的支出，更重要的是可以减少社会物质财产的损失。通常保险企业采用降低保险价格的办法来促进防损。

(二) 健康保险定价的方法

健康保险定价方法也称为健康保险定价,保险价格是计算保险费的指标,也是保险公司按保险标的的单位金额和一定的保险期限向健康保险消费者计收保险费的标准。保险费根据保险价格计算而成,是健康保险消费者向保险公司缴付的货币量。保险价格制定的合理与否,直接影响到保险企业经营的稳定性。因此,保险公司一般是以概率论及大数法则为依据,科学精确地制定保险价格。然而,保险公司所承担的是具有不定性的未来损失补偿,制定保险价格又发生在损失之前,技术上较难处理,同时保险价格既要受到国家保险监管部门的监督,也要受到健康保险消费者负担能力和保险市场兴衰及竞争的影响。因此,制定保险价格时,要根据不同保险业务分别确定。保险定价的方法有以下三种。

1. 判断法

判断法又称个别法,是指逐个考察每个保险标的的风险情况,并分别进行风险评价后,再由保险业务人员依据经验判断,单独厘定每个标的所适用的保险价格。这种方法不太科学,在相当程度上依赖保险公司的经验判断。但这种方法适用于损失风险形式多样且多变,不能采用分类法时,或者对某种保险标的缺少统计资料时。运用判断法制定保险价格,要求决定价格的人具有丰富的承保经验,并通晓该项保险标的所涉及的各种风险因素。

2. 分类法

分类法是指把具有类似特征的损失风险归为同一类别承保,按相同保险价格收取保险费。分类价格往往以表格形式印成价格手册,因此也称手册费率。保险业务人员在承保时,按规定的条件选择适用费率计算保险费,使用非常方便。

3. 增减法

根据分类法制定出的各类保险标的所适应的保险价格作为基础价格,在承保时再根据具体保险标的的实际损失经验加以修正,在基础价格上增加或减少,制定出实际保险价格,这种制定保险价格的方法称为增减法。当健康保险消费者要求投保的保险标的有特殊危险,或要求在一般危险责任之外增保别的危险责任,经保险公司同意以特约承保方式承保时,就应在基本价格基础上增加一定的价格。反之,当保险标的的危险频率低于基本价格标准时,则以基本价格为基础,相应减少一定的价格。

四、健康保险产品定价的特点

健康保险产品价格不同于一般的商品和劳务的价格,它具有一些特殊性。

(一) 健康保险定价在成本发生之前,而一般商品的价格制定在成本发生之后

健康保险定价依据的成本是过去的、历史上支出的平均成本,其成本与费率的关系不密切;而一般商品价格制定所依据的成本是现有条件下消耗的平均成本,成本与价格关系十分密切。基于这种特点,在市场一般商品讨价还价的余地较大。而健康保险产品,买方只能作取与舍的决定,很少有与卖方商议价格高低的余地。

(二) 健康保险产品价格的合理度没有其他商品价格高

健康保险产品是根据过去的损失成本和费用成本制定现时的保险价格的,而事实上,现时的价格又是用来补偿将来发生的成本。健康保险定价除要求有大量的统计数据和资料外,还要求有较为准确的预测。因此,当保险企业无法获得足够多的历史资料和数据时,就无法作出准确的损失预测。

此外,影响风险的因素随时都在变动,特别是心理和道德风险对保险公司的预测干扰更大,这就使得保险公司的预测准确性大大降低,从而影响健康保险价格本身的合理性和适当性。而一般商品的价格确定后,只要利用比较完备的会计制度和手段,就能制定出较为合理的价格。

(三) 健康保险定价受到的监管较严

虽然健康保险价格要根据市场与风险情况来制定,但是保险监管部门不仅具有核定价格的权利,而且还通过法律规定保险企业不能随意调整健康保险产品价格。而其他商品的价格,大部分均由市场供求关系来决定,而且可随着市场状况变化随时调整,不受其他限制。

(四) 健康保险产品缺乏需求弹性

健康保险产品同其他商品一样,较低的价格也能够赢得更多的健康保险消费者。但是,对健康保险的需求,主要是健康保险消费者身体潜在风险的忧虑和现实风险的大小,以及人们求其安全的意识决定的。相反,一般商品的需求状况,消费者也考虑需要因素,但决定人们的需求动机主要还是商品的价格因素。

五、健康保险产品定价的步骤

与其他产品都一样,保险公司在对健康保险产品定价时首先应该先估算产品的成本和费用。但是,保险公司还应该考虑许多其他影响保险价格的因素,如保险需求、竞争环境、所选择的定价目标等,然后选用相应的定价方法和定价策略,并最终制定出合理的保险价格。因此,保险精算所进行的工作实际上就是估算健康保险产品的成本和费用,后续工作还必须有市场营销部门提出建议后才能确定,如图 10-1 所示。

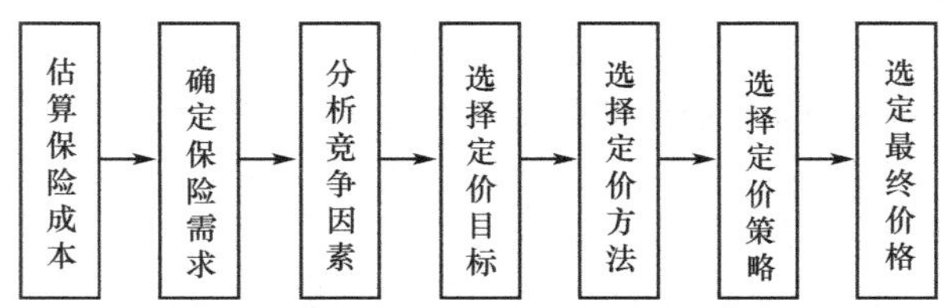

图 10-1　健康保险产品定价步骤

第二节　健康保险产品定价方法

健康保险产品定价方法是公司为实现定价目标而选择的定价方法。这些方法帮助保险公司把价格作为营销组合中的重要组成部分而加以运用。定价方法通常分为三类:成本导向定价法、需求导向定价法和竞争导向定价法。

针对健康保险产品这一特殊产品而言,所有健康保险产品的定价都是以严谨的精算模型为基础的。在此介绍的保险定价方法是从市场营销的角度出发,在通过精算方法估算出健康保险产品的成本之后,如何根据市场营销的目的确定最终的保险价格。

一、成本导向定价法

成本导向定价法是指保险公司制订的价格包含在销售环节及服务环节发生的所有成本,以成本作为制定价格的惟一基础。当市场中只有一家保险公司,或者利用该方法的保险公司是市场的领导者时,成本导向定价方法最有效。适合采用成本导向定价方法的市场情况包括:保险公司可以完全掌握自己的代理人队伍;在保险公司运作的细分市场中,没有竞争或竞争很少。

成本导向定价方法可以细分为以下两种。

(一) 成本加成定价法

成本加成定价法就是在精算所得的健康保险产品成本的基础上,加上预期目标利润额作为销售价格。例如,一家保险公司的预期利润目标是产品全部成本的20%。使用成本加成定价法时,保险公司首先用精算的方法确定与产品开发、销售及服务相关的成本,然后在这个成本的基础上,增加20%的利润即可。

1. 成本加成定价法的优点

(1) 计算方法简便易行,资料容易取得。

(2) 根据精算所得成本定价,能够准确预测使企业所耗费的全部成本得到补偿,并在正常情况下能获得一定的利润。

(3) 有利于保持健康保险产品价格的稳定。当消费者需求量增大时,按此方法定价,产品价格不会提高,而固定的加成,也使企业获得较稳定的利润。

(4) 保险行业的各保险公司如果都采用成本加成定价,只要加成比例接近,所制定的价格也将接近,可以减少或避免价格竞争。

但是,成本加成定价法是典型的生产者导向定价法。现代市场需求瞬息万变,竞争激烈,健康保险产品种类日益增多。只有那些以消费者为中心,不断满足消费者需求的产品,才有可能在市场上站住脚。因此,成本加成定价法在市场经济中也有其明显不足之处。

2. 成本加成定价法的缺点

(1) 成本加成法忽视了健康保险产品需求弹性的变化。不同的健康保险产品在同一时期,同一的健康保险产品在不同时期(产品生命周期不同阶段),同一的健康保险产品在不同的市场,其需求弹性都不相同。因此产品价格在完全成本的基础上,加上某一固定的加成比例,不能适应迅速变化的市场要求,缺乏应有的竞争能力。

(2) 以预测的成本作为定价基础缺乏灵活性,在有些情况下容易做出错误的决策。

(3) 不利于企业降低产品成本。

为了克服成本加成定价法的不足之处,企业可按产品的需求价格弹性的大小来确定成本加成比例。由于成本加成比例确定的恰当与否,价格确定的恰当与否依赖于需求价格弹性估计的准确程度。这就迫使企业必须密切注视市场,只有通过对市场进行大量的调查,详细地分析,才能估计出较准确的需求价格弹性来,从而制定出正确的产品价格,增强企业在市场中的竞争能力,增加企业的利润。

(二) 损益平衡定价法

损益平衡定价法也称为预期利润定价法或目标收益定价法,是保险公司为了确保投资于开发保单、销售和服务中的资金支出能够与收入相等的定价方法。在这种方法下,我们同样要确定健康保险产品的固定成本和变动成本,并确定预期利润和预期利润所需要的销售量,然后根据下列公式就可以计算产品价格。

$$\text{获得预期利润的产品价格}=\frac{\text{固定成本}+\text{预期利润}}{\text{获得预期利润的销售量}}+\text{平均变动成本}$$

因此,使用这种计算价格的方法必须要注意保单的销售量,否则就可能无法收回投资。

1. 损益平衡定价法的优点

此方法计算简便,能提供给保险公司获得预期利润的最低价格是多少。

2. 损益平衡定价法的缺点

此方法首先要估算产品的销售量,然后再倒推价格,然而价格又决定销售。在这种情况下,产品的实际销售量不一定刚好等于估计销售量。如果估计销售量大于实际销售量,那么计算出来的价格就偏低,价格适当提高才能获得预期利润额;如果估计的销售量偏小,那么计算出来的价格就偏高,适当降低仍然能够获得预期利润。

通常,采用这种方法最有效的情况是当目标市场中只有一家保险公司,或者使用该方法的保险公司是这个市场的领导者时,它能发挥最大的效果。

二、需求导向定价法

需求导向定价法也称为客户导向定价法,是指保险公司制订分销商或保单所有人双方可以接受的价格,或者说是根据购买者的需求强度来制定价格。需求强度大,则定价高;需求强度小,则定价低。

对于分销商而言,遵循客户导向定价方法的保险公司可能会重视定价和产品设计的补偿因素,销售商因而可以获取较高的佣金。因此,采用经纪人分销体系的保险公司常常利用这种方法来鼓励经纪人销售产品,以得到有利的竞争位置。而对于客户而言,客户往往看重的是产品价值。产品价值因保单所有人而异:有些客户认为产品价值可能是低保费,有些客户可能看重险种早期现金价值的累积速度,还有一些客户则认为保险公司的财务实力是至关重要的。采用需求导向定价策略的保险公司必须明确客户的价值,并且制订出相应的产品价格,让客户感到自己所看重的产品价值可以通过购买这一产品得到实现。

尽管在市场营销中有许多种客户导向定价的方法,但是这些方法都不太适用于保险市场。在保险市场,以需求为导向的定价方法主要就是认知价值定价法。认知价值定价法是指保险公司根据客户对产品的认知价值来制定价格。因为从市场营销的角度而言,作为定价的关键,不是卖方的成本,而是购买者对产品价值的认知。因此,营销者应该利用营销组合中的非价格因素,在购买者心目中建立认知价值,在此基础上再确定产品的价格。

认知价值定价法与现代市场营销中的定位思想能很好地适应起来。认知价值定价法的关键和难点就在于获得消费者对有关产品价值理解的准确资料。高估和低估都会带来不利的影响。因此保验公司必须通过广泛的市场调研,了解消费者的偏好,判定消费者对产品的理解价值,制订产品的初始价格。然后在初始价格条件下,预测可能的销售量,分析目标成本和销售成本。在比较成本和收入、销量与价格的基础上,确定该定价方案的可行性,并制订最终价格。

三、竞争导向定价法

竞争导向定价法是以市场上相互竞争的同类商品价格为定价基本依据,以随竞争状况的变化确定和调整价格水平为特征,与竞争商品价格保持一定的比例,而不过多考虑成本及市场需求因素的定价方法。保险公司可以依据其营销目标、市场目标和定价目标,在高于、低于和等同于市场平均水平三个层次上来制订产品价格。

采用竞争导向定价方法时,保险公司要制订与其所寻求的市场地位相协调的价格。通过控制健康保险产品的几个变量(譬如转换选择权=续保选择权+佣金)来达到一个预定的价格。通常做法有两种:如果保险公司以“迎接挑战”为定价目标,应该将健康保险产品的价格设定在平均水平上,这一平均水平的价格是通过对10个最密切的竞争对手的产品定价的分析得来的。但这个追随定价的方法在竞争者突然降价时可能会陷入困境。此种定价策略在完全竞争或寡头垄断的市场采用比较有效。相反,如果以"抑制竞争"为定价目标的公司,应该为关键签单年龄(譬如 25 岁、35 岁、45 岁)制定价格,这些价格是参考了出售待定产品的 10 个最大寿险公司的价格水平,然后以低价格打入市场。这种主动出击竞争的价格策略一般为实力雄厚或产品独特的公司所采用。

所以,竞争导向定价法的特点在于保险公司是以应付竞争为主,不太考虑价格与成本、价格与需求之间的关系。竞争导向定价方法可以分为以下三种。

(一) 随行就市定价法

随行就市定价法是指保险公司按照行业的平均现行价格水平来定价。这是一种首先确定价格、然后考虑成本的定价方法。采用这种方法避免竞争激化。并且,有些健康保险产品的成本核算比较难,随行就市是本行业众多公司在长时间内摸索出来的价格,与成本和市场供求情况比较符合,容易得到合理的利润。随行就市价格是由购买者与销售者相互作用而形成的。对于差异比较大的产品市场,则不存在随行就市的价格,企业无法使用这种方法。

(二) 渗透定价法

渗透定价法是指保险公司利用相对较低的价格吸引大多数购买者,以此获得市场份额并使销售量迅速上升的定价策略。一般在以下几种条件下,保险公司可以采取渗透定价策略:需求的价格弹性高,采用低价格可以增加销售收入;市场潜力大,消费者对价格敏感,低价格可以扩大公司的市场份额;保险公司在细分市场上运作的产品有较陡峭的经验曲线,这样公司在销售量加大的情况下可以很快降低附加保险价格;市场中潜在的竞争激烈,降低的价格能够有效阻止或延缓竞争对手的过早介入。

(三) 弹性定价法

弹性定价法又称可变定价法,要求保险公司在产品价格问题上同客户协商。这种方法主要是被销售团体健康保险产品的公司所采用,它们参与大宗团体保险生意的竞标或提交协议合同。竞标是购买者要求潜在供货商提供有关目标产品报价的过程。协议合同是买卖双方经过协商确定条款和价格的一种合同。团体保险的销售过程常常以竞标开始,在竞标过程中,销售该产品的保险公司要在规定的期限内填写标书,根据招标单位的要求填写有关项目。然后,竞争对手会逐个被拒绝淘汰,最后客户与成功的竞标者签订协议合同。

保险公司确定投标价格时着重考虑的是竞争者的报价而不是本公司的成本。但是,既要实现一定的利润,又要有一定的中标率,这两个因素的作用是相反的,报价越高,则利润就越高,但是中标率就越低。

正常情况下,在竞标之前,保险公司应该测算在不同价格条件下可获得的利润水平,并根据竞争者的历史资料来预测在这次竞标中对手可能提供的报价,从而判断每个价格水平的中标概率,然后以最大的期望利润作为决策的依据。

第三节 健康保险产品定价策略

健康保险产品定价策略是健康保险营销组合策略中最重要、最活跃的策略,与其他组合策略存在相互依存、相互制约的关系。因此,保险公司在制订保险定价策略时必须遵循这样的原则:围绕健康保险营销的总目标,以大数法则和概率论为依据,使制订的保险价格既有利于健康保险消费者,又有利于保险企业。

健康保险定价策略为保险企业的经营提供明确方向，是企业确定整体营销策略时考虑的一项重要内容。健康保险定价策略一般包括以下四种。

一、低定价策略

低定价策略是指以低于原价格的水平而确定保险定价的策略。这种定价策略主要是为了迅速占领保险市场，打开新险种的销路，更多地吸引保险资金，为保险公司资金运用创造条件。保险公司在实行低定价策略时，要严格控制在小范围内使用。因为使用不当，会导致保险公司降低或丧失偿付能力，最终损害被保险公司的利益。正确使用低定价策略应考虑保险产品的具体情况，通常保险险种应该是与人们生活密切相关的，服务于家庭或个人的险种，如家庭财产保险和人寿保险；或者保险验种应该是政府或社会极为关注的。实行低定价策略，保险公司既要从自身利益出发，考虑到保险验种的促销作用；又要考虑公司的社会效益。实行低定价策略，要建立在提高管理效率、加强成本与管理费用的控制、降低保险推销成本的基础之上。实行低定价策略，是保险公司在保险市场进行竞争的手段之一，但是如果过分使用低定价策略，就会损害保险公司的信誉，导致在竞争中失败。

二、高定价策略

高定价策略是指以高于原价格水平而确定保险定价的策略。保险公司实行高定价策略时，一般是因为某些保险标的风险程度太高，尽管对保险有需求，但保险公司都不愿意经营；或者是因为健康保验消费者有选择地投保某部分风险程度高的保险标的，或者是保险需求过剩等等。实行高定价策略，保险公司可以以高定价获得高额利润，有利于提高自身的经济效益，同时也可以利用高定价拒绝高风险项目的投保，有利于自身经营的稳定性。但是，保险公司要谨慎使用高定价策略。保险价格过高，会使健康保险消费者支付保险费的负担加重而不利于开拓保险市场；同时，定价高，利润大，极容易诱发激烈竞争。因此，保险企业在运用高定价策略时，应根据“价格易跌不易涨”的道理，先高后低，当竞争者大量拥入后，及时调整保险定价。

三、优惠定价策略

优惠定价策略是指保险公司在现有价格的基础上，根据营销需要给健康保险消费者以折扣与定价优惠的策略。运用优惠定价策略的目的是保险公司为了刺激健康保险消费者大量投保、长期投保，及时交付保险费和加强安全工作，提高市场占有率。保险公司经常采用的优惠定价策略主要有以下几种。

（一）统保优惠定价

如果某个地区或某个大公司所属的分支机构全部向一家保险公司投保，保险公司可按所交保险费的一定比例给予优惠。例如，某公司为所有员工统一投保一种健康保险，保险公司可少收一定保费。因为统保能为保险公司节省对各个健康保险消费者所花费的营销费用和承保费用，提高工作效率。

（二）趸交保费优惠定价

在长期健康保险中，如果健康保险消费者采取趸交方式，一次交清全部保险费，保险公司也可给予优惠。因为这样做减少了保险公司按月、按季或按年收取保险费的工作量。

（三）安全防范优惠定价

根据保险条款规定，保险公司对于那些安全措施完善、安全防灾工作卓有成效的企业也可以给予一定安全费返还，即按保费的一定比例给予。

（四）免交或减付保险费

在健康保险中，有些险种规定，如果健康保险消费者在保险期限中途丧失交保费的能力，保险公司允许免交末期保险费或减少保险费的数额，而保险合同可继续有效。

四、差异定价策略

差异定价策略包括地理差异、险种差异。

（一）地理差异

地理差异是指保险公司对同一保险标的在不同地区采取不同的保险定价的一种策略。

（二）险种差异

每个险种的保险定价标准、计算方法都有一定的差异，但保险公司在实务中常将一些不同险种组合在一起，以满足不同健康保险消费者的需要。因此，保险公司要对险种组合的多种定价进行必要的调整，使其符合市场需求和竞争需要。调整保险定价的具体做法有：第一，如果在同一险种中，保险标的的风险相近而保险定价相差较大的，对定价要作出相应调整，使其保险定价也相近或相同。第二，如果在一个险种组合中，其中某个保险险种的风险发生显著变化，应及时调整该险种的保险定价，即保险定价应反映出该险种风险的变化情况。

第四节　健康保险定价调整策略

保险企业在健康保险定价后，在具体执行过程中，还要根据实际情况进行适当的调整，使保险价格更趋合理。此外，保险定价的调整也会给健康保险消费者和竞争者带来一定的影响。

一、保险定价的调整策略

保险企业调整保险价格的策略有：保险心理策略、促销策略、竞争策略等。

（一）保险心理策略

这是根据保险消费者购买保险时的心理对险种的价格进行调整，使之成为消费者可接受的保险价格。例如，利用保险公司良好的信誉和强大的实力来调整保险价格，这也称为声望调价。尤其像保险这种不易鉴别质量的商品，消费者只有靠这种崇尚信誉的心理来识别，因此，即使调高价格，也会吸引消费者的注意力。

（二）促销策略

这是针对不同消费者的需求和不同竞争者的策略，保险公司要适当调整保险定价，以利促销。常用的方法有：普遍下调保险定价和调整个别险种的保险定价。普遍下调价格，实际上是采用薄利多销的方法来争取更多的客户以获取整体保险费的增长，同时还可以提高保险公司的市场占有率。但是要注意如果保险公司的规模较小，资金实力不强，不要轻易采取这种策略。对个别险种价格的调整，是为了适应保险标的的风险情况、需求情况和市场竞争情况的变化。

（三）竞争策略

这是在保险定价的问题上，依据我国保险监督管理委员会的限制，不允许保险公司对一些主要险种随意降低保险价格，同时也规定了保险价格浮动的幅度不得超过30%。因此，保险公司在竞争中，只能对那些主要险种的保险价格进行调整。保险公司在调整价格时采取的策略主要有以下几种。

1. 与竞争者同时进行调整

当获悉竞争对手要下调保险价格时，保险公司应立即研究对策，调整价格。根据保险公司的具体情况，可以将价格调整到与竞争者同一幅度或不同幅度，以确保自己在保险市场上占有的份额。

2. 保持价格不变

虽然竞争者已调整了价格，但是本保险公司保持原来的保险价格不变，以这种策略来维护保险企业的声誉和形象，并可以获得较高的利润。

3. 采取跟随策略

当知道竞争者调整保险价格时，先不急于调整本保险公司的保险价格，静观其变。如果竞争者调整后的价格，对本保险公司造成威胁，保险公司要考虑跟随竞争者调整相关的价格；如果竞争者调整价格后，对市场的影响不大，本保险公司可不调整价格。

二、调整价格带来的影响

调整保险价格既会给健康保险消费者带来一定的影响，也会对中介人和保险公司产生一定的影响。

（一）对健康保险消费者的影响

健康保险消费者（包括准健康保险消费者）对保险价格调整的反应，在很大程度上影响着保险的销售量。例如，我国在1997年年底，在保险公司调整保险价格前的一周内，许多顾客了解到保险价格将要上调，蜂拥而至到保险公司购买保险，形成了前所未有的购买保险热潮，保险销售量急剧上升。不过，总的来说，健康保险消费者对保险价格调整的反应是很复杂的：价格下降，保险销售量一般会上升。而实际上健康保险消费者，特别是理性的健康保险消费者会认为购买该险种意义不大，因为没有什么风险损失；或者认为保险公司的服务质量差，投保不方便；或者认为保险价格还会下降，等过一段时间再购买，等等。价格上调，保险销售量理应减少，但是健康保险消费者会认为购买该险种确实有利，符合自己的消费心理和实际需求，也会踊跃购买。可见，调整保险价格对健康保险消费者会产生许多影响，保险公司应对险种及价格作出相应改变，以适应健康保险消费者心理需求和市场变化。

（二）对中介人的影响

保险代理人和保险经纪人在保险价格调整之时也会产生许多想法。因为调整保险价格可能使保险销售情况发生变化，而保险代理人和经纪人的收入依赖保险销售量高低。如果保险价格的调整促进了保险销售，则保险代理人和经纪人的积极性会大增；反之，如果保险价格的调整阻碍了保险销售，则会挫伤保险代理人和经纪人的积极性。例如，近两年来，我国的健康保险价格受到银行利率下调的影响，频繁调整，当保险价格高于银行利率时，健康保险消费者积极购买保险，使得保险销售量上升，这时保险代理人的收入急剧增加，许多人都会涌入保险代理这个行业；当保险价格与银行利率持平时，健康保险消费者的资金大部分就流向了银行、证券和其他方面，保险销售量明显下滑，保险代理人也会受到影响而离开保险代理行业。当然保险代理人和经纪人为了扩大市场占有率和市场销售总额，也会有希望保险价格下调的时候。总之，无论保险价格是下调或上扬，都会给保险代理人与经纪人带来显著的影响，保险企业应了解保险代理人和经纪人对保险价格调整的心理状态，及时把握市场脉搏，做好保险价格调整的宣传工作。

（三）对健康保险同业的影响

保险公司在研究调整保险价格问题时，还必须预测同行业其他保险公司的反应。如果保险公司面对几个竞争对手，还要分析每个竞争对手可能产生的反应。如果所有竞争者的反应相似，在进行分析时，只要分析一个典型的竞争者即可；如果竞争对手的规模、市场占有率和营销策略存在较大差异，它们各自持有不同的态度，那就要进行逐个分析，预测它们可能采取的对策。保险公司如何预测竞争对手可能作出的反应呢？如果面对一个强大的竞争对手，保险公司可从两个方面预测竞争对手的反应：一方面假设竞争对手做出与本公司相同的保险价格调整；另一方面是假设竞争对手根据自身的情况做出相应的保险价格调整。如果竞争对手的目标是取得较高的市场占有率，它可能很快进行相应的价格调整；如果其目标是想获得较高的利润，它可能不急于调整保险价格，而是采取增加广告开支、提高服务水平等策略。

1. 试述保险定价的基本原则。
2. 说明保险费率的构成要素。
3. 影响保险定价的主要因素有哪些？
4. 保险定价常采用的策略是什么？

【案例】

附加险续保留心“年龄指标”

46岁的高先生从保险公司购买了一款长期寿险产品，并附加了医疗费用附加险。这几年来，高先生一直按时缴费，保险公司也如约扣款。高先生与往年一样，如期将保费存入指定银行账号，但不久后发现保险公司只扣取了纯险保费，而附加险却未扣款成功。

高先生赶忙联系保险公司，却被告知由于附加险缴费金额不足，不能办理续保。“我不是按期将附加险的保费存入保险公司指定的银行账号了吗？为什么就不能续保了呢？”高先生表示不满。

保险公司客服部相关负责人表示，附加险一般都属于一年期的短险，保费也一年一缴，且需要每年续保。保险公司承诺保证续保，但会保留调整保费的权利。

据了解，高先生的附加医疗险有5年的保证续保期间。根据《健康险管理办法》，保证续保条款是指在前一保险期届满后，健康保险消费者提出续保申请，保险公司必须按照约定费率和原条款继续承保的合同约定。因此，在这5年内，高先生只要每年如期缴纳所需的保费，不管之前是否发生过保险事故，附加险都将延续有效1年。

但根据附加医疗险的保单合同，即使在这段时期内，续保的保费也要根据被保险公司年龄段的增加而做调整，一般以10年为一个划分区间，如30~39岁、40~49岁，调整后保费增加的具体金额，在附加险的保单上都详细列出。

相关人士从该保险公司了解到，高先生在初次投保时年龄为46岁，而今年续保时年龄正好已满50。按照保险合同的约定，高先生就不能再以原来相同的保费金额继续续保了。

保险公司客服部负责人说：“我们对于不能按原条件续保的客户一般都会提前通知，通常是以邮件投递的形式；对于无法投递到的客户，将会转用电话联系。”高先生没有收到保险公司的相关通知是因为在 1 年半前因为拆迁搬过家，但他并没有将新的住址及时告知保险公司。

据介绍，当前市面上的医疗附加险大致可分为两类：一是保险公司保证按既定保险费率续保，健康保险消费者只要如期缴纳保费，附加险就继续有效。这类附加险一般都在保单条款中注明“健康保险消费者只要在每个保险期间届满时，向本公司缴纳续保保险费，则本附加合同将延续有效 1 年”。二是不保证续保型。这种附加险在每一个保单有效期结束时，如果健康保险消费者想要继续投保，都必须先向保险公司提出书面申请，经保险公司核保同意后，方可续保。

因此，专家提醒保险消费者在投保附加险时必须看清合同，了解清楚该附加险是否可以保证续保，可保证续保的时间期限，续保保费根据被保险公司年龄所做调整及调整的年度划分区间等重要项目。

资料来源：中华保险网 http://www.china-insurance.com/

思考：健康保险纯保费与附加保费的作用及缴纳方式的异同。

提示：保险费一般由纯保费和附加保费两部分构成。其中纯保费是保险保费的主要部分，附加保费是次要部分。

拓展阅读

健康保险迎来史无前例的政策“窗口期”

最近，国家层面出台了新的保险业“国十条”，其中不少内容与商业健康保险业的发展相关。业界认为，健康保险迎来了史无前例的政策“窗口期”。多家保险企业借政策东风加快抢占健康保险市场，推出了多种针对不同客户需求的健康保险产品。

中国人民健康保险股份有限公司总裁宋福兴说，“健康保险的春天来了”。政策助力健康保险快跑，业内人士认为，新的保险业“国十条”之后，商业健康保险面临前所未有的机遇，健康保险公司之间的差异化竞争将带动整个健康产业升级。

在这一有望撬动经济发展的“蓝海”里，政府、保险公司、市场、医院及民众是否做好了迎接健康保险的准备呢？

（一）健康保险的市场空间有多大

2014 年上半年，全国商业健康保险保费收入为 892.9 亿元，同比增长 52.3%；保险业参与各类医保项目经办，覆盖人口 2.9 亿人；13 家保险公司已在全国 26 个省区市 260 个统筹地区开展了城乡居民大病保险，覆盖人口 4.7 亿人，实现保费 91 亿元。

在日前一场关于社保的研讨会上，中国社会科学院副院长蔡昉表示，自 20 世纪 70 年代实施改革开放政策以来，中国人口结构的转变与空前的经济发展速度同样引人瞩目。中国不仅在经济规模和生活水平方面，而且在人口年龄结构方面与发达国家越来越接近。与发达国家相比，中国在一个非常短的时期内完成了由人口快速增长阶段向人口老龄化阶段的转变。

中国人口结构转变的情况引发了两个研究主题。第一，中国作为近年来进入人口老龄化的国家，可以向日本、韩国等早已开启老龄化进程的国家汲取许多经验。第二，由于中国具有“未富先老”的特征，因此在进行比较研究的时候，中国这个案例往往显得特殊和引人注目。根据联合国的数据，2010 年中国超过 60 岁的人口占比为 12.3%，然而在其他发展中国家这个比例只有 7.5%。也就是说，中国不仅面临着发展中国家面临的问题，也同样需要应对老龄化这种发达国家需要面对的挑战。

除了人口老龄化,城镇化正加速发展,疾病谱也在发生深刻变化,民众个性化和多样化的健康需求在增长。目前,我国健康保险市场中,有近100家保险公司开展了商业健康保险业务,备案销售的产品达2200多件。2009年至今,商业健康保险累计支付赔款超过2100亿元。

但总体来看,我国商业健康保险发展与人民群众的健康保障需求仍存在较大差距。我国商业健康保险保费在总保费中的占比不足7%,而成熟市场一般在20%~30%;健康保险支出在医疗卫生费用总支出中占比不足2%,而发达国家一般在10%左右。例如,以法定(社会)医疗保险为主要保障手段的德国,2012年商业健康保险保费在总保费中占比约为20%,赔付支出在医疗费用中的占比为10%左右;以商业健康保险为主要保障手段的美国,商业健康保险是规模最大的保险业务板块,2012年商业健康保险保费在总保费中占比约为37%,赔付支出在医疗费用中的占比达到35%以上。

宋福兴从不同角度对2020年商业健康保险发展情况进行了初步测算。

第一种情况,按商业健康保险保费在保险业中的占比15%~20%测算,2020年商业健康保险保费将达到7500亿~1万亿元。

第二种情况,按年均增速30%测算,2020年商业健康保险保费将达到7000亿元左右。

第三种情况,2013年我国医疗卫生总费用3.17万亿元,按照15%~20%的年均增速测算,2020年将达到8万亿~10万亿元。若商业健康保险支出在医疗卫生总费用的占比达到10%,2020年我国商业健康保险保费为8000亿~1万亿元。

第四种情况,国务院去年发布了《关于促进健康服务业发展的若干意见》,提出到2020年健康服务业总规模达到8万亿元以上。如商业健康保险在健康服务业中的占比达到10%左右,2020年保费规模将达到8000亿元。

综合以上四种情景,预计未来一段时期,商业健康保险将继续在行业保持活力最强、增速最快的板块,逐步缩小与财险、寿险的差距,到2020年我国商业健康保险保费有望达到7000亿~1万亿元,成为与财险、寿险并列的三大业务板块之一。

(二)为什么需要健康保险

中央财经大学保险学院院长郝演苏告诉中国青年报记者,现在基本医保在解决职工看病难方面遇到了很大的瓶颈,所以要走补充保障的方式,完善保障体系。基本医保仍然存在,但基本的额度是有限的。商业健康保险是政府提供的一种制度安排,补充部分主要由保险公司来做。

郝演苏表示,现有的医保体制会导致一种懒惰和浪费。国家提倡要加大商业保险的补充力度。地方政府拿出基本医疗支出的结余部分在市场上购买补充保险增加保障额度,就是政府掏钱给基本的保障客户购买补充保障。对于商业保险,一是个人可以买任何险种,选择空间较大,还有一种是政府来帮助老百姓购买,主要针对大病,因为大病的开支很高。按照"新国十条"的做法,政府要利用保险作为一个调节社会关系的工具。政府采购是给享受基本保障的人群。

同时,针对基本医疗保障不足的部分政府统一帮助购买补充保险。购买补充保险的类型非常简单,主要针对大病,不考虑护理、康复、疗养等其他方面。随着社会的发展,市场的发展,基本医疗已经不能够满足老百姓针对大病的相关需要了。

此举的优势显而易见:一方面节约了政府的财政支出,同时又保证了医疗救助的效率。因为既然买了保险,那么保险公司要参与其中监控,防止小病大治,防止医疗费用浪费。

“市场对医疗保险这块的关注度非常大，曾经有两位总理都作了批示，买保险时，百姓最关注的一个是养老，一个就是健康。”郝演苏说。健康的范畴很大，包括治病也包括养病。

（三）如何迎接健康保险

南京大学教授林闽钢介绍，发达国家和地区的经验表明，以社会保险为基本内容的社会保障主要关注的是国家与劳动力市场的关系，关注的是劳动力市场正规劳动者的收入补偿和经济福利。在福利国家发展的早期阶段，社会政策的重点是各类社会保险和各种收入维持项目。随着福利国家的发展，社会服务的内容日益增加，高水平和高质量的社会服务已成为当代福利国家的一个最突出的特征，以收入保障为基本内容的经济福利和以社会需要为导向的社会服务是当代社会保障的两大基本内容。

改革开放以来，为了配合市场经济体制的建立，我国重点发展了以社会保险为核心内容的社会保障。同时明确提出我国社会保障体系是“以社会保险、社会救助、社会福利为基础，以基本养老、基本医疗、最低生活保障制度为重点，以慈善事业、商业保险为补充”，由此，可以看到社会服务的基础性作用还没有得到足够的重视，社会服务缺乏、社会服务覆盖面小等问题，已不能适应我国社会保障多层次发展的需要。

那么健康保险的到来需要做好哪些准备呢？

中国人民健康保险股份有限公司总经理邱彬介绍，目前公司的员工中，医疗专业的人才占比最高，达到30%～40%，其次，还需要与政府合作的管理人才及信息技术、系统探索和定价的人才。

保险公司自身的人才保障之后，在保险意识普遍不高的情况下，民众会否买账？

邱彬说，一方面，商业保险公司需要开发满足老百姓不同需求的产品来吸引他们；另一方面，需要政府提供持续的税收优惠，从供给来推动需求。

首先，在丰富健康管理服务产品方面，可以开发涵盖预防、诊疗、康复、护理等各环节的健康管理服务产品，并进行灵活组合。其次，商业保险公司可以快速搭建全国性的第三方合作服务网络。逐步探索建立境外优质医疗服务网络。在体检网络方面，建立能够实现体检预约、体检报告深度解析和一对一解答、配套健康管理服务等功能的体检服务网络。在健康促进及相关产品供应网络方面，与重点拓展的健康管理服务项目相配套，筛选优质的健康咨询和客户呼叫、慢性病管理、减肥健身等服务提供商，为公司外购相关服务和产品构建稳定、高效的供应链条。

资料来源：中国青年报．2014-10-13

第十一章

健康保险分销策略

分销是保险公司实现健康保险产品销售的重要途径。保险公司应当根据不同的市场环境和公司自身的条件选择不同的分销策略。本章从保险分销渠道入手,分析健康保险分销渠道特征、类型及健康保险分销渠道的步骤,最后重点探讨了我国健康保险分销模式。

第一节　健康保险分销渠道

一、保险分销渠道概述

（一）保险分销渠道概念

在现代经济社会中,绝大多数的生产企业不是将其产品直接销售给用户或消费者,而是通过一系列的中间商,实现产品在生产者和消费者之间的转移,产品转移所经过的路线构成分销渠道。保险公司经营的是保险这种特殊的无形产品,保险产品的特殊性决定了保险产品的销售更需要发达的保险分销渠道。保险分销渠道是指保险产品从保险公司向保险消费者转移时所经过的路线和环节,即保险产品从保险公司转移至消费者的过程中所有帮助转移的组织和个人。

理解保险分销渠道应把握以下几点:

(1) 在保险分销渠道中,保险产品从保险公司向消费者的转移运动是以保险产品所有权的转移为前提的。

在特殊情况下,保险公司可能将险种直接销售给消费者,即一次转移。但在大多数情况下,保险产品从保险公司转移给消费者要经过保险中间商进行多次转移。

(2) 保险分销渠道的起点是保险公司,其终点是保险消费者。

(3) 保险分销渠道的环节是那些参与或帮助保险产品转移的组织和个人的集合,包括所有为保险买卖双方提供服务的保险中间商,如保险代理人和保险经纪人。

从保险公司到最终的保险消费者之间的任何一组和保险产品转移相关并相互依存、相互关联的中间机构都可成为一条分销渠道。

（二）保险分销渠道存在的必要性

随着经济的发展,社会分工的逐渐细化,大多数产品都是经过市场营销渠道,由中间商经手而从生产者流向消费者的。保险产品也不例外,也需要借助分销渠道。并且,由于保险产品是复杂的金融产品,是无形的产品,因此对分销渠道的依赖性就显得更为突出。保险分销渠道的存在具有一定的必要性。

1. 保险产品的复杂性需要专业中介

保险产品是一种极其复杂的产品，消费者非常需要在中介的帮助下选择和购买保险产品。这就是当初产生保险中介的原因。尤其在财产保险的领域内，由于财产保险涉及许多方面的专业知识，如建筑、机动车辆、各种领域的专业技术等，消费者更加需要保险中介的帮助来设计保险计划，比较保险价格，进行保险产品的购买等。而在寿险领域，消费者缺乏相关的金融知识，比较难以理解保险产品中的复杂设计，如保费的缴纳时间和方式、资金的偿还时间和方式等，所以需要保险代理人的详细解释和服务。

2. 社会分工细化的必然结果

保险中介的存在是社会分工细化的结果。保险公司所从事的业务通常包括保险产品设计、销售、理赔、消费者服务等几个环节。其中保险中介参与的是保险产品的销售这一环节。保险公司把生产过程中的销售环节进行外包之后，更加可以集中力量来进行保险产品的开发创新了。而保险产品满足消费者需要的程度、保险产品的数量和质量等才是保险公司实力的真正体现。现在，有些保险公司甚至也让保险中介参与到市场营销、消费者服务、理赔等一些环节的工作，而自己则集中力量进行保险产品的开发，承担消费者转移来的风险。这种社会化分工的细化是经济发展的必然结果。

3. 专业化分工降低成本

社会化分工使得各行各业更加专业化，而这一专业化的结果就是保险中介更加谙熟这一领域的各种技巧，并使得各种销售成本降低。例如，如果保险公司要自己开发销售渠道，在各个主要的地区建立分支机构，那么就必须雇用大量的人员，同时还要发生办公费用、通讯费用、广告费用等其他销售费用。而如果保险公司把自己的销售业务外包给当地的保险中介，那么保险中介所产生的销售费用是在该保险中介的所有业务之间进行分摊。由于保险公司外包的业务只是该保险中介的一部分业务，因此该保险公司所承担的销售费用就大大小于自己建立分支机构的费用。保险中介由于进行了规模化经营，所产生的销售费用相对而言则更低。特别是对于一些刚刚开业、规模比较小的保险公司，他们往往还没有能力开拓建立自己的营销渠道，因此把保险销售业务进行外包可以节约成本，并在短时间内借助保险中介的渠道立即开始销售。

4. 专业化分工提高效率

专业化的分工使保险中介成为了保险销售方面的专家。他们对这一领域的各种情况非常熟悉。他们的接触面广，经验丰富，可以从两个方面提高保险产品的销售效率。

其一，是以专业化的知识提高销售效率。正如我们前面所说的一样，保险产品是一种复杂的金融产品，是一种无形的服务。销售人员在进行销售时必须熟悉保险产品的相关知识。除此之外，他们还必须具备与消费者进行沟通的能力。保险中介由于长期从事这方面的工作，他们熟悉保险产品，也熟悉消费者，有着较为广泛的消费者资源，因此能够更加高速地开展保险销售工作。

其二，中间商给消费者提供了选择和比较保险产品的机会，减少了销售的工作量。正如我们要购买一台彩色电视机一样，如果没有商场，那么消费者必须到各厂家的销售点去一一了解产品的信息。这样会浪费大量的时间，效率极低。但是有了商场这个中介之后，消费者只需要到商场一次就能够了解所有彩电的信息。保险中介在保险市场中也能起到商场的作用，他们可以为消费者提供多个保险公司的产品，消费者可以在保险中介这个商场中方便地比较各家保险公司的产品，从而根据自己的需要做出选择。保险中介的存在减少了销售的工作量，它为撮合供给和需要提供了便利的条件，并承担着重要的角色。

（三）保险分销渠道的功能

保险分销渠道作为保险公司与保险消费者之间的桥梁，它消除和克服了保险公司与消费者在时间、地点等方面的各种矛盾，为保险公司与保险消费者之间的沟通起到了非常重要的作用。保险分销渠道所承担的主要功能有销售产品、信息沟通和资金融通等。

1. 销售保险产品

销售保险产品是保险分销渠道的主要功能。通常,分销渠道成员承担保险销售任务。保险公司也往往乐意让分销渠道成员来实现这一功能,从而更为集中地进行保险产品的开发创新和理赔等其他业务。并且,由于分销渠道成员具有比较丰富的专业知识、收集消费者信息的便利等独到的优势,常常比保险公司干得更为出色。特别在人寿保险领域,大多数分销渠道成员发挥了更为积极的作用。

分销渠道成员为了完成保险产品的销售功能,由此而派生出了其他几项功能:促销、寻找消费者、保险方案设计、销售等。分销渠道成员要利用各种可能利用的渠道,通过各种生动形象的宣传,传播保险产品的信息,从而实现促销的目的。并且,分销渠道成员要主动寻找潜在的保险产品的购买者,并与其保持联系和沟通。然后,分销渠道成员还要根据消费者的需要设计保险方案,并对保险产品进行组合,包括险种的组合和保险金额的组合,从而最大程度地满足消费者的需要。最后,分销渠道成员要完成保险产品生产过程中的最后一个环节——销售,他们或者作为中介促成保险公司与消费者签订保险合同,或者代表保险公司签订保险合同。

2. 信息沟通

分销渠道成员处于保险公司和保险消费者之间的中间地位,具有桥梁的作用。因此分销渠道成员必须收集和传递在营销环节中各种力量和因素变动的信息,并且进行分析、研究和整理,以便于保险公司的规划、发展和促成交易。

分销渠道成员与消费者保持着经常性的联系和接触,他们最清楚保险消费者的需求及其变化。并且,他们站在保险市场的最前沿,时刻了解着销售量的变化、销售形势的发展等各种瞬息万变的市场信息。因此,他们肩负着信息沟通的重任,把市场的变化情况及时反馈给保险公司,并把保险公司的最新发展传递给消费者。如果没有分销渠道成员的信息沟通,保险公司就如同失去了眼睛一样。

3. 资金融通

分销渠道成员因为实施着上述功能而具有相应的回报——佣金。佣金制度使保险公司与分销渠道成员在资金方面有着某种形式的联系,佣金的给付时间和给付金额的设定使保险公司与分销渠道成员之间能够进行资金的融通,以支付在销售中所发生的各项开支。例如,当保险公司的资金比较紧张时,延缓给付佣金的时间或者降低给付的金额,分销渠道成员暂时垫付一定的销售费用,就可以使保险公司的资金得以融通。实际上,由于佣金的给付具有一定的延迟,分销渠道成员实际上已经承担了一定的销售费用。或者,当分销渠道成员代替保险公司收取首期保费时,由于将保费返还给保险公司也具有一定的延迟,分销渠道成员实际上占用了一部分保险公司的资金。因此,保险公司与分销渠道成员在资金上的关系使得他们能够互相进行资金的融通。

二、健康保险分销渠道特点

健康保险与其他保险相比有着突出的特点,如健康保险承保标准和审查条件严格、成本分摊复杂、费率精算困难等。由于保险产品的区别,与之相对应的销售过程也具有独有的特征,因此,分销渠道必须适应健康保险的特点,才能更加有效地拓展市场,在市场竞争中占据主动地位。具体来说,健康保险的分销特点有以下几个方面。

(一)专业性强

在健康保险的分销过程中,对于分销人员在医疗、疾病、健康保健等方面的知识有比较高的要求。除此之外,在分销过程中,消费者需要了解保险产品能够提供的保障范围,包括药品目录、医疗项目、健康服务项目等,因此,对于分销人员的要求更高。这一专业化的要求对健康险产品的分销渠道提出了新的要求。

（二）健康管理与服务要求高

健康保险消费者购买健康险的目的与寿险不同，购买寿险的目的是在事故发生后得到合约规定的赔付，购买健康险（特别是医疗险）的目的是在事故发生后有能力、有条件得到及时、良好的诊治。因此对健康险渠道体系的要求就不能仅仅满足于销售过程和事后给消费者理赔，还应该考虑帮助消费者得到及时、正确的治疗，甚至扩展到帮助消费者减少患病的方面。这一特点就要求健康保险渠道应能够满足健康管理、健康服务的要求，实现产品销售与消费者服务之间的无缝连接。

（三）赔付率高

健康保险以往都是由寿险公司经营，根据寿险公司的统计，健康险产品的赔付率很高，有的产品达到 80% 以上。对于赔付率高的产品，无疑对成本控制的要求也越高。因此，在对健康保险的分销中，对于销售成本有更苛刻的要求，这就限制了对一些分销渠道的使用。

（四）发生赔付事件频率高

相对于寿险，健康险产品发生赔付事件的频率要高很多，医疗险有保险事故发生频率高、每次赔付金额相对于寿险要小的特点，因此，在工作流程上要考虑如何更加方便消费者，如多种途径报案、自动理算、赔付款可直接打入消费者账户、不必亲自上门等，随着外部条件的成熟，还将实现出院前理赔，保险公司直接与医院结算等。这些特点要求分销渠道应能够实现以消费者需求为中心，通过现代化手段实现各个环节中信息网络的畅通。

三、健康保险分销渠道类型

（一）直接分销渠道与间接分销渠道

在现代健康保险营销活动中，健康保险产品分销渠道的模式很多，一般按照渠道中有无中间商参与划分为直接分销渠道和间接分销渠道两类。

1. 直接分销渠道

直接分销渠道是指健康保险公司通过其员工直接上门把保险产品推销给消费者，并无任何中介机构的介入，是直接实现保险产品销售活动的一种方式，又称为保险直销。主要方式有：上门销售、网上销售、电话销售、邮寄销售等。这种方式较为适合实力雄厚、地区分布均衡、分支机构健全的保险公司。在那些保险代理制、经纪人制不发达的国家里，它仍是保险营销的主要渠道。

2. 间接分销渠道

间接分销渠道又叫中间商制，是指利用保险代理人和保险经纪人等中介机构推销保险产品的方法。这里的中间商虽然也是中间商的一种，但他又不同于其他行业的中间商，他不发生任何所有权转移的问题，中间商只是或代办或推销或提供专门技术服务等各种保险活动，从而协助或促成保险经济关系的发生。在现代保险市场中，无论是实力有限的小保险商，还是实力雄厚的大保险商，单单依靠自己的业务人员和分支机构进行保险营销是远远不够的，也是不经济的。因此，保险公司依靠自身的专业人员进行直销的同时，更应广泛地利用中间商进行间接营销，这也是成熟的保险市场具有的特征之一。

间接分销渠道以多种形式存在，主要包括代理人、经纪人、银行代理、兼业代理等。他们不像直接分销渠道那样易于控制，然而间接分销渠道的建立仍然是有价值的，因为他们能够在相对较低的成本前提下完成销售任务，并极大地扩大公司对新市场的渗透力，赢得更多的消费者。

（二）宽渠道与窄渠道

在间接分销渠道中，按照保险公司在同一代理层次上并列使用中介机构的多少，健康保险公司的分销渠道可分为宽渠道和窄渠道。

1. 宽渠道

宽渠道是指保险公司使用同类的保险中介机构很多，分销面较广，一般每层次上并列使用两个及两个以上中介机构。一般健康保险公司多采用宽渠道销售，同时启动代理机构进行分销，因为与消费者能广泛接触，这种分销渠道能大量地销售保险产品。

2. 窄渠道

窄渠道是指保险公司使用同类的保险中介机构很少，分销面较窄，一般每层次上仅使用一个中介机构。一般财产保险公司在成立之初都采用窄渠道销售，主要使用本单位员工进行业务销售。

对于保险公司来说，中介机构横向环节越多，控制越困难，而且费用增加，所以要尽量减少不必要的环节。

（三）单一分销渠道与复式分销渠道

按照采用分销渠道类型的多少，又可以细分为单一分销渠道与多层次分销渠道。

1. 单一分销渠道

单一分销渠道是在一定市场上仅仅通过一种分销渠道来推销保险产品。该保险产品往往购买频率低，使用时间长，一般需要销售人员提供特别服务。

2. 复式分销渠道

很多公司利用复式分销渠道进入不同的目标市场。复式分销是通过两种或两种以上分销渠道来推销保险产品的。例如，一家同时销售个人和团体保险产品的公司就可以这样做，一方面它通过保险代理人分销个人保险产品，而另一方面它通过保险经纪人分销团体保险产品。再例如，一家公司可在通过代理制分销一些产品的同时还通过直接分销体系推销另一些产品。在实行复式分销体系前，保险公司必须认真考虑此行为对保险公司和中间商关系的潜在影响。

第二节　健康保险分销渠道设计

一、影响健康保险分销渠道设计的因素

影响健康保险分销渠道设计的主要因素有以下几方面。

（一）消费者特征

对于一家健康保险公司来说，设计其分销渠道主要取决于目标市场中消费者的特征。因为分销的目的就是使产品从生产者转向消费者，所以设计保险分销渠道主要考虑满足消费者的需求。影响分销渠道设计的消费者特征主要包括：目标市场中消费者数量；目标市场中消费者类型；消费者为何喜欢购买该保险产品；消费者需求的复杂性；消费者购买保险产品的时间、频率、地点；消费者所购买保险产品的类型、价值。

有些小企业所有者集中在那些易于与保险公司代理人接触的地区，有大量的家庭购买者分散在不易于与保险公司外勤人员接触的地区，前者所需的分销体系与后者不同。一些消费者喜欢从一个代理人那里购买所有需要的保险产品；另一些人喜欢“货比三家”择优购买；还有一些人喜欢通过邮寄广告而不喜欢从中间商那儿购买产品。如果在一个目标市场上每种类别的消费者都有相当的数

量,保险公司应采用多种分销渠道以满足不同消费者的不同偏好。

（二）产品特征

特定产品和产品组合特征也是影响保险公司确定分销渠道的主要因素。一些产品采用一种销售方式比另一种销售方式更合适。例如,相对复杂的保险产品,如终身寿险更适于利用代理人、经纪人和其他销售中介的个人销售分销体系推销。相对简便的保险产品,如定期寿险,则可利用直接分销体系推销。

如果一个新产品通过现有分销渠道不能够顺利地销售出去,则可以加入或建立新的分销渠道。如果保险公司希望这种产品赢得消费者的兴趣并具备竞争力,那么保险公司当然会想让其快速被认可。既然建立新的分销渠道需要几年时间且要花费一定投资,因此利用现有的分销渠道不失为一种最好的选择。

（三）营销环境

营销环境也是影响分销渠道设计的一个主要因素。随着经济状况的改善或恶化、技术进步、竞争加剧、法制和社会环境的变化,一种分销渠道结构的优势可能丧失。例如,假设一项有关开拓老年居民医疗附加险市场的法案被通过,保险公司获准开发这一险种,但其现有分销渠道对人口年龄在30~50岁以外的市场经验不足。这时保险公司很可能会通过直接分销体系或利用擅长老年居民市场并有医疗附加险产品销售经验的总代理人来推销其保险产品。金融服务不断发展变化,保险公司不仅重视产品和市场,更加重视其现有和潜在的分销渠道,随着营销环境的变化,营销环境中的最佳分销渠道也会相应变化。

（四）公司特征

某一保险公司的自身特征也会影响其分销渠道的设计。这些特征包括:公司的人员、技术、经济实力、经营任务、经营目标、经营动机、企业文化、营销理论、销售经验及现行销售方式等。

各种分销渠道的运营成本对分销渠道选择有重大影响。一些分销渠道的运作(如公司自营销售方式)需要大量的财力和时间来维持和提高其水准。新成立的保险公司和规模较小的公司一般没有足够的财力和人力来实施这种分销渠道,因此他们必须利用独立销售人员或利用更有实力的竞争对手所控制的分销渠道。

但是,保险公司并不总是能通过其选择的分销渠道推销产品。例如,一家保险公司为了使销售中间商加入其销售渠道,首先,它必须能找到这样的中间商。另外,保险公司还必须满足销售中间商在补偿、销售人员水平、产品质量、消费者服务、技术水平、产品销售潜力、销售人员培训和产品更新等方面的要求,无论开发自营销售渠道还是利用独立分销人员,保险公司对销售中间商的激励机制都将对其分销渠道选择产生重大影响。

保险公司的销售任务、经营目的、动机及营销观念也会影响其选择分销渠道。例如,保险公司在管理和协调销售活动中的作用、保险公司对某一分销渠道的投资是多少、保险公司所期望的销售额、利润量及该分销渠道所能达到的市场份额等。保险公司应选择最能全面体现其战略计划的分销渠道,否则,其分销渠道就会与自身发展相抵触。

保险公司对每种分销渠道的经验也影响其分销渠道选择。新分销渠道越接近于原分销渠道,保险公司越容易适应这种分销渠道。因此,保险公司在进行分销渠道选择时,应首先考虑与其现有分销渠道最接近的体系。例如,一家只采用个人销售分销体系的公司要想介入直接分销体系,它就应该首先开发询问邀请体系(保险公司通过在各种媒体上发布广告或者邮寄直销材料来诱发消费者对保险产品的兴趣,感兴趣的消费者会向保险公司询问产品的具体情况,这时接待人员可以对其进行详尽的解答和分析,促使消费者决定购买产品)。这样,相对于签约邀请体系(消费者可根据其通过各种媒介获得的对某保险产品的了解而作出购买决定),询问邀请体系减弱了分销体系变化对保险公司的冲击。

最后,保险公司原有的和现有的分销渠道将影响其未来分销渠道选择。分销决策涉及法律合同的长期委托关系,而且保险公司要投入相当的财力和时间维持与销售人员的良好的合作关系。分销渠道的改变将破坏与消费者之间的关系,破坏收入来源。因此,分销渠道一旦建立,要改变它们需面临很多困难并付出高昂的代价。

(五)控制程度

保险公司对分销渠道和其他销售活动的控制程度也是影响分销渠道设计的重要因素。对直接分销来说,保险公司有最大的管理权限。因此,若保险公司要完全控制销售,则可发展直接分销体系,尽管开发和维持直接分销体系的开销是最大的。直接分销体系包括:上门服务体系、自销体系等。

保险公司为加强对分销渠道的管理,建立了“纵向营销一体化”。一个层次的分销渠道成员控制另一层次的成员称之为纵向营销一体化。这种一体化分为前向一体化和后向一体化。若生产者控制分销渠道,则称为前向一体化。前向一体化使得生产者在分销渠道中更多地控制产品销售。保险公司利用普通代理人或独立代理人销售产品,并把代理处设立为分公司,这种形式即为前向一体化。

相反,销售者在分销渠道中控制生产者的组合称为后向一体化。后向一体化使得销售者在分销渠道中更多地控制产品。代理人成立的自有再保险公司和直接承保公司即为后向一体化。后向一体化在信用保险市场中是很常见的。对于银行、金融公司和其他销售信用保险的机构组建的直接承保专业保险公司来说,其唯一业务就是利用其组建者销售信用保险。保险公司也会与销售者订立合同,该合同赋予保险公司较少权力,但是订立和维持这种协议的花销也小。保险公司的管理权限由合同条款规定,在分销体系中,区分各分销渠道的主要因素在于合同条款。

最后,一些保险公司对其分销渠道不予管理,采用独立销售中间商的保险公司就放弃了对大部分销售活动的管理。但是,保险公司会因无需支付管理费用或直接管理中间商而从中受益。一些保险公司在考虑到产品开发、定价和管理等环节都能有效控制之后,就把销售职能完全交给中间商。保险公司使用的中间商实力越强,他对其监管也就越少。一般来说,采用经纪人分销体系的保险公司对中间商监管最少。

二、健康保险分销渠道的设计

(一)健康保险分销渠道设计的目标

保险公司的渠道规划应围绕健康保险消费者的需求,避免产品导向的销售观念,确保渠道体系建设能够实现以下目标。

1. 保证服务水平和服务质量

通过分销渠道,不但要保证产品销售,还要切实保证为消费者提供服务的水平和质量。同时,根据二八原则,不同渠道的服务对象应区别对待,以确保为团险消费者、重点消费者提供个性化的重点服务,为大众消费者提供标准化的普通服务。

2. 满足覆盖

无论采取何种分销渠道进行销售,要确保消费者能够在适当的时间、适当的地点以适当的价格购买适合产品。

3. 效率最优

要通过多种渠道模式形成互动联合体，确保有限的渠道投入带来最大化的收益。

总之，通过有效的渠道规划，努力使专业保险公司形成相对于竞争对手的差异化竞争优势，保持持续性的领先地位，最终促进专业保险公司战略发展目标的实现。

（二）健康保险分销渠道设计的原则

保险分销渠道的选择是保险公司销售工作中最重要的决策之一。分销渠道的选择是否合理，中间环节的多少是否恰当，会直接影响到保险产品的销售成本，从而会影响到保险产品的价格和在市场中的竞争力。所以，现代保险公司都十分重视研究选择合理的分销渠道，即采取少层次的短渠道，还是多层次的长渠道。但任何保险公司都不能随心所欲地选择分销渠道，因为分销渠道的选择要受到多方面因素的制约。要选择合理的分销渠道，必须遵循以下原则。

1. 消费者导向原则

保险公司要在激烈的市场竞争中生存发展，必须将消费者需求放在第一位，建立消费者导向的经营思想。通过周密细致的市场调查研究，不仅要提供符合消费者需求的险种，同时还必须使所选择的分销渠道为准消费者和消费者的购买提供方便，满足消费者在购买时间、购买地点及售后服务上的需求。

2. 最高效率原则

不同的分销渠道针对不同险种的营销过程的效率是有差异的。保险公司选择合理的分销渠道，能够提高营销的效率，不断降低营销成本和费用，使分销渠道的各个阶段、各个环节、各个流程的费用合理化，从而取得竞争优势并获得效益的最大化。

3. 发挥优势原则

保险公司在选择市场营销网络时，要注意发挥自己的特长，确保在市场竞争中的优势地位。现代保险市场营销的竞争已经不再是单纯的险种、价格、促销手段的竞争，而是整个规划的综合性分销渠道的整体竞争。企业依据自己的特长，选择合适的分销渠道，能够达到最佳的成本经济和良好的顾客反应。同时保险公司也要注意通过发挥自身优势来保证分销渠道各成员的合作，贯彻保险公司分销渠道策略。

4. 利益分配原则

除了保险直销制度外，其他的分销制度一般都涉及利益在独立的中介机构成员间的分配问题，因此，合理分配利益是分销渠道的关键，利益分配不公常常是分销渠道中内部矛盾冲突的根源。因此，保险公司应该设置一整套利益分配制度，根据各成员负担的职能、投入的成本和取得的绩效，合理分配在保险营销中所取得的利益。各个保险中介成员在追求自身利益的同时，也要充分考虑其他中介成员的利益及分销渠道的全体利益。

5. 协调合作原则

保险中介成员之间不可避免地存在着竞争，保险公司在建立与选择分销渠道时，要充分考虑竞争的强度，一方面鼓励保险中间商之间的有益竞争；另一方面又要积极引导保险中间商之间的合作，协调其冲突，加强保险中间商之间的沟通，努力使分销渠道畅通和有序运行，从而实现既定的销售目标。

（三）健康保险分销渠道设计步骤

1. 确定分销渠道类型

确定分销渠道类型即选择直接分销渠道还是间接分销渠道。采用直接分销渠道是为了保证保险商品及时交换，节约中间环节所需要的费用，且对于一些特殊险种，可以借助企业的整体安排，加强其推销宣传和配套服务；同时，直接分销渠道有利于保险公司加强对市场的深入了解和分析。其缺点是由于消费者分布范围广或者由于保险公司内部业务人员的短缺等情况，不足以应付市场上的供求矛盾。这就必须借助间接分销渠道。

2. 确定分销层次密度

如选择间接分销渠道，则第二步就要确定分销层次密度。分销层次密度是指在保险产品从保险公司向消费者转移过程中承担工作的分销商的数量。很多保险公司利用复式分销渠道进入不同的目标市场。

在确定分销层次密度时，可供保险公司选择的策略有 2 种：即独家分销与选择分销。

（1）独家分销：是在一定市场上只采用一种分销渠道销售保险产品的销售方式。独家分销适用于保险公司想要严格控制自己的服务水平和中间商的服务水平，它需要保险公司与中间商的紧密配合。独家分销有利于优化保险公司的形象，并增加利润。

（2）选择分销：是指在所有愿意销售其产品的中间商中挑选几个最适合的中间商来推销其产品、占领市场的销售方式。选择分销能使保险公司取得足够的市场覆盖范围，并且比密集分销成本更低，控制更强。

保险公司为拓展市场范围，增加销售额，有的从独家分销转变为选择分销，而有的保险公司只采用独家分销，还有的保险公司在某一市场上采用选择分销，而在另一市场上采用独家分销。

（四）健康保险分销渠道的管理

保险公司建立起了合理的分销渠道，其正常有效的运转离不开保险公司对其实施有效的管理和控制。管理方法主要有以下三种。

1. 激励

如对保险中介成员在代理某险种时给予较高的代理手续费和各种促销津贴等优惠措施以激励其销售活动。激励必须针对受控制的中间商的真正需要，这样效果才显著。例如，可口可乐公司在比较贫困的国家和地区，对经销可口可乐的零售商赠送大型冷藏箱，对批发商赠送冷藏车，就是针对需要，运用激励来控制分销渠道成员的一种手段。显然，这些东西如果赠送给富裕国家和地区的经销商，其激励效果就会差些。

2. 强制

它包括制裁和处罚等手段，如减少保险中介成员销售某险种的代理手续费比例，取消其对某险种的代理销售权等。激励和强制是相辅相成的，但激励是一种常用的积极手段，而强制是一种不常用的消极手段，只有在迫不得已的情况下，运用其他手段无效的情况下才运用它。当保险公司的实力非常雄厚或险种在市场上备受欢迎，而受控制的保险中介机构实力较弱又热衷于销售这些险种时，运用强制手段才最为有效。

3. 改进和调整

保险公司对分销渠道的改进和调整需要从三个层次上进行：增加或剔除个别中介机构；增加或剔除个别分销渠道；变更整个分销渠道。第一层次的调整是结构性调整，后两个层次的调整是功能性调整。

第三节　传统分销模式

一、保险代理人

目前我国保险市场上的保险代理人主要有专业保险代理人、兼业保险代理人和个人保险代理人三种。

（一）专业保险代理人

专业保险代理人是指根据保险公司的委托，向保险公司收取佣金，在保险公司授权的范围内专门代为办理保险业务的机构，包括保险专业代理公司及其分支机构。在中华人民共和国境内设立保险专业代理机构，应当符合中国保险监督管理委员会规定的资格条件，取得经营保险代理业务许可证。

1. 保险专业代理机构的组织形式

根据《保险代理机构管理规定》（自 2002 年 1 月 1 日起执行），保险代理机构可以以合伙企业、有限责任公司或股份有限公司形式设立。

（1）设立合伙企业形式的保险代理机构应同时具备下列条件：①有 2 个以上的合伙人，并且具有相应民事行为能力；②有符合法律规定的合伙协议；③出资不得低于人民币 50 万元的实收货币；④有符合法律规定的合伙企业名称和住所；⑤具有符合中国保险监督管理委员会（以下简称保监会）任职资格管理规定的高级管理人员；⑥持有《保险代理从业人员资格证书》（以下简称《资格证书》）的保险代理从业人员不得低于员工人数的 1/2；⑦法律、行政法规要求具备的其他条件。

（2）设立有限责任公司形式的保险代理机构应同时具备下列条件：①有 2 个以上至 50 个以下的股东；②有符合法律规定的公司章程；③注册资本不得低于人民币 50 万元的实收货币；④有符合法律规定的公司名称、组织机构和住所；⑤持有《资格证书》的保险代理从业人员不得低于员工人数的 1/2；⑥有符合保监会任职资格管理规定的高级管理人员；⑦法律、行政法规要求具备的其他条件。

（3）设立股份有限公司形式的保险代理机构应同时具备下列条件：①有 5 个以上符合法律规定的发起人；②有符合法律规定的公司章程；③注册资本不得少于人民币 1000 万元的实收货币；④有符合法律规定的公司名称、组织机构和住所；⑤持有《资格证书》的保险代理从业人员不得低于员工人数的 1/2；⑥有符合保监会任职资格管理规定的高级管理人员；⑦法律、行政法规要求具备的其他条件。

2. 保险代理公司的业务范围

根据我国《保险代理机构管理规定》，保险代理机构的经营区域由保监会核定。保险代理机构应在核定的经营区域内开展保险代理业务。经保监会批准，保险代理机构可以经营下列业务：①代理销售保险产品；②代理收取保险费；③根据保险公司的委托，代理相关业务的损失勘查和理赔。

（二）兼业保险代理人

根据中国保监会发布的《保险兼业代理机构管理规定（征求意见稿）》，保险兼业代理机构是指符合中国保监会规定的资格条件并经中国保监会批准取得保险兼业代理业务许可证、经营保险兼业代理业务的单位。中国保监会将保险兼业代理机构划分为 A、B、C 三类，实施分类监管。与 A 类保险兼业代理机构建立代理关系的保险公司数量不限，与 B 类保险兼业代理机构建立代理关系的保险公司数量不得超过 5 家，与 C 类保险兼业代理机构建立代理关系的保险公司数量仅限 1 家。

1. 保险兼业代理机构应具备的基本条件

（1）申请机构已经依法登记注册。

（2）从事保险代理业务的人员均应当持有《保险代理从业人员资格证书》（以下简称《资格证书》），且每一网点最低不少于 1 人。

（3）具有保险兼业代理业务管理制度和台账管理制度，能够实现对保险兼业代理业务档案的规范管理。

（4）主营业务运转正常。

（5）提交申请材料之前的最近2年内无违法违规经营行为。

（6）具备在经营场所内开展保险兼业代理业务的便利条件。

（7）非法人机构必须提交法人机构的授权书，事业单位必须取得相关主管部门的批准文书。

（8）许可证被吊销后重新申请的，申请人应当说明情况并向中国保监会报送整改报告，提交申请材料之日应当距离许可证被吊销之日2年以上。

（9）按照中国保监会的规定缴存保证金或者投保职业保险，并缴纳监管费。

（10）原许可证有效期到期后未按本规定申请延续保险兼业代理资格，被中国保监会依法注销的，重新申请保险兼业代理资格时，应提交原许可证及监管费缴清的证明材料。

2. A类保险兼业代理机构应当具备的条件

（1）具备《保险兼业代理机构管理规定（征求意见稿）》第十四条规定的基本条件。

（2）注册资本或开办资金不低于1000万元。

（3）住所所在地的省级行政辖区内拟从事保险兼业代理业务的分支机构（或营业网点）不少于5个。

（4）对分支机构（或营业网点）具有较强的管控能力，具有职能明确的管理部门和专职工作人员。

（5）拟从事保险兼业代理业务的所有分支机构（包括营业网点）均具备办理保险兼业代理业务的计算机软、硬件设施，保险兼业代理业务档案实现电子化管理。

3. B类保险兼业代理机构应当具备的条件

（1）具备《保险兼业代理机构管理规定（征求意见稿）》第十四条规定的基本条件。

（2）注册资本或开办资金不低于50万元。

（3）具备办理保险兼业代理业务的计算机软、硬件设施。

（4）取得至少1家保险公司出具的保险兼业代理业务委托意向书。

4. C类保险兼业代理机构应具备的条件

（1）具备《保险兼业代理机构管理规定（征求意见稿）》第十四条规定的基本条件。

（2）取得1家保险公司出具的保险兼业代理业务委托意向书。

（3）申请的保险兼业代理业务范围与主业直接相关。

5. 保险兼业代理机构可以从事保险代理业务活动

（1）代理销售保险产品。

（2）代理收取保险费。

（3）代理相关保险业务的损失勘察和理赔手续。

（4）中国保监会规定的其他业务。

6. 我国保险兼业代理人的主要形式

我国保险兼业代理人的形式主要有三种：

（1）业务经办单位代理。利用业务经办单位的职能作用和优越条件为保险人代理和自身业务有直接关系的保险业务。例如，旅行社可以代理旅客人身意外伤害保险和旅行社责任保险；医院可以代理手术意外保险、生育保险和医师责任保险等。

（2）企业主管部门或企业代理。企业的主管部门受保险人的委托兼办所属企业的保险业务，或企业代办企业内部的保险业务。例如，代理企业职工养老保险、家庭财产保险等。

（3）金融部门代理。随着金融竞争的加剧和金融一体化的推进，金融业内三大支柱——银行、证券、保险联手合作、相互渗透的趋势日渐明显。其中，银行与保险的混业经营发展迅速，引人注目。银行代理保险作为新的保险销售渠道，银行代理保险业务大有可为，是传统保险代理人无法比拟的，而且银行将最终取代大部分保险代理人。银行代理保险业务有着下列优势:①银行有着卓越的品牌,与保险公司相比,消费者更加信任银行。②银行有固定的办公地点,业务人员也相对稳定,消费者对银行售卖的保险产品也相对放心。③商业银行密集而庞大的银行网络是银行办理保险业务重要的资源。银行可以通过现有的销售渠道,节约成本。在开展银行保险业务时,增加保险业务的边际成本较保险公司独自完成的成本要低得多。④银行网点可直接与顾客保持经常的联系,存在提供低成本销售保险产品的机会,有利于银行向消费者出售和推荐保险产品。⑤银行手里掌握着丰富的消费者资源,是银行开展保险业务最重要的优势。从营销学的角度来看,对一个老消费者提供新业务品种的成本是向新消费者提供产品所需成本的 1/3 左右。⑥由于银行与保险公司在所经营的产品上,有一定的趋同性,即都是为消费者提供具有预防和投资性质的金融产品。因此银行在代理保险业务时也易于得到消费者的认同。同时通过银行保险,可以在同一家金融机构获得所有金融服务,正好迎合了消费者的心理。⑦银行经过多年的发展,有一支金融知识丰富、业务熟练、掌握消费者营销手段的人员队伍,只要经过适当的培训,就会很快掌握有关的保险业务知识,并能够独当一面。

(三) 个人保险代理人

1. 个人保险代理人应具备的条件

我国《保险代理人管理规定(试行)》将个人保险代理人界定为根据保险人委托,向保险人收取代理手续费,并在保险人授权范围内代为办理保险业务的个人。个人保险代理人应具备如下基本条件:①必须获得《保险代理人资格证书》;②必须与保险公司签订《保险代理合同》;③必须持有所代理保险公司合法的《展业证书》;④必须由所代理保险公司报经所在地的保险监督管理机关备案;⑤必须专职从事个人保险代理业务。

2. 个人保险代理的业务范围

个人保险代理人业务范围为:①代理推销保险产品;②代理收取保险费;③只能代理企业财产保险业务和团体人身保险以外的业务。

3. 个人保险代理人营销优缺点

个人保险代理人营销优点是,通过代理人营销,保险公司不仅可以充分挖掘消费者的价值,消费者也可以得到高质量的服务和个性化的投保方案。缺点是保险公司要对代理人进行大量的、持续的培训,以及繁杂的日常管理,维护成本较高。

二、保险经纪人

利用保险经纪人推销保险产品,主要是指利用狭义的保险经纪人。在西方国家,保险经纪人是保险公司推销保险单的主要形式,保险经纪人从被保险人的利益出发,代被保险人拟定保险合同并收取酬金。我国只允许机构经营保险经纪业务。根据中国保险监督管理委员会发布的《保险经纪机构监管规定》,保险经纪机构是指基于消费者的利益,为消费者与保险公司订立保险合同提供中介服务,并按约定收取佣金的机构,包括保险经纪公司及其分支机构。

(一) 保险经纪机构

1. 保险经纪机构的组织形式

根据我国《保险经纪机构监管规定》,保险经纪机构的组织形式可以是有限责任公司或股份有限公司。

2. 保险经纪机构的资本要求

保险经纪公司的注册资本不得少于人民币1000万元,且必须为实缴货币资本。

3. 申请设立保险经纪机构应当具备的条件

(1) 股东、发起人信誉良好,最近3年无重大违法记录。

(2) 注册资本达到《中华人民共和国公司法(以下简称《公司法》)和《保险经纪机构监管规定》规定的最低限额。

(3) 公司章程符合有关规定。

(4) 董事长、执行董事和高级管理人员符合本规定的任职资格条件。

(5) 具备健全的组织机构和管理制度。

(6) 有与业务规模相适应的固定住所。

(7) 有与开展业务相适应的业务、财务等计算机软硬件设施。

(8) 法律、行政法规和中国保监会规定的其他条件。

4. 保险经纪业务人员从业资格

保险经纪从业人员是指保险经纪机构中,为消费者或者被保险人拟订投保方案、办理投保手续、协助索赔的人员,或者为委托人提供防灾防损、风险评估、风险管理咨询服务、从事再保险经纪等业务的人员。保险经纪机构从业人员应当符合中国保监会规定的条件,持有中国保监会规定的资格证书。保险经纪机构应当对本机构的从业人员进行保险法律和业务知识培训及职业道德教育。保险经纪从业人员上岗前接受培训的时间不得少于80小时,上岗后每人每年接受培训和教育的时间累计不得少于36小时,其中接受法律知识培训及职业道德教育的时间不得少于12小时。

5. 保险经纪机构的业务范围

保险经纪机构及其分支机构从事保险经纪业务,应当与委托人签订书面委托合同,依法约定双方的权利和义务及其他委托事项。委托合同不得违反法律、行政法规及中国保监会有关规定。其业务范围是:

(1) 为消费者拟订投保方案、选择保险公司及办理投保手续。

(2) 协助被保险人或者受益人进行索赔。

(3) 再保险经纪业务。

(4) 为委托人提供防灾、防损或者风险评估、风险管理咨询服务。

(5) 中国保监会批准的其他业务。

(二) 保险经纪业务操作程序

无论保险经纪人从事哪类保险经纪业务,在保险市场上其业务操作程序大致相同。主要有以下几个步骤。

1. 选择市场,接受消费者委托

保险经纪人在进入保险市场时应通过详细分析和认真观察,尽量选择自己比较熟悉的保险业务,并制订一套周密的计划。如果决策得当,就会使保险经纪人在已选择的这项业务中占有重要的市场份额,进而提高交易成功率。选择好从业市场之后,保险经纪人就要借助广告等途径推销自己。如果推销成功,保险经纪人的经纪业务也将随之而来,保险消费者会自动同保险经纪人联系。保险消费者在选择保险经纪公司和保险经纪人时不是盲目地听信宣传,往往要进行一番考察,从优选择。

消费者在选择保险经纪人时通常从以下几个方面考虑:

(1) 保险经纪人对于所从事的经纪活动部门的专业知识和普通保险知识的掌握程度。

(2) 保险经纪人在当地的保险中介实践和风险管理经验,如消费者数量、信誉好坏等。

(3) 保险经纪人与保险市场的业务关系、经纪人的市场地位,如经纪人与哪家保险公司交往多,与经纪人有业务关系的保险公司的数量及经纪人与上述公司是否具有良好的业务关系。

(4) 保险经纪公司的规模大小、经纪服务质量。

2. 到保险市场寻找承保人

保险经纪人接受委托之后，保险消费者可能直接向经纪人下达有明确要求的指令，委托经纪人到保险市场寻找承保人。然而这种情况较少见。一般情况下，保险经纪人在寻找承保人之前，要与消费者一起花大量时间讨论保险的有关事宜。然后，保险经纪人通常以书面形式提出保险数量、类别及保险市场。如果消费者同意这项建议书，保险经纪人就可以据此到保险市场上寻找承保人。

保险经纪人进入保险交易所后，一般是根据所投保险类别、数量和自己对保险组合的权威、保险人的信誉、服务质量的了解程度，选择其认为最为可靠的保险人进行磋商。

3. 准备必要的文件和资料

保险经纪人在安排完承保事务之后，一些必要文件将被传回经纪人办公室，保险单起草人开始起草保险单并计算保险费。保险经纪人有责任制作这些文件，然后以一种标准表格形式提交保险交易市场的保险单签署部或保险公司。经详细检查，记录必要的会计信息，保险公司或保险单签署部签署保险单并将其返还保险经纪人。此保险单就是签发给消费者的保险合同。

4. 监督保险合同的执行情况，协助索赔

保险公司或保险人组合签发了保险合同之后，保险经纪人有义务帮助并监督保险消费者执行保险合同中规定的所有业务保险条款，提示消费者注意不测事故的发生，协调消费者制订和实施风险管理计划。一旦发生保险合同中所承保的风险，保险经纪人首先被告知，经纪人随后通知承保人，并立即着手调查索赔事件。保险经纪人进行详细评估之后，填写一些必要的索赔文件，然后提交保险人。

第四节　现代分销模式

一、电话直销

随着中国通信技术的发展和应用，电话已成为广大公众不可或缺的联系工具。国家工信部《2013年通信运营业统计公报》显示：2013年，全国固定电话用户总数2.67亿户，移动电话用户达12.29亿户。这为健康保险电话营销带来了难得的发展契机。电话营销是这样开展的：保险销售人员以公司的名义和消费者交流信息，媒介是公司专用电话，保障是公司自动化信息管理技术，支撑是公司专业化运行平台，工作环节包括保险产品的介绍、咨询、报价及保单条件确认等。友邦保险公司2002年开创了在中国寿险市场的电话营销先河。2007年4月中国保监会明确了电话销售的合法性，并给予电话销售保险15%的价格优惠空间。

（一）电话直销的优点

(1) 消费者与电话销售人员是低接触式的互动关系，消费者一般在30秒内就可以判断是否对产品感兴趣。如果消费者对产品感到满意，就迅速成交。因此，电话直销的最大优点是销售成本低。

(2) 在电话直销过程中，呼叫中心会对每次通话全程进行详细记录，并通过专业的数据分析软件对消费者资料进行分析、评估，帮助销售人员决策目标消费者，较好地保有和利用了消费者资源。

（二）电话直销的缺点

（1）由于电话直销过程中买卖双方接触度低，没有像代理人营销那样面对面的互动，因此只适合功能单一、易于解说的险种。

（2）电话直销有个人骚扰、侵犯隐私的负面效应，消费者往往对陌生电话较为反感，因此拒绝率较高。

（3）虽然电话直销的销售成本低，但起步阶段公司对呼叫中心的投入较大。

二、网络营销

1997 年中国有了第一家保险网站——中国保险信息网，开创了中国保险网络营销的先河，这应当归功于中国保险学会和北京维信投资顾问有限公司；1997 年 11 月 28 日，新华人寿保险公司作为第一个“吃螃蟹”的在中国保险信息网上签订了中国国内第一份网上保险单；2000 年 2 月，平安保险公司组建了电子商务公司。

网络营销是指保险公司通过互联网开展电子商务，整个销售过程包括接触、选择产品，填写保单，缴费都在网上实现，即在线投保。网络营销具有保险公司被动销售、消费者接触度低的缺点。

（一）网络营销的优点

网络营销的优点主要表现在以下三个方面。

1. 网络营销大大降低了展业成本

对保险公司来讲，网上销售，交易双方只需支付低廉的网络通信费，免去了中间商的佣金，降低了展业成本。成本的降低使保险公司有了更大的利润空间，也就有了降低保险价格的可能。而价格的降低将刺激消费者对保险产品的需求，促进保险发展的良性循环。

2. 网络营销有利于提高保险服务质量

由于互联网具有连续运行性，利用互联网开展保险业务，保险公司只需支付低廉的网络服务费，就可以一天 24 小时在全球范围内进行经营，为消费者提供更多的信息，为潜在消费者提供与公司接触更多的便利机会。保险公司通过网络可以回答消费者提出的各种问题，甚至为消费者设计保单等，让消费者享受人性化的服务。对消费者来说，可以随时联系到保险公司，通过“自助式”的网络服务系统，获取保险公司为他们提供的完备的信息，包括公司背景、险种介绍及费率等详细情况。通过网络，消费者还可以比较多家保险公司的险种和定价，选择最适合自己的险种。在美国，一些保险公司向消费者提供一揽子服务，如在自己的网址上设立网络图书馆，收藏了大量的保险法规、投保技巧、保险常识、索赔程序及其他一些相关资料和信息等。

3. 网络营销增加了新的销售机会

新消费者的开发受到销售成本和人员等因素的限制，而且保险代理人和经纪人的报酬取决于保险金额的大小，因此在传统的保险营销方式下，保险代理人、经纪人出于经济利益考虑，他们往往只注重大消费者，而忽视一些潜在的小消费者及新的消费者。而通过网络营销，保险公司可以有效地与各种人群接触，特别是代理人、经纪人无法接触或不愿意接触的消费者，保险公司利用网络营销的低成本和快捷性获得更多的业务，并且通过业务的大量化和多样化，在理论上更符合“大数法则”的要求，分散自身风险，增加经营的稳定性。

（二）网络营销的风险

虽然网络营销有诸多的优点，但是网络营销作为一种新生事物面临着以下几种风险。

1. 安全风险

安全风险是制约网络营销的关键因素。因为根据保险的最大诚信原则,消费者在投保时必须如实告知,因此消费者在网上购买保险或与保险人磋商保险事务时,不可避免地在信息交流中包含许多个人隐私或公司机密,如果这些信息在传输过程中得不到安全保障,消费者就会选择其他较为安全的渠道。另外,身份认证是安全风险的又一个难题。由于网络是一个虚拟世界,保险双方不能像传统交易一样"面对面",网络上任何人都可以冒充一方向对方宣称自己为交易对象,从而达到其不法目的。

2. 法律风险

网络营销是一种新生事物,有关网络营销的法律不健全,使得保险公司在网上开展业务时无法可依,无章可循。例如,电子保险合同是否与传统的纸质合同具有同样的法律效力;如何将电子保单作为证据保全;如何确定电子保单的地域管辖;等等。利用网络开展业务,使保险竞争更加激烈,将会出现更多不正当的竞争行为,如网上虚假广告、网上商业诽谤等。此外,各国有关保险的法律法规存在着差异,当网络上进行跨国保险交易时,各方很容易陷入法律纠纷之中,而目前国际上还未就网络营销的相关法律达成共识,这从某种程度上制约了网络营销的发展。

3. 道德风险

保险交易双方只有遵守了最大诚信,履行如实告知义务,才能保证保险合同的顺利履行。但在网络营销过程中,保险公司与保险消费者之间缺少面对面接触的机会,仅靠保险消费者在网上提供的有限的信息难以准确地评估保险消费者面临的风险,容易产生道德风险。同时,保险公司的部分内部人员对网络密码、认证方式等方面了如指掌,职业道德水平低的职员很有可能利用网络进行越权操作,给保险公司造成损失。

三、银行保险

广义的银行保险是指银行业通过购买保险业股份和保险业通过购买银行业股份的方式建立银行与保险之间相互合作、相互渗透、相互融合的合伙营销公司,将银行与保险等多种金融服务联系在一起,并通过消费者资源的整合与销售渠道的共享,共同建立销售策略,创新业务品种,以一体化的经营形式满足消费者多元化的金融服务需求,开辟新的业务经营领域,共谋发展。而从狭义理解,是指保险公司通过银行来销售保险产品、代收保险费、代付保险金等代理保险业务行为。对银行而言,就是借助良好的信用形象代替保险公司销售保险产品从中获取手续费的一种特殊中间业务行为;对保险公司而言,就是保险营销环节上的一种代理业务行为。银行保险具有险种设计简单、人性化、成本低、操作简单、双方受益及具有多重优势的特点,使得该业务得到了快速发展。

资料显示,1997 年欧洲 500 家大银行中的 46% 的银行成立了自己的保险公司,23% 与保险公司成立了合资企业,另外 31% 也全部与银行签定了分销协议;法国 60% 的保费收入是通过银行和邮政网点来实现的,该国最大的寿险公司 CNP,1997 年人寿保费收入 185 亿美元中高达 80% 的部分通过银行和邮政网点得以实现。德国 63% 的保单来自银行的代理销售。英国于 1986 年 10 月颁布了《金融服务法》,确立了银行业、保险业之间参股和业务渗透的合法性。相比于欧洲,美国有关立法当局经过长达 6 年的讨论,终于在 1999 年 11 月通过了《金融服务现代化法》,取代了长期作为美国金融管理立法基础的《格拉斯斯蒂格尔法》,正式结束了美国银行业与保险业分业经营的历史,开始进入金融业混业经营时代,现在已有 4000 多家银行从事保险业务,大有赶超欧洲之势。1998 年 11 月,美国花旗银行兼并旅行者集团,由此将银行保险推向了又一个高潮。而在目前我国人寿保险公司业绩增长的"三驾马车"——个险、团险、银保中,仅以上海市场 2006 年业务分类份额来考量,银保渠道保费收入就超过了总保费收入的 30%。

银保合作对于银行和保险公司来说是双赢之举，从银行来讲，既可以为消费者提供更多元化、全方位的金融服务，提高消费者满意度和忠诚度，还可以使其收入来源多元化。更重要的是吸收保险公司通过承保积聚的巨额保险资金，参与承保，为混业经营做准备；对于保险公司来说，可利用银行已经建立起来的销售网络降低营销成本，提高销售效率，还可以利用银行良好的信誉和消费者关系扩大消费者群。

除电话直销、网络营销、银行保险等现代分销模式外，健康保险公司还可联手打造保险超市、创新保险连锁店、采取方案营销等创新分销模式。①联手打造"保险超市"营销体系。所谓保险超市，类似于家电等商品的超市卖场，将各家的保险公司产品集中一起放置，让客户自行选择产品，尽量的"货比三家"。在这样的"保险超市"里，国内外的客户不仅可以根据自己的能力和偏好，任意选择单项保险或组合保险，还可以通过定制自己的个性化产品来满足自己的需要。②创新"保险连锁店"服务模式。针对国内保险业过度依赖保险代理人和中介渠道，保险公司远离客户、远离风险管控点的问题，保险公司应当依托城市社区建立保险产品销售及客户服务中心。在居民社区布局设点，与客户面对面的交易，减少中间环节，直接营销，以方便、快捷的保险专业服务与增值服务吸引客户主动上门。③采取"方案营销"的全新策略。保险公司从卖产品变为卖方案，形成一种以客户需求为导向的全新保险营销模式。客户有什么样的需求，什么样的险种最适合客户家庭，保险公司就应该提供这样一种满足客户需要的方案供客户选择。因此，建议保险公司成立专门为客户服务的综合机构，配备营销精英，提供资源，为客户设计科学合理的保险保障计划。

1. 保险中介为什么具有存在必要性？
2. 如何设计合理的健康保险分销渠道？
3. 谈谈你对健康保险分销渠道及其未来发展趋势的认识。

【案例】

海南将打造社区"保险超市"

本报讯(记者 洪佳佳)记者日前从海南保监局获悉，海南拟探索门店销售模式，打造社区"保险超市"，将保险公司的产品摆在柜台上进行展销。

海南保监局局长王小平介绍，保险机构将在海口选择2~3个门店，打造社区里的"保险超市"，市民买保险可以像"逛超市"一样方便。据悉，"保险超市"整合了各大保险公司及社区服务资源，形成行业协同发展，最大化体现社区保险消费者的利益。通过和各大保险公司的合作，将逐步开展针对社区居民需求特点的私家车险、居民意外险、人身险、健康险等社区居民相关的特色险种，并将各大保险公司及产品清楚地陈列在"社区保险超市"中。

据了解，"保险超市"还将把选择的余地留给消费者，通过多家公司多项产品在同一柜台销售，公开公平透明，让社区居民充分了解各项保险产品，做到比质量、比价格、比服务，清清楚楚、明明白白地消费。"

资料来源：证券导报，2014年10月15日

思考：

1. 保险超市作为一种全新的保险销售方式，其优势主要体现在哪些方面？

提示：有利于消费者"货比三家"；有利于促进保险公司在同一平台下"比价格、拼服务"；有利于监督保险代理人行为。

2. 保险超市如何规范化发展？

提示：丰富超市内产品数量；提高导购人员专业化素质等。

拓展阅读

中国保监会发布《关于坚定不移推进保险营销员管理体制改革的意见》

中国保监会近日发布《关于坚定不移推进保险营销员管理体制改革的意见》(以下简称《意见》),进一步强调了推进保险营销员管理体制改革的必要性和紧迫性,明确了改革的基本原则和工作目标,提出了推进改革的主要任务和政策措施。《意见》肯定了《关于改革完善保险营销员管理体制的意见》颁布后取得的积极成效,指出在当前和今后一个时期,必须进一步解放思想,转变观念,通过深化改革,完善体制机制,促进行业健康可持续发展。

《意见》指出,现行保险营销员管理体制关系不顺、管理粗放、队伍不稳、素质不高等问题突出,不适应保险行业转变发展方式的需要,不适应经济社会协调发展的时代要求,不适应消费者多样化的保险需求,是目前保险营销队伍发展中遇到的主要矛盾和问题。保险行业承担着深入落实科学发展观、加快转变发展方式重要任务,要按照体制更顺、管控更严、队伍更稳、素质更高的总体要求,坚持监管引导、市场选择、行业推动、公司负责的原则,采取更有针对性、更强有力的举措。鼓励各地区、各保险机构在营销队伍建设中大胆创新,积极探索,用健康增量逐步稀释问题存量,提升营销队伍整体素质,向营销队伍职业化方向发展。强化保险公司管控责任,选择适当时机和地区先行试点,用3年、5年或更长时间,分别实现阶段性目标和整体目标。

《意见》提出,推进改革包括六项主要任务和政策措施:一是鼓励探索保险营销新模式、新渠道;二是强化保险公司对营销员的管控责任;三是提升保险营销队伍素质;四是改善保险营销员的待遇和保障;五是建立规范的保险营销激励制度;六是持续深入开展总结和研究工作。同时要求保险公司和保险中介公司制定合理的改革方案,完善相关配套措施;保险行业协会和保险学会加强协作和研究,调动各方面参与改革的积极性;保险监管机构对市场主体改革现行保险营销体制机制的创新试点,在政策上予以鼓励和支持。

《意见》强调,保险营销员管理体制改革涉及面广,情况复杂,任务艰巨。各有关单位要进一步认清形势,统一思想,加强领导,强化责任,充分估计改革的困难和阻力,把握好改革的时机、力度和节奏,坚定不移地将保险营销员管理体制改革工作不断地推向深入。

资料来源:中国保监会网站 http://www.circ.gov.cn/web/site0/,2012-10-08.

第十二章

健康保险促销策略

与分销一样，促销也是保险公司实现健康保险产品销售的重要方法。相比而言，分销渠道的建立要更多的时间，建立起来后则比较稳定，而促销则可因时因地进行，方式方法多样。本章阐述健康保险促销及其作用、健康保险促销的影响因素，重点分析健康保险促销策略的四种方式，即健康保险人员推销、健康保险广告、健康保险公共关系和健康保险营业推广。

第一节　健康保险促销及其作用

一、促销及健康保险促销的含义

（一）促销

健康保险促销是保险公司应对激烈竞争的重要策略之一。由于健康保险产品一般具有无形性、非渴求性的特点，健康保险需求本身往往具有滞后性，健康保险消费又具有隐形性，因此，健康保险营销就更适合采用价格以外的竞争策略，尤其是在我国。由于我国主要险种的基本条款和费率是由中国保监会统一制定的，所以价格竞争在健康保险营销中并不占有重要地位，因而价格以外的竞争策略就更适合于健康保险营销活动。保险公司不仅可以利用各种促销手段建立和维护本公司的形象，而且可以借此宣传公司的企业文化，从而使健康保险消费者对本公司建立高度的信任感。由此可见，促销对保险公司的发展具有十分重要的意义。

所谓促销，就是促进产品销售的简称，它是指企业通过一定的方式，将产品或劳务的信息传递给目标顾客，从而引起兴趣，促进购买，实现企业产品销售的一系列活动。可见，促销的目的就是激发消费者对企业销售作出积极反应，促销的任务就是将企业的产品或服务的有关信息传递给消费者，使其认识到购买的价值所在，从而引起消费者兴趣，激发其购买的欲望，以实现企业的销售任务。

促销作为一项系统工程，是由信息沟通机制、形象塑造机制和需求诱导机制构成，这三种机制的相互有机结合和正常运转，实现了促销系统的最佳整体运行状态，从而实现促进销售的根本目的。因此，促销的本质就是沟通信息，赢得信任，诱导需求，促进消费。

（二）健康保险促销

健康保险促销是一般意义的促销在健康保险领域的具体应用，它既具有一般意义促销的普遍性，又具有自身领域的特殊性，是普遍性与特殊性的辩证统一。因此，健康保险促销可以这样定义：健康保险促销就是保险公司通过人员和非人员的方式，将有关健康保险产品的各种信息传递给目标顾客，激发其产生投保欲望，并促使其做出投保决策的一系列活动。从这个定义不难看出，健康保险促销具有以下几层含义。

1. 健康保险促销的方式分为人员促销和非人员促销两类

人员促销，又叫直接促销或人员推销，它是保险公司运用推销人员向目标顾客推销健康保险产品的一种促销活动。由于健康保险产品的特殊性质，决定了人员推销在健康保险促销组合中占据着十分重要的位置。非人员促销也称间接促销或非人员推销，它是保险公司通过一定的媒体传递健康保险产品等有关信息，以促使健康保险消费者产生投保欲望、发生投保行为的一系列促销活动，包括广告、公共关系和营业推广等。通常的情况是，保险公司在实际的健康保险促销活动中，会将人员促销和非人员促销结合运用。

2. 健康保险促销的核心是信息沟通

保险公司与健康保险消费者之间达成交易的基本条件就是信息沟通。所谓信息沟通，简单地讲，就是与他人交换信息、传递信息的过程。信息沟通主要由信息发送者、信息、信息沟通渠道和信息接收者四个基本要素构成。信息沟通的方式有很多，如保险代理人介绍健康保险产品、通过保险广告招揽保险业务等。若保险公司没有将自己设计或经营的健康保险产品等有关信息传递给健康保险消费者，那么，健康保险消费者对此一无所知，自然谈不上投保认购。只有将保险公司设计或经营的产品等有关信息传递给健康保险消费者，才能引起他们的注意，并有可能产生投保欲望。

3. 健康保险促销的目的是激发健康保险消费者产生投保行为

根据经济学和消费者行为学的基本原理，在消费者可支配收入既定的条件下，消费者是否产生购买行为主要取决于消费者的购买欲望，而消费者的购买欲望又与外界的刺激、诱导密不可分。健康保险促销正是针对这一特点，通过各种传播手段把健康保险产品等有关信息传递给健康保险消费者，以引发、刺激其投保欲望，使其产生投保行为。

二、健康保险促销的作用

（一）传递信息并指导消费

销售产品是市场营销活动的中心任务，信息传递是产品顺利销售的根本保证。尽管健康保险消费者有购买健康保险产品的需要，但他们可能不清楚谁能提供自己所需要的健康保险产品，在什么时间、什么地点、以什么样的价格能买到自己所需要的健康保险产品。通过以信息沟通为手段的健康保险促销活动，一方面，将保险公司及其健康产品的特点、作用、可能提供的服务等信息传向健康保险消费者，引起其注意，调动其投保欲望，指导其投保行为；另一方面，同时可以了解健康保险消费者和健康保险中介对保险公司及其健康保险产品的看法和意见，使该公司经营决策者迅速发现经营管理中的问题并解决之，从而密切保险公司和健康保险中介与健康保险消费者之间的关系，为健康保险消费者营造温馨的消费氛围。

（二）说服购买以增加需求

健康保险消费者的投保行为通常具有可诱导性。健康保险产品作为一种无形的未来服务，在当前还不够完善的商业健康保险市场上，消费者的健康保险需求在一定程度上是需要供方推动的，也就是说，在促销活动中，保险公司通过循循善诱地介绍健康保险产品知识，可以在一定程度上起到消费者教育的作用，激发消费者的需求欲望，说服消费者购买，变潜在需求为现实需求，甚至可以创造新的需求。

（三）突出特点以树立形象

在健康保险市场上，同类产品很多，市场竞争激烈，有些产品甚至差别微小，健康保险消费者往往很难识别。因此，保险公司通过促销活动，宣传、说明本公司产品有别于其他同类竞争产品之处，这样就有利于健康保险消费者了解本公司产品在哪些方面优于同类产品，购买本公司产品能获得哪些比较利益。所以，突出产品特点，使健康保险消费者认识到本公司产品与同类产品之间的差异，传播产品的差异优势，是健康保险促销的重要职责。

同时，健康保险产品作为一种服务性产品，在有众多保险公司竞争的市场中，各公司自身的声誉和形象将直接影响健康保险消费者的选择。也就是说，仅仅有好的健康保险产品是远远不够的，人们选择购买哪家公司的产品，在很大程度上还取决于该公司的声誉和形象。因此，通过健康保险促销活动，可以在市场上树立本公司想客户所想、急客户所急，以诚待客、优惠让利的独特形象，从而稳定本公司的市场占有率，战胜竞争对手，巩固本公司的市场地位。

（四）造成偏爱以扩大销售

在激烈的市场竞争中，往往容易出现健康保险产品销售此起彼伏、波动较大的不稳定情况，进而导致各保险公司的市场地位此消彼长。如果保险公司能运用适当的促销方式，开展促销活动，就可以使较多的健康保险消费者对本公司的产品产生偏爱，进而稳住市场占有率，达到稳定销售的目的。

三、健康保险促销组合

（一）健康保险促销组合的含义

如前所述，健康保险促销的具体方式有两类四种，一类是人员促销方式，主要是指人员推销；一类是非人员促销方式，主要包括广告、公共关系和营业推广。人员推销，是指保险公司利用推销人员直接与健康保险消费者进行信息沟通，在面对面交谈或电话联系中提供有关健康保险和健康保险产品信息的促销手段。这种人与人之间的直接沟通，可以应变迅速，可以培养保险公司与健康保险消费者之间的感情，也能够迅速反馈意见和要求。广告是保险公司通过付费的方式利用特定的广告媒介与健康保险消费者进行信息沟通的促销手段。广告是一种高度大众化的信息传递方式，具有很强的渗透力，并且同一信息可以多次重复，有利于强化人们的记忆。公共关系简称公关，它是保险公司为了协调与营销环境中各部分公众的关系、树立良好的公司形象而进行的一系列有计划、有组织、有目的的信息沟通活动。公共关系作为一种重要的促销手段，在树立保险公司的形象、进行健康保险产品与服务的定位等方面具有很大的潜力。营业推广又称销售促进，是保险公司为了刺激需求而采取的短期促销措施。

上述各种促销方式，都各有自己的优点和缺点，因而在实际促销过程中，保险公司常常将几种促销方式同时并用，这就是促销组合。因此，所谓健康保险促销组合，可以这样来定义：它是保险公司根据自身健康保险产品的特点和营销目标，综合各种影响因素，对各种促销方式进行的选择、编配和运用。

可以说，促销组合是绝对的，不组合是相对的。实践中找不到绝对单一的促销，比如公共关系和人员推销是绝对同时存在的。因此，只存在组合不好的促销，没有不组合的促销。促销组合是促销策略的前提，在促销组合的基础上，才能制定相应的促销策略。

（二）影响健康保险促销组合决策的因素

由于各种不同的促销方式具有不同的特点，保险公司开展促销活动时应该尽量实现各种方式的组合和综合运用。同时，不同的促销组合也会带来不同的促销效果。因此，促销组合决策实际上就是对各种促销方式进行选择、编配和运用的决策。保险公司必须充分考虑各种促销方式的特点和影响因素，灵活地选择促销组合方式，以期取得预期的促销效果。

影响健康保险促销组合决策的因素主要有以下几种：

1. 目标因素

一般来说,保险公司的整体目标具有阶段性的侧重点,由于目标重点不同,则促销组合策略也不同。如果保险公司希望了解其产品的潜在客户群有多大,有多少人具有购买意愿,则应该采用广告和营业推广相结合的健康保险促销组合;如果保险公司是希望客户直接了解其产品特色,提高公司的知名度和塑造良好形象,则应该采用人员推销和公共关系相结合的健康保险促销组合。

2. 策略因素

著名营销大师菲利普・科特勒认为,企业常用的促销策略主要有两类:"推"式策略和"拉"式策略,如图 12-1 所示。

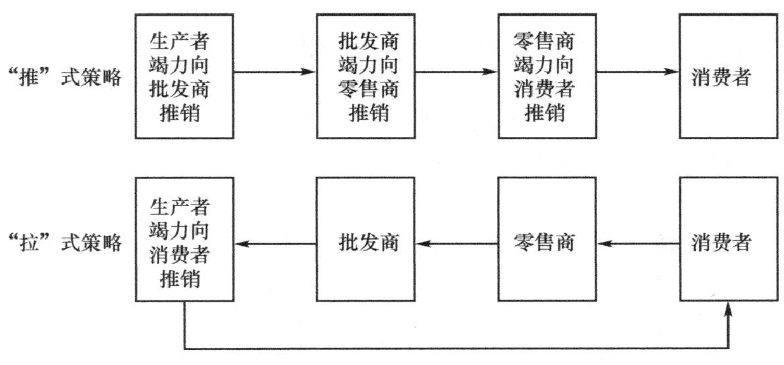

图 12-1　"推"式策略与"拉"式策略

这一理论运用到健康保险促销组合决策中,"推"式策略就是指保险公司利用健康保险中介把健康保险产品推销给健康保险消费者;"拉"式策略则是保险公司针对健康保险消费者,利用广告、公共关系等促销手段,激发健康保险消费者的需求,经过反复强烈地刺激,健康保险消费者将向保险公司或健康保险中介指定购买这一产品。显然,如果保险公司决定采用"推"式策略,则应该偏重于人员推销方式的运用,反之,如果采用"拉"式策略,则应该更偏重于广告和公共关系的运用。

3. 产品因素

对于不同类型的产品,不同促销方式的相对重要性是有差异的。影响健康保险促销组合决策的产品因素主要包括以下几项。

(1) 产品的类型:不同类型的健康保险产品,健康保险消费者购买的目的是不同的,因而采用的促销组合策略也就不同。一般来说,健康保险产品的价格越高,其被主动购买的可能性就越小,因而促销组合的重点就应该放在人员促销上。对于健康保险产品而言,由于它是一种以保险条款反映产品内容的特殊型产品,而保险条款的专业性和复杂性是一般健康保险消费者难以读懂的,因此人员推销就成为保险公司采用的一种最主要的促销手段。从健康保险消费者的角度而言,他们购买一个复杂的产品和服务也希望得到更详细的个性化的信息和服务,而人员推销可以满足他们的这一需求。

(2) 产品的市场生命周期:产品的市场生命周期一般分为引入期、成长期、成熟期和衰退期四个阶段。促销目标在产品市场生命周期的不同阶段是不同的,而且各种促销方式在产品市场生命周期的不同阶段成本效应也各不相同,这就决定了在产品市场生命周期各阶段要相应选配不同的促销组合,采用不同的促销策略。一般地,在引入期,促销目标主要是宣传介绍健康保险产品,以使健康保险消费者了解、认识该产品,产生购买欲望。广告起到了向健康保险消费者宣传介绍产品的功效,其成本效应最高。因此,在这一阶段,保险公司应该以健康保险消费者和营销渠道成员为对象,以广告促销为主要促销形式,以营业推广和人员推销为辅助形式。在成长期,由于产品打开了销路,市场快速增长,销量上升,品牌效应显现,同时也出现了竞争者,这时仍需加强广告宣传,但要注意宣传自己产品的特色,以增进健康保险消费者对本公司产品的购买兴趣,再辅之以公共关系,会收到相得益彰的功效。在成熟期,竞争者增多,促销活动以增进购买兴趣与偏爱为目标,广告的作用在于强调本产品与其他同类产品的细微差别,人员推销则掌握在引导渠道成员继续销售产品和消费者对产品保持兴趣的水平上,同时要配合运用适当的营业推广方式,以吸引原有的消费者和增加新的消费者,维持和提高公司的市场占有率。在衰退期,由于更新换代和新设计的健康保险产品的出现,使原有产品的销量大幅度下降。为了减少损失,促销费用不宜过大,促销活动宜针对老顾客,采用提示性广告,并辅之以适当的营业推广和公共关系手段。

4. 市场因素

在诸多市场因素中,主要有市场规模与集中性、购买者类型、消费者心理与行为、竞争对手的促销攻势等对促销组合决策影响较大。①健康保险市场规模与集中性。一般规模小和相对集中的本地市场,应以人员推销为主;而规模大且相对分散的全国甚至世界市场,则多采用广告促销。当然,通过特定的媒体,广告促销也可以用在规模小的目标市场。同理,如果其他因素比如产品特征对健康保险促销组合决策极为重要,人员推销也可以用于规模大的目标市场。②健康保险购买者类型。目标市场上的健康保险购买者主要是由团体购买者构成,还是由个人家庭购买者构成,对促销组合的选择也非常重要。一般地,向个人家庭购买者促销产品主要宜通过广告和人员推销,而向团体购买者促销产品则几乎总是通过人员推销。③健康保险消费者心理与行为。消费者购买过程一般可分为五个阶段:认知、理解、信服、成交、再次购买。在不同的购买决策阶段,不同的促销方式有不同的成本效应。研究表明,广告和公共关系在认知阶段比营业推广和人员推销的作用大得多,应当作为促销组合的重点选择;理解阶段主要选择广告、公共关系和人员推销;信服阶段,人员推销是重点;成交阶段应主要选择人员推销和营业推广;再次购买应以营业推广和人员推销为主,配合广告与公共关系。④竞争对手的促销攻势。应根据自身与对手的实力分析和比较,选择针锋相对的促销方式或避其锋芒的促销组合。

5. 管理因素

不同的促销方式、手段,其管理的复杂程度有所不同。一般说来,公共关系和营业推广的管理更为复杂,如果保险公司管理水平不高,一般不愿意选择它们;而广告和人员推销相对说来管理要简单一些,容易被选择使用。

6. 时机因素

任何商品都会面临销售时机和非销售时机,健康保险产品也不例外。显然,在销售时机(如销售旺季、流行期、特别活动和节日期等)应当掀起促销高潮,一般要以广告、营业推广为重点;而在平时,则应以公共关系和人员推销为主。

7. 促销方式

如果保险公司以健康保险中介为主来分销健康保险产品,则应以广告、公共关系为主,为他们创造有利的销售环境,再配合对他们的营业推广,充分调动其积极性。如果保险公司以最终消费者为促销对象,则重点是公共关系、人员推销和营业推广。

8. 促销预算

保险公司开展促销活动,必然要支付一定的费用,而费用则是任何企业经营都十分关心的问题。不同的促销方式、促销组合,需要投入的资金总量是不同的。因此,保险公司的财力及其促销投资预算影响和制约着促销组合的选择。原则是既要量力而行,又要用最少的费用实现最佳的促销组合,使其促销费用发挥出最好的效用。

总之,影响健康保险促销组合决策的因素很多,组合策略也千差万别。只要灵活机动,随机应变,精心策划,就一定能做出促销组合的最佳决策。

第二节 健康保险促销的影响因素

一、社会环境因素

（一）传统经济伦理思想

经济伦理思想是指人们在现实的经济活动中产生的调整人们的利益关系、评价人们的经济活动、规范人们的思想行为的道德理论和观念。在经济伦理思想史上，由于不同国家、不同时代经济和政治状况的不同，特别是由于道德理论和文化传统的差异，形成了不同的各具时代特征和民族特色的经济伦理思想。在中国，传统经济伦理思想不仅源远流长，而且内容丰富，涉及生产、交换、分配和消费等经济活动的方方面面。中国传统经济伦理思想是以儒家道德为基础，同时吸收了法家、道家、兵家诸家治国治人之道，用以指导社会生产和经济活动，规范和评价人们经济思想和行为的伦理思想体系。

对农业和商业社会价值的评价是中国传统经济伦理思想的一个重要内容。商鞅变法首倡“重农抑商”。商鞅曾说：“农则朴，朴则安居而恶出。”“田荒则民诈生”（《商君书·算地》），认为从事农业生产的人最淳朴，人性淳朴就能安居乐业，邪恶就被驱除；人若弃农从商，就会性生诡诈，道德沦丧。重农轻商的思想自西汉被儒家思想家所吸收，形成了在经济生活领域中鲜明的重农抑商、崇本抑末的思想传统和价值取向。重农抑商的思想在中国的产生有其历史根源，一方面，到西汉时期，由于工商业经济的迅速发展，破坏了自然经济，影响到地主阶级的根本利益，也冲击了汉王朝中央集权制的政治统治，统治阶级为了维护自己的统治，必然采取重农抑商政策；另一方面，一些贪商、奸商坑蒙拐骗、巧取豪夺、投机钻营的不法行为，引起人们的极大憎恶，而日出而作、日落而息、四时耕种、辛勤劳动的田园生活和循规蹈矩、埋头苦干的人格品行，受到人们的肯定和赞赏，人们从心理上和道德价值取向上给予了重农抑商广泛的社会舆论支持。

自西汉以来的贵农本而贱工商的传统经济伦理思想，对中国社会生产和经济生活产生了重要的价值导向作用。直到今天，人们对社会各阶层的评价还没有逃出这一桎梏：商业、销售、商人头上还披着一顶丑陋的帽子——“无商不奸”。本来，历史的车轮以其滚滚向前的巨大惯性进入到20世纪末，“全民经商”一度改变了古老的中华民族。遗憾的是由于市场规则的暂时缺位，商业在给社会带来巨大财富的同时，一些不良商人也给社会造成了亘古未有的伤害，商人的名声再次被急速发展而荡起的尘埃所污染。健康保险促销作为一种商业活动，自然也会受到中国传统经济伦理思想的制约。

（二）社会诚信体系

人无信不立，国无信不兴。信誉是一个人安身立命的基础，也是一个企业经营成败的关键。

然而，在商品极大丰富的当今中国，冲击着人们神经的不仅是市场的繁荣和市场购买力的巨大，还有让消费者担忧的接二连三的“问题门”：三鹿奶粉案、瘦肉精事件、洋家具造假案、知名服装品牌藏“毒”案、黄曲霉素超标案等，你方唱罢我登场。“问题门”在给消费者带来伤害的同时，也使企业十几年、几十年经营的公众形象轰然倒塌。保险公司必须引以为戒。须知，对于一个企业而言，诚信经营不仅是其得以延续的基本准则，更是企业参与竞争的制胜之本。诚信经营带来的良好信誉是一种无形的力量，也是一笔巨大的财富，它能为企业带来丰厚的回报。诚信不是权宜之计，也非逢场作戏，它应是一种发自肺腑的经营之道。诚信的本质在于责任，诚信的意义在于责任，诚信的真谛也在于责任。企业只有走出玩弄信义、血腥拼杀的权谋情结，扬弃假冒伪劣、坑蒙拐骗的低层次经营思想,才能彻底根除短期行为,把道德与诚信经营的意识真正渗入到企业的血脉。

为此,对于保险公司来说,由于经营产品的特殊性,要更加强调诚信为本,端正公司的经营理念和经营行为,在社会信用体系建设中发挥中坚作用:①要把诚信作为公司的社会主义精神文明建设和文化建设的一项重要内容。要让公司的经营者及干部、职工都懂得,以诚信为本,是公司兴盛的应有之道。没有诚信,公司一定不能取得长久的成功,也就是说,欺骗即使短时间没有被发现,长时间的欺骗也是不可能的。②要明确公司诚信建设的关键是公司的主要负责人。他的人品、操守、职业道德,对公司的诚信建设都是带头的、示范的。国内外所有企业的成败荣辱都证明了一个普遍的规律,凡是企业班子好,特别是主要负责人有理想、有道德、情操高尚、重视信誉,企业的风气就肯定正,一切奋发向上的东西都能得到成长的土壤,事业必定兴旺;反之,必然是歪风盛行,诚信缺失,人心涣散,促使企业走下坡路。③要把公司诚信建设看作是公司对社会的一种责任,一种应尽的义务,是公司应有的形象。任何企业,作为社会成员之一,都应当自觉承担起维护社会整体利益的责任。在企业肩负的诸多责任中,诚信是基础的,是推动其他方面工作的动力。从企业创造价值的角度看,诚信更是一项重要的无形资产,是企业品牌,它可以转化为企业的竞争优势,提升企业效益。中国传统文化中有"一诺千金"的优秀传统,我们应当在新的历史条件下,发扬光大这个传统,在世界面前树立中国企业的良好形象。

尽管,企业诚信是社会诚信体系的重点,但众所周知,当今中国社会诚信体系的缺失,表现在个人身上,也是十分严重的。这对健康保险促销同样有着举足轻重的影响。我们应该按照《公民道德建设实施纲要》确立的"爱国守法、明礼诚信、团结友善、勤俭自强、敬业奉献"基本道德规范,加大对公民道德教育和引导的力度,把我们的人民培养成为适应社会主义市场经济的合格现代公民。

(三)社会对促销的认识

近些年来,尽管国家加大了对虚假促销的处罚力度,但由于虚假促销形式多样且很难认定,因此心存侥幸、不惜以身试法的不法商人和企业依然大有人在。事实上,这些借促销之名行欺骗之实的自私自利行为,不仅极大地破坏了市场经济赖以运行的诚信法则,而且也损害了消费者的正当权益,并直接影响了正常促销效用的发挥。

按照社会学习理论的解释,消费者在与企业打交道的过程中,会不断地学习和总结经验,并藉此来改变其与企业竞争中的信息不对称状况。一般而言,消费者学习又包括两种重要形式。一种是社会学习,即通过有意识地模仿等手段,从其他社会成员那里获得必要的知识;另一种是机械式学习,即在外界刺激或其他诱因影响下,通过不断的反应和强化交互作用逐渐形成固定的"刺激-反应"模式。现实中,由于各类新闻媒体中有关"虚假降价、虚拟原价、谎称降价、模糊标价、虚假优惠"等利用促销实施价格欺诈行为的报道层出不穷,使消费者受到不断刺激和强化,进而演变成消费者对所有企业促销行为认知的普遍障碍。当前,在某种程度上,促销在国内民众心目中已具有了与"虚假、欺骗"等义的社会刻板印象。

社会刻板印象是指人们对某个社会对象形成的一种概括而固定的看法,它是知觉主体对认知对象的特殊反应。刻板印象一经形成即具有很高的稳定性,很难随现实变化而变化。促销社会刻板印象认知层次可以划分为四个层次:疑价效应、疑质效应、库存效应(促销是为了清理库存)、过时效应(促销是为了处理过时产品)。对于健康保险促销而言,健康保险消费者容易产生的主要是疑价效应和疑质效应。

疑价效应是促销中价格问题对消费者认知影响的重要体现。本来,价格优惠作为促销的灵魂,是企业促使消费者实现即时购买的重要手段。消费者购买的结果,将是"钱的失去"和"产品或服务的获得"。为了克服"钱的失去"带来的认知失调和内心痛苦,在选择购买产品或服务时,消费者会运用存储在长期记忆中的价格知识作为决策参考依据。研究表明,消费者具有强烈的兴趣记住经常购买的商品价格,并运用它来评估促销的吸引力。因此,消费者不仅会对虚假促销中的价格产生怀疑,而且这种怀疑还会殃及所有价格性促销,形成“劣币驱逐良币”效应,其结果直接导致促销策略效用的普遍降低。

疑质效应是促销中产品质量问题在消费者认知中的重要体现。与价格一样,质量也是购买决策重点考虑的因素之一。对于很多购买者来说,质量既体现了产品性能的优越性,同时也体现了产品的可靠性,为此,消费者是愿意以高价的方式支付质量酬金的,所谓“便宜没好货,好货不便宜”。因此,促销所造成的价格不断变化会影响消费者对品牌资产的认同,更会降低消费者对品牌内涵中质量属性的感知。在国内,广大消费者在饱受促销中“三无产品”、以次充好等过多虚假刺激强化后,必然会将促销与低质量对应起来,从而降低了促销给予消费者实际效用的感知。

二、保险公司因素

(一) 保险公司的经营理念

理念是行动的先导。保险公司经营理念是保险公司在长期经营实践中逐渐形成的具有独特个性的思想体系,其内容主要包括企业哲学、价值观念、企业精神、企业目标四个方面。这里的企业哲学是指保险公司认识、适应、引导市场环境并求得自身生存发展的世界观和方法论。它根植于市场环境和公司的经营实践,具有极强的实用性、功利性等个性特征。价值观念是保险公司员工在企业哲学原则指导下对个人及公司整体行为意义认识的取向和判断标准。价值观念作为经营理念的内容之一并非独立存在,而是融合于公司、员工的行为中,通过产品设计风格、商标标识、质量保证体系、公司管理风格、人际交往方式、经营目标等外化地展现出来,成为保险公司的综合素质标志之一。企业精神是一种群体意识,它是企业哲学、价值观念被员工广泛认同后的一种综合反映,也是保险公司的综合素质标志之一。一种健康向上的企业精神会使公司产生强大的凝聚力,使员工的聪明才智、创造能力得到充分发挥。企业目标是保险公司对自己全部经营活动的期望值,它大多情况下表现为公司应该是什么和公司将是什么。

经营理念是保险公司的灵魂所在,公司行为的正确与否其根源在于公司设定的经营理念是否科学合理。科学合理的经营理念必然产生正导向,引导公司成长壮大,错误的理念则会产生负导向,使公司经营失误,损失惨重。

保险公司经营理念的设定和发展受多种因素影响,这些因素包括领导者素质、经营形势、社会制度、经营战略与利润目标等。领导者个人的知识修养、文化背景、管理手段、管理方式等对经营理念的形成有重要影响,这在我国有着不少鲜活的例子,如蒙牛、海尔集团等,都是领导者素质影响着企业的发展。经营形势对保险公司经营理念的影响表现在,当公司处于“卖方市场”和“买方市场”不同的境遇情况下,它所做出的决策及采取的措施,必然会随着经营形势进行调整,相应的经营理念也会发生调整。不同的社会制度下,经营理念是有着显著差别的。社会主义市场经济条件下,保险公司的经营行为必须符合社会主义产权制度及经营理念,这是社会主义制度的必然要求,也是社会主义优越性的集中体现。保险公司的经营目标是什么,要做什么样的公司,利润目标是多少及如何达成,这些都是公司领导者必须考虑和面对的问题,直接影响着保险公司经营理念的设定。

(二) 保险公司的社会责任

保险公司的社会责任,已日益成为社会所关注的话题。近年来,在一些保险公司领导者眼里,社会责任只是锦上添花的东西,可有可无。有的人甚至简单地把社会责任等同于捐款和慈善,以为每年拿出一笔钱,捐给慈善组织,就尽到了自己的社会责任。随着市场经济的纵深发展,社会对保险公司加强自律,自觉承担应有的社会责任提出了更高的要求,可以说,这不仅是加入世界贸易组织十余年不断深化改革开放的要求,也是保险公司在更大范围、更高水平上能够参与国际合作和竞争的需要。

按中国传统文化的思想,强化企业的社会责任,就是要处理好“义”和“利”的关系。子曰:“君子喻于义,小人喻于利”(《论语·里仁》)。在儒家思想里,“义”就是指社会公利及个人符合社会公利的道德行为准则,“利”是指私利,它反映的是个体或者某种局部利益。显然,孔子开创的儒家“义利观”既没有否定人们应有的物质利益,也不反对人们(无论君子或是小人)追求正当利益,他所关注的是这种求利活动是不是符合社会公利和伦理道德的要求。如果符合上述要求,那就当仁不让,心安理得的获取,即“义然后取”(《论语·宪问》);如果不符合上述要求,那就应抱着“不义而富其且贵,于我如浮云”(《论语·述而》)的态度,予以坚决拒绝。也就是说,君子能够从社会根本利益出发,做到义和利的统一,即首先满足社会公众利益,然后自己可相应的从中获利。儒家思想的“义利观”对于现代保险公司构建遵守道德规范和维护社会公利的经营理念有着重要的借鉴意义。保险公司经营“见利思义”、“以义制利”就会获得成功;“见利忘义”、“先利后义”就会遭到失败。世界上一些长寿企业的发展史也证明,遵守社会道德规范,勇于承担社会责任,自觉维护社会公利,拥有良好信用,是企业价值和企业核心竞争力的重要标志。

(三)保险公司员工的业绩观

保险公司的员工如何看待自己的业绩,是追求短期业绩或是长期业绩,是追求个人业绩或是公司集体业绩,将直接影响他们对待健康保险促销的态度和方式。员工的业绩观不仅反映着保险公司的价值观,也是员工的促销伦理观的具体体现。所谓促销伦理,究其本质而言,是市场销售人员和企业销售管理人员在促销活动中展现出来的道德水平。当前,保险公司促销活动中的促销伦理问题主要表现为市场体系不健全而产生的促销活动的不规范问题。具体表现形式包括:①有的保险公司促销人员往往利用信息优势,在宣传的过程中透露虚假信息,或对公司的某种产品的用途、作用进行夸大宣传,对健康保险消费者进行蒙骗。②有的保险公司促销人员通过收买部分传媒机构人员的方式,通过大众传媒向公众发布虚假信息,使健康保险消费者受骗。这种形式的促销活动在当前表现得较为突出,部分地方电视台或其他新闻出版传媒通常通过这种方式筹集国家预算拨付资金以外的经费。③有的保险公司销售人员往往使用回扣和商业贿赂的措施使产品得以销售。在团体健康保险产品的促销活动中,这种现象尤为严重。④有的保险公司销售人员还使用附赠劣质产品,进行虚假抽奖等方式进行产品促销。这种“杀鸡取卵”式的业绩观,不仅损害了整个健康保险营销界的促销伦理,而且最终必将使自己和所在公司自食其果。

三、健康保险消费者因素

(一)消费者对健康保险的认识

众所周知,风险的客观存在是保险这一经济活动产生、确立和发展的自然基础,没有风险就没有保险。所谓风险,是指某种事件发生的不确定性。只要某一事件的发生存在着两种或两种以上的可能性,那么该事件就存在着风险。人的健康是有风险的。健康风险是指因自然、社会和人自身发展的诸多因素,导致人出现疾病、伤残及造成健康损失的可能性,它是世间存在的若干种风险中直接作用于人的身体、影响人体健康的一种风险。这种可能性一旦发生,轻者使人生病、身心不适,不能正常参加工作;重者则伤残、死亡,完全丧失劳动能力,并可能带来严重的经济损失。健康风险除具备一般风险所共有的客观性、危害性及不确定性外,还有其自身的特点,主要包括:①人身伤害性。健康风险作用的对象是人而不是物,因而其发生所导致的是人的身体健康伤害甚至生命的损失。健康风险不仅使遭遇者蒙受经济上的损失,而且还会造成身体上、精神上的痛苦和悲伤,甚至无法用金钱或经济补偿来替代。②频率高发性。健康风险的发生频率很高,仅就疾病风险而言,对于每个人、每个家庭来说,发生率之高,远远超过其他任何风险。③原因复杂性。即导致健康风险的原因多种多样,数不胜数,极其复杂,而且还在不断增加。

健康保险简而言之就是对健康风险进行保险,它是以健康保险消费者的身体为保险标的,使其在疾病或意外事故所致伤害时发生的费用或损失进行补偿的一种保险。健康保险有广义和狭义之分,广义的健康保险包括社会医疗保险和商业健康保险,狭义的健康保险仅仅指商业健康保险。本书仅取其狭义。健康保险与一般保险一样,具有共济互助的社会属性,其具体操作是保险公司将具有同类健康风险的投保人交纳的保险费集中起来,形成保险基金,当投保人遭遇健康风险造成损失时,保险公司就用保险基金给予补偿。它体现的是"人人为我,我为人人"、"一人遇到困难,大家都来相助"的社会关系;体现了面对未来的风险,大家团结互助、共同承担的精神风貌。如果健康保险消费者认识不到这一点,投保后就想尽快"捞回来",那么保险基金就会崩盘。

(二)健康保险消费者的个性心理

健康保险消费者的个性心理对健康保险促销效果有着实质性的影响。根据心理学理论,所谓个性心理,是指一个人在生活实践中经常表现出来的、比较稳定的、带有一定倾向性的个体心理特征的总和。个性心理由两方面组成:一是个性心理倾向性,二是个性心理特征。

人的个性心理倾向性包括需要、动机、兴趣等,它是人的行为的潜在动力,是人的积极性的不尽源泉。需要是人对一定客观事物的渴求或欲望,动机是直接推动人去行动以达到一定目的的内部动力,即需要引起欲望,欲望形成动机,动机导向目标行为。如前所述,人的健康风险是客观存在的,因而人们应该具有健康保险的需要。健康保险促销的主要任务,就是要唤起人们的相应需要。

人的个性心理特征包括气质、性格、能力,它比较稳定地反映了个体的特色风貌。气质是人典型的、稳定的心理特点,是人的性情或脾气。气质一般是在先天生理素质的基础上,通过生活实践,在后天条件影响下形成的。人的气质类型主要有四种,即胆汁质、多血质、黏液质、抑郁质。不同气质类型的人在健康保险的消费上会有不同的心理差异,其投保消费行为可以归纳为以下几种对应表现形式:①主动型与被动型;②理智型与冲动型;③果断型与犹豫型;④敏感型与粗放型。性格是指个人对现实稳定的态度和稳定行为方式的心理特征。人的性格主要决定于后天的社会化过程,具有较强的可塑性。由于健康保险消费者的性格特点不同,其投保行为也千差万别。从投保的态度来看,投保行为有节俭型、保守型和随意型;从投保时的情感反应看,有沉着型、温顺型和激动型。能力是成功地完成某种活动的个性心理特征。一个人要能够顺利、成功地完成某种活动,主要的心理前提是要具备某些能力,能力是人完成任何活动不可缺少的一种心理品质。根据健康保险消费者在投保过程和整个保险消费过程中的能力表现,可将健康保险消费者的投保行为分为成熟型、缺乏型和一般型。

(三)健康保险消费者的知识水平

我们常常发现,受教育程度高的人们比受教育程度低的人们更健康,因为他们对健康的认识更全面,也更愿意投资健康,而健康保险消费其实就是一种健康投资。事实上,健康不仅是一种消费品,而且是一种投资品。作为消费品,健康可以产生直接效用,给人带来生理和心理上的满足。作为投资品,健康的身体不仅会使人感到非常舒服,还会提高人们的劳动效率,获得更高的工资,而工资率的增长又会进一步提高健康需求,形成良性互动。

教育程度对健康需求的正面影响可以从需求和供给两个方面得到解释。从需求角度来看,教育程度会影响人们对健康投资的偏好,高教育程度的人更理解健康的重要,更有动力提高健康需求,增加健康资本存量。从供给方面看,高的教育程度会提高健康生产的效率,他们能更好地理解、参与和配合保险公司开展的健康管理,能更好地配合医生的治疗(如遵守医嘱、按时吃药等),也更了解一些疾病和不良嗜好的危害(如肥胖、吸毒、抽烟、酗酒等)。所谓健康管理,主要是指保险公司对健康保险消费者在保险期内开展健康宣传、健康教育、健康咨询、健康指导以及实施的一系列具体的预防和保健措施。健康管理的引入,使传统的健康保险发生了革命性的变革,它从根本上把原来完全处于被动地位的、等待健康保险消费者发生疾病或意外事故后给予赔偿的保险,变为了积极的健康管理教育,防止健康保险消费者疾病和事故的发生,让他们少生病或不生病,少出事故或不出事故,从而也大大减少了保险公司的赔付。这样的保险,不是为赔付而发生,而是真正做到了"健康保险保健康"。

第三节　健康保险促销策略的方式

一、健康保险人员推销

(一) 健康保险人员推销及其特点

人员推销又称人员促销,是人类最古老的促销手段。早在小商品经济时代,商人的沿街叫卖、上门送货等都属于人员推销的性质。在商品经济高度发达的现代社会,人员推销这种古老的形式更焕发着青春,成为现代社会最重要的一种促销方式。

如前所述,由于健康保险行业的特殊性,人员推销在健康保险的各种促销方式中占据着十分重要的地位。可以说,劝说人们购买保险本身就是一种艺术,特别是当客户把保险赔付视为遥不可及时。因此,所谓健康保险人员推销,就是指保险公司的营销人员与健康保险消费者面对面的交谈或在电话联系中提供有关健康保险产品信息,以达到促进销售目的的活动过程。

这个过程既是一个向市场提供健康保险产品的供应过程,又是一个激发健康保险消费者的需求、引起其购买欲望的需求引导过程,还是一个了解健康保险消费者、为其提供服务以满足其需求的过程。可见,健康保险人员推销具有如下特点。

1. 信息传递的双向性

健康保险人员推销是一种双向沟通的促销形式。在推销过程中,一方面,推销人员必须向健康保险消费者宣传介绍其公司健康保险产品的特点、功能、用途及售后服务等,为消费者提供准确的信息,达到促进销售的目的;另一方面,推销人员还必须通过与健康保险消费者的交谈,了解其对本公司及所推销产品的态度、意见和要求,在推销过程中不断地收集和反馈信息,为公司的经营决策提供依据。

2. 推销目的的二重性

健康保险人员推销的目的不仅是为了推销健康保险产品,还要帮助健康保险消费者解决问题,与其建立长期合作关系。因此,它具有推销健康保险产品和建立合作关系的双重目的,具有二重性。

3. 满足需求的多样性

健康保险人员推销活动中,不仅要通过推销健康保险产品,满足健康保险消费者对该产品使用价值的需要,而且通过宣传介绍该产品,满足消费者对该产品信息的需要;通过售前、售中、售后的服务,满足消费者对服务方面的需要;通过诚信促销、礼貌服务,满足消费者心理精神上的需要。

4. 推销过程的灵活性

健康保险人员推销过程中,推销人员与健康保险消费者当面洽谈,易于形成一种直接、友好的相互关系。推销人员可以通过交谈和观察,掌握健康保险消费者的购买动机,有针对性地从某个侧面介绍产品的特点和功能,抓住有利时机促成交易;可以根据健康保险消费者的态度和特点,有针对性地采取必要的协调行动，满足其需要；还可以及时发现问题，进行解释，消除健康保险消费者的疑虑，清除其不满意感。

5. 推销成果的有效性

健康保险人员推销过程是推销人员直接将健康保险产品“推”给健康保险消费者的过程，通过面对面的沟通、交谈、解疑释惑来达成交易，推销人员往往与客户之间建立起长期的关系，比非人员推销更具有人情味，因而常能当场成交，成功率较高。

（二）健康保险人员推销的基本过程

健康保险人员推销的基本工作过程一般包括寻找客户、事前准备、登门拜访、克服障碍、完成交易、售后服务等几个阶段，如图 12-2 所示。

寻找客户 → 事前准备 → 登门拜访 → 克服障碍 → 完成交易 → 售后服务

图 12-2 健康保险人员推销基本工作过程

1. 寻找客户

这一步是要找出潜在客户即健康保险消费者，他们是可能需要我们的健康保险产品并有能力购买的人群。潜在客户寻找的途径很多，比如通过现有客户介绍、朋友介绍、从报刊和企业目录或通讯录中查找等。

2. 事前准备

这一步的目的是要做到知己知彼。健康保险推销人员要尽可能多地收集备访客户的情况，包括工作情况、生活情况、家庭情况及购买决策者的性格等。还要彻底熟悉所推销的健康保险产品的各方面情况和本公司的方针，准备好说明材料及应变语言等。

3. 登门拜访

这是健康保险推销人员与潜在客户的正式接触。一开始，推销人员要力争给人一个良好的印象，赢得对方的好感。因而穿着、举止、得体的语言和自信而友好的态度都是必不可少的。短暂的客套之后，就应逐渐涉及主题，开始介绍产品，并出示说明书、证明材料、相关报道等。同时，要特别注意倾听对方的发言，以判断客户的真实意图。

4. 克服障碍

对方在听取介绍的过程中，可能会有一些异议，如怀疑健康保险产品的价值、不喜欢交易合同的条款、对本公司或产品缺乏信心等。有时这些异议的表达并不明显，只是表示需要再考虑考虑或暂不打算购买等。这就需要健康保险推销人员有敏锐的观察力和巧妙的语言能力，引导对方讲出真实意图，然后进行解释、协商、力求克服障碍。

5. 完成交易

这是前一段工作的最终目的，即获得健康保险消费者的行动。然而这一阶段并不容易。健康保险推销人员要善于察言观色，认真辨别对方的言辞举止，要采用一定的方法打动对方尽快采取行动。

6. 售后服务

交易手续完成后，健康保险推销人员还需要继续跟踪交易的履行情况，了解客户对自己的购买是否满意，帮助客户解决购买后的问题。这些工作，有利于树立保险公司的信誉，密切双方的关系，促成重复购买。

（三）健康保险人员推销的主要策略

健康保险推销人员应根据不同的推销环境、推销气氛、推销对象和推销产品，审时度势，巧妙灵活地采用不同的推销策略，吸引健康保险消费者的注意，激发其购买欲望，促成交易。

健康保险人员推销的策略主要有以下三种：

1. 试探性策略

试探性策略又称“刺激-反应”策略，即健康保险推销人员利用刺激性较强的方法引发健康保险消费者购买行为的一种推销策略。在推销人员不十分了解客户需求的情况下，事先设计好能引起客户兴趣、刺激客户购买欲望的语言，投石问路，对客户进行试探，观察反应，然后根据其反应采取具体的推销措施。比如，重点提示健康保险产品的特色和优势，出示图片资料，赠送产品说明书等，激起客户的进一步关注，并及时有效地处理客户异议，排除成交障碍，促使客户采取购买行动。

2. 针对性策略

针对性策略又称“配方-成交”策略，即健康保险推销人员用针对性较强的说服方法，促使客户发生购买行为的一种推销策略。推销人员在已经基本了解客户有关需求的前提下，事先设计好针对性较强、投其所好的推销语言和措施，有的放矢地宣传、展示和介绍健康保险产品，说服客户购买。在运用这一策略时，要使客户感到推销人员的确是自己的好参谋，是真心为自己服务的，从而产生强烈的信任感，愉快地成交。

3. 引导性策略

引导性策略又称“诱发-满足”策略，即健康保险推销人员运用能刺激客户某种需求的说服方法，引导客户采取购买行为的一种推销策略。这种策略要求健康保险推销人员能唤起客户的潜在需求，推销人员要先设计出鼓动性、引导性强的购买建议，诱发客户产生某方面的需求，并激起客户迫切要求实现这种需求的强烈动机，然后抓住时机向客户介绍健康保险产品的效用，说明自己所推销的健康保险产品正好能满足这种需求，从而引导客户购买。采用这种策略，要求健康保险推销人员具有较高的推销艺术，设身处地为客户着想，恰如其分地介绍产品，真正起到引导作用。

二、健康保险广告

（一）健康保险广告及其分类

英文广告(advertising)一词源自拉丁文 advertere，其原意是“大喊大叫”，“引起注意”。现代社会的人们生活在广告的包围之中，说起广告无人不知，但要给广告下一个明确的定义却又众说纷纭。多年来，学术界人士从各种角度，对广告进行了不尽相同的解释。综合业界人士的解释，结合健康保险营销学的实际，我们认为可以这样来定义健康保险广告。

健康保险广告是指由保险公司以公开付费的方式，通过各种传播媒体，对本公司的健康保险产品、服务和观念等所做的任何形式的非人员介绍及推广。从该定义可知，广告包含了以下内涵：①广告要有可以识别的主体。健康保险广告的主体就是保险公司。②广告的内容是健康保险产品、劳务或观念等信息。③广告传播的方式是非人员的大众传播方式。与人员推销时的人际传播不一样，广告是通过大众传播媒体进行的信息沟通，它的传播对象是大众群体而不是个人。④广告需要支付费用。保险公司作为广告主体必须为使用媒介和制作付出费用。如果不是这样，广告和一般的宣传就没有区别了。⑤广告具有明确的针对性和目的性。广告的对象是健康保险消费者或目标客户，其目的是刺激健康保险消费者的欲望，形成对公司健康保险产品、劳务的需求或对公司有利的反应。

健康保险广告可以按不同的标准分类。按广告的不同对象区分，可分为：健康保险消费者广告、代理人或经纪人广告；按广告的媒体区分，可分为：报纸广告、杂志广告、广播广告、电视广告、网络广告(网页、微信、微博、手机短信等)、招贴广告、路牌广告、邮寄广告等；按广告的直接目的区分，可分为：产品广告、组织广告和观念广告。下面仅就最后一种分类做一介绍。

1. 产品广告

产品广告即以健康保险产品为中心，以销售为目的的广告。这类广告根据其具体目标不同，又可分为三种：①开发性广告。这是一种报道性广告，即通过向健康保险消费者介绍健康保险产品的相关信息，刺激消费者的初始需求。当一种新的健康保险产品进入市场时，人们对它还不了解，市场上也无同类产品出现，因而广告的重点是向潜在客户介绍产品，以及产品能满足客户什么样的需要。其特点是针对某种产品，而不是其他方面。②竞争性广告。这是一种说服性广告，目的是使健康保险消费者偏爱本公司的特定品牌，刺激消费者的选择性需求。当市场上竞争者增多，各公司品牌之间角逐激烈时，就不宜泛泛宣传某一产品，而应突出特定品牌的优点和过人之处，以便健康保险消费者作出有利于本公司的选择。③提示性广告。这是一种备忘性广告。对于健康保险消费者已建立起信誉的产品，提醒他们不要忘记本公司的产品，刺激重复购买。这种广告有利于保持本公司产品在客户心目中的形象。

2. 组织广告

组织广告即以宣传整个保险公司为中心，以建立或提高公司声誉为目的的广告。这类广告并不直接介绍健康保险产品或宣传该产品的优点，而是宣传保险公司的一贯宗旨和信誉、强大的经济实力、历史成就、对社会的贡献等。例如，“平时注入一滴水，难时拥有太平洋”（太平洋保险），“人生无价，泰康有情”（泰康人寿），“专业·价值”（平安保险）等。这类广告又称“公共关系广告”，它是通过保险公司形象的塑造，来沟通公司与健康保险消费者的关系，使消费者对公司产生好感，从而达到促销产品的目的。

3. 观念广告

观念广告即以改变或建立某种消费观念为目的的广告。这类广告不直接介绍产品或公司，而是告诉人们一种新的消费理念或新的消费方式，通过新需要的培植来促进健康保险产品的销售。例如，“天地间，安为贵”（天安保险），“中国平安，平安中国”、“买保险就是买平安”（平安保险），“买保险就是尊重生命”（泰康人寿）等。

（二）健康保险广告的主要功能

无论是产品广告还是形象广告，其最终目的都是为了促销产品并获益。许多保险公司对广告的功效深信不疑并在广告上投入巨资，皆因广告具有以下主要功能。

1. 告知

传递信息、沟通供求是广告的基本功能，也是健康保险广告发挥的重要作用之一。在健康保险市场上，供给者主要是保险公司，需求者主要是那些需要购买健康保险的社会公众。健康保险广告的告知作用，就体现在保险公司将有关信息以广告的形式传递给健康保险需求者的广告行为所产生的作用。利用广告的重复传播，特别有利于新产品的推出，也有利于知名度的提高。

2. 劝说

广告是说服的艺术，本质上是一种劝诱术。如果按健康保险需求的程度分，可以把健康保险需求分为潜在需求和现实需求。潜在需求是处于朦胧状态的不明显需求；现实需求则是已经具有明确购买欲望的需求。潜在需求是需要诱导的，现实需求也需要说服。而广告运用各种表现形式和技巧，潜移默化地影响着信息接收者，使他们在不知不觉中被启发、被说服，改变心理和购买行为。“随风潜入夜，润物细无声”是最高境界的广告劝说效果。

3. 提示

保险公司必须时刻提醒目标客户，否则就会被客户慢慢遗忘，即所谓“眼不见，心不想”。广告能够使保险公司及其产品在健康保险消费者的记忆中历久常新，保持较高的回忆度。一旦产生与广告产品相关的需求时，对该公司及其产品的记忆就会浮现在消费者的脑海中，并影响其购买选择决策。成功的广告能够加强消费者对熟悉品牌的信念和态度。还有研究表明，广告能够影响消费者的品牌转换行为，因为广告常常提醒消费者，使之逐渐认识到该品牌的种种优点和更多的利益。

4. 支援公司的其他活动

健康保险促销组合就像一支球队，广告就是其中的一名球员，它除了自己投球得分以外，还能够配合促销组合中其他要素的活动。例如，广告可以发布有关营业推广活动的消息，吸引健康保险消费者注意新产品。广告还能够为人员推销提供支援，在推销人员与潜在客户接触前，广告就提供了公司和产品的许多信息，起到了预先推销的作用，从而使推销人员在向潜在客户介绍产品时，可大大减少所花的时间和精力。

（三）健康保险广告策略的选择

如前所述，广告是有明确目的的。目的不同，广告策略的选择也不同。常见的广告策略有以下几种。

1. 广告媒体组合策略

广告媒体是广告宣传的载体。不同的广告媒体，有不同程度的传达性、吸引性和适应性，因而各种广告媒体各有不同的特性。广告媒体最主要的四种是报纸、杂志、广播和电视。此外，还有各种户外广告、直接邮寄广告、交通广告、互联网广告等形式。

报纸是采用频率很高的一种广告媒体，它有很多优点，如宣传面广，读者众多；传播迅速，更新及时；简便灵活，制作方便；便于剪贴，便于存查；成本低廉，费用节约等。其局限性是：广告接触时间较短；登载内容多，分散对广告的注意力；单调呆板，不够精美等。

杂志也是一种印刷媒体，与报纸相比，杂志的专业性较强，读者更为稳定、集中，特别适合刊登各种专业产品的广告。杂志的主要优点有：专业性强，针对性强；发行量大，宣传面广；可以反复阅读，反复接触；专业杂志读者的文化层次较高，易于接受开拓性广告；印刷精美，引人注意等。缺点是发行周期长，广告时效性差；专业性强的杂志接触面窄等。

广播是一种大量广泛使用的听觉媒体，地理和目标客户选择性强，成本低，但由于电视广告的出现使其相对重要性大大下降。广播的优点是制作简便，传播迅速；通俗易懂，覆盖面广；灵活多样，生动活泼等。缺点是有声无形，印象不深；转瞬即逝，难以记忆和存查；广告的注意力不够集中等。

电视是现代重要和先进的广告媒体，它将视觉形象和听觉综合在一起，充分运用各种艺术手法，能最直观最形象地传递产品信息，具有丰富的表现力和感染力，是当前最主要的广告媒体。电视的主要优点有：形象生动逼真，感染力强；收视率高，深入千家万户；表现手法多样，艺术性强；可重复播放，加深收视者印象等。但缺点也很明显：一是制作成本高；二是展露转瞬即逝，无法保存；三是众多广告一起拥挤在黄金时间里，混杂而可能不会引起人们的注意。

户外广告是指在建筑物外表或街道、广场等室外公共场所设立的霓虹灯、广告牌、海报等。户外广告是面向所有公众的，所以比较难以选择具体的目标对象，但是户外广告可以在固定的地点长时期的展示保险公司的形象及品牌，因而对于提高公司和品牌的知名度是很有效的。

直邮广告是指直接邮寄宣传品等对健康保险消费者进行传播的一种方法，媒体是邮政局。其目标对象明确，并且保险公司能够针对邮寄的对象，制定特有的宣传内容，增强了直邮广告的诉求力。它还能避免其他公司的竞争压力，因为广告信息是单独地被直接送到目标对象手中的，接受者的注意不会被分散。

交通广告是流动的广告，以公共交通工具为广告媒体，主要有车站内的广告牌、公共汽车的车身广告、车载电视广告等，这种广告在人口比较集中的大城市非常有效。

互联网广告，又称新媒体广告，就是利用互联网技术和现代通讯技术实施广告宣传。新媒体广告具有反馈及时、互动性强、可建立顾客数据库、成本低廉等优点。但其不足是容易被过滤、难以衡量效果、经济落后地区不太适用。同时还要看到，新媒体广告是当前增长最迅速的广告，必须引起我们的足够重视。

保险公司在选择媒体种类时，除应了解上述各种媒体的主要优缺点外，还应考虑目标客户的习好、产品种类、广告信息、成本费用等因素，来选择具体的媒体。正确的广告媒体组合，可以增强广告效果，在心理效应上有提高广告声势的作用；把同一主题的广告分别在不同的媒体上传播，目标客户接触的机会就多，有拾遗补缺的作用；以不同的广告媒体传播同一个广告主题，还有相互补充、取长补短的作用。

2. 广告信息的选择策略

在确定了广告媒体之后，还必须根据不同媒体的特点，正确地创作与选择健康保险广告信息的内容与形式，否则，也不能取得预期效果。对广告信息的选择与评估的标准有多种。例如，美国一位市场营销学家提出三项评估标准：讨人喜欢、独具特色和令人信服；还有人提出广告信息的“爱达”(AIDA)模式。

所谓讨人喜欢，是指健康保险广告信息首先要使人感兴趣，引人入胜，使人产生购买这种健康保险产品的欲望。特别是广告标题要富有吸引力，给人留下难忘的印象。但是，吸引力本身并不是广告的目的，广告的目的是要传递信息，因此还要独具特色，让健康保险消费者了解本公司产品的与众不同之处。最后，这一信息应该是可信的或是可以证明的，坚持真实性是选择广告信息的一条极其重要的原则。广告宣传必须从实际出发，实事求是，留有余地，切忌浮夸。要特别注意信息传递的全面性和客观性，只有全面客观的广告宣传，才能增强可信度，才能使公众乐于接受，才能牢固、持久地建立起公司和品牌的信誉。

“爱达”(AIDA)模式也称“爱达”公式，是国际推销专家海英兹·姆·戈得曼(Heinz M Goldmann)总结的模式。“爱达”(AIDA)一词是英语四个单词的首写字母组成的，指健康保险广告发送出去的信息要能够引起健康保险消费者的注意(Attention)、兴趣(Interest)、购买愿望(Desire)，并最终导致购买行为(Action)。

3. 广告实施的时间策略

广告实施时间策略是指如何适当安排健康保险广告发布时间的策略。广告实施的时间要为广告目标服务，不能为广告而广告，因为广告的不同实施时间，会产生不同的效果。常用的实施时间策略有以下四种。

(1) 集中时间策略：即在较短的时间内，集中开展广告宣传，对有限的目标市场发动强有力的广告攻势，以便在短时间内迅速树立起保险公司及其产品的形象，以促进短期营销计划的实现。

(2) 均衡时间策略：即均衡地、反复地对目标市场实施广告宣传的策略。这有利于加深目标客户对保险公司及其产品的印象，达到扩大公司的知名度和加深公众的记忆度的目的。

(3) 季节时间策略：一般在销售旺季到来之前开展广告活动，当销售旺季达到高潮时，广告宣传也达到高潮，保持广告宣传与销售季节同步。

(4) 节假时间策略：在节假日之前大力开展广告活动，除了政府所规定的和民间风俗形成的节日外，各行业往往也可以人为地“制造”节日，其效果往往是出乎意料的，如淘宝网首倡的每年 11 月 11 日的所谓“光棍节”，其火爆程度是许多人没有想到的。

三、健康保险公共关系

(一) 健康保险公共关系及其作用

公共关系作为一种客观存在着的社会关系和社会现象，有着悠久的历史。但把它作为一项专门的活动，却只有不足百年的历史。现代公共关系学起源于美国，20 世纪初，著名记者艾维·李(Ivy L. Lee)提出“公众必须被告知”。1923 年爱德华·伯内斯(Edward L. Bernays)出版了其著作《舆论明鉴》，这是公共关系学的第一部经典著作。1955 年，国际公共关系协会在英国伦敦成立，标志着公共关系作为一项世界性的独立行为而存在。

健康保险公共关系是公共关系一般原理在健康保险领域的具体运用,它是指保险公司用传播的手段使自己与公众相互了解、相互适应,维护和提高公司形象和声誉,以促进公司目标实现而采取的有计划、有组织的活动。这一概念涉及四个基本要素:①主体,即保险公司;②客体,即社会公众,包括内部公众(股东、员工等)和外部公众(客户、新闻媒介、金融机构、政府、竞争者、中间商等);③传播,即公共关系主体与客体之间的双向沟通;④目标,即公共关系的目标是为了优化组织内部和外部环境,塑造良好的社会形象,增强竞争力。值得注意的是,保险公司的整体公共关系形象应该包括产品形象、服务形象、员工素质形象、环境形象和社会成员形象等内容。

一般地,作为促销手段的健康保险公共关系具有以下三种作用。

1. 树立公司形象

保险公司应争取一切机会与新闻界建立联系,利用新闻媒体及时将有新闻价值的信息传播给健康保险消费者,增强人们的健康保险意识,同时宣传本公司和本公司提供的产品,树立本公司的良好形象,以引起广大消费者对本公司和本公司的产品的注意。

2. 协调内外关系

按公共关系协调的对象分,可分为内部公关和外部公关。保险公司通过内部公关和外部公关,可以促进保险公司内部和外部各自及相互之间的交流。通过与新闻媒体沟通,可以争取新闻舆论对保险公司有利的宣传报道。通过与立法者或政府官员的沟通,可以得到地方政府、社区群众等对健康保险事业的理解和支持,获得有利于公司发展的外部环境。

3. 处理突发事件

当遇到危及保险公司的突发事件时,可以利用健康保险公共关系进行妥善处理,即危机公关,使不利影响降到最低。

(二)健康保险公共关系的主要内容

健康保险公共关系根据具体的客体不同,主要是要处理好以下六个关系。

1. 正确处理保险公司与社会公众的关系

健康保险公共关系的主要任务就是沟通和协调保险公司和社会公众之间的关系,以争取公众的理解、认可与合作。公众一般是指处于非组织状态之下的自然人。可见,保险公司所面对的公众,既包括公司的目标客户,也包括了非目标客户。因此,公司的公共关系活动必须针对所有的个人。

2. 正确处理保险公司与新闻媒介的关系

报纸、杂志、广播、电视等新闻媒介可以创造社会舆论,影响民意,间接而有力地调控着保险公司的行为。因此,保险公司应当同新闻界保持经常的、广泛的联系,通过主动合作,借助新闻媒介来争取社会公众,提高公司的知名度,打开市场局面。

3. 正确处理保险公司与政府的关系

政府机关不仅是国家权力的执行机关,而且是引导企业适应宏观经济发展要求的宏观调控者。企业的活动必须服从政府的监管。因此,健康保险公共关系工作必须正确处理与政府的关系。在遵守国家法令、自觉接受政府有关部门的指导和监管的同时,保险公司应主动与政府有关部门沟通信息,赢得政府的信任和支持。

4. 正确处理保险公司与其他企业的关系

这里的其他企业,主要是指与本公司有经济业务往来的企业,如金融机构、团体客户、代理人或经纪人等。保险公司必须和与自己有业务往来的相关企业进行有效沟通,在他们面前树立良好的公司形象,这样才有利于公司活动的顺利进行。

5. 正确处理保险公司与社会团体的关系

社会团体属于一种组织公众，它是为实现一定目的而形成的集合体，因此，社会团体对保险公司具有很大的影响作用和约束作用。保险公司应与社会团体建立和保持良好的互助关系，并通过它们来协调行业关系。

6. 正确处理保险公司内部公众关系

"服务利润链"理论认为：企业的获利能力主要是由顾客忠诚度决定的；顾客忠诚度是由顾客满意度决定的；顾客满意度是由顾客购买产品所获得的价值大小决定的；产品价值大小最终要靠工作富有效率对企业忠诚的员工来创造；而员工对企业的忠诚取决于其对企业是否满意；员工对企业满意与否主要应视企业内部是否给予了高质量的内在服务。因此，保险公司要实现自己的目标，处理好公司内部员工关系、部门间关系及股东关系，是十分必要的。可以说，没有满意的员工就没有满意的顾客。

（三）健康保险公共关系的主要形式

健康保险公共关系的具体形式多种多样，并且还在不断推陈出新。但归纳起来，主要有以下四种类型。

1. 宣传报道

健康保险公共关系的一个重要任务，就是发现或创造对保险公司及其产品有利的新闻，以吸引新闻界和公众的注意，增加新闻报道的频率，扩大影响，提高知名度。

2. 开展主题活动

主题活动是保险公司与公众直接面对面接触的沟通形式，是健康保险公共关系活动传播信息的有效载体。主题活动包括各种场合的开幕式、庆典、仪式、比赛、论证会、研讨会、招待会等。主题活动是使社会各界和公众了解本公司，树立公司形象的绝佳机会。由于社会公众能在活动中亲身感受到公司的真实形象，所以对其影响力特别大。

3. 公益服务活动

保险公司可以通过向某些公益事业给予物力或财力上的赞助，以树立本公司关心社会公益事业的良好形象，培养与有关公众的友好情感，从而增强公司的吸引力和影响力。例如，为参加大型运动会（如奥运会）的运动员提供人身意外伤害保险，为见义勇为者提供寿险，为抗震救灾、卫生突发事件、保护濒危动植物捐助等。

4. 组织宣传展览

保险公司可以组织编印宣传性的文字、音像资料，采用拍摄宣传片以及组织展览等方式开展公共关系活动。通过一系列形式多样、生动活泼的宣传，让社会各界认识和理解本公司，从而达到树立公司形象的目的。

（四）健康保险公共关系的主要步骤

在制定健康保险公共关系决策时，即考虑何时和如何运用公共关系时，一般应遵循四个相互衔接的步骤。

1. 确定目标

健康保险公共关系的基本目标是在公众中树立公司形象和产品形象，扩大影响。但每次特定的公关活动还需要有具体的目标，如建立或提高产品知名度，激励代理人或经纪人的工作热情，使潜在客户了解该产品的顾客让渡价值等。

2. 选择内容

确定了健康保险公共关系的目标之后，还要选择达到这一目标的适当的公共关系内容和方式。

通常,保险公司可以选择一些有代表性和典型性的事件、活动编制成故事或新闻形式,并借助媒体向外界传播。例如,一个新成立的保险公司希望得到更多的认知,就可以选择通过有意识地参加公益活动、举办知识竞赛等,创造可供新闻单位发表的新闻事件或故事,来树立本公司的形象。

3. 实施计划

健康保险公共关系计划在付诸实施时,常常遇到种种困难,如报纸杂志拒绝刊登已撰写好的公共关系稿件等。因此,在实施公关计划时,首先应争取得到新闻媒介的支持;其次应争取公司内部各部门和员工的支持。因为,如果没有新闻媒介的支持,健康保险公共关系活动的影响力和覆盖面就会大打折扣;而离开了公司内部各部门和员工的支持,其公关活动也会缺乏一致性、协调性和长期性。

4. 评估效果

健康保险公共关系效果的评估,可以通过比较实施公关计划前后销售额的变化来估算其效果。还有一个简单可行的办法是,统计各种大众传播媒介对本公司和产品报道的次数和长度来衡量公关活动的效果。随着社会的发展和进步,公共关系的作用将会越来越被大家所重视。

四、健康保险营业推广

(一)健康保险营业推广及其特点

营业推广又称销售促进,是促销组合中的一个重要要素。健康保险营业推广是指保险公司在特定目标市场上,利用各种短期性的激励或刺激措施,鼓励健康保险消费者更迅速、更多地购买特定的健康保险产品或服务,以增加其销售量。营业推广其作业程序及功能的发挥,都需要与其他促销要素及功能相互协调与配合,方能产生促进销售的作用。

从此定义中可以看到,营业推广具有如下特点:①营业推广是广告、人员推销和公共关系的补充措施,只是一种辅助性的促销工具,能够增强广告、人员推销和公共关系的效果,但不能代替它们。②营业推广是一种非正规、非经常性的促销活动,而广告、人员推销和公共关系则是连续的、常规的促销活动。③营业推广具有强烈的刺激性,可以获得客户的快速反应,但有效期较为短暂。

恰当运用营业推广,特别是与广告、人员推销和公共关系配合应用,是非常有效的。但是,几乎每一种营业推广的方法,都要在提供健康保险产品的同时,附加一些有实际价值的东西,来诱发客户的行动,这会增加销售成本。

(二)健康保险营业推广的常见形式

在健康保险营销领域,可供选择的营业推广形式多种多样。但保险公司在选择利用时,应该结合健康保险市场的类型、具体的促销目标、市场的竞争状况及每一种促销方式的费用来选择,避免盲目性。现实中,运用较多的健康保险营业推广形式主要有以下几种。

1. "赠送"健康保险

"赠送"健康保险即保险公司与合作厂商联合进行促销活动,在消费者购买某种大件商品或不动产时,保险公司为购买者提供一定数额的健康保险产品。例如,与房地产开发商合作,买房屋送健康保险;与汽车厂商或经销商合作,买汽车送健康保险;与大型商场合作,买大件商品送健康保险等。

2. 赠送"奖券"

赠送"奖券"即保险公司为了取悦健康保险消费者,使其对公司持续青睐,在其投保时或投保期间,一次或多次赠送"奖券"。这种奖券实际上相当于一定数额的购物券或一定金额的物品。例如,与餐饮业合作赠送结婚纪念日或生日套餐优惠券;与婚纱影楼合作赠送金婚银婚婚纱照优惠券等。

3. 优惠保险费

优惠保险费即保险公司为了使健康保险消费者连续在本公司投保，公司可以对其采取保险费优惠的办法加以鼓励。

4. 安全返利

安全返利即为了鼓励健康保险消费者在投保期间加强责任心，也为了奖励投保期间没有出现任何健康保险事故的消费者，保险公司可以给予消费者一定金额的安全返利金，以鼓励消费者继续投保。

5. 销售竞赛

销售竞赛即为了激励健康保险推销人员开发新客户，扩大业务量，保险公司或保险代理公司可以在健康保险销售人员之间开展各种竞赛活动，对业绩卓越者给予加薪、晋升或其他物质性奖励。

6. 提高代办费和介绍费

提高代办费和介绍费即保险公司为了刺激和鼓励健康保险代理人、健康保险经纪人更好地协助其开展工作，可以采取提高代办费或介绍费的促销手段，来调动他们的积极性。

7. 举办健康保险咨询活动

举办健康保险咨询活动即保险公司为了增加人们的健康保险知识，扩大公司的影响力，提高公司的形象，可以定期或不定期地举办各种保险咨询活动，通过咨询达到扩大销售的目的。

（三）健康保险营业推广的管理过程

健康保险营业推广的管理过程，主要包括明确活动的目标，选择营业推广的手段或工具，确定活动的时机、强度和范围等方面。

1. 明确目标

健康保险营业推广的目标要与促销组合的其他方面结合起来考虑，相互协调配合。在目标中，要明确推广的对象是谁，要达到什么目的。例如，对象是中老年人，目的是与竞争对手抗衡，激励健康保险消费者更多地购买本公司的产品，使销售额增加 5%。这就是一种比较具体的目标。

2. 选择工具

由于每一种健康保险营业推广的工具（手段、方式、方法）对各类客户的吸引力不同，到达目标的能力也有差别。因此，保险公司应根据目标对象的特点、产品的性质和市场地位、竞争对手的活动、费用限制等各种因素综合分析选择。

3. 规划实施

涉及四个方面的具体规划：①要对发动营业推广的时机作出判断。②要对活动时间长短作出决定。时间太短，可能遗漏许多目标客户；时间过长，不仅开支的费用过大，还可能削弱推广的效果。③刺激强度的决定。这个问题与选择的工具有关，刺激过大，是一种浪费，短时间效果可能很好，但时间一长，效果会呈递减趋势，甚至可能造成客户对产品质量的怀疑；而刺激过小，则不会引起客户的兴趣，达不到推广的目的。④对营业推广的范围和途径作出决定。即要确定实施的范围有多广，在什么地点和场所实施，通过什么途径传递给目标客户等问题。

4. 实施评价

健康保险营业推广方案实施后，效果评估是一件重要的事，应予以重视。常见的评价方法是将营业推广前、营业推广后和营业推广进行中三个时期的销售额进行比较，以评估其促销效果。

1. 什么是健康保险促销？它有哪些作用？
2. 简述健康保险促销的影响因素。
3. 简述健康保险促销策略的主要方式。
4. 什么是健康保险人员推销？并简述其推销过程和主要推销策略。

【案例】

新华保险:《争分夺秒》传递保险正能量

理赔作为保险功能的核心体现，一直为客户和业务伙伴所关注。为了将公司"以客户为中心"的战略核心呈现于大众面前，让更多人知道保险理赔，了解保险理赔，新华人寿保险总公司客户权益部与品牌传播部联手，推出了品牌宣传微电影——《争分夺秒》。电影首映当天点击量即超过75万次，微博转发6700次，荣登搜狐视频原创频道和新浪热门微博推荐榜。"理赔领域每天接触的都是案例，每个案例背后都有一个故事，以微电影的形式最能够展现生动、鲜活的理赔故事，引人观赏。"新华保险客户权益部相关人员对《广告主》杂志说。

(一) 以真实细腻打动客户

微电影《争分夺秒》改编自真实案例，故事温暖而励志。以一个理赔新人成长的历程为线索，将电影的三个事件串联起来，分别将新华保险3G移动理赔、重大出险事故应急响应机制和理赔公益关怀三个特色理赔服务项目植入电影情节，是保险企业第一部理赔主题的微电影。让大家在了解理赔的同时，感受到企业积极进取的精神。情节紧张而不失温馨，生动感人地将公司服务叙述给观众，满满的都是企业责任、社会关怀的保险行业正能量。

当问及是否担忧过电影的广告性质太明显而影响网上点击率时，新华保险权益部的这位负责人显得很自信："剧本完全出自于公司理赔队伍对本职工作的感悟和体会，并根据真实案例制作。公司的理赔故事很多，在几分钟内选取哪几个进行展示是创作过程中最大的难点，公司理赔部门与品牌部门针对脚本经过反复讨论与修改才得以定稿。每个理赔案件的背后都有一个故事，承载着家庭的悲欢离合，情节真实细腻，足够吸引人，不会因广告性质影响点击率。"

据悉，影片中扣人心弦的重大紧急案件处理，对于新华保险理赔人员来说，已形成常态化机制。仅2012年一年，为应对北京特大暴雨、山西火锅城爆炸、山西旅游大巴翻车、河南农民工舍己救人等重大突发事件，新华保险共启动重大紧急案件应急响应处理机制156起，累计排查出险人超过2700人，慰问330余人，其中主动寻访识别公司客户245人，共计101人涉及保险责任赔付，给付保险金额超过318万元。

(二) 更具体、更直观、更易传播

新华保险权益部工作人员告诉《广告主》杂志："微电影推出后，我们对一线销售人员进行了调研，大家普遍认为公司以往使用的宣传片不够吸引人，微电影新颖的形式让人感同身受。"在11分钟的微电影中，新华保险"争分夺秒"的时间观念深入人心。

与其他宣传形式相比，微电影的表现手法更加直观具体。3G移动理赔作为一项新型理赔服务，单凭文字的描述很难体现其价值。在电影中，3G移动理赔被置于相应的背景下，借一位持怀疑态度的女客户来代替受众提出疑问，并由工作人员边进行理赔边给予解答，直观明了，大大降低了受众理解的难度。重大出险事故应急响应机制和理赔公益关怀则放在同一事件中，前者重点渲染公司对于事故处理积极认真的态度，点到为止。后者则作为关键章节，不仅描述具体服务，更使整个电影的情节与精神得到升华。片中理赔员黄轩和同事救下车祸遇难者家属的父亲，并在随后一年中经常探望独居老人的情节，正是理赔公益关怀的缩影，也是保险行业的社会价值所在。11分钟长的微电影，新华保险既可讲清楚一个故事的来龙去脉，观众也可以利用各种碎片时间看完整个剧情。"目前看来，《争分夺秒》所产生的品牌效应是令人满意的，对于树立公司的品牌形象，拉近与客户的距离都

起到了很好的作用。但作为一家保险公司,所拥有的媒体传播资源不多,在宣传推广上还是受到了一定的局限。”新华保险权益部的工作人员最后对《广告主》客观分析道。

作为一项特殊服务,保险理赔对于大部分消费者来说是陌生而模糊的。传播理赔知识、提升消费者保险保障意识和行业整体形象,是每一家险企义不容辞的责任。对此,新华保险今后还将进一步探索,希望通过更多公众喜闻乐见的传播方式,宣传公司“以客户为中心”的经营战略,积极向社会传递保险正能量。

微电影营销在理赔领域的尝试获得成功后,新华保险又紧接着制作了用于宣传一线增员的微电影。据悉,《争分夺秒》也有拍摄续集的计划,将进一步深入宣传理赔知识与保险的意义。

(资料来源:韩婧.2013.新华保险:《争分夺秒》传递保险正能量.广告主,(12):71)

思考:

1. 新形势下健康保险广告的形式如何创新?

提示:应与时俱进,充分发挥新媒体的魅力。

2. 健康保险各种促销策略的核心和精髓是什么?

提示:客户至上、服务至上、真情至上。

拓展阅读

整合营销沟通

整合营销沟通(integrated marketing communication,IMC)是在20世纪90年代初由美国西北大学唐·舒尔茨教授提出的,是指将与企业进行市场营销有关的一切沟通活动一元化的过程。通俗地说,整合营销沟通就是综合、协调地使用广告、公共关系、营业推广和人员推销等促销方式,传递本质上一致的信息,以达到销售目的的一种营销手段。过去,企业常常把促销组合的诸要素视为相互独立的决策和行动,这样就容易出现各种促销方式的不协调,“各唱各的调,各吹各的号”,传递给消费者的信息支离破碎甚至互相矛盾。现在,IMC理念则认为,各种沟通要素的整合运用是获得成功沟通的必要条件。

在这种新理念下,成功的营销者,他们将营销沟通组合组织得如此紧密,以至于只要看看这个品牌在不同媒体上的广告,再看看各种各样的活动,你就能马上看出这个品牌是在用一个声音说话(Spencer Plavoukas,1990)。即整合营销沟通是一个系统工程,特点是“多种渠道,一个声音”,追求1+1>2的效果。

整合营销沟通,是发展和实施针对现有的和潜在的顾客的各种劝说性沟通计划的长期过程。IMC的目的是对特定沟通受众的行为施加影响或直接作用。IMC认为现有的和潜在的顾客与产品或服务之间发生的一切有关品牌和公司的接触,都可能是信息的传播渠道。进一步可以说,IMC运用与现有和潜在的顾客有关并可能为其接受的一切沟通形式。总之,IMC的过程是从现有和潜在顾客出发,反过来选择和确定劝说性沟通计划应采取的形式和方法(舒尔茨,1993)。

整合营销沟通是一个体现综合计划附加值的营销沟通概念,该计划将对各种传播准则的战略作用进行评估,如普通广告、即时反应广告、营销推广和公共关系,然后将这些准则结合起来,产生出清晰、连贯而又强大的传播作用(舒尔茨,1993)。

整合营销沟通是将事物视为一个整体的新方法,而过去我们只看到局部,如广告、公共关系、销售推广、购买、员工沟通,等等。它是以顾客的眼光经过重新部署的传播方式,而顾客将传播视为一种源头不明的信息流(舒尔茨,1993)。

整合营销沟通是多种传播声音的战略协调,其目的是通过协调营销组合中的广告、公关、促销、直效营销及包装设计等因素，充分利用劝服性传播对消费者和非消费者(即零售商、销售人员、舆论领袖)受众的影响(Esther Thorson，1996)。

综上所述，IMC 强调在与消费者沟通时，为了达到理想(明确、一致、高效)的沟通效果，要将营销沟通要素如广告、公共关系、营业推广、人员推销、赞助营销、直接营销、POP 沟通等相互配合，整合成一体，与品牌的市场定位相一致，与产品、价格和分销渠道相协调。

(资料来源：摘编自吴涛，王建军. 2005. 市场营销管理. 北京：中国发展出版社，379)

第十三章
健康保险营销管理

在保险公司的各项经营管理活动中，保险营销管理是其最主要的内容之一。特别是随着健康保险营销渠道的多元化发展及对健康保险营销人员要求的不断提升，保险营销管理在保险公司发展中显示出越来越重要的地位。本章在介绍健康保险营销管理的概念、程序和类型后，重点分析了健康保险营销活动管理的四个环节和健康保险营销团队的建设和管理，最后阐述了健康保险营销风险管理的相关知识。

第一节　健康保险营销管理概述

一、健康保险营销管理的概念和程序

保险公司营销管理简称保险营销管理，是一个满足消费者保险需求的管理过程，是识别、分析、选择和发掘保险营销机会，实现保险公司的任务和利润目标的管理过程，也是保险公司与其最佳的市场机会相适应的过程。

保险营销管理的程序是指进行保险营销这项管理工作要经历的基本过程、步骤。主要包括分析保险营销机会、保险市场细分与目标市场的选择、制定保险营销策略、组织执行和控制保险营销活动四个步骤。

（一）分析健康保险营销机会

寻找、分析和评价市场机会是健康保险营销管理过程的首要步骤。市场营销管理人员总是先通过对环境的分析找到有利于保险公司的机会，然后再针对这个机会去开展营销管理工作。所谓保险营销机会，是指对本公司的营销活动具有吸引力，能够使本公司取得竞争上的优势和获得差别利益的市场机会。保险市场上未得到满足的保险需求能否成为保险公司的营销机会，主要看它是否适合本保险公司的目标和资源；能否使本保险公司在保险市场上扬长避短，发挥竞争优势，比现实的竞争对手和潜在的竞争对手获得更大的差别利益。保险公司营销管理任务就是要善于抓住机会，克服威胁，以适应新的保险营销环境。保险营销管理人员不仅要善于寻找、发现有吸引力的市场机会，而且要善于对所发现的各种市场机会加以评价，决定哪些市场机会能成为本企业有利可图的企业机会。

（二）健康保险市场细分与目标市场的选择

在选择了适合于本公司的保险营销机会之后，保险公司需要进一步通过市场细分准确地发现市场需求的差异性及其满足程度，并结合自己的资源状况和市场环境条件，选择自身发展的目标市场。健康保险市场细分是指根据健康保险市场上健康保险消费者的需求、爱好、消费习惯、购买能力等方面的特征，把某一个或某一组健康保险产品的市场整体划分为若干个需求、愿望大致相同的健康保险消费者群体的市场分类过程。目标市场，就是保险公司为满足现实或潜在的健康保险产品和服务

需求而开拓的特定市场,即准备为之提供健康保险产品和服务的客户群。保险公司确定了自己的目标市场之后,还需要给自己一个准确的市场定位。健康保险市场定位就是指保险公司设计自己的企业形象,确定向客户提供何种健康保险产品和服务的行为过程,目的是在客户心目中做到独树一帜。恰当的定位不仅使公司或健康保险产品为更多的客户所接受和认同,而且使公司能充分利用本身的优势和资源,抓住竞争对手的弱点和缺陷,从而在市场上具有持久的竞争力。

(三) 制定健康保险营销策略

在选择目标市场并进行定位以后,接下来就是要确定营销的策略。健康保险营销策略是一种组合性策略,即保险公司针对目标市场的需求对费率、险种、服务、信誉、代理、广告等可控制的各种环境因素进行优化组合和综合运用,使之协调配合,扬长避短,发挥竞争优势。在所有的健康保险营销策略中,最基本的营销策略是险种策略,最关键的营销策略是费率策略、分销与促销策略等。在确定健康保险营销策略时,要注意的是,首先营销组合中的各要素之间的搭配要遵循综合性、系统性的原则,目标是使主要因素和每一主要因素内部的子因素之间均实现最佳搭配。其次,要遵循动态性原则,营销组合中的每一个因素都在不断地变化发展,每一次的变动都会引起整个营销策略的变化,形成新的组合性策略。

(四) 组织执行和控制健康保险营销活动

这是健康保险营销管理的最后一步,其主要内容是组织保险公司的所有共同营销资源,根据本公司的市场定位,制定相应的营销战略战术,以实施和控制健康保险营销活动。

二、健康保险营销管理的类型

根据市场上对健康保险产品的需求水平、时间和性质的不同,可归纳出七种不同的需求状况。在不同的需求状况下,健康保险市场营销管理的任务是不同的。

(一) 扭转型营销管理

扭转型营销管理是针对负需求而实行的一种营销管理。负需求是指健康保险消费者对健康保险产品或其中的某些险种抱有反感。针对负需求,营销管理的任务就是分析市场上的健康保险消费者为什么不喜欢健康保险产品,以及是否可以通过积极的营销措施来改变健康保险消费者的信念和态度,从而使负需求变为正需求。

(二) 刺激型营销管理

刺激型营销管理是针对无需求而实行的一种营销管理。无需求是指健康保险消费者对健康保险产品或其中的某些险种毫无兴趣或漠不关心。针对这种情况,营销管理的任务就是通过刺激型营销措施,设法引起健康保险消费者的兴趣,刺激需求,使无需求变为正需求。

(三) 开发型营销管理

开发型营销管理是与潜在需求相联系的一种营销管理。潜在需求是指有相当一部分健康保险消费者可能对健康保险产品有一种强烈的渴求,而健康保险市场上的现有险种却又无法满足这一需求。营销管理的任务就是首先衡量潜在市场的范围,努力开发设计新险种,然后设法提供能满足潜在需求的险种,将健康保险市场上的潜在需求变成现实需求。

（四）恢复型营销管理

恢复型营销管理是针对衰退的需求而实行的一种营销管理。营销管理的任务就是分析需求衰退的原因，决定能否通过开辟新的目标市场，改变险种特色，或者采用更有效的沟通手段来重新刺激需求，使健康保险消费者已经冷淡下去的兴趣得以恢复，即通过创造性的险种再营销来扭转需求下降的趋势。

（五）同步型营销管理

同步型营销管理是针对不规则需求而实行的一种营销管理。不规则需求是指在不同时间、不同条件下健康保险消费者的保险需求量不同，因而与保险供给不同步。保险公司就可以通过灵活的缴费方式、推销和其他刺激手段来改变需求的时间模式。

（六）维护型营销管理

维护型营销管理是针对充分需求而实行的一种营销管理。充分需求是指当前需求在数量和时间上同预期需求已达到一致。这时，营销管理的任务是在面临健康保险消费者偏好和兴趣发生变化和竞争日益激烈时，努力维持现有的需求水平，防止出现下降趋势。

（七）限制型营销管理

限制型营销管理是针对超饱和需求而实行的一种营销管理。超饱和需求是指健康保险产品或其中的某些险种的需求量超过了保险公司所能供给或所愿供给的水平。营销管理的任务是设法暂时或永久地降低需求水平，即低营销，来限制市场上对这类险种的需求量。

第二节 健康保险营销活动管理

一、健康保险营销活动的计划

健康保险营销计划是由健康保险营销部门制定的运作计划，是保险公司为了占领目标市场和完成预定的营销目标而制定的营销行动方案。为了达到和完成营销目标，就必须制定详细周到的健康保险营销计划。健康保险营销计划是贯彻和体现保险公司营销观念和方针，有效实施营销战略，完成公司市场营销阶段性任务，是实施整体营销目标的保证，属于战术计划里的一种。

（一）健康保险营销计划的类型

1. 从时间跨度上划分

（1）长期计划：一般来说，长期计划的时间跨度多在5年以上，其内容主要包括保险公司的发展目标和发展方向。

（2）中期计划：一般来说，中期计划的时间跨度为1~5年。其内容与中级和一线管理人员的日常工作有更多的直接关系。中期计划较为稳定，受环境因素变化的影响较小，是大多数保险公司制定营销计划的重点。

（3）短期计划：一般是指年度营销计划，它对保险公司一年的营销目标、营销策略及实施步骤做了较为详细的规定，对保险营销管理人员的日常工作有更大的影响作用。

2. 从功能上划分

健康保险营销计划包括销售计划、广告计划、分销计划、促销计划、新险种开发计划、市场调研计划等。

3. 从内容上划分

（1）品牌计划：即单个品牌的市场营销计划。

（2）健康保险产品类别计划：是关于一类健康保险产品的市场营销计划。

（3）新健康保险产品计划：是在现有健康保险产品上增加新健康保险产品项目，进行开发和推广活动的市场营销计划。

（4）细分市场计划：是面向特定细分市场、健康保险消费者群的市场营销计划。

（5）区域市场计划：是面向不同国家、地区、城市等的市场营销计划。

（6）客户计划：是针对特定的、主要健康保险消费者的市场营销计划。

（二）健康保险营销计划的内容

现实中，保险公司的营销计划虽然类型很多，但一份完整详细的保险营销计划，一般由以下八个部分组成。

1. 编制营销纲要

营销纲要是对营销计划的主要营销目标、措施、建议及各项指标给出的简明概要，是体现整个营销计划本质的要点。高级管理人员在读过实施纲要之后，能够对该营销计划的意图、实施建议、实施所需费用、预期达到的效果等核心内容一目了然。

2. 市场营销状况分析

主要市场营销状况分析主要是指应用市场信息、情报等资料，对保险公司当前的营销状况作出明确的分析，主要包括市场情况分析、健康保险产品情况分析、竞争情况分析、分销渠道分析、宏观环境分析。

3. 机会与问题分析

对保险公司机会分析应以营销现状为基础，对企业素质、企业能力、企业营销目标及营销环境等内外因素进行综合分析，找出优势、劣势和机会，避免威胁和管理风险，争取效益。

4. 营销目标

营销目标是营销计划的核心部分，是在分析营销现状并预测未来营销机会的基础上制订的。营销目标必须以定量的术语表达要实现的目标和所需要的时间。其包括全部的健康保险产品目标、健康保险产品系列目标或市场目标；为完成每个营销职能（如广告、分销、新人招收、培训、定价及促销）计划所需的更特殊的目标。具体来讲通常包括保费总收入、市场份额、现有代理人数量、新健康保险消费者、续保率、代理人收入、有效保单、代理人的平均业绩、代理人佣金与费用的比率等。

5. 营销策略

营销策略是实现营销目标的计划。保险公司可以采用一种或多种营销策略来实现特定的目标，包括目标市场的选择、市场定位、健康保险产品价格策略、健康保险产品组合策略等。

6. 行动方案

行动方案规定了具体的行动步骤，把营销策略转化成了具体的行动措施。管理人员必须使策略转化为战术和行动方案。例如，将采取什么行动；何时何地如何采取；谁负责每一行动的实施；每一个行动的成本是多少；行动产生的结果怎样；可能发生的不确定因素及评估行动结果的方法。

7. 预算（预计盈亏报告表）

由于公司的资源是有限的，因此预算为管理人员提供了对一项营销计划或行动方案的成本和利润预测进行估计的手段，有助于管理人员监督行动方案的执行，以确信它们没有偏离营销目标且处于适当的成本幅度内。健康保险营销计划中的预算通常包括销售预测、详细的营销及其他成本清单、盈亏平衡分析、现金流量预测及估测该计划预定盈利能力的手段。

8. 控制和评估

控制是对计划执行过程的控制。为了保障健康保险营销活动的顺利进行,营销管理者必须能够应对突发情况,连续不断地控制和监督各项营销活动。营销计划的评估则主要是从进度和成本方面入手。目标的实现情况和预算的遵守情况是评估的主要手段。

二、健康保险营销活动的组织

保险公司可以以多种方式组织其营销活动,每个公司必须选择最适合其管理和营销理念、规模、健康保险产品、分销渠道、目标市场和其他各种特征的组织机构。健康保险营销计划要靠组织去实施,否则再好的计划也无法最终实现。一般来讲,保险公司是通过设立营销部门来完成营销任务的。不同的公司会根据其具体情况和要完成的目标来设计适合于自己的营销组织结构。常见的营销部门组织结构有以下四种。

(一)按职能设置的组织结构

最常见的营销组织结构是按职能设置的组织结构。保险公司营销部门的主要职能是:营销调研和信息管理;险种开发和费率厘定;销售和分销;广告、促销和宣传;客户服务;培训;营销管理等。是分而设置还是相互结合,取决于保险公司的规模和特定需要。在职能性组织结构下,管理这些主要职能领域的员工直接向负责组织和协调其活动的公司营销总经理报告,如图 13-1 所示。

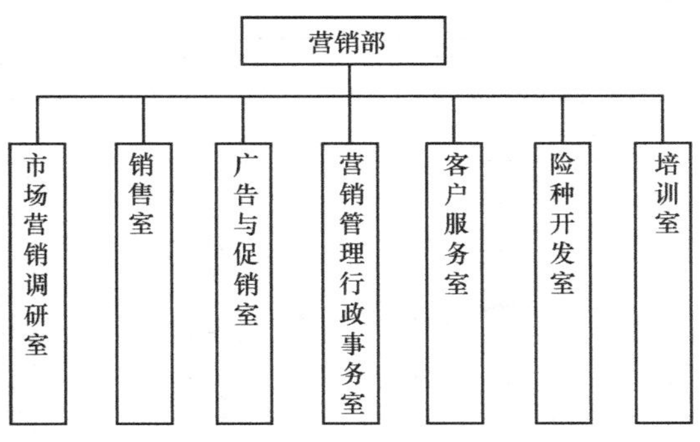

图 13-1　按职能设置的组织结构图

职能型营销组织结构的优点主要是行政管理简单,而且注重开发每一个具体营销领域的管理和技术能力。在集中营销运作的小公司和仅向完全同质的客户群提供少数健康保险产品系列的大型的集中经营的保险公司中,采用职能性营销组织结构一般效果较好。然而,随着险种的增多和市场的扩大,这种组织类型的弊端也不容忽视。一是由于没有人对一个险种或一个市场负全部责任,因而就没有按每个险种或每个市场制定的营销计划,因此有些险种和市场很容易被忽视;二是各职能部门为获得更多的预算和较其他部门更高的地位而竞争,在部门之间的协调上会遇到难题。

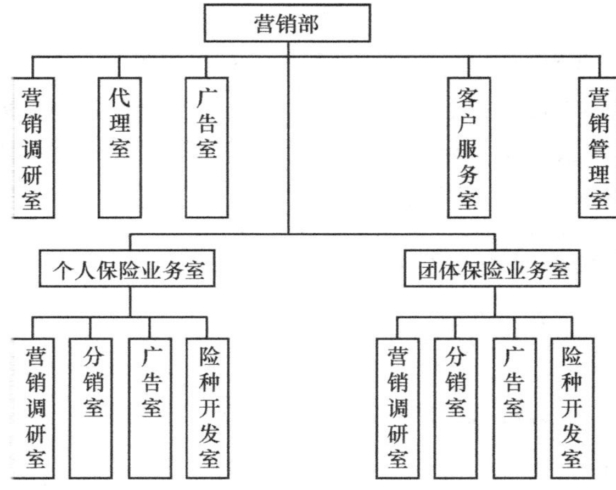

图 13-2　按险种设置的组织结构图

(二)按险种设置的组织机构

职能型营销组织机构通常不适合提供较多而非单一险种系列的保险公司,因为一个险种系列所需要的营销方法与另一个险种系列所需要的营销方法完全不同。因此,提供多险种系列的保险公司一般根据险种来组织其营销活动,如图 13-2 所示。在这种类型的组织结构中,由专人负责某具体的险种,这些人员被称为健康保险产品经理。

险种型营销组织结构的主要优点是:健康保险产品经理可以协调他所负责健康保险产品的营销组合策略;健康保险产品经理对所管

理的健康保险产品在市场上出现的问题能及时作出反应;健康保险产品经理对自己所管理的险种都很重视,从而小的险种或品牌不会因无人管理而遭忽视;为培训年轻的营销管理人员提供了最佳机会。其缺点在于容易产生一些矛盾冲突,因为健康保险产品经理权力有限,他们必须和广告、推销等部门合作;健康保险产品经理只是自己负责健康保险产品方面的专家,但不熟悉其他业务;健康保险产品管理系统的成本往往比预期的组织管理费用高。

(三)按健康保险消费者设置的组织结构

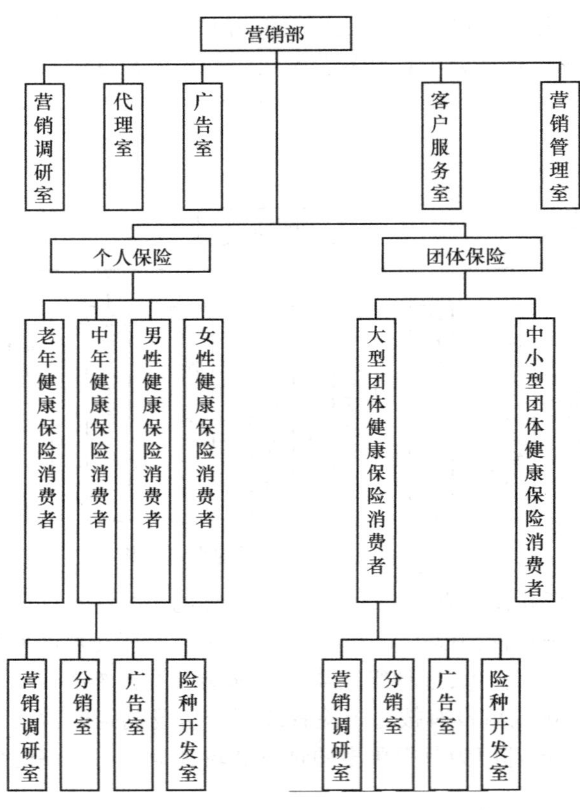

图 13-3 按健康保险消费者类型设置的组织结构图

当某保险公司或其险种的健康保险消费者具有明显的需求特征时,通常按特定的健康保险消费者类型或公司经营的细分市场来组织营销运作,如图 13-3 所示。例如,设置专门关注个体健康保险消费者的营销部门和关注团体健康保险消费者的营销部门。同时,再进一步下投诸如关注老年健康保险消费者、中年健康保险消费者、男性健康保险消费者、女性健康保险消费者等的营销部门。在每一类型的健康保险消费者营销科室下再设相应的营销职能科室。

这种结构类型的优点是:公司可根据不同的保险消费群体的需要开展一体化的营销活动,而不是把重点放在相互隔离开的健康保险产品或区域上。

(四)组合型营销组织结构

以上几种基本框架的每一种结构都有可能发生很大的变化。最常见的变化就是将上述组织结构进行组合。例如,某保险公司可能按险种和健康保险消费者类型设置营销部门,然后按营销的具体职能设置每一个具体险种的部门;也可以按营销的具体职能组织某些营销活动,按险种系列或健康保险消费者类型组织其他营销活动。

采用组合型营销组织机构,公司可以开发一个灵活的营销组织,既满足公司执行营销策略的需要又满足健康保险消费者的需要。公司为了更好地服务于目标市场,要经常调整其营销组织结构。一般来讲,最好的结构是能够最有效地开展营销活动的最简单的结构。

三、健康保险营销计划的执行

健康保险营销计划执行是指将营销计划和策略转化为行动任务并付诸实施的过程。执行计划要有一个具体的行动方案,该方案要具体规定谁去执行、在什么时间、什么地方、怎样进行的问题。营销策略的实施是通过营销经理、分销人员、客户服务人员、险种开发人员、广告和其他营销人员,甚至在一些与营销关系不密切的其他员工的日常经营活动来进行的。在实施过程中,特定的个人负责执行完成营销目标所需的工作,营销管理者制定行动计划,规定将要做什么、由谁去做、何时去做及如何去做,并允许管理者为了达到目的而协调策略和方法。为了保证每一个人对自身的责任有清楚的理解,营销管理者必须有效地将这些计划传输给那些将要执行计划的人员。

保险营销策略执行的内容通常包含以下六个方面。

(一) 制定健康保险营销行动方案

为了有效地实施保险营销策略,必须制定详细的行动方案。这个方案应该明确营销策略实施的关键性决策和任务,并将执行这些决策和任务的责任落实到个人或小组。另外还应包含具体的时间表,定出行动的确切时间。保险营销行动方案要回答的问题是:策略执行的任务有哪些?哪些是关键性的?如何完成这些任务?采用什么样的措施?本企业拥有什么样的实力?

(二) 建立健康保险营销组织结构

保险公司的营销部门在营销策略的实施过程中有决定性的作用,营销部门将策略执行的任务分配给具体的科室和人员,规定明确的职权界限和信息沟通渠道,协调部门内部的各项决策和行动。建立保险营销组织结构要解决的问题是:本企业的营销组织结构是什么样的?各科室的职权是如何划分的?信息是如何沟通的?

(三) 设计健康保险营销决策和报酬制度

为实施保险营销策略,还必须设计相应的决策和报酬制度。这些制度直接关系到策略执行的成败。以保险公司对推销人员工作的评估和报酬制度为例,如果它是以短期的保费收入为标准的话,推销人员的行为必定趋于短期化。设计保险营销决策和报酬制度要回答的问题是:哪些制度最重要?主要控制因素是什么?信息是如何沟通的?

(四) 开发人力资源

营销策略最终是由营销部门的工作人员来执行的,所以人力资源的开发至关重要。这涉及管理人员与推销人员的考核、选拔、培训和激励等问题。在考核选拔营销人员时,要研究是从企业内部提拔还是从外部招聘更有力;在招聘、培训及激励推销人员时,要从长计议,切忌目光短浅。这一阶段要回答的问题是:本企业尤其是营销部门员工的技能、知识和经验各如何?他们的期望是什么?他们对企业和营销工作是何种态度?

(五) 建设保险公司文化

保险公司文化是指保险公司内部全体员工所共同持有和遵循的价值标准、基本信念和行为准则。企业文化对企业经营思想和领导风格、对员工的工作态度和作风均起着决定性的作用。由于企业文化体现了集体责任感和集体荣誉感,甚至关系到员工人生观和他们所追求的最高目标,它能够起到把全体员工团结在一起的“黏合剂”的作用。因此,塑造和强化保险公司文化是执行保险营销策略不容忽视的一环。建设保险公司文化要回答的问题是:员工是否具有共同价值观?共同价值观是什么?它们是如何传播的?

(六) 保险营销策略执行系统各要素之间的关系

为了有效地执行健康保险营销策略,健康保险营销行动方案、营销部门的组织结构、营销决策和报酬度、人力资源、保险公司文化这五大要素必须协调一致,相互配合。这一阶段要回答的问题是:各要素是否与营销策略相一致?各要素之间是否配合协调?

四、健康保险营销活动的控制

任何一家保险公司都处在动态的营销环境中,不管营销计划如何谨慎的执行,环境的变化或公司本身的变化都会破坏营销执行过程,并可能使既定的目标无法完成。因此,营销管理者必须监控执行过程,以便尽快地发现偏离计划之处,并采取纠正措施以利于按目标实施计划。所谓的保险营销控制就是指营销管理部门和人员以营销计划为依据,通过测量和评价营销策略和计划实施的情况,提出改进措施和建议,促进营销目标有效实现的过程。

营销管理人员找出偏差并分析出现偏差的原因后,可以采取一些措施来改变这种情况。例如,改变执行策略的行动计划、以不同方式实施行动计划、制定新策略、修改计划目标、改变目标中既定的业绩标准等。例如,如果营销管理者确定对营销员培训不够是问题所在,就会实施一个新的行动计划去改善培训,或调整现行计划,使它包括必要的培训。

健康保险营销管理者采用的营销控制形式有以下四种。

(一)年度计划控制

年度计划控制是对公司在年度计划中制定的销售、利润和其他目标实现情况加以控制。通常,年度计划控制包括五项主要内容。

1. 销售分析

销售分析是根据销售目标对实际销售业绩进行评价。它是考核销售状况、评估企业目前业绩的一种手段。保险公司通常按健康保险消费者、地理位置与险种系列进行分类分析,具体的销售分析类型包括总销售量或保费收入、新单保费收入、续保保费收入、签单量、续保率、已售出保单的平均承保额、新健康保险消费者数量、采用的分销渠道类型、风险类型(标准、次标准、优良)、支付的首年佣金等。

2. 营销市场份额分析

营销市场份额分析是指对本企业在整个市场竞争中的地位所作的判断与评价。衡量营销绩效的好坏,不能仅着眼于企业自身销售的增减方面,必须综合分析市场竞争大环境的变化后再作结论。如果企业某险种的市场总需求量增加了50%,而其保费收入却只增加了8%,也不能说明取得了好的营销效果。营销市场份额分析包括对潜在营销市场份额、有效营销市场份额、合格营销市场份额与已渗透营销市场份额的分析。

3. 健康保险消费者态度跟踪分析

健康保险消费者态度跟踪分析是一种定性的营销控制手段,是指通过建立专门机构来追踪健康保险消费者对本企业新险种及服务的态度。对健康保险消费者态度进行跟踪分析时,通常采用的分析有以下几种。

(1) 意见和建议制度:即收集来自健康保险消费者的各种口头和书面意见与建议,将其汇总成册,并提交管理者,管理者再根据所反映意见的集中程度进行原因分析,制定相应措施。

(2) 健康保险消费者调查:是指定期向随机抽取的健康保险消费者送调查表,请他们对公司员工及营销员的服务态度、险种等作出评价,并将其反馈给管理者。

(3) 健康保险消费者固定样本调查小组:即选定某些健康保险消费者作为固定调查对象,让他们定期通过电话或邮寄调查表的方式陈述自己对公司提供的险种和服务的看法。

健康保险消费者态度跟踪分析是通过健康保险消费者的反应态度来评价企业营销绩效的,所以它比企业内部的各种自我分析更有意义。

4. 营销费用率分析

营销费用率分析是营销管理者在进行营销费用分析时最常用的方法。营销费用是指从事营销活动的各种职能所发生的费用支出,如广告、营销调研、推销等支出。营销费用率是指营销费用与销售额的比率,如广告支出与销售额之比、营销调研与销售额之比等。可用于营销费用率分析的指标有:每售出1000元保险金额的营销费用比率、每1000元新保费收入的营销费用比率、每1000元续保保费收入的营销费用比率、收到每份投保申请的营销费用比率、签发每份保单的营销费用比率等。营销费用率分析能使营销管理者确定各营销职能领域在促销中发生的费用情况,从而找出潜在的经营问题。

(二)盈利率控制

盈利率控制是指测定各类健康保险险种在不同的地区、不同营销市场、通过不同分销渠道销售的获利能力,以确定实施的营销策略的有效性,并帮助市场营销管理者决定哪些险种、哪些细分市场应予以扩大,哪些应缩减甚至放弃。

盈利率分析可以通过以下步骤进行:

(1)确定职能性费用:将销售健康保险产品、广告、包装等活动发生的费用全部列出。

(2)将职能性费用分摊到各个营销实体:测量每一渠道的销售所发生的职能性支出,与其营销努力作一比较。

(3)为每一个营销渠道编制一张损益表:以每一渠道的销售占总销售额的比例为依据,将所发生的营销费用分摊到各个销售渠道,从该渠道的毛利中减去这笔费用,就得到该渠道的利润。

(三)效率控制

效率控制是对不理想的营销活动和销售队伍、广告、促销等加以调整,一般包括队伍效率控制、广告效率控制和促销效率控制三个方面。队伍效率控制要求营销管理者经常掌握营销队伍的几个关键性指标,如每个营销员每天访问客户的次数、所需时间、成功率等,进而分析访问的次数多还是少,花费的时间长还是短。广告效率控制是相对较困难的事情,因为要真正衡量某一险种从广告支出中获得的好处是多少几乎是不可能的事,不过,营销管理人员至少要掌握每一媒体工具触及的人数、健康保险消费者对广告内容的反应等。促销效率控制则要求掌握每次促销活动的成本及对保费收入的影响。

(四)战略控制

战略控制是对保险公司的发展战略及其与保险营销环境的适应程度加以考核和控制。在营销活动中,制约保险公司的各种目标、政策、战略和计划的因素经常发生变化,各家保险公司都必须及时加以调整,以使公司的目标、政策、战略和计划与营销环境相适应。为此,可用营销审计作为工具,定期重新评估公司的营销战略及其实施情况。

保险营销审计是从更广泛的角度检查保险公司的营销活动,是对企业的营销环境、目标、策略、方法、行动步骤、组织结构及人员进行系统性考核及评价,以便确定营销活动的难点所在,寻求新的营销机会,并提出行动计划与建议。

营销审计的目的是确定一家公司出现问题的范围和时间,检查公司营销活动的优缺点,并推荐行动计划以改进营销业绩。多数营销审计是综合性的,涵盖了影响公司营销业绩的所有因素。一家公司也可以安排较小规模的营销审计,以检查操作性问题或重新审视营销活动。

第三节 健康保险营销团队管理

一、营销团队的含义及发展历程

（一）营销团队的含义

营销团队是指是由负责营销工作的员工和管理层组成的一个共同体，它合理利用每一个成员的知识和技能协同工作，解决问题，达到共同的营销目标。对于健康保险公司来说，拥有一支高效的健康保险营销团队无疑是至关重要的，因为正是营销团队中的每一位销售人员的营销活动促成了企业营销目标的最终实现。

（二）营销团队的发展历程

任何一个营销团队，都要经历四个发展阶段的磨合过程，这四个发展阶段分别是：创建期、磨合期、凝聚期和整合期。营销管理者对此都要有清醒的认识，在具体工作中根据各个阶段的不同特点安排工作。同时，要认识到各个不同阶段的侧重点，结合团队领袖有的放矢地对团队施加影响，以更好地实现既定的组织目标。

1. 创建期

创建期的团队生产力处于较低水平，队员之间在工作上短期内无法达到配合默契的状态，需要团队成员尽快地适应新的环境。随着相关培训的展开，以及团队内部成员间的积极沟通，这种情况会逐渐的得到改善。就创建初期来说，较低的生产力水平应该属于常态。而经常被忽视的一点是，来自组织上层的一些深层原因还是会制约团队成员工作能力的充分发挥。团队创建期最重要的是明确团队的目标和愿景，这对增强团队凝聚力以及形成团队的集体荣誉感至关重要。

团队领导在这个阶段要时刻强调团队的目标，并且展现出充分的自信和必胜的信心。同时在工作上要处处照顾新成员，帮助大家共同进步、共同提高，利用不同的机会对大家作出的成绩及时鼓励，表扬团队出现的好现象。督促每一个团队成员尽快进入紧张有序的工作状态。团队领袖要更多地关注新成员的点滴进步，鼓舞大家的士气，和大家一起面对困难寻找解决方法，使团队成员产生一种情感依赖。但是千万不能以长者的口吻颐指气使，应该这样，应该那样。同艰苦、共患难，才能逐步建立团队领袖的威信。一个学习型团队的形成，团队领袖要承担更多的责任和义务。

创建期因团队规模大小不同，一般都需要1~3个月时间。如果团队成员在这个阶段选择离开，多数情况下属于观念冲突，挽回的可能性非常小。顺利的度过创建期，需要团队内部成员之间坦诚的沟通，彼此尊重，才能为接下来进入实质性的团队合作打好基础。

2. 磨合期

磨合期的动荡是每一个团队都要经历的特殊时期。能否进行有效的磨合，并顺利地度过这段敏感的时期，对团队领导及团队领袖的综合能力是一个坚决的考验。必须区别对待新老队员的不同情况，适时地加以引导，使团队逐渐形成一种坦诚开放的积极气氛和紧张有序的工作状态，否则真正的核心团队根本无法实现。或者即使表面上相安无事，实际上为日后团队的进一步发展留下了更大的隐患。团队达到有效磨合的标志是团队成员坦诚相见、配合默契，每一个人都找到了自己在团队内的位置，在大家的心目中，团队的整体目标和成员的个体目标相辅相成，团队凝聚力初具雏形，生产力稳定提高。

团队领导在这个敏感的时期，要注意以下几点：①密切注意团队进步情况，每天利用一切机会与每一个队员充分沟通实际工作中遇到的具体问题，帮助大家分析问题并提供解决方案。

②建立标准的工作规范,并身体力行。这是统筹团队各项工作的关键。③积极寻求解决问题,抓住一切利好的机会鼓舞团队士气,争取以自己在工作上的突破,为团队树立榜样。④善于树立典型,对于取得突出成绩的队员要尽可能地为其争取荣誉,号召大家向优秀者学习。团队领袖的任务是促使团队成为一个学习型的组织,同时适时协调队员之间的冲突,利用合适的机会跟大家谈理想,谈人生,谈团队的愿景,谈对工作的信心,在共同解决具体问题的过程中建立队员之间情同手足的感情。

团队磨合期一般在2~6个月时间,团队成员能坚持走过这个时期,将会成长为团队的中坚。在这个时期选择离开者,多数是由于不适应这个工作,在强大的工作压力下身心俱疲,因而选择退出。

3. 凝聚期

度过了动荡不安的磨合期,团队很快就会进入高产的凝聚期,每一个人都适应了自己在团队中定位,大家在一起配合默契,工作技能和工作效率均大幅度提高。这个时期会逐渐形成独有的团队特色,团队荣誉感很强。在凝聚期团队的士气高涨,即使面对极富挑战性的工作,也会表现出很强的自信心,如果个人不足以独立完成工作,会自然地寻求合适的团队成员配合,甚至在特殊的情况下自我激发潜能,超水平发挥,取得意想不到的成功。在凝聚期每一个队员都会表现出很强的主观能动性。

作为这个时期的团队领导,应该尽可能地使大家分享领导权,以便于队员有更大的自由度投入工作。在这个基础上,为队员制定更有挑战性的目标,最大限度地扩大团队胜利的成果。对工作能力突出的优秀队员,要使用物质和非物质激励手段,在团队内部为其树立威信,争取打造成为队员身边的英雄。同时,进一步促进学习型组织建设,使之成为团队文化的一部分。而团队领袖也因其卓越的人格魅力成为团队成员信赖的人。也许大家会对团队领导怀有一种敬畏的心理,但对一个贴心的团队领袖,则无话不谈。

凝聚期一般在3~10个月的时间,甚至更长。组织领导应该尽可能地使其保持更长的时间,因为这个时期的团队无疑是最有战斗力的高绩效团队,是战无不胜的团队。引导得当,不但可以用最小的投入为组织取得最大的效益,而且可以为组织的持续发展提供宝贵的中层执行人才。如果有队员在这个时期选择退出,组织领导有责任全力挽留,实在挽留不住也要为其准备送别宴会,增强感情沟通。

4. 整合期

团队实现了自己的阶段性目标之后,必然要进行组织整合。整合过程其实就是组织调配力量,为下一个目标进行筹备的前奏,也可能是经过短暂的总结之后,组织需要进行流程再造,通过调整团队的人员配置而实现组织集中优势兵力的目的。虽然如此,团队成员的变动还是不可避免地使团队重新进入创建时期的轨道。即使新的团队成员从前彼此认识或者比较熟悉,整合成为一个团队之后还是会经历从创建、磨合到凝聚的整个过程。这个时期一般也没有太大的工作压力,团队士气相对平稳。特别要说的是,生产力水平还是一样会高位运行,团队成员继承了前一时期的工作作风,对日常工作显得游刃有余。

这个时期团队领导应该增强与队员之间的私人交流,借以修复工作紧张时期因压力过大而扭曲的亲和形象,这将对以后团队领导的个人发展起到不可估量的重要作用。相对于组织整体目标,中层团队领导个人的号召力会使其在工作中事半功倍。团队领袖除同样可能面临组织调整之外,这个时期还是要更多地承担起协调日常工作的任务,不能因团队领导事务繁忙而放松了日常管理。我们有理由相信,作为一个自信的团队领袖,这个时期必将表现得更加优秀。

整合期一般不会超过1个月,如果团队成员在这个时期选择离开,多数可以理解为早有预谋。人各有志,也在情理之中。

二、营销团队专业化增员流程

保险业的增员是指保险营销人员在市场中运用专业知识和工具，通过介绍自己、介绍行业和公司，来达到吸引各界人才加盟保险营销工作的一系列专业行为。对于保险行业来说，优秀的人力资源是发展事业的核心，有效的增员是公司持续、稳定发展的基础。增员流程是指保险营销员（增员者）在组织发展过程中，依据专一化的流程，运用专业知识和工具，通过若干专业步骤来达到吸引各界人才（被增员者）加盟保险营销工作的过程。

保险公司专业化的增员流程一般包括以下七个步骤。

（一）确定增员条件

确定增员条件主要解决什么样的人适合从事健康保险营销这个工作的问题。这个问题并没有固定的答案，但有两个基本条件是增员对象必须具备的。

首先，要求从业者有强烈的事业心，要立志将保险当成自己的终身职业，做到永续经营；同时又要充满爱心，关心客户，关爱他人，不能只顾眼前利益，把保险当成赚钱的工具。所以增员选择，首先要注重人品。其次，还要注意增员对象的性格取向，要选择那些自信心强、充满激情、敢于拼搏而又有韧性的人加入行销的行列。具备了这两条，那么不同素质、不同层次、有无专业背景的人都可以做保险。所以业内有人把增员的标准归纳为两句话：意愿比条件重要，人品比能力重要。

（二）开拓增员的来源

开拓增员的来源主要解决如何开拓增员渠道，从哪里增比较快的问题。常规的增员渠道主要有以下几种。

1. 缘故增员

缘故增员即从身边所认识的人开始。例如，亲戚、朋友、同学、邻居等。缘故增员是五个渠道中最重要也是最容易的一个渠道。采用这种渠道增员的好处在于：首先，拥有的市场最大，缘故市场可供我们选择的人员无穷无尽；其次，成本最低，可以在日常经营维护缘故市场的同时，潜移默化地不断渗透；再次，选择准确，因为彼此了解，所以容易准确判断是否符合增员标准；最后，易于管理，保险销售团队管理的特点在于要求成员彼此之间能够高度配合，而配合的前提是彼此信任，只有缘故才会彼此信任，配合默契，和谐稳定，忠诚度高，发展更快更好。

2. 陌生增员

陌生增员即碰到谁觉得合适，就邀请谁，也叫随缘增员。这种增员渠道实施起来难度较大，需要掌握比较高超的技巧和方法，得到陌生人员的信任。此外由于缺乏对增员对象的深入了解，所以此方法的成功率较低。

3. 转介绍增员

转介绍增员即通过自己的熟人或客户转介绍，这种增员渠道也是应用较为广泛的一种渠道，个人的力量及交际范围毕竟有限，如果能够很好地利用周围熟人及客户的人脉资源，则可以获得意想不到的收获。

除以上介绍的增员渠道之外，还可以通过招聘、人才市场等渠道来实现增员。

（三）初步激发兴趣的面谈

初次面谈是与增员对象的第一次直接接触，主要目标是激发对方产生加入健康保险推销事业的兴趣，此外简要说明并推销“选择过程”的必要性，获取对方重要的背景资料及完整的个人履历资料。在初次面谈中可以请被增员者做性向测验以更全面地了解其性格特质。

（四）描述职业生涯的愿景

描述职业生涯的愿景也叫看相册，即看目前团队中成员的成就，以此激发其兴趣。具体可以向被增员者介绍关于行业和公司的相关背景，介绍自己及目前团队成员的历史和成就，并向被增员者描绘自己未来的职业生涯愿景。这一过程可以使被增员者对其未来从事的事业获得更多的自信心和荣誉感，激发其加入该事业的决心。

（五）深度的面谈

深度面谈是双方进行双向交流沟通的环节。通过前面一个环节的介绍，被增员者可能会感到非常的有兴趣，会进一步提出一些问题。例如，如果加入我将做什么？我如何学习销售？我的回报是什么？我如何度过过渡期？等。此时，需要增员人员掌握一些回答的话术，以加强被增员者的信心。

（六）承诺面谈

当被增员者有加盟意愿后，接下来就要进行承诺面谈。承诺面谈的作用在于帮助被增员者从开始就建立正确的观念；明确其在培训和入行后应该做的基本工作；知道团队能够提供的支持；最终取得新增人员的承诺。主要采取一对一正式的面谈法。

（七）建立人才库

这是增员的最后一个环节，即将新增人员纳入储备，进行重点关注、动态管理。保险公司要想建立一支专业化的营销团队，在需要人才的时候，永远有合适的人选，就必须合理地从社会和企业内部予以引进、培养和储备人才，并定期对本企业已聘人员进行评估和管理，调整、安排好人才的职务，提拔有实力的员工，确保他们是工作在最适合自己的职位上，从而发挥其最大潜力。

三、搭建合理的营销团队组织架构

随着保险公司向更多样化的健康保险消费者销售更多的险种、健康保险消费者了解健康保险产品的方式激增等因素的影响，营销团队必须不断调整其组织架构。好的组织架构，是指最能够符合业务需求的结构，因此，根据不同的健康保险产品或方案，可以发展出很多种不同形态或架构的组织。保险公司搭建合理的营销团队组织架构应注意以下几个方面。

（一）目标明确

不管是重新筹建团队，还是对既定的团队模式进行优化、改革，一个明确的目标是所有团队开展工作的前提。目标清晰，行动统一、是营销团队达成发展愿景的先决条件。

（二）分工明确

组织结构要清晰地反映在大目标下，每个成员的具体工作任务，要没有重叠和空白，这样的组织设计才是干练和高效的。

（三）最佳的管理跨度

管理跨度就是一个管理者管理下属的权责范畴，这种权责往往有一个最佳临界点。一个团队的各级管理者究竟选择多大的管理跨度，应视实际情况而定，影响管理跨度的因素有：管理者的能力；下属的成熟程度；工作的标准化程度；工作条件；工作环境。

（四）最佳的管理阶梯

所为阶梯是指从上而下的不同管理阶层划分。与管理跨度一样，管理阶梯也会有一个最佳层级。

（五）权责对等

为保证团队设计高效运转，权利与责任的一致性显得尤为重要。所谓权责对等原则也就是权责一致原则，是指在一个组织中的管理者所拥有的权力应当与其所承担的责任相适应的准则。

（六）集权分权

绝对集权或者绝对分权都是不完善的，唯有将集权和分权结合起来，才能达到最佳效果。集权的最高境界是有效约束下属，但是不会影响下属正常履行职责，尚能激发下属积极性。分权也要在保证下属工作自由的前提下，不致失控。

第四节　健康保险营销风险管理

一、健康保险营销风险识别

随着健康保险市场的不断发展，营销风险也相伴而大，营销管理者必须深入了解营销风险的内容及其危害，并采取措施、抓住机遇、防范损害，才能使企业健康发展。所谓保险营销风险，就是指在保险公司营销过程中，由于各种事先无法预料的不确定因素带来的影响，使保险公司营销的实际收益与预期收益发生一定的偏差，从而有蒙受损失的可能性。进行营销风险管理的第一步是要进行风险识别，这是风险管理的基础。只有在正确识别出自身所面临的风险的基础上，企业才能够主动选择适当有效的方法进行处理。

产生营销风险和影响其风险大小的因素主要包括环境因素、信息因素、商业因素、管理因素等诸多方面。其中，环境因素、信息因素、商业因素是产生风险的外因，企业的营销组织管理因素是内因。

营销风险识别包括筛选、监测和诊断三个步骤。筛选即按一定的程序将具有潜在风险的健康保险产品、过程、事件、现象和人员进行分类选择的风险识别过程。监测是在风险出现后，对事件、过程、现象、后果进行观测、记录和分析的过程。诊断是对风险及损失的前兆、风险后果与各种原因进行评价与判断，找出主要原因并进行仔细检查的过程。

二、健康保险营销风险分类

（一）按引发营销风险的因素

按引发营销风险的因素分类，可将营销风险分为营销纯粹风险和营销投机风险。营销纯粹风险主要包括财产风险、营销责任风险和营销人员风险等。所谓财产风险是指与保险公司财产有关的风险。这里的财产包括保险公司的健康保险产品和品牌、商誉等有形与无形资产；所谓营销责任风险主要有健康保险产品责任风险、雇主责任风险、合同责任风险及广告责任风险等；而营销人员风险，一方面指的是营销人员因面临疾病和非正常事故而导致的风险，容易造成重要营销人员损失、信用损失及业务损失。另一方面指由于主客观因素造成推销人员推销健康保险产品不成功的状态，也就是人员推销风险，主要包括推销人员知识、技巧、责任心等方面的不完备而呈现的各种状态。营销投机风险主要包括购买风险、销售风险。购买风险包括购买方式风险、物资质量风险、物资价格与时间风险、选择供贷单位风险；销售风险包括竞争机制、市场预测的准确性和营销决策对销售的风险影响因素、合同风险、信用销售风险、销售人员道德和心理风险及分销渠道风险等。

（二）按营销风险的来源

按营销风险的来源分类，可将营销风险分为营销内部风险和营销外部风险。营销内部风险是指来源于营销主体自身因素的风险；营销外部风险是指来自于营销主体外的风险因素导致的风险。

（三）按营销风险存在的条件

按营销风险存在的条件分类，可将营销风险分为静态市场营销风险和动态市场营销风险。静态市场营销风险是指在社会经济运行正常的情况下，由于自然力的不规则运动或人们的过失或错误行为导致的风险；动态市场营销风险是指在市场营销条件变化的情况下，在市场营销活动中产生损失的可能性。例如，健康保险消费者消费观念发生了变化等。

（四）按营销风险的可控程度

按营销风险的可控程度分类，可将营销风险分为可控风险和不可控风险。可控风险是指由人为因素造成的，在一定程度上可以预测和部分控制的风险；不可控风险是指保险公司自身无法左右和控制的风险，此类风险大部分为突发性的、难以预测的自然风险和社会风险。

（五）按营销风险的影响程度

按营销风险的影响程度分类，可将营销风险分为战略性营销风险、管理性营销风险和一般性营销风险。战略性营销风险是指保险公司的营销活动风险对企业的生存与发展直接产生了重大影响，时间长、涉及面广；管理性营销风险是指保险公司的营销活动风险对企业某一阶段的经济活动产生了收益与损失，其影响是可控的；一般性营销风险是指保险公司的营销活动风险只对企业某一项具体营销活动本身产生影响，而对企业其他经营活动不造成或产生可控的影响。

三、健康保险营销风险管理原则和对策

（一）健康保险营销风险管理原则

1. 事前管理

对于健康保险营销风险管理而言，事后控制不如事中控制，事中控制不如事前控制，保险公司必须建立免疫系统，防患于未然。

2. 数量化佐证以衡量风险程度

在进行健康保险营销风险管理时，保险公司需要将不同风险的级别程度予以量化考核，即风险度的测定。风险度的计算对风险管理有重要的指导意义：一是可以在众多影响因素中找出重要部分；二是有利于提高风险管理的效果和效率。

3. 预设最坏的情境

在进行健康保险营销风险管理时，管理者应将可能发生的风险及带来的损失按照其最大的破坏程度做出提前的准备，如果风险真发生了并如同预期般严重，也不至于手足无措。

4. 模拟评估

在健康保险营销风险管理时，管理者应对风险进行模拟评估，以进一步加强对营销风险管理工作的指导和整体推进，找出组织在营销风险管理中存在的问题与差距，促进营销风险管理工作的深

化与完善。

5. 弹性化调整

由于健康保险营销市场和保险公司内部均处于不断变化发展之中,因此,保险公司面对的营销风险也是处在动态变化之中,这就要求管理者对健康保险营销风险管理应灵活,管理方法及标准要有充分的弹性,以适应不断变化的风险状况。

(二)健康保险营销风险管理对策

1. 加强市场营销环境的调查研究,是市场营销风险控制的根本性措施

保险公司从设计保险健康保险产品开始,到分销和促销活动的全过程,都必须深入市场,进行调查研究。通过市场的调研活动,掌握相关的情报资料信息,包括顾客需求信息、竞争者信息、国家宏观经济及相应的政策信息、国际政治与经济形势及其他信息。保险公司的营销活动,必须在充分掌握了相关信息资料的基础上才能顺利展开,否则保险公司营销活动就会产生风险。

2. 建立风险防范与处理机构

在变化的市场环境下,保险公司在运营中风险随时都可能发生,因此建立风险防范与处理机构就如同建立营销机构一样重要。风险防范与处理小组的工作应包括以下几个方面:在企业内部建立风险预防的规章制度,并督促制度的贯彻执行;调查研究相关信息资料,对公司客户的信息和能力进行分析和评定;在日常管理工作中进行风险处理演练,以提高对风险处理的应对能力,强化职工的风险防范意识;在企业出现风险后,由风险防范与处理机构统一处理风险事件。

3. 正确面对发生的风险

当风险产生以后,如何面对风险,是决定风险能否正确和顺利处理的关键。风险的发生会给保险公司带来损害,也可能给社会、顾客带来损害。首先应该诚实地面对社会和顾客,一方面,最大限度地减少对社会和顾客的损害,另一方面快速采取措施制止风险的扩大和扩散。如果风险产生后,企业回避、推托、甚至辩解,反而会使风险扩大,损害增加。

4. 依法处理

风险产生后,保险公司应该迅速地运用法律武器来处理风险。国家为了规范市场行为,保护公平竞争,维护企业合法权益,制定了一系列相关的经济法律和法规,如《合同法》、《价格法》、《反不正当竞争法》等,企业决策者应该了解相应的法律法规,在营销活动中依法办事。在日常业务往来中,企业对一些具有潜在风险的业务,首先要依法鉴订好合同,鉴订合同是预防风险的第一道门槛。其次,当因为对方的原因而给企业造成风险后,应该当机立断,积极寻求法律途径处理风险。

5. 提高企业员工素质

保险公司营销活动中的一些风险,是由营销人员素质不高或其他主观因素造成的。例如,有些营销人员因不熟悉所推销保险健康保险产品的相关知识而发生销售阻碍就属于员工素质问题而产生的营销风险。因此,加强企业员工素质的培训与提高,是控制保险公司市场营销风险的重要措施之一。

1. 健康保险营销管理的步骤有哪些?
2. 健康保险营销管理的类型和内容是什么?
3. 健康保险营销组织有哪些类型,各自的缺点是什么?
4. 专业化增员流程包括哪些步骤?
5. 健康保险营销风险管理的策略主要有哪些?

【案例】

一个大学生保险营销团队的成长史

在中国人寿保险股份有限公司北京市分公司,有一支完全由大学生组成的新型营销团队,这就是直属销售部。截止到2010年6月,直属部持证人力已达到274人,团队平均年龄为27岁,91%的人具有本科以上学历,其中具有硕士学历和海外留学经历的有22人。团队现有主管28人,初级以上理财师180人,团队留存率达到79.8%,人均期交保单6.5件,人均首年期交保费19.3万元,人均月收入达6850元,同比增长18.1%。

(一) 充满艰险的挑战

“组建团队之初,直属部就我一个人。随着工作的展开,几乎所有的角色我都要扮演,领导、员工、讲师、组训、保安,既要组织说明会,又要招聘新员工,甚至连职场的布置装修也得亲自考虑。”面对采访者,黄华兵——北京市分公司直属销售部总经理回忆起以前的日子,心中感慨万千。

2006年5月,为了落实寿险公司关于积极拓展中高端市场的指示精神,北京市分公司成立了直属销售部。面对业内人士的怀疑和朋友们的关心,黄华兵义无反顾地接受了公司任命,挑起创建高绩效团队的重担。作为一个新生事物,高绩效团队的发展道路还有许多艰难与曲折。启动筹建工作后,团队发展很快遇到了阻力。黄华兵回忆说:“2006年下半年,直属部只有60个人,而且很不稳定,业绩也不理想。当时,最突出的反映就是前期市场调研不够充分,对于困难预估不足,而且筹建初期,许多大学生从业经验少,自我定位过高,不符合营销员成长规律,这也造成了增员困难不好培养、团队浮躁波动等现象。同时,由于人均产能较低,导致公司投入产出严重不符,为此这条创新之路也饱受争议和怀疑。”

面对危机,黄华兵苦苦思考解脱之方。他一方面多方寻求上级领导的信任与支持;另一方面全心投入工作。团队创建一年时间,黄华兵的体重由126斤(1斤=0.5kg)减到了96斤。他天天常驻办公室,整理工作思路,建立各项制度,鼓励和教导新员工,就是春节放假,他也不休息。

随着团队发展新思路的确立,全体营销人员也变得坚韧而沉着起来。2007年,直属部团队建设慢慢走出了低谷,人员达到105人,业绩也向着良性发展。黄华兵认为:“我个人感觉,几乎每个大学生团队将来都要过这个坎儿。直属部能够顺利度过危机,一是我们得到了公司党委总经理室的亲切关怀和正确指导;二是大家不抛弃不放弃,迅速调整发展思路,进一步明确发展方向,从而逐步扭转了被动局面,探索出了一条具有中国人寿特色的高端团队之路。”

(二) 目标:“五高型”团队

随着中国保险业的高速发展,市场细分程度日益精深,高端客户因其巨大的发展潜力和业务价值成为了各家寿险公司争夺的目标客户,也成为公司销售渠道致胜的关键所在。

早在北京分公司直属部成立之前,部分同业公司也已经构建了类似的团队,在北京,这样的团队就有五六个。不过,许多同业公司的尝试在遇到阻力后,纷纷选择了放弃或者员工化。面对严峻的市场挑战,北京市分公司确定了直属部的发展愿景:建立一套未来可以复制的营销团队日常经营与管理体系,建立一支能开拓和服务于中高端客户的高素质销售团队,培养一批有利于北京分公司销售渠道持续健康发展的营销主管和管理人才,对北京中高端客户市场进行强势渗透,树立绝对优势的主导品牌,积极为公司销售业绩改善和销售队伍转型积累经验。

围绕上级的定位要求,并结合部门愿景,黄华兵制定了详细的高端团队建设5年规划,不论面对何种困难,直属部都要始终按照既定方向,坚定不移地走下去。他还提出,直属部在5年内一定要实现投入产出持平。为实现这一目标,黄华兵的目标是把高端团队建设成为一支“高学历、高素质、高产能、高绩效、高收入”的“五高型”团队,并把“高绩效”和“高收入”作为团队经营的核心重点,用高产能锻造人,以高绩效成就人,用高收入留住人。

（三）梦想与激情

直属部的营销人员绝大多数是80后，这一代人自我意识强烈，思想活跃，而责任感和抗压抗挫能力又普遍较弱，如何将他们培养成合格的销售人员成为摆在黄华兵面前的一大难题。俗话说，做事先做人，黄华兵在部门内坚持诚信合规教育常抓不懈，坚持每日晨会诵读诚信誓词，强化法制教育，强调违反法律法规的严重后果；在销售过程中，规范销售话术，严禁误导欺诈，同时通过树立诚信典范，鼓励大家向诚信标兵学习，逐步引导销售人员树立长远发展的人生目标，让他们深刻认识到诚信是公司和个人基业长青的根基。此外，感恩文化也是团队文化建设的重要组成部分，通过培训、庆生会和感恩征文等各类活动，积极倡导大家要常怀感恩之心，感谢公司、部门、领导、同事、客户、家人、朋友等一切给予自己帮助的人，使年轻的伙伴们在关爱感恩的氛围中，逐步健康成长为有事业、有爱心、有责任积极向上的社会人。

资料来源：和讯网 2010 年 7 月 23 日

思考：结合案例分析保险营销团队的发展过程及特点。

提示：按照营销团队经历四个发展阶段来分析。

拓展阅读

增员屏障突破之道

我经常问代理人伙伴一个问题："增员难不难？"他们往往毫不犹豫地回答我说"难"。我跟他们讲，其实"增员"本身并不难，难的是"去增员"，难的是"to do"。很多的代理人伙伴，在增员工作中受了几次挫折之后，就产生了莫名的恐惧心理，不敢走出去，"去"增员。正所谓"一朝被蛇咬，十年怕井绳"。因此，在团队组织发展工作中，我们的代理人伙伴，必须克服并战胜恐惧心理，必须掌握增员障碍突破之道。有一则故事，是讲一位中国老太太随着旅行团到美国玩，回国后逢人便讲："美国的小孩子真是太聪明了！"别人问她何故，老太太说："美国小孩子那么小就会讲流利的英语，真是不得了啊！"其实生活的很多事情，我们都只是片面地看问题，得出片面甚至错误的判断或结论。在代理人队伍中也常常有类似这种判断。有些人看到那些团队人力庞大、增员工作进展顺利的主管，便会以羡慕甚至崇拜的口吻说："他们真厉害，简直不可思议。"在当前各家保险公司争相招聘代理人的竞争态势之下，增员工作，其实就是一场"没有硝烟的战争"。我经常讲，"要想在战争中赢得胜利，必先融入战争！"其实环境的不同，增员的效果就会完全不一样，如果我们能融入到增员工作中去，营造出一种好的增员环境、氛围，我们的增员工作，就会像美国小孩会说一口流利的美式英语一样容易、自然。而不会闹出故事里中国老太太的那个笑话。如何融入到增员工作中去？我们要把增员工作作为一种常态来抓。只要你有增员的意愿和习惯，你的取胜机会和成功的人都是一样的。为什么？我们知道，往往推销做得好的人，增员工作也不会差。因为两者的本质都是推销，而且增员更具有卖点，卖保单，是教人如何付钱，利益在未来，亲人和家庭的责任是重点；谈增员，教人赚钱，利益在眼前，事业和前途是重点。事实上，获得增员与业绩的共同秘诀都是"see more people"。与增员工作不同，由于推销是个人事件，旁人看不到，而且保单销售成功的案例大多会被加以大力渲染，所以一般人往往看不到失败的一面。但增员工作，旁人很容易看到失败过程，当事人在取得成功之前的挫折和困难，往往会对其他有增员意愿的同事产生负面影响。代理人在从事增员过程中，如果了解这些内在相关因素后，就可突破障碍、排除顾虑，以积极正面的心态开展增员工作，进入增员通途了。一般人总认为，进入保险业，主管通常先让新人学习保险知识、演练销售技巧，让新人留存下来，因此这一期间新人增员的观念不强。然而新人却会因看到主管辅导不易，失败率高，而心生畏惧，对于增员敬而远之，这种心态甚至陪着他一路走过。其实这种看法是不妥的。以保险团队日常经营经验值来看,增员成功率应高于推销成功率。要掌握增员障碍突破之道,当然还得明晰增员的利益之大,远远高于个人保费产生的FYC(佣金)这个道理,毕竟“重赏之下必有勇夫”,这个有益于增强增员动力的心理建设必须强化。推销保单的收益是“自己给自己攒钱”,招揽新人的收益却是“他人为自己攒钱”。增员工作做得好,团队一旦稳定壮大,则收益将长年不断,而且对于所增员到的人,只要留存下来就一定对团队有贡献,而且其中的佼佼者,往往会推进团队的气氛和发展速度,让全体伙伴形成统一的组织发展意识和增员氛围,促进整个团队进入经营管理上的良性循环。在增员心态上作了克服与突破,在组织工作上作了努力与推动,那么,在增员方法上,我们也要改进和创新。“成功吸引成功,民工吸引民工”,克服增员障碍,我们也要注重外在形象,合理运用科技工具。我们可将增员资料夹改用手提电脑来替代,一个计算机的容量是平面工具的千百倍,而且借由声光动画可以吸引更多的求职者注意。我们可以打开公司网站,网站上的资料最为新颖和准确,又富有权威,准增员对象可以通过网络了解最详实的信息并增强信赖度。更有甚者,如果是多人同时求职,我们可通过手提电脑,制作精美的PPT(幻灯片)连接到投影机上,办一场生动的创业说明会,引起应聘者的现场共鸣,也将促进增员工作的成功。有了这些突破增员障碍之道,“去”增员确实不难,关键在于团队全体伙伴有共识,有方法,大家平时多商量、多打气、造氛围,开展增员工作的团队作战。

资料来源:增员屏障突破之道 http://wenku.baidu.com/view/83e87ba0284ac850.ad024235.html

第十四章

健康保险营销客户关系管理

健康保险营销中，客户关系管理十分重要，它是能最大限度地满足客户保险需求，提升保险公司业务发展水平的一种营销策略。客户关系管理，要求企业在经营管理与营销活动中，要以客户为中心，注重客户关系管理是保险公司获得长期竞争优势的重要渠道。保险公司的客户关系管理涉及保险公司经营的全过程，涉及公司的各个部门，是一种管理机制，是一整套管理技术，是一项公司战略。本章在阐述客户关系管理的定义、内容、意义和方法的基础上，介绍客户关系管理的各项技能，包括客户分类管理、客户满意度管理、客户忠诚度管理和客户抱怨管理，并分析健康保险营销中如何进行有效的客户沟通。

第一节　健康保险营销客户关系管理的概述

一、客户关系管理的涵义

（一）客户关系管理的定义

客户关系管理的概念首先是由高德纳·格鲁布提出的。他认为，客户关系管理能够为企业最大限度地留住顾客，创造收益，提供全方位的管理理念，完善企业的客户沟通能力。

著名的营销管理大师科特勒提出了营销学发展中经历的五种经营观念：生产观念、产品观念、推销观念、市场营销观念和社会营销观念。上述五种市场经营观可归为两大类：一类是传统经营观念，包括生产观念、产品观念和推销观念，出发点是以卖方的要求为核心，可认为是一种“以产品为导向”的经营观念；一类是新型经营观念，包括市场营销观念、社会营销观念，出发点是消费需求为核心，可认为是一种“以客户为导向”的经营观念。以产品为导向的4P理论在变化的市场环境中出现了一定的弊端，以追求客户满意为目标的4C理论应运而生。它带来了两个理念上的革新：一是企业的经营重心由服务客户代替了产品营销；二是企业不再只关注客户带来的实时业务收入，更关心客户的长期开发价值。企业可以通过对客户长期服务来获取长期的交易机会，从这个角度来讲，客户服务也是生产力。

健康保险客户关系管理是指保险公司为更好地利用客户信息，提升客户满意度，在现有的业务基础之上，通过客户信息管理，发掘客户潜在保险需求，最大限度地满足客户保险需求，提升保险公司业务发展水平的一种营销策略。值得指出的是现代客户关系管理的概念不仅包括了已经跟保险公司发生业务关系的客户，还包括了目标客户、潜在客户及业务合作伙伴。从保险营销的角度来讲，客户关系管理贯穿于保险营销的全过程。

保险公司需要与客户建立彼此满意的长期关系，以赢得双方长期、稳定的业务往来，客户关系管理就是这种关系建立的关键。客户关系管理，要求企业在经营管理与营销活动中，要以客户为中心，注重客户关系管理是保险公司获得长期竞争优势的重要渠道。保险公司的客户关系管理涉及保险公司经营的全过程,涉及公司的各个部门,是一种管理机制,是一整套管理技术,是一项公司战略。

1. 客户关系管理是一种管理机制

客户关系管理的目标是建立保险公司以客户为中心的管理机制,维护和推进保险公司与客户之间的关系,形成良性、有效、敏锐的互动关系。保险公司能够通过识别客户需求和变化,为保险公司的销售活动、产品定价、售后服务等工作提供相关的信息,从而提高保险公司的综合业务能力和经营管理水平,维护好保险公司与客户之间的关系,从而使得保险公司能够提升效率,降低保险公司的运营成本,提高保险公司的市场竞争力。

2. 客户关系管理是一整套管理技术

客户关系管理的背后有着一整套信息管理技术的支撑,它是互联网、电子商务、集成数据库、数据收集、数据分析、营销管理、客户关系管理、专家分析等软件和硬件系统的有效结合,整个客户关系管理离不开现代信息技术系统的支撑。保险公司通过数据的收集、调研等方式获得相关的客户资料,并根据这些客户资料,通过数据分析和决策支持系统分析出客户关系管理方案,保险营销过程中,保险营销人员再将这些决策方案反馈给市场和客户,提高保险公司的营销能力和客户服务水平,并且能够有效地提升保险公司的人力资源管理、财务管理等工作。

3. 客户关系管理是一项公司战略

保险公司将客户关系管理作为一项公司的长期战略,将保险公司的客户视作是公司的长期资产,并且尤为注重高价值客户的开拓和维护。保险公司应当确立以客户关系管理为导向的公司战略,并以此为基础建立公司各个层次的战略。保险公司可以对客户按照一定的划分标准进行分级,通过客户分析设计出满足各个层级客户需求的客户关系管理方案,提升客户满意度和忠诚度。

(二) 客户关系管理的内容

1. 保险公司客户的分类

保险公司客户一般是指使用或者购买保险的产品或服务的消费者,包括以下三类。

(1) 曾经购买或正在使用保险产品的个人或企业。

(2) 准备购买或使用保险产品的个人或企业。

(3) 为本保险公司推荐或者建议其他客户购买本保险公司产品的个人或企业。

2. 客户关系管理内容

(1) 建立信息档案:通过保险销售人员、服务系统、电话、网络等渠道收集客户信息,如客户的基本资料、客户对公司的建议、客户关心的问题等,定期进行整理。在此基础上,对客户进行分类,寻找客户购买点,确定销售方向,作为下一步销售主攻方向的依据。

(2) 培养忠诚客户:老客户是企业的重要资源,调查显示开发新客户的成本是维护老客户的7~10倍,通过老客户的转介绍发展业务相比新开发客户更加便捷,成功率更高。因此,培养忠诚客户,是提高续保率,开发新客户的一项重要手段,是客户关系管理的基本内容。要培训忠诚的客户就必须树立以客户为中心的服务理念,从客户的需求出发。首先,应建立完整的客户信息档案,包括客户的基本信息、家庭状况(企业经营状况)、行为习惯、兴趣爱好等,当老客户办理业务时应尽量按照他们喜欢的方式和他们自己的意愿提供服务;其次,应保持跟老客户的沟通接触,在传统节日或者客户重要纪念日,如春节、客户生日、结婚纪念日等要送上祝福,在公司推出新的服务项目时,应第一时间告诉老客户,老客户感受到这些特别的服务的时候,就会继续选择在这家保险公司,甚至推荐新的客户购买产品。再次,对客户的抱怨应快速反应,当接收到客户的不满或者抱怨的时候应第一时间协助解决客户的困扰,让客户感受到贴心的服务。最后,要从客户的需求出发,推荐真正能够满足客户需求的产品,达到满足客户需求和公司业务发展利益结合点。

（3）做好特殊人群的服务：根据"二八定律"，80%的利润是由20%的客户带来的，VIP客户对保险公司有着很大的贡献，表14-1是国内某寿险公司省级分公司VIP客户对公司业务贡献度表。

表14-1 某寿险公司省级分公司VIP客户保费贡献度分析表

年度	渠道	长险保费占比	长险首年保费占比	长险续年保费占比
2010	VIP	15.30%	31.94%	11.11%
2011	VIP	18.47%	33.43%	14.64%
2012	VIP	21.13%	34.98%	18.42%

对VIP客户要以提高忠诚度为目标，进一步完善制度和提高服务标准。开展财富增值、健康关怀、驾车关爱、尊贵礼遇等增值服务。实行VIP客户现场理赔及实时划款到账服务。引入VIP客户消费积分制度，开设网上积分兑换商城，深入挖掘VIP客户价值潜力。

（4）深度开发老客户：对老客户现有的保障产品整理，完善客户信息资料，在续保的基础上，对老客户进行二次开发，通过对老客户收入、家庭状况、生活习惯等资料的归类分析，形成完整的客户管理模块，便于深度开发。

二、客户关系管理的意义

客户关系管理是贯穿于健康保险营销过程的一种新型保险营销管理机制，通过客户关系管理使保险公司及时了解和掌握客户的准确信息及现状，及时为客户提供精准的保险服务，达到保险公司业务发展和满足客户保险需求双赢目的。

首先，建立客户关系管理对保险公司增强竞争力有重要意义。健康保险产品不同于一般的有形产品，它不具有明显的外部特征，是一种无形性的产品。客户很难事先体验到健康保险产品，故较少关注各个健康保险产品之间的差异，客户在选购健康保险产品时，最为关注的是保险公司的企业形象、品牌价值和服务水平等。在这种情况下，保险公司只有通过信息化的客户关系管理，及时准确地掌握到客户需求，针对客户需求设计产品、提供服务，才能使自身具有竞争优势。健康保险产品的营销过程不仅包括推销过程，售后服务过程同样重要，健康保险产品的后续服务内容复杂，包括健康检查、日常保险专业业务咨询服务、续保提醒、核赔等。健康保险产品售后服务的复杂性和专业性，使得其成为健康保险产品价值的重要组成部分，健康保险产品售后服务价值越高，则健康保险产品的价值越高，保险公司的竞争力越强。

其次，建立客户关系管理对保险公司的发展有重要意义。保险公司经营健康保险业务的核心是健康保险业务的增长，而健康保险业务的增长只有通过客户数量的增加和客户客单量的增加两种方式来实现。通过构建客户关系管理模式占领更多的市场，这一行为将关系到公司是否能积极发展。目前，经营健康保险业务的市场主体迅速增加，健康保险产品同质化日趋严重，优质客户资源就成为各家保险公司抢夺的重点。为此，在大量收集整理海量客户信息的基础上，有针对性地对客户需求进行分析研究，精准地找到公司的存量目标客户，且有效甄选、开发优质增量客户，为客户提供准确的保险服务方案，才能在激烈的市场竞争中立于不败之地。所以，通过构建客户关系管理模式，提升整体服务能力，加大客户资源的再开发力度，充分利用现有的客户资源进行开发，显得意义重大。

再次，建立客户关系管理模式对加强保险公司管理有重要意义。现代企业拼的就是管理水平，随着竞争的加剧，只要业务量、不顾成本的粗放式管理模式已经不能适应市场需求了。所以构建以客户为核心的经营管理模式对保险公司提高管理水平就显得意义重大。保险公司如果成功建立以客户为核心的管理模式,可以将公司从对物的管理提升到对人的管理上来,并实施以家庭信息归集,提升公司的服务效率,大大减轻客户的办理手续,变被动服务为主动服务,从而提高客户满意度,树立公司的良好口碑。构建以客户为核心的经营管理模式还可以应现代客户的需求,运用科技手段,建立统一的客户电子服务系统,利用互联网、手机移动网络、ATM 机等新型的服务渠道,既可以满足客户需求,也可以降低公司运营成本。

最后,构建客户关系管理模式对于保险公司可持续发展具有重要意义。保险公司作为独立经营的企业,有其独特的社会属性,它只有不断地适应市场环境的变化,才能促使自身不断地发展。在当前市场中,一些发达地区的先进保险单位早就实现了以客户为核心的经营管理体系,他们站在客户的角度,设身处地为客户规划最合适的保障计划,为客户提供贴心的、周到的、准确的全方位服务。同时,保险公司也通过指向性的精准化营销,更有效地扩大市场份额,降低了保险公司的成本,增加了公司的利润。所以说构建以客户为核心管理模式对于保险公司可持续发展具有重要意义。

三、客户关系管理的方法

(一)建立完善的客户档案

建立完善的客户档案,首先要规范信息收集制度,保险公司应制定完善的信息档案管理制度,规定哪些客户信息是必须要收集的,做到有规可循;其次,要取得客户的支持和理解,应站在客户的角度考虑,让客户认识到信息资料收集的目的是更好地为客户服务;最后,要建立信息保密制度,让客户放心地将资料提供给保险公司。

(二)建立客户信息分析系统

一方面借助现代信息平台,提高信息分析能力,对收集的客户资料要进行分类整理,根据客户的需求模式和盈利状况进行分类,找出对企业最有价值和最有盈利潜力的客户群及他们最需要的产品和服务。另一方面建立企业自我评估系统,通过评估不断改进流程,增强信息分析能力。

(三)加强教育培训

首先,应加强保险营销人员的技能培训,保险营销员是公司和客户接触的载体,客户信息的收集很大一部分要靠营销人员来完成,要通过教育培训来提升营销人员的业务技能;其次,应加强内部员工的培训,信息的分类整理需要靠员工来完成,流程的再造也需要员工来完成,只有不断提升员工的综合素质才能提升企业服务水平,更好地为客户服务。

(四)规范客户服务体系

一方面是针对不同类别和级别的客户建立差异化的流程,另一方面是对于服务于特定类别与级别客户的流程,根据客户需求对流程进行不断的优化。例如,从探视慰问、服务、理赔等方面对现有理赔服务进行全面升级,打造“快捷、方便”的理赔服务品牌;加大对公司新的服务举措的宣传力度,建立续期客户服务标准、服务内容,包括公司重要信息、续期缴费提示、保全咨询、理赔协助、节日和生日问候等;建立续期保费追踪流程,为销售渠道管理部门提供续期业务的数据支持和管理依据。

第二节 客户关系管理的技能

一、客户分类管理

（一）客户构成分析

保险业是一种服务行业，它没有制造和生产过程，它不同于其他行业的特点就是在于它通过向客户提供保险类服务这样一种商业模式来获取利润，保险业最大、最宝贵的资源就是客户。但是不同的客户带来的盈利是不同的，而服务客户是要付出成本的。因此，保险公司应该对客户进行分类管理，将有限的资源分配到盈利产出最佳的客户身上。不同的客户对健康保险产品有着不同的消费需求和消费特点，保险公司通过对客户进行差异分析，识别保险公司的优质客户，通过这种途径，可以使得保险公司更好地进行资源配置，牢牢抓住有价值的客户，提升客户服务质量，最终达到盈利的目的。

客户构成分析是指保险公司对其收集的客户资料进行多方面的分析，了解客户的构成情况，针对不同的客户分类再针对性地分析其需求，最终达到客户满意的状态。

保险公司可以从以下几个方面来对客户进行分类：

第一，导致保险公司发生成本的客户类型。

第二，保险公司最希望与之建立关系的客户类型。

第三，对保险公司提出了意见的客户类型；对保险公司或健康保险产品产生了抱怨的客户类型。

第四，续保的时候提出异议的客户类型；选择了退保的客户类型。

第五，只有一种健康保险保障的客户类型；还需要更全面保障的客户类型。

此外，还可以根据客户的年收入、家庭状况、职业情况，对客户进行分类。

（二）客户分类管理模型

1. 客户分类

保险公司通过对获取的客户信息进行整理、分析后，理论上能够基本把握到每个客户对健康保险的需求。通常情况下，保险公司一般是通过客户构成分析，在客户信息中找出多个方面相同或相似的顾客，划分为同一类型的客户群，不同的客户群对于保险公司的价值是不同的，保险公司最为注重的是价值最高的客户群。保险公司通过客户的构成分析，按照不同的划分方法，可以将客户划分为不同的类型。下面介绍一种客户分类管理模型，它将保险公司的客户分为以下四个层级。

（1）铂金层级：代表那些盈利能力最强的客户，他们对价格不太敏感，注重全面的保障和优质服务，对保险公司比较忠诚。铂金层级的客户希望从保险公司获得直接的保险产品外，还能够得到更多的附加服务和社会利益，如成为保险公司的VIP客户，享受保险公司的种种更为便利的服务，并且在精神上获得一定的满足感。保险公司铂金级的客户占比并不高，但铂金级客户的稳定性较好，并且是保险公司盈利的主要贡献者。

（2）黄金层级：相比铂金层级盈利能力稍差，对公司的服务要求高，为降低风险，他们往往会对几家公司进行比较，然后再选择他们满意的公司。此外，黄金层级的客户除了需要健康保险计划之外，他们一般还希望能够通过对于健康保险计划的购买，提升自身的社会价值和财务稳定性，黄金级客户希望与保险公司达到合作共赢的状态。

（3）钢铁层级：客户数量很大，他们的消费水平有限，保险公司维持基本的服务水平即可，深度开发的潜力不大。钢铁层级的客户一般是经济型客户，在选购健康保险产品时，最为看中的是价格优惠力度，对保险公司的忠诚度很低，其消费具有随机性。钢铁层级的客户希望能够从保险公司获得好处，保险公司主要是通过让渡保险业务经营收益给钢铁层级的客户来达到吸引客户的目的，从而实现保险公司短期保费收入目标的达成。

(4) 重铅层级：这个层级的客户消费水平不高，但要求较多，抱怨较多，会更多地消耗保险企业的资源。重铅层级的客户是从钢铁层级的客户中分化出来的，他们的保费缴纳并不多，占保险公司保费收入的比例很小。但保险公司花费在重铅层级客户身上的管理费用、售后服务费用等并不少，有时甚至出现保险公司在开发和维护重铅层级客户的成本高于保费收入，即保险公司在赔钱，故重铅层级的客户是最令保险公司头疼的客户分类。

2. 客户开拓方法

在保险营销实务中，通常在新客户开拓时，就要对客户进行分类管理。保险销售的是保单，是无形的商品，没有人会在任何一家商店的货架或柜台上找到它，正所谓"巧妇难为无米之炊"，如何在茫茫人海中寻找出大量的准客户，是所有初入保险市场营销人员必须掌握的一项基本技巧。集中常见的新客户开拓的方法有以下几种。

(1) 缘故法：就是对你认识的人或者有血缘关系和亲缘关系的人进行拜访。例如，父母、兄妹、亲友等，这些人容易认同、接受、帮助你，是新入行营销人员开拓新客户最快捷的方式。

(2) 转介绍法：就是利用老客户、老关系来发展新客户，再通过这些新客户来寻找其他准客户，不断地寻找下去，在动态营销中永续经营，这是一种成功概率较高的方法。

(3) 陌生开拓法：是指主动拜访不认识的人，这种方法对于新人来说难度较大，但是更能够锻炼人的意志，提升自身能力。

(4) 电话行销法：是指通过电话进行推销的方法。

(5) 媒体行销法：是指通过媒体，如报刊、电视、杂志、微信等进行销售。

(6) 咨询销售法：是指通过做咨询来开拓客户，如在广场、社区摆设咨询台等。

对于新入行的销售人员来讲新客户的开拓最易操作、最易成功的就是缘故法，下面介绍缘故法使用的工具及其客户分类方法，如表14-2与表14-3所示。

表14-2 准客户100名单表

与您有关的人(生意往来、休闲同好、朋友、亲戚……等)

序号	姓名	来源	性别	年龄	职业	年收入	电话	客户等级
1								
2								
3								
4								
5								
6								
7								
8								
9								
10								
…								

表 14-3　客户资料收集表

<table>
<tr><td rowspan="5">本人信息</td><td>姓名</td><td>□男
□女</td><td>出生年月/身份证号</td><td colspan="2"></td></tr>
<tr><td rowspan="2">家庭住址</td><td></td><td></td><td>手机</td><td></td></tr>
<tr><td></td><td></td><td>家庭电话</td><td></td></tr>
<tr><td>工作单位</td><td colspan="2"></td><td>办公电话</td><td></td></tr>
<tr><td>学历</td><td></td><td>职务</td><td>爱好</td><td></td></tr>
<tr><td rowspan="4">家庭成员</td><td>姓名</td><td>关系</td><td>出生年月</td><td colspan="2">备注</td></tr>
<tr><td></td><td></td><td></td><td colspan="2" rowspan="3"></td></tr>
<tr><td></td><td></td><td></td></tr>
<tr><td></td><td></td><td></td></tr>
<tr><td>基本情况</td><td colspan="5">收入状况:□高　□中　□低
教育程度:□高　□中　□低
家庭情况:□单身 □二人世界 □三口之家 □成熟家庭 □退休家庭
投保倾向:□意外 □健康 □养老 □子女教育 □投资理财</td></tr>
<tr><td>其他情形</td><td colspan="5">是否有社会保险:□是(□ 单位参加 □自由职业)□否
是否购买过商业保险:□是 否□
(投保公司/险种):____________
是否有按揭还款(还款额/月):____________</td></tr>
<tr><td rowspan="5">其他面谈记录</td><td colspan="5"></td></tr>
<tr><td colspan="5"></td></tr>
<tr><td colspan="5"></td></tr>
<tr><td colspan="5"></td></tr>
<tr><td colspan="5"></td></tr>
</table>

根据准客户 100 名单及客户资料信息收集表对准客户进行分类,根据这些客户成交的可能性,分为 A 类至 D 类,建立准客户卡,针对不同类型的客户特点采用不同的客户开发策略。

A 类客户:有钱又有观念的准客户,这类客户可遇不可求,是贵人,应该立即拜访。

B 类客户:有钱但没观念的准客户,这类客户须通过观念的转变来使其成为 A 类客户。

C 类客户:有观念没有钱的准客户,这类客户人数较多,是主要的客户来源,应该时刻保持关注和联系,一旦情况有变化(如晋升、中奖、收入增加等)应及时开发。

D 类客户:既无观念又没钱的准客户,这类客户一般情况先放一边,等以后有时间或者客户情况有变化后,再去照料他们。

(三) 客户分类管理的意义

1. 能让保险公司更好地分配资源

保险公司客户较多,如果采用同一种方式去服务,会消耗更多的资源,还不能满足所有客户的需求,通过客户分类,采用不同方式服务不同类型的客户可以提高客户满意度。保险公司必须谨慎进行客户分类管理,不是所有的客户都是优质客户,也不是所有的忠诚客户都是优质客户。特别是对于健康保险产品,存在着较为严重的逆选择和道德风险因素,健康风险高的客户更偏向于购买健康保险产品以获得保障。保险公司应持续保持和维护高价值的客户群,适时放弃价值低或不可保的客户群,使得客户资源的价值最大化。

2. 能够提高客户的满意度

通过客户分类可以区分不同类型客户，对那些优质的客户保险公司可以花更多的时间和精力去服务，提高满意度。商业保险公司经营的目的在于经济效益，客户满意度是保险公司长远发展的保证。通过客户分类管理，针对不同客户分析其需求，提供健康保险产品和服务才能得到客户的认可和接受，提高客户的满意度。

3. 能更大程度满足客户的需求

通过客户分类，保险公司可以制定不同类别客户的服务流程、服务内容、健康保险产品等，从而能更大程度满足客户的需求。

二、客户满意度管理

（一）客户满意度的定义

20 世纪 60 年代，客户满意的概念被引入营销学中，并于 20 世纪 70 年代开始才被大量研究，并且成为客户关系管理的一项重要内容。营销大师 Richard Oliver 认为客户满意是指客户在享受某种服务或购买某种产品时，能够满足他们的需求，且能够感到愉悦。他认为客户满意是客户的需求得到满足的心理状态，是客户对服务和产品能够满足其需求状态和程度的一种评价。客户满意是一个相对的概念，它取决于客户对于服务或产品的期望值与最终获得值。客户满意度决定着他们以后是否还会继续购买该服务或产品。可以用一个简单的公式来表达客户满意度：

假定：

a 表示客户对服务或产品的期望值；

b 表示客户对服务或产品的实际感知值；

c 表示客户满意度。

则有客户满意度 $c=b/a$。

当 c 大于 1 时，表示客户对服务或产品的实际感知值超过了其预期的期望值，客户对服务或产品满意；当 c 小于 1 时，表示客户对服务或产品的实际感知值没有达到其预期的期望值，客户对服务或产品不满意；当 c 等于或接近 1 时，表示客户对服务或产品的实际感知值等于或接近其预期的期望值，客户对服务或产品感觉一般。

在健康保险产品的营销中，客户满意对保险公司尤为重要。想要占据更大的市场份额，保险公司就要赢得客户，得到客户的认可，关键就是要使客户满意。目前，提供健康保险产品的保险公司都建立了跟踪和改进客户满意度的活动系统，从而获得更多的市场份额和更大的利润。现代管理学和营销学中普遍认为，开拓新顾客的成本要高于维护老顾客。满意的客户可以带来营销机会，每位满意的客户一般会将其满意的原因告诉 3 个人，平均 100 个满意的客户会给保险公司带来 25 个新客户。不满意的客户会将其不满意的原因告诉至少 11 个客户。

（二）客户满意度的影响因素

在健康保险客户关系管理中，影响客户满意度的因素很多，这些因素综合在一起影响着客户对保险公司提供的健康保险服务满意程度。以下我们介绍几种影响其客户满意度的主要因素。

1. 健康保险产品因素

保险公司提供的健康保险产品应当有自身的核心竞争力，不同客户对于健康保险产品的需求能够被满足，客户的满意度就会高。保险公司提供的健康保险产品如果没有自身特色，或者说与竞争对手提供的产品太过于相似，客户对于选择哪种健康保险产品没有太大的差别，那么保险公司的竞争力将会被减弱。目前，我国的健康保险市场上，产品的创新能力还不强，市场健康保险产品同质化情况严重,各家保险公司应当集中精力,努力开发创新健康保险产品,提高自身的核心竞争力,这也是提高客户满意度的重要途径。

2. 保险公司服务因素

健康保险产品作为无形性产品,客户需要通过保险公司的服务来感知。且健康保险产品的同质性的现状,使得在健康保险产品提供的保障差别很小的情况下,客户满意度需要通过保险公司提供的服务等附加成分来增加价值。在实务中,客户选择哪家保险公司购买健康保险产品最为关注的因素就是保险公司的企业形象和客户服务。保险公司的服务因素包括营销与服务流程是否简洁、有效;能否为客户提供一站式服务或便捷服务;售后服务是否快速;保险公司工作人员服务态度是否好;投诉与咨询的渠道是否畅通等都会影响到客户的满意度。保险公司作为提供服务性产品的企业,更应提升服务质量,获得客户的信赖,提高客户满意度。

3. 与客户的互动关系

现代保险公司为了提升效率,在与客户的互动关系上,越来越多地使用现代技术手段来互动,如电子邮件、短信、微信等方式。这些方式确实能够降低保险公司的运营成本,提高客户服务效率,但在这一过程中,保险公司应当看到这些基础技术手段的缺陷,即这些技术系统的互动对客户来说还是过于冰冷,往往让客户对保险公司感到失望。保险公司应当为客户提供平行式的选择,注重保险公司员工与客户面对面的互动或电话互动,为客户提供更为人性化的一个交易环境,这也是影响健康保险客户满意度的一个因素。此外,从客户调查中发现,情感因素也是影响客户满意度的一个因素。健康保险营销过程中,客户有时会因为保险公司员工或营销人员的某些不恰当的表述或者很小的事情而选择放弃,这些小事甚至保险公司员工或营销人员自身都没有注意到。在这种客户需求从产品向情感转移的情况下,保险公司及其员工应当重视与客户互动中的情感因素,尽力使客户感到舒服和满意,提升客户满意度。

4. 保险公司的品牌形象

保险公司的品牌形象对其日常的营销活动的影响之大不言而喻,同时它也会影响到客户的消费取向。在保险产品和服务类似化的情况下,消费者更偏向于选择品牌形象好的保险公司购买健康保险产品,并且在购买后,客户对保险公司的品牌形象原有的印象也会对健康保险产品和服务的评价产生影响。例如,健康保险市场上,市场领先者容易树立起强势的品牌形象,消费者对于其提供的健康保险产品和服务的期望值也就更高,在实际消费体会中如果没有体会到高品质的产品和服务,则客户满意度的恶劣影响将会更强烈,这种心理的落差会对客户满意度起强烈的反作用。

(三) 客户满意度的测量方式

现代健康保险市场竞争激烈,市场主体多,产品同质化现象严重,保险公司面临很大的经营压力。在这种情况下,保险公司更应当以客户为中心,从消费者的需求出发,选择满足消费者需求的、让客户满意的经营理念和策略。保险公司怎样了解消费者的期望和需求;怎样了解其提供的健康保险产品和服务与消费者的期望值之间的差距;怎样得知消费者心中其与竞争对手之间的差距及本公司需要改进的问题等,一般都是通过客户满意度测量和研究来实现的。目前,保险行业客户满意度测量的基本方式有四种:客户满意度调查、客户意见及建议收集、神秘客户调查、流失客户分析。其中,客户满意度调查是最为常用、最简便的方式。保险公司进行客户满意度测量和研究的一般程序如下。

1. 制定客户满意度调研方案

调研方案的制定是客户满意度测量和研究的第一步,调研方案应当合理、有效,包括具体的调研方法、流程、财务预算等。周密的调研方案是客户满意度调研有序进行的首要保证。

2. 确定实施调研的人员

保险公司制定调研方案后，可以选择由本公司的员工作为实施调研的人员，也可以委托外部的专业咨询公司或高校研究机构来实施调研。调研人员的专业水平关系到调研结果的可靠性、准确性和有效性。

3. 确定调研对象

对客户满意度的测量和研究的调研，其调研对象的选择也是十分必要。正常情况下，不可能将所有的现有客户、潜在客户等都作为调研对象，需要对调研对象进行选择和确定。保险公司应当先行细分市场，识别不同客户的不同需求，针对具体的调研目的选择调研对象。

4. 确定客户满意度评价指标

客户满意度的评价指标是客户满意度调研的核心，它确定的是健康保险产品和服务满足客户期望和要求的程度大小。例如，健康保险客户满意度调研中，常会用到要求您提供文件信息完整准确、申请过程代理人及时提供帮助、填写理赔申请资料所花时间、递交资料后理赔程序所花时间、理赔程序简单清晰、理赔人员服务态度、理赔人员知识掌握程度、理赔人员专业度、最终理赔金额符合您预期等评价指标。

5. 设计调查问卷

客户满意度调查问卷应当设计的通俗、简洁，它直接面对调研对象，是客户满意度调研的关键因素之一。客户对于调查问卷真实的填写直接影响着调研结果的真实性。

6. 实施客户满意度调查访问

保险公司同样可以通过电子邮件、网络调研、电话访问和面访的方式来实施客户满意度调研，任何一种访问方式都是为了得到客户的真实想法和意见。

7. 调研结果的研究和分析

对于客户满意度的调研结果，需要通过统计学、经济学的方法进行研究和分析，找出保险公司急需解决的问题和有待改进的地方，从而最终提升客户满意度。

随着市场环境的变化、竞争对手的增减、人们生活水平的提高和医疗技术水平的进步等因素的影响，客户满意度的因素也会随之发生变化，保险公司应当建立客户满意度调查的长效畅通机制，及时了解客户满意情况，找出企业需要提升和调整之处，保障保险公司健康、持续地发展。以下是一份平安保险公司客户满意度调查问卷：

平安客户服务满意度反馈表

尊敬的先生/女士：

您好！

首先真诚地感谢您及您的家人对中国平安的信任与支持，为了能更好地为广大客户提供优质服务，本公司在全市范围内对万名客户进行服务质量抽样调查，希望得到您的大力支持与配合。我们将占用您宝贵的3分钟时间，请您完成以下问卷题目，谢谢！

1. 你曾办理的是平安的什么产品？

“三鸿”(鸿利　鸿盛　鸿祥)□　“三鑫”(鑫利　鑫盛 鑫祥)□

少儿360□　少儿万能　□　世纪天使□　富贵人生□　金裕人生□

美满一生□　住院医疗 □　卡单□　车险□　其他□

2. 你的保险服务人员是你的：

亲戚 □　朋友 □　陌生人 □　没人服务□

3. 以下的免费服务项目你的业务员为你办理了几项？

□帮你开通了平安一账通

□帮你做过家庭保单年检

□帮你制作了紧急联络卡

□经常问候和看望你

□教过你怎么查分红和每月万能利率

4. 你的现有保单是否发生过理赔？是□ 否□

你对你现有保单的利益是否清楚？是□ 否□

你的现有保单是否附加有医疗保险？是□ 否□

你每年的分红通知书\万能收益表是否按时收到？是□ 否□

你熟悉平安 VIP 客户的门槛和可以享受的特权吗？是□ 否□

5. 平安保险重庆区业务员可以经营的业务你知道哪几种？

寿险 □　财险 □　团险 □　信用卡 □　证券 □　信托 □

6. 您以后最希望得到我们哪些方面的服务？

电话问候 □　重新提示保单权限□　缴费通知 □

介绍新险种□　帮助办理理赔 □　提供健康资讯 □

7. 您对我公司的服务是否满意？

很满意 □　满意 □　一般 □　不满意 □

8. 请问您对我们公司的服务有何建议？

____

____

奉上“中国平安保险卡”一张，以表谢意。

最后请您填妥您的个人资料，以便于我们为您提供更完善的服务。

受访者	姓名： 性别： 年龄：	单位名称： 联系地址： 联系电话：
	调查者：	工号： 时间：　年　月　日

（四）提升客户满意度的方法

提升客户满意度是健康保险客户关系管理的一项重要内容，保险公司应当将客户满意度作为一个长效指标，不断提升本公司客户的满意度。

首先，保险公司应当加强对于客户满意度的调查和衡量，了解消费者的需求，以客户为中心，真正做到让客户满意。在这一目标下，要求保险公司对于全部的公司业务和服务，都能够做精、做细，减少客户因为基础的保险服务需求没有被满足而产生的不满情况。此外，针对优质客户，保险公司应当仔细分析和调研，了解这一层次的客户的需求，设计满足其需求的健康保险产品和服务，提升客户服务价值。

其次，保险公司应不断提升理赔服务水平。理赔是保险事故发生后投保人或被保险人向保险公司提交证据和材料，获得保险金的给付的过程。在这一过程中，不仅要求保险公司的工作人员工作态度良好，给顾客优质的服务，还需要保险公司尽量简化理赔流程和手续，努力提供一站式服务，为客户解决问题，提升客户的满意度。此外，理赔处理的时效性也是影响客户满意度的一个重要因素，理赔案件处理的速度越快，顾客的满意度越高。2009 年 2 月 28 日修订的《中华人民共和国保险法》中对于理赔处理的时效性也有相关要求，“第二十三条 保险人收到被保险人或者受益人的赔偿或者给付保险金的请求后,应当及时作出核定;情形复杂的,应当在三十日内作出核定,但合同另有约定的除外。保险人应当将核定结果通知被保险人或者受益人;对属于保险责任的,在与被保险人或者受益人达成赔偿或者给付保险金的协议后十日内,履行赔偿或者给付保险金义务。保险合同对赔偿或者给付保险金的期限有约定的,保险人应当按照约定履行赔偿或者给付保险金义务。保险人未及时履行前款规定义务的,除支付保险金外,应当赔偿被保险人或者受益人因此受到的损失。任何单位和个人不得非法干预保险人履行赔偿或者给付保险金的义务,也不得限制被保险人或者受益人取得保险金的权利。第二十四条　保险人依照本法第二十三条的规定作出核定后,对不属于保险责任的,应当自作出核定之日起三日内向被保险人或者受益人发出拒绝赔偿或者拒绝给付保险金通知书,并说明理由。第二十五条　保险人自收到赔偿或者给付保险金的请求和有关证明、资料之日起六十日内,对其赔偿或者给付保险金的数额不能确定的,应当根据已有证明和资料可以确定的数额先予支付;保险人最终确定赔偿或者给付保险金的数额后,应当支付相应的差额。”实务中,各家保险公司都努力提升其理赔速度,一般只要投保人或被保险人的理赔资料齐全,保险公司都能在3~7日内理赔,甚至有的保险公司可以在1日内完成理赔。

再次,保险公司应不断提升续期服务和保单服务水平。客户对于续期服务和保单保全服务的基本要求是准确、安全、简单、快速。客户在交纳续期保费时,希望能够方便和安全,保险公司应当尽量为客户提供便捷缴费渠道,有的保险公司甚至与多家第三方机构合作,可以代为缴扣续期保险费,以最大程度地满足客户的需求。在保单保全服务中,保险公司可以尽量为客户提供可以调整的健康保险计划,尽量放宽健康保险计划调整的限制条件,提升客户满意度。

最后,保险公司应不断提升附加值服务水平。保险公司主要面对高端客户提供附加值服务,包括免费体检、专家预约和健康管理等服务,但健康保险市场的现状是各家保险公司提供的附加值服务差别都不大,甚至于有些服务与银行、证券等金融机构提供的附加值的服务存在着重合之处。保险公司应不断提升附加值服务水平,尽可能将有限的资源用于为客户提供特色化的服务,能够给客户留下深刻印象的服务,以此来提升客户满意度。

三、客户忠诚度管理

（一）客户忠诚度的定义

在汉语词典中,忠诚是指对国家、对人民、对事业、对上级、对朋友等真心诚意、尽心尽力,没有二心。《荀子·尧问》中说:“忠诚盛於内,賁於外,形於四海。”在国外,1908年,哈佛大学哲学系教授Josiah Royce也在《忠诚的哲学》一书中对忠诚的内涵进行了阐述。忠诚是一个有着悠久历史的人文词汇。客户忠诚是指客户对于某企业的产品或服务有着长时期的忠诚,会一再购买该企业的产品或服务。在健康保险营销中,客户忠诚是指客户始终忠于一家保险公司的产品和服务,并帮助保险公司传播正能量。忠诚客户能够刺激保险公司的收益和业务增长,客户不仅会续保签单,而且还可能从这家保险公司购买更多的产品,甚至将这家保险公司的产品介绍给其他消费者,带动更多的人来购买这家保险公司的产品。

客户忠诚度是指对于客户忠诚的定量衡量,是客户对于某家保险公司品牌认同的程度。对于客户忠诚度的概念,我们可以分别从客户、保险公司和社会三个角度来理解。

第一,从客户的角度出发,客户忠诚度是客户对于保险公司提供的健康保险产品和服务的认同程度,也是驱使其再次购买或推荐他人购买的内心驱动力。

第二,从保险公司的角度出发,客户忠诚度是衡量保险公司所提供的健康保险产品和服务满足客户需求的成效。保险公司通过测量客户忠诚度可以得出自身经营的质量和效果,为其制定相应的营销策略提供指引和参考。

第三,从社会的角度出发,客户忠诚度是一种测量市场运行的新型测量方式,能够测量各家保险企业、整个保险行业和社会经济的运行状况。

(二) 客户忠诚的作用

客户忠诚是保险公司获得利润和持续发展的重要保障,健康保险产品不同于一般的有形产品,健康保险合同本质上是一种诺成性的合同。我国健康保险市场的竞争可以说就是对于客户的竞争,因此,客户忠诚是保险公司持续发展、不断壮大的保证。客户忠诚对于保险公司有如下作用。

1. 节省保险公司综合成本

客户忠诚可以节省保险公司的综合成本,包括客户开发成本、保险产品交易成本和服务成本。

(1) 可以节省健康保险客户开发成本:健康保险产品实质上也是一种服务性产品,保险公司在健康保险产品的营销中,其客户开拓的前期成本是相当高的。开发一个新客户,需要保险营销人员和保险公司花去相当大的精力,相对而言,维护老客户的成本就低得多。其主要原因就在于老客户具有客户忠诚,客户忠诚度越高,维护越容易。

(2) 可以节省健康保险产品交易成本。老客户对保险公司的客户忠诚还体现在其有一定的健康保险意识,对自身的风险状况和健康保险产品有一定的了解,认可保险公司,希望能够通过保险的方式转移风险。因此,对老客户销售健康保险产品,其交易成本要远低于新客户。

(3) 可以节省保险公司的服务成本:老客户对于保险公司的产品和服务流程比新客户更为熟悉,保险公司对新客户的服务成本要更高。此外,对于保险公司来说,其对老客户的需求和偏好分析更为准确,更了解老客户的需求,从而节省保险公司的服务成本。

2. 为保险公司创造更高的利润

忠诚的客户能够为保险公司创造更高的利润,主要体现在忠诚客户的购买量更大、价格敏感性低、更易接受新产品。

(1) 忠诚客户的购买量更大:对保险公司忠诚度高的客户,往往会反复购买该保险公司的保险产品或服务,从而增加保险公司的保费收入,为保险公司创造更高的利润。

(2) 忠诚客户的价格敏感性更低:在健康保险市场中,价格往往不是客户选择保险产品最为主要的因素,对保险公司忠诚度高的客户,往往对公司十分信任,其价格敏感性低,对于保险公司推出的一些特色性的、能够满足其需求的健康保险产品或服务购买的可能性更高。

(3) 忠诚客户更易接受新产品:对保险公司忠诚度高的客户,因为认可保险公司,因此,在保险公司推出新产品时,更易产生购买欲望和购买信任,成为保险公司新险种或新服务的尝试者,同样也能为保险公司反馈其对新产品或新服务的宝贵意见,为保险公司产品和服务的创新提供帮助。

3. 为保险公司带来长久效益

客户忠诚能够为保险公司带来长久的效益,对保险公司忠诚度高的客户,在购买健康保险产品或服务时,能够在很大程度上避免“货比三家”现象的出现,他们能够抵御其他保险公司、金融机构或医疗卫生机构等提供的优惠或折扣,能够一如既往地选择其忠诚的保险公司的产品或服务。同时,忠诚的客户对保险公司的宽容度更高,当保险公司出现一些小问题时,忠诚的客户往往能进行体谅,他们对保险公司有着情感上的归属感,能够为保险公司带来长久效益。

4. 降低保险公司的经营风险

保险公司经营健康保险产品的风险主要有两个方面:一方面是健康保险产品的投保人的逆选择和道德风险,如风险过高的投保人隐瞒其健康状况按照标准保费投保健康保险,造成保险公司承担的理赔风险过高;另一方面是长期健康保险产品的期间长,投保人可能会中途退保,这对保险公司资金的投资运作稳定性会带来影响。客户忠诚能够降低保险公司的经营风险。就第一个方面而言,忠诚的客户在保险公司购买健康保险产品或服务的时间较长,保险公司能够更了解其健康风险状况等,且不易发生严重的逆选择和道德风险;就第二个方面而言,高忠诚度的客户退保率低,能够长期持有期健康保险产品,保证保险公司资金运作的稳定性。此外,拥有大规模的客户忠诚度高的客户群,有利于保险公司的良性运作。保险公司将更加注重于长期利益,而非短期利益。保险公司对于自身的长期规划往往比短期目标的实现更有利于公司的长远和可持续发展。

5. 为保险公司带来良好的口碑

忠诚度高的客户往往对于保险公司的满意度也高,他们会与身边的亲朋好友交流其对健康保险产品或服务的消费感受,并向他们推荐保险公司的产品或服务。在健康保险营销中,良好的口碑对于保险公司尤为重要。健康保险产品的营销不同于一般的产品,客户对它没有一个直观的、形象的感受,亲朋好友的购买体验和推荐是刺激其购买的重要激励。忠诚的客户对于保险公司的正面宣传成为保险公司的免费广告,能够为保险公司带来良好的口碑和大量的新客户。

(三) 客户忠诚度的衡量指标

一般情况下,保险公司可以从以下几个方面来分析客户忠诚度。

1. 保持率

保持率是指始终坚持购买一家保险公司产品的客户比率。客户的保持率越高,就表明该保险公司的客户忠诚度越高。

2. 购买份额

购买份额是指客户购买的保险公司的产品总数量。例如,一位客户购买了保险公司的医疗保险一份、疾病保险一份,则该客户购买的份额为2。客户购买的份额越高表明客户对保险公司的忠诚度越高。

3. 续保次数

续保是指投保人所购买的保险产品的保险期间已满,达到保险期限时,向保险人申请再次购买同一保险产品的行为。对于大多数短期健康保险产品,保险公司都允许投保人续保,甚至保险公司为了吸引和鼓励客户续保,对某些健康保险产品的续保提出免体检的优惠条件。续保次数越高,客户忠诚度越高。

4. 推荐新客户量

推荐新客户量是指保险公司的客户向其亲朋好友推荐该保险公司产品,并且促成亲朋好友成为该保险公司客户的数量。保险公司一般会邀请客户填写“转介绍卡”,邀请客户将其认为需要健康保险产品或服务的亲朋好友的姓名、电话等联系方式填上,由保险公司的营销人员进行联系。忠诚度高的客户会为保险公司推荐更多的新客户。

5. 对竞争产品的态度

客户对于保险公司竞争对手产品的态度,可以从侧面反应出其对保险公司的忠诚度。如果客户对竞争产品完全没有了解的兴趣,或者评价很低,则表明该客户的忠诚度高;反之,如果客户对保险公司的竞争对手及其保险产品评价高,则表明该客户的忠诚度低,保险公司极易失去该客户。

6. 价格敏感性

客户忠诚度衡量中的价格敏感性包括客户对两种价格的敏感性,一是客户对本保险公司的产品或服务价格的敏感性;二是客户对其他保险公司的产品或服务价格的敏感性。本保险公司的健康保险产品或服务的价格上升时,客户忠诚高的客户仍会购买该产品或服务;对竞争对手的保险产品或服务的价格优惠策略抵御能力强的客户,其客户忠诚度更高。

（四）提升客户忠诚度的方法

1. 提高客户的转移成本

提升客户忠诚度的方法与提升客户满意度类似，保险公司都应当以客户需求为中心，从服务、理赔等多个环节着手，努力满足客户的需求，提升客户忠诚度。此外，保险公司还应当为老客户提供特色化服务，提高客户的转移成本。客户的转移成本是指客户选择其他保险公司将会付出的成本，或者说失去的原本的产品或服务的利益。保险公司在客户维护中，通常都会采用各种方法提高客户的转移成本，维护客户的忠诚度。例如，有的保险公司开通健康短信的提示、医疗健康信息资讯服务、专家预约及业务绿色通道等个性化的服务，既可以增加客户满意度，又可以增加客户的转移成本，提高了客户退出的壁垒，降低客户流失率。

2. 增强与客户的情感交流

保险公司与客户的情感交流是巩固和强化保险公司与客户关系的良好渠道，客户对保险公司的情感越深，越有情感依赖，则客户忠诚度越高。增强与客户的情感交流，要求保险公司积极与客户沟通，保持密切的联系。例如，保险公司定期对客户进行拜访或通过电话、短信问候，了解客户的想法和需求，及时满足客户的需求。有的保险公司还会在客户生日或重大纪念日时送上卡片、鲜花和问候，让客户感受的保险公司的关怀，加强客户与保险公司的情感。对于重点客户，保险公司的情感投资更多，如私人定制的健康管理计划、高端客户产品说明会等。只要能够让客户感受的保险公司的重视和关怀的方式，都可以用于增强与客户的情感沟通。

四、客户抱怨管理

（一）客户抱怨的含义

20世纪70年代开始，学术界就已经开始研究客户抱怨行为。健康保险业中的客户抱怨，是指客户对保险公司提供的健康保险产品或服务满足其需求的感受达不到预期的不满意状态。客户需求被满足程度的感受达不到预期的状态，差距越大，则表示客户越不满意，客户抱怨就由此产生。可见，客户抱怨就是客户在不满意时所做出的反应，这种反应通常有不同的表现形式，即客户抱怨有以下几种反应形式。

第一，客户虽然不满意，但并没有采取任何行动。客户对保险公司的健康保险产品或服务有不满时，可能由于种种原因，如投诉流程太麻烦、该健康保险产品价值不高等，客户选择暂时容忍，不作出任何行动，继续维持现状。

第二，客户拒绝再次购买该保险公司的健康保险产品或服务。

第三，客户向身边的亲朋好友传播自己的抱怨，有损保险公司的企业形象，同时也失去了很多潜在客户。

第四，客户采用投诉的方式来表达自己的不满。客户可能会向保险公司、消费者协会等来表达自己的不满，要求保险公司作出回应，甚至向保险公司提出索赔。

第五，当客户抱怨的程度很高时，客户可能会采取向法院起诉或向仲裁机构申请仲裁的方式来解决与保险公司之间的纠纷。

通常，我们将以上客户抱怨形式大致分为投诉型抱怨和非投诉型抱怨两种。

投诉型抱怨是客户在面对不满意情况下的积极反应，对于客户而言，客户把不满意的情况表达出来，通过投诉化解了不满意的情况，进而使客户得到满意；对于保险公司而言，通过客户投诉，可以及时采取补救措施，留住客户，挽救甚至是提升自身的公司形象。投诉型抱怨是负面影响最小的形式，保险公司应当鼓励客户将不满告诉自己，及时处理投诉。

非投诉型抱怨是客户虽然没有向保险公司投诉,但这种不满会传递给他人,或者是拒绝继续购买。这种形式是保险公司最不愿意看到的抱怨模式,保险公司将不能知道其失去客户的原因,更不能及时改正,维护自身的公司形象,更有可能因此失去更多的客户。保险公司应当对非投诉型抱怨予以足够的重视,积极鼓励客户将不满告知保险公司。

(二) 客户抱怨的主要原因

1. 保险公司手续流程繁琐

保险公司的手续流程多且繁杂,一方面是保险公司为了规避风险,如保险公司要求投保人投保前需提供可保证明、到定点医院体检等,防范投保人带病投保等逆选择的发生。保险公司按照风险防范的要求,很多相关的手续需要投保人或被保险人本人亲自到保险公司办理,不能由代理人代为办理。另一方面是保险公司的内部管理流程不科学,没有设身处地为客户着想,尽可能为客户提供便利,简化并合理化手续流程,甚至为客户提供一站式服务。

2. 代理人过于追求利益,疏于相关提示

商业健康保险的销售主要是通过代理人渠道开展的,保险代理人是连接保险人与投保人和被保险人的纽带和关键。保险代理人的行为代表的是保险公司,保险代理人的服务出现问题会造成客户对保险公司的不满。在实务中,保险代理人开展保险业务的动因主要还是在于利益驱动,但是代理人过于追求利益,不顾投保人和被保险人的利益,就会造成客户的不满。健康保险合同作为一份专业性的合同,需要保险代理人认真讲解,特别是除外条款的内容,如果疏于提示,甚至是销售误导,即有可能造成投保人或被保险人与保险公司的纠纷。2009 年修订的《保险法》中规定,“订立保险合同,采用保险人提供的格式条款的,保险人向投保人提供的投保单应当附格式条款,保险人应当向投保人说明合同的内容。对保险合同中免除保险人责任的条款,保险人在订立合同时应当在投保单、保险单或者其他保险凭证上作出足以引起投保人注意的提示,并对该条款的内容以书面或者口头形式向投保人作出明确说明;未作提示或者明确说明的,该条款不产生效力。”此外,在销售分红型的健康保险产品时,代理人还应解释清楚分红的条件和方法,不能误导客户,夸大收益等。

3. 保单后期服务不到位

客户不满还有部分来源于保单后期服务的不到位。客户感到保险代理人和保险公司在销售保险时服务十分热情,投保也十分方便,但是一旦投保,后期服务质量有所下降,理赔更是繁琐。客户对保险公司的后期服务满意度低于其投保时的预期,会造成客户的不满和抱怨。此外,保险公司代理人队伍流动性强,代理人的离职会造成其代理的保单成为所谓的“孤儿保单”,这些“孤儿保单”的后期服务需要由新的人员来负责,这种工作的交接问题也是导致保单后期服务不到位的原因。

(三) 客户抱怨的处理方法

1. 分析客户抱怨的原因

通过客户抱怨形式的划分,有投诉型抱怨和非投诉型抱怨。投诉型的抱怨原因往往比较直接,保险公司往往会很重视并积极处理;非投诉型的抱怨具有一定的隐蔽性,保险公司较难察觉,往往非投诉型的抱怨比重大于投诉型的抱怨,如果置之不理,必将严重影响保险公司的长期持续经营。因此,保险公司一方面要积极处理好客户投诉,另一方面应重视非投诉型抱怨的调查、统计和原因分析。

2. 及时正确地处理问题

面对客户抱怨的问题,保险公司应当以最快的速度进行处理,拖延的时间越长,客户的抱怨会越多,造成的不良影响也会越大。

3. 统计和总结客户抱怨原因及处理情况

已经出现的问题保险公司应当定期总结，优化业务流程和管理制度，加强教育培训，不断完善保险公司的客户服务水平。

第三节　客户沟通

一、客户沟通的概述

（一）客户沟通的含义

沟通是现代人们交际和开展社会活动中的一个重要行为，对于沟通的定义和解释不同的研究学者有着不同的表述。沟通起源于拉丁语 communicare，这个动词的含义是："信息共享、相互传递"。《美国传统双解词典》中将沟通定义为："经由说话、信号、书写或行为等进行交流、交换思想、消息或信息。"由此可见，沟通就是人们为了相互之间交换信息和相互理解，通过语言、动作等各种方式和媒介将信息、思想和情感等在个人、群体和社会之间进行交流和传递的过程。

所谓沟通就是一个通过用口头的、书面的或其他方式发出和收取信息，进行意义交换的螺旋式过程。沟通的双方都有自己的思想感情等内在的东西，而这些东西会影响或决定他在交流时对对方的态度。信息的发出者会自觉不自觉地将自己内在的东西变为要发出的讯号，这种讯号会传递给信息的接收者。信息的传递是通过一定的渠道（口头的、书面的或其他方式的）进行的。接收者接收到有关的信息和发出者一样，信息的接收者同样有自己的思想感情等内在东西。这些内在的东西同样会影响它对讯号的理解和解释。两者之间对接收和发出的信息理解通常会有一定的差异，有时这种差异会很大。为了求证自己的理解是否正确，或为了发出另一个讯号给对方，这时信息接收者就成了信息的出发者，而对方则成了信息的接收者，这样反复往返，沟通过程就成了一个螺旋式的过程。

在健康保险营销活动中，有效的客户沟通是决定营销成功的关键因素，高超的沟通技巧对于保险营销成败起着决定性作用。保险营销员通过与客户之间的沟通，达到双方的相互理解和尊重，对健康保险需求、产品和服务等内容达成共识。没有良好和有效的沟通过程，保险营销人员和客户就达不到情感上的共鸣和沟通的效果。客户沟通是指营销者将保险公司、保险产品或服务等信息通过一定的传播媒介，传递给客户，得到客户的了解和认可，客户能将其对这些信息的理解和反应反馈给保险公司的过程。根据客户沟通的定义，我们可以知道客户沟通的三个要素：首先，营销者——是客户沟通中信息的发出者；其次，客户——是客户沟通中信息的接收者；最后，信息——在健康保险营销沟通中，信息是指相关健康保险产品或服务，以及保险公司的相关信息等。

（二）客户沟通的过程

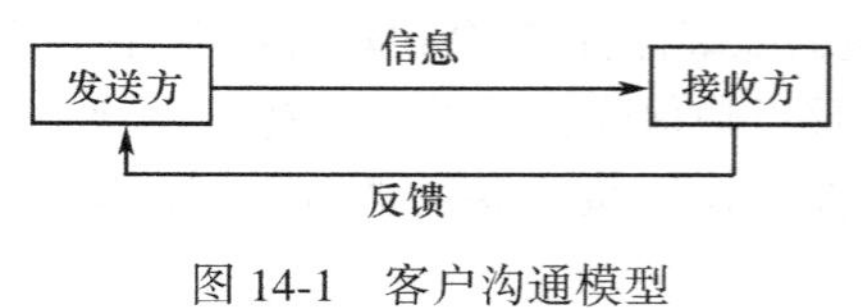

图 14-1　客户沟通模型

客户沟通有着一个基本过程，信息的发送者和接收者作为沟通的主体，通过一定的渠道、方法和步骤将信息进行传递和反馈的过程就是客户沟通的一个基本过程。图14-1是一个简单的客户沟通模型。

这一简单沟通模型的基本步骤如下所述。

第一步：发送方向接收方发送信息；

第二步：发送方会根据接收方的面部表情、姿态、动作等来观察接收方对信息的理解程度；

第三步：接收方在接收信息时，同时还要注意接收发送方的非语言信息，如动作、表情等，使自己能够接收到较完整的信息；

第四步：接收方向发送方反馈自己对信息的理解；

第五步：如果发送方发现接收方对于信息的理解有误或不全面，发送方还需要重新讲解或补充信息；

第六步：如果发送方发现接收方已经接收并理解了信息，就可以完成这一信息的沟通，展开其他沟通或结束沟通。

（三）客户沟通的分类

客户沟通的分类方式很多，学术界大致将客户沟通按照以下三种方式分类。

1. 直接沟通与间接沟通

直接沟通是指沟通双方通过直接的方式，不经过第三方的信息传递进行交流。例如，面对面的沟通、电话交流等方式，都属于直接沟通。直接沟通的速度快，信息传递的准确性高，但是直接沟通受到外部环境，如时间、地点、天气、交通等情况的限制。间接沟通是指沟通双方通过第三方的信息传递，才能完成沟通的过程。这里的第三方可以是一个也可以是两个或者两个以上。间接沟通最大的劣势在于信息传递过程中可能出现信息的缺失和失真的情况，但它具有灵活性，不受时间、地点等因素影响的优点。

2. 口头沟通与书面沟通

口头沟通是指沟通双方通过交谈、电话、会议、广播等方式传递和交流信息，口头沟通不仅快速、方便，而且交谈能够通过交流双方的表情、动作、体态、手势等来增强对方对于信息的接收和理解，信息失真性小。但口头沟通的信息保留量相对较少，随着时间的流失，大量信息中，接收者往往只能记住其中的一部分信息，信息的流失率高。书面沟通是指沟通双方通过书面的形式传递信息，如书面信件、电子邮件、短信、报刊、杂志等形式。书面沟通的优点在于信息可以长期保持，并可以随时查看和阅读，信息的保留量高。但书面沟通的缺点在于沟通时不能观察到对方的表情、动作、体态、手势等，对信息的理解依赖于沟通双方的文字表达和理解能力。此外，书面沟通中如果信息太长，往往会引起对方的阅读疲劳，影响沟通效果。

3. 语言沟通与非语言沟通

语言沟通是指沟通双方通过口头语言、文字、图画等形式来表达和传递信息。非语言沟通是指沟通双方通过表情、动作、体态、手势等身体语言来表达和传递信息。人类的身体语言十分丰富和有趣，在现实生活中，我们往往是运用语言沟通和非语言沟通共同完成我们的沟通任务。恰当的身体语言能够强化我们的沟通效果，达到沟通的目的。

（四）客户沟通的障碍

健康保险营销过程中，与客户的沟通有时会出现障碍，导致沟通障碍的原因主要有以下几种：

1. 时机不当

沟通时信息接收者的感觉和心情使得接收者对于信息的理解不同，因此，客户沟通时如果时机不当很可能就会导致沟通的失败。选择在客户心情极端恶劣的时候进行沟通，产生的效果远达不到预期。例如，当客户对保险公司或保险产品有着强烈厌恶情绪时，保险营销人员直接向客户介绍某款保险产品，必然也会引起客户的反感，达不到沟通的目的，最终导致沟通的失败。

2. 环境影响

一个良好、有效的沟通需要有一个合适的沟通环境，不合适的沟通环境会导致沟通过程中信息传递的丢失，使得双方能够接收到的信息都大打折扣。同时，不合适的沟通环境也会影响沟通双方的心情，进而影响到沟通的效果。例如，保险营销员如果在嘈杂的酒吧约见客户，往往会给客户不专业的看法，同时嘈杂的环境也影响客户对保险产品的理解。

3. 语言表达方式不当

恰当的语言表达是沟通顺利完成的有效途径，特别是在面对面的沟通中，恰当、流畅的语言表达往往使得对方愿意倾听，激发沟通的兴趣。语言表达方式不当包括用词错误，词不达意；咬文嚼字，过于啰嗦；不善言辞，口齿不清；只要别人听自己的；态度不正确等。有的保险营销人员在与客户的沟通过程中，采用不当的语言表达方式，如用词不当、口齿不清等，让客户难以理解其要表达的意思，这样就达不到沟通的效果。甚至有的保险营销人员在与客户的沟通过程中，使用不文明用语或是直接与客户称兄道弟，这样很可能引起客户的反感，导致沟通的失败。

4. 沟通方式选择不当

不同类型的信息传递途径的选择也有所不同，如冗长的信息适合采用书面的形式传递给客户，便于客户理解。在保险营销过程中，保险营销员还需要了解客户的沟通偏好，如有的客户偏好直接沟通，如面对面交谈或电话沟通，反感间接沟通；有的客户更常用 QQ、短信等交流工具进行沟通。实务中，保险营销员应当尽量选择客户喜欢的沟通方式来进行沟通。

5. 感知选择性的影响

人们在接收信息时往往都会受到感知选择性的影响，习惯于接收与自身利益相关的信息，自动过滤掉与自身利益不相关的信息。同时可能由于情感的影响，对于一些自己不愿意接受的信息，或者是反感的信息，在沟通过程中可能会对这部分信息进行歪曲理解，影响沟通效果。

6. 知识经验差异

当保险营销员与客户之间的知识和经验相差太大，缺乏共同的认识时，就会产生沟通障碍，有时客户觉得十分紧要、需要关注的信息，保险营销人员没有接触到造成忽略。而健康保险合同作为专业性很强的合同，很多专业术语需要保险营销员能够用通俗的、客户能够理解的语言表述出来，才能达到沟通的效果。

7. 文化差异

文化差异也是成为人们沟通障碍的一个常见的原因，特别是在中国。中国幅员辽阔，各个地区有着自身特有的文化、消费方式、消费偏好、风俗习惯等，沟通双方的文化差异太大，必然会阻碍沟通的有效进行。

二、有效沟通的原则与技巧

（一）有效沟通的原则

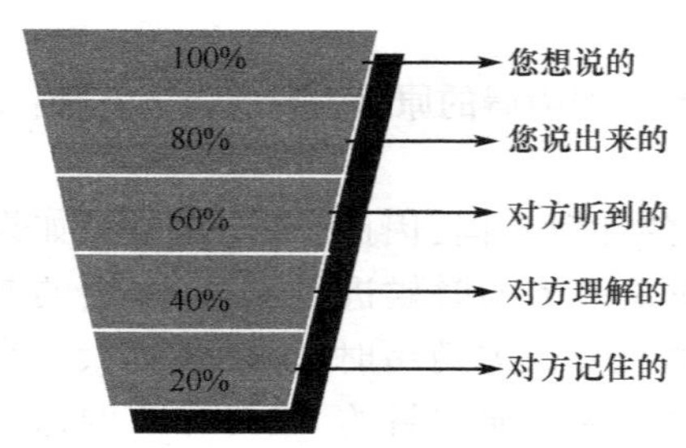

图 14-2　沟通的漏斗原理

营销管理中有一个大家所熟知的“沟通的漏斗原理”。这个“臭名昭著”的理论告诉我们：如果我们所设想希望表达的是 100%，与他人沟通的时候却只能讲出 80%，因为场所干扰、分神等原因，对方听到的最多只是 60%，能听懂的部分只有 40%，真到执行时就只剩下 20% 了。因此你必须采取适当的方法，去克服这一“漏斗”现象，如图 14-2 所示。

1. 主题突出、目的明确

保险营销员在与客户进行沟通时，要事先明确沟通的主题，沟通的内容要围绕主题进行。如果事先不想好这次沟通要达到一个什么样的效果，匆匆忙忙地约见客户，掌握不了沟通的进度，长此以往，业绩往往不好。

在保险营销实务中，保险营销人员拜访客户时，一般应当从轻松的话题切入保险的主题，通过轻松的闲聊拉近与客户的关系，让客户放下防备心理。待气氛变得轻松融洽后，保险营销人员再与客户沟通保险产品或服务等内容。

2. 内容清晰、简洁

保险营销中，保险营销员在与客户进行沟通时，应当尽量做到表述内容清晰、简洁。让客户能够在有限的时间里，清楚地了解保险产品或服务。要做到这一点，一方面要求保险营销员注重自身表达能力的训练；另一方面要求保险营销员事先做好准备，如客户资料的收集、拜访工具的整理、保险产品条款的熟悉等。

3. 双向性

在保险营销中，一次有效的沟通应当是双向的，即保险营销员能够将产品、服务或保险公司的信息有效地传递给客户，同时，客户也能将其理解的意思和感受反馈给保险营销员。有效沟通双向性的要求在保险营销的电话营销中表现得尤为明显。电话营销一定要让顾客开始说话，一旦顾客愿意和你说话了，那你就成功一半了。让别人说话最好的办法莫过于问他问题了，这样才能达到共同的目的。当然不能一直是你问他答，你要想办法让顾客问你问题。如果他就是不问，你就可以让他问，“您看我这么介绍你是否清楚了，您还有什么问题吗？”问问题时最好是选择题，这样可以增加互动性，同时也可以帮助顾客作决定，“您是不是现在说话不方便？那您看我是明天上午还是下午再给您打过去？”

（二）有效沟通的技巧

1. 有效沟通的语言技巧

有效沟通中语言表达技巧是一门大学问，专业水准的语言表达技巧能够使客户在沟通过程中感受到最佳的客户服务体验与企业形象。

（1）选用积极的用词和表达方式：积极的用词和表达方式能够使得与客户的沟通过程更为愉悦，保险营销员应当多使用积极的用词和表达方式，传达正面的意思。只有在愉悦、宽松的环境下，客户才能更为舒适地与保险营销员进行交流，更有可能促成保单的销售。例如，当客户在电话中等候的时间过长时，保险营销员或客服人员通常不会说“很抱歉，让您久等”，因为客户听到这句话时，将会把重点集中到“久等”上，会造成对“久等”的强化，使得客户的心情受到影响。因此，这种情况下，保险营销员或客服人员通常会说“感谢您的耐心等待”，选用积极的用词和表达方式能够使沟通过程更为愉悦和顺畅。

（2）多用“我”替代“你”：在沟通中，多用“我”替代“你”，可以让对方感觉更为亲切、有礼貌。例如，询问对方姓名时，可以用“请问，我可以知道你的名字吗？”来代替“你的名字叫什么？”可以用“我愿意帮助你，但首先我需要……”来替代“如果你需要我的帮助，你必须……”等。

（3）在客户面前维护公司形象，同时不打击竞争对手：保险营销员在与客户沟通过程中，应当积极维护保险公司的形象。不在客户面前抱怨公司，同时，在客户对保险公司有抱怨时，应当表示理解，并积极解决。客户如果找错了人，应当说：“有专人负责，我帮您转过去”，代替“对不起，这事我不管”。此外，保险营销员在与客户沟通时，注意不要打击竞争对手，不要因为要推销自己的产品，恶意中伤其他保险公司或其他保险营销员。保险营销员在中伤竞争对手的同时，也会使顾客觉得其素质不高，有损自身和公司的形象，不利于保单的促成。

（4）不要与客户发生争辩或质问客户：保险营销员在与客户沟通时，应当要明确自己沟通的目的是销售保险产品或服务，而不是来与客户争辩事情的对错。保险营销人员应当认识到，与客户争辩是解决不了问题的，还极易给客户带来反感的情绪。即使你一时占据了上风，赢得了胜利，但是也失去了客户。同样，保险营销员在与客户沟通时，质问客户也是大忌。由于保险宣传不足、负面新闻等的影响，有些客户对保险持反感态度。在面对这样的客户时，保险营销人员应当动之以情、晓之以理，切勿质问客户“您凭什么讲保险公司是骗人的？”“您有什么理由说保险公司交费容易，赔钱难？”等，这样的质问十分不礼貌，会引起客户的反感。

(5) 用语要柔和、委婉：保险营销员在与客户沟通时，态度要和蔼、语气不能太生硬，更不能用命令的语气与客户交流，而应采取柔和、征询、协商或请教的语气与客户交流。保险营销员用语应当委婉，如果客户身上有缺点，应当委婉的提醒，不能直白地讲出来，更不能当面批评教育，这样只会造成客户的厌恶和怨恨。

(6) 不要在客户面前过分炫耀：有的保险营销员为了在客户面前美化自己，往往得意忘形、夸夸其谈地炫耀自己，如炫耀自己的出身、学识、财富、地位及业绩和收入等。这种炫耀一方面会造成与顾客之间的隔阂和距离；另一方面会使客户感觉到你的财富都是通过保单提成赚来的，会让顾客感觉保险营销员是来赚钱的，而忽略了保险产品的保障作用。

(7) 表达通俗易懂：健康保险产品合同中有很多保险学、医学、法律等专业的术语，对于客户来说过于专业。保险营销员在表达时应当通俗易懂地将相关的要点解释给客户听。此外，因为健康保险产品有其特殊性，在其保险合同中，都有涉及死亡或者是残疾的保险责任，在客户看到“死亡”、“残疾”等术语时，可能会有所忌讳，如果保险营销员不加顾忌地与客户这样去讲，肯定招致对方的不快。

(8) 鼓励顾客表达想法：有效的沟通应当是双向的，在与顾客沟通时，保险营销员切忌独白，应当鼓励顾客表达想法。通过顾客的主动表达，我们可以得到顾客的很多信息，如家庭状况、健康状况、收入状况等，同时也能与客户更好的互动。

(9) 态度热情、真诚：人与人之间的交流和沟通，态度真诚和热情最能打动对方，与之产生情感上的共鸣。保险营销员在与客户沟通时，言谈举止都应当流露出真诚和热情，不要出现冷场的现象，也不要对客户冷淡。

(10) 用语切忌生硬：保险营销员在客户交流时，用语切忌生硬，声音应当洪亮、抑扬顿挫；语音有厚有薄；语速有快有慢；语调有高有低；语气有重有轻。要有声有色，有张有弛，声情并茂，生动活泼。保险公司在培训保险营销员时，都会为其准备相关的话术，有些保险营销员在与客户沟通时，生搬硬套话术，如同背诵一般，给客户生硬呆板，没有朝气与活力的感觉。

2. 有效沟通的肢体语言

肢体语言是指通过身体实现沟通目的的语言。肢体语言是我们人类的天性，人人都具有使用肢体语言的能力。有效沟通的实现，很大程度上取决于肢体语言的运用，现代非语言沟通首席研究员、著名人类学家雷·博德威斯特尔研究认为，在两个人之间的交流中，65%的信息需要通过肢体语言的沟通来进行传递，而靠语言传递的信号只占全部信息的35%左右。肢体语言大致可以划分为表情语、手势语和肢体动作三大类。

(1) 眼睛是灵魂之窗：在非语言沟通中，眼神居首位，其次才是微笑和点头。人的一切情绪、态度和感情的变化，都可以从眼睛里显示出来。保险营销员在与客户沟通时，应当注意眼神的交流，通过眼睛，能够实现各种情感的交流；能够调整和控制沟通的互动程度；能够传送肯定、否定、提醒、监督等讯息；能够传达出对事情的信心度。保险营销员应当向客户保持一定的目光接触，显示正在倾听客户的说话；诚恳坚定看着客户；眼神带着友好的情感；专注、持续看着客户；不要翻白眼；不要乱飘、不敢注视客户；应当看客户两眼之间或鼻梁骨，有压迫感觉时可以看客户的前额。

(2) 微笑可以缩短距离：用真诚的微笑打动客户，俗话说“笑口常开，到处吃得开；肚量大，脾气小，常微笑，病就好。”在保险公司微笑、赞美、勤问候是沟通时的必修学分。并不是所有的微笑都能打动客户，保险营销人员应当认识到，微笑是表达心情的方法，应当是发自内心的微笑，才是真的笑容，才能体现整个人的精神面貌。同时，微笑的同时应当注重自身的涵养，如不要发出太大的声响、表现的太过紧张或是笑得太过生疏，让客户觉得不舒服。

（3）得体的动作和姿势可以增加客户的好感度：保险营销员的工作应当礼貌和得体，无论是轻轻的点头、充满热情的握手，还是稳健的步伐，都是与客户良好沟通的开始。你的姿势正反应你内心对自己的想法，也同时可以显示你对别人的态度。保险营销员平时应当养成良好的习惯，“站有站相，坐有坐相”。挺着胸站立，挺着胸走路，挺着胸坐着；体重应整个平衡地落在脚趾之间；收小腹，使其呈扁平状；用起跑姿势和别人交谈；不妨随意走动一下；走路要够自信，可以学模特从墙边迈步前行；宣布重要事项，站起来说明；要留心下半身的姿势，如腿不要乱抖；在需要表示对别人尊重的情境之下，坐姿要腰板挺直，身体微微向前倾，有时也不妨正襟危坐；你的手势要大方、丰富及具有美感。

3. 电话营销沟通技巧

电话营销方式是健康保险营销中的一个重要渠道，沟通双方通过电话进行交流，保险营销员在电话营销时应当特别注意自己的声音和语调。研究表明一个人说话的声音、语调和他的面貌表情一样重要，都能够将情感和信息传递给对方。保险营销员要把声音利用到最大限度，就是要用横膈膜（丹田）呼吸，而不是用胸部呼吸。最受欢迎的声音、语调应当是，保险营销员带着微笑的脸说话，声音中就能带着笑纹；声音中带着诚恳的感情。研究指出：透过电话沟通，你说话的声调，抑扬顿挫、共鸣感，决定了你谈话内容可信度的84%。

1. 简述客户关系管理的内容有哪些。
2. 简述客户关系管理的重要意义。
3. 简述客户分类管理的概念和方法。
4. 分析客户满意度和客户忠诚度的区别与联系。
5. 试分析在保险营销中如何实现有效沟通。

【案例】

保单销售经典案例

当我（戴维·考治）到达时，索科尔医生正在私人诊所小休息室里等我，我在他旁边的一张椅子上坐下来。

他说道：“我不希望你在这个时候拜访我而一无所获（夜间11点），但一想到我生前投入的钱只能在我死后才能发挥作用，我就感到不太好受。”

“这可以作为不投保的最好理由，但是保险并不只是在人死后提供补偿，它可以在你退休后为你提供生活保障。实际上，你从保险中获取的回报比你从银行储蓄中获取的要高得多。”我停了停，接着说：“有一天当你退休了，病人们是不会向你提供退休金的，在你现在的收入中，1/3用来上缴国家税收，1/3支付营业费用，剩下的1/3才是你的个人收入。最好的情况也就这样了。你为什么不将现在收入的一部分用来确保将来的生活呢？在你的职业生涯中，你会遇到很多推销员，他们只是劝你花钱消费，只有我才劝你存钱。”

“我从没这样考虑过，但我已经开始储蓄了”医生说道。

“是的，但如果你还没有存到足够可以照料家人的钱就去世了，怎么办？保险是一个独特的财政工具，如果你健康长寿，它可以给你提供养老金，如果你不幸去世，它可以为你家人的生活提供保障，我知道讨论你的生死是件令人不愉快的事，但这是我们不能回避的。在你的工作中，每晚要面对很多产妇，而她们在几个月前并没有怀孕。普通医生每天诊治的病人也曾拥有健康的身体。”

“是的，但我是医生，而且身体健康，我认为没有投保的必要。”

“我们可以这样假设一下，假设你妻子管理你的事务，你是她经营的公司，现在你每年给她创造10万美元的收入，你实际上是她公司唯一的经济来源。或者我们假设你是一台造币机，你妻子小心翼翼地存放在地下室里。需要用钱时，她就会每年造出一叠10万美元的钞票，即使她把它妥善地保管在你们干燥通风的地下室，即使机器结实耐用。我可以有把握地说，她会千方百计给机器投保，以防它出故障。”我继续说道：“现在我们假设这台机器每天被运来运去，早晨离开家晚上才回来，像你一样这台机器担有风险，什么事都可能发生，天有不测风云——车祸、抢劫、疾病，她为什么不为你投保呢？”医生耸了耸肩，听我往下说。

“因为她认为你自己能照料自己，她整天忙于照料家庭开支，房子和孩子。我确保，她预料不到有一天机器会停止运转，她怎么会预料的到呢？她认为你会确保机器永远不出故障，但你每天忙于工作，哪有时间照管这些，你们两人都尽职尽责，但你们的将来都无人照料。”

现在他有点感兴趣了。“我明白你的意思。”他说。

“你现在居住的房子，只要你活着，就能一直住下去吗？”

“当然，”他说道：“我们已经在那儿住了20多年了。”

“那如果你去世后，你的家人还能一直在那儿住下去吗？”

“你是说如果我去世了，她们会失去这所房子？”

“很可能，”我点头，“如果你去世时什么都没给她们留下，她们的生活会发生很大改变。”

“如果我决定投保，需要多少钱？”

“我得先详细地看看你的情况，再给你一个确切的数字。我们这样做，实际上是拿出你收入的一小部分，以确保你和家人的将来。”

他想了想，问道：“投保20万美元，需花多少钱？”

“为什么保这笔数目？”

“这个数目是还没有偿还的房产贷款数，这样，即使出现意外，我的家人生活也就有了保障。”

“这倒是的。但我们来仔细探讨一下这个问题。如果我想买你的公司，需要多少钱？”

“你会付给我多少钱？”

“你实际上已经开价了，我出20万美元。”我笑着说道。

“什么？”他叫道：“我两年就能挣到20万美元。”

“如果你一年就能挣到10万美元，那么你10年后退休时你就挣到100万美元。我想确保你这笔收入不受损失，因为你的死亡除了会给你家人造成感情上的损失，还会使她们失掉100万美元的财产。记住，假如明早你离开这儿在回家路上遇到一场事故，你妻子和孩子损失的将不是20万美元，而是100万美元。”

虽然，因经济上的考虑索科尔医生最终没有投保100万美元，但他还是投保了30万美元，这可大大超出了他最初打算的投保数目，我为自己尽力保护了他的家人而感到满意。

资料来源：中国保险网 http://www.jinfuzi.com/wz/id-1542431.html 2014-08-07

思考：

1. 考泊为什么选择夜间11点去拜访索科尔？
2. 考泊在与索科尔的沟通中哪些方法使得他赢得了索科尔的信任，最终投保了30万美元？

提示：考泊善解人意，主动牺牲自己的休息时间去拜访索科尔，这就使医生感觉考泊善解人意，处处为自己着想，从而产生了心理上的负债感，渴望着考泊的拜访。

拓展阅读

保险：不仅仅是理赔

保险，在很多人的印象中，就是管赔钱的。无论是寿险保的死亡、健康险保的健康，还是财产险保的具体财务，反正保险的功用，似乎也就仅仅是在发生不幸的时候给予一些经济上的补偿而已。

其实，伴随保险的不断发展，保险绝非仅具有经济补偿那么简单的功效，事实上它不仅出钱而且出力。

一位财险公司的朋友告诉记者，他们公司的母公司在国际上推出一款著名的"绑架险"。只要你投保了绑架险，一旦遇上绑架事件，那么保险公司就会按照保险额度为你支付赎金，同时若你身处国外，包括家人去国外与绑匪谈判之类的费用亦会由保险公司根据条款相应承担。

当然，这款保险最吸引人的不仅在此，而在于保险公司全程参与为投保者提供更多的服务。"绑架很危险，与绑匪谈判更是个技术活。给钱太爽快了，绑匪觉得太容易说不定下次又来绑架你了；若给钱太不爽快惹急了绑匪，撕票那就麻烦了。掌握个中尺度，绝非容易的事情。所以我们保险公司一旦知道客户遭遇绑架，一定会第一时间请我们签约的危机处理公司的谈判专家负责与绑匪交涉。我们签约的那些危机处理公司不仅是全球第一流的，而且遍布世界各地。若你是在南美被绑架，我们一定会找南美当地的谈判专家，若是在欧洲被绑架，我们也一定会请欧洲谈判专家。对于投保人而言，不仅在于请谈判专家的费用是由保险公司按照合同承担，更在于知道该请哪家公司的哪位谈判专家，并且在需要的时候一定能够请到———对普通人而言，怎么可能知道在某个小国该请哪位谈判专家才能解决问题？这就是我们保险公司最大的优势，不仅赔钱，而且为投保者提供增值服务"，在谈及这个保险的优势时，这位朋友一脸的自豪。

的确，保险公司作为一个大型机构，其优势和作用绝不仅仅体现在赔保上。若觉得"绑架险"离普通读者太远，那么我们不妨说说健康险。在许多人看来，买了健康险，唯一的用处就是生病时可以按照合同索赔，其实，买到一份好的健康险，更是请到了一位好的健康顾问。

对保险公司而言，卖出健康险，最希望的自然是投保者健健康康什么病都不生。但生病与否，绝非保险公司可以决定。不过，保险公司至少可以通过"事先预防"的方式，帮助投保者更健康的生活，从而降低发生疾病的可能。比如，有的健康险会由专人定期询问你的饮食、锻炼等近况，并针对情况给出更好的建议；有的健康险会提供健康热线，随时提供健康、医疗方面的解答，帮助投保者"解惑"；有的健康险当你看病时可以帮你预约好的医师，确保你获得尽量好的诊断。

保险，绝非仅仅是赔钱那么简单。好的保险，本身也是一位挚友，可以利用保险公司的网络帮我们联系到我们联系不到的人，提供我们自身不容易找到的服务，在理赔之外锦上添花。

资料来源：新闻晨报 http://www.xyz.cn/study/baoxiangongsi-news-44118.html 2012-2-12

第十五章

健康保险营销策划

营销策划是健康保险营销活动过程的重要环节。成功的营销策划可以使健康保险营销活动事半功倍。做好营销策划对保险公司开展营销活动有重要意义。本章内容主要介绍健康保险营销策划的类型与流程;健康保险营销策划书的结构;健康保险营销策划需遵循的原则等内容。

第一节　健康保险营销策划概述

一、健康保险营销策划的含义

(一)策划的含义

策划一词最早出现在《后汉书·隗嚣传》中"是以功名终申,策画复得"之句。其中"画"与"划"相通互代,"策画"即"策划",意思是计划、打算。"策划"一词有广义与狭义之分,广义的策划指社会组织或个人为了提高成功的可能性而对未来活动所进行的谋划。我们把经济领域和生产力领域所从事的策划称为狭义的策划,也可称为企业策划。营销策划就属于企业策划的范畴之内,是其一个分支。除了企业策划外,策划还包括事业策划、文化策划、政府策划、军事策划等。

本书认为策划是为达到一定目标,在调查、分析有关材料的基础上,遵循一定的程序,运用科学的思维和方法,对社会经济组织的整体活动或某一方面活动进行系统的、全面的构思、谋划,制订和选择合理可行的执行方案,并根据目标要求和环境变化对方案进行修改、调整的一种创造性的社会活动过程。

(二)营销策划的含义

1. 营销策划的含义

营销策划是策划学与市场营销学的交叉学科,是策划学的重要分支。市场营销是以交换为目的的经营活动,为了实现交换,达到预期的效益目的,企业作为营销者,既要科学地分析市场、顾客及各种影响因素,又要合理安排、有效设计和实施、控制自己的经营行为,力求在恰当的时间、适当的地点、以适当的价格向适当的消费者或用户提供适当的产品,并以适当的促销方式与他们沟通。为了实现这些"适当",市场营销人员所做的分析、判断、推理、预测、构想、设计、安排、部署等工作,便是市场营销策划。

所谓营销策划就是策划人员围绕企业目标,根据企业现有的资源状况,在充分调研、分析市场营销环境的基础上,激发创意,制定出有目标、可行的、能解决企业实际营销问题的一套策略规划的行动过程。

2. 营销策划与营销计划

营销策划是对整个营销管理活动所进行的规划和谋划，是对所有营销环节进行的筹划和谋略。在一定程度上，策划包含计划，策划的有效执行离不开一个详细安排、分工明确的计划来加以支撑。例如，在一个“关于健康保险公司儿童节的市场推广策划”中，整个策划包括市场环境分析、竞争对手分析、市场推广主题设计、市场推广概念传播、市场推广策略与方案设计、市场推广计划安排、费用预算、效果预估、组织保障等内容，其中，市场推广计划安排作为整个策划方案的一个重要组成部分，对市场推广时间、地点、区域、人员、礼品等都做了详细的计划和安排，与策划方案的其他部分相配合，共同保证此次市场推广活动的顺利进行和策划目标的实现。从这个意义上说，策划离不开计划。

但同时，离开策划，计划就没有任何价值和作用。在本案例中，如果离开了市场推广主题设计、市场推广概念传播、市场推广策略与方式设计等策划的关键要素，其促销计划安排就将失去意义和价值。用西方科学的理论术语来讲，策划相当于英文“strategy + plan”，而计划仅相当于英文的“plan”。

3. 营销策划与点子

20 世纪 80 年代中后期至 20 世纪 90 年代初期，我国营销策划处于启蒙阶段，这个阶段也称为“点子时代”。点子也称为“主意”，雅称“创意”。点子策划主要依赖于富于创意的促销策划，没有对企业及产品做出系统、全面的调研和计划，缺乏对整体策划的洞察与理解，加上执行环节的诸多失误和错误，导致失败的策划案例层出不穷。在目前经济全球化和竞争国际化的知识经济时代背景下，精细化营销、整合营销成为新的营销思想与方法论指导的条件下，系统化的、精耕细作的全方位营销策划才是企业运筹帷幄、决胜千里的重要保证。但优秀的策划必然需要好的创意。因此，策划绝不是点子，点子只是策划中的一个组成部分。

（三）健康保险营销策划的含义与必要性

1. 健康保险营销策划的含义

健康保险营销策划就是保险公司在市场营销中为企业或某一健康保险产品或某一活动所做出的策略谋划或计划安排。该含义强调三个要点：第一，健康保险营销策划的对象可以是保险企业整体，也可以是某一项健康保险产品或服务，还可以是一次活动；第二，健康保险营销策划需要设计和运用一系列计谋，这是健康保险营销策划的核心和关键；第三，营销策划需要制定周密的计划，并做出精心的安排，以保证一系列计谋运用得以成功。健康保险营销策划主要包括健康保险市场营销目标的确立、健康保险市场机会分析、市场定位、营销战略及策略、营销评估等内容。

2. 保险公司进行营销策划的必要性

（1）市场对健康保障的需求多样化，需根据需求进行有针对性的营销筹划：健康保险营销首先必须确定谁是目标消费者，然后再有针对性地设计营销组合策略。从收入的角度看，中国目前高收入群体、中等收入群体、低收入群体在消费的质量、消费方式等方面有较大差异。例如，在华外籍人士、中小企业经营者、公司高管、中高收入阶层等高净值人士，需要为其筹划丰富的高端医疗保障产品；不同类别的团体健康保障福利的需求不同，随着中国经济高速发展和企业规模的不断扩大，越来越多的企业，尤其是人才流动率较高的 IT 行业，已将商业补充医疗保险、重大疾病保险和失能收入损失保险等作为重要的人才激励手段之一，如何根据不同需求筹划不同的营销方案成为开拓这一市场的关键；女性、母婴、老年人和残疾人等特定人群具有特殊的健康保障需求，如何为孕期母婴设计健康保障，如何针对不同年龄女性设计健康保障，如何为老年人、残疾人设计有针对性的健康保障，这些都为营销策划人员提出挑战。而且特定区域人群的健康保障需求也不同，如为满足福建打造“海峡旅游”的品牌、扩大居民赴台旅游的需求，中国人保财险专门为经福建口岸赴台旅游人员推出了专属保险产品“赴台安顺游组合保险”。

（2）健康保险处于起步阶段，需进行营销策划引导消费者需求：2013年，我国保险业实现原保费收入17 222.24亿元，同比增长11.2%，其中，寿险业务原保险保费收入9425.14亿元，同比增长5.8%；健康险业务原保险保费收入1123.5亿元，同比增长30.22%，健康险占寿险业务收入的11.92%，占总保费收入的6.5%。健康保险相较于其他保险市场仍存在发展时间较短、保费规模仍与其他保险市场有一定差距的问题。2013年我国保险密度、深度分别为1265.7元/人和3.03%，寿险保险密度、深度分别为692.52元/人和1.66%，健康保险密度和深度分别为82.55元/人和0.2%，健康保险密度及深度与其他保险市场的保险密度相比，仍然相差很大；2013年，中国商业健康保险保费占卫生总费用的比重仅为3.55%，而世界上大部分的国家在5%以上，发达国家则在30%左右。商业健康保险与近年来我国人均就医支出的持续上涨形成鲜明的对比，健康保险市场有待进一步培育和发展，需要进行营销策划引导消费者对健康保险的需求。

（3）竞争激烈，需要健康保险营销策划提高企业竞争力：2013年我国财产保险公司总数为65家，其中中资公司44家，外资公司21家；寿险公司（含养老险公司）总数为70家，其中中资公司42家，外资公司28家；专业健康保险公司总数为4家，均为中资公司。2013年，上述保险公司中有100多家公司开展了商业健康保险业务，人寿保险公司无论从健康保险经营主体数量还是保费收入上都处于绝对领先地位，市场份额基本保持在80%左右；财险公司市场份额保持在7%左右；专业健康保险公司市场份额为14 %左右。健康保险市场竞争激烈，保险公司应加大健康保险产品服务创新与销售渠道建设力度，重视健康保险营销策划提高企业竞争力。

（四）健康保险营销策划的类型

1. 以策划的对象为标准划分可以分为企业策划、健康保险产品策划和服务策划

企业策划是对企业整体进行的策划，是综合性的策划，主要目的在于树立良好的企业形象。例如，保险企业形象筹划。太平洋寿险在全行业首家推出了“产品品牌标识”——水滴四叶草。四叶草又称为幸福草，象征着太平洋寿险为客户承诺的幸福保障。

健康保险产品策划是对健康保险产品的开发和销售等活动进行的策划，主要目的在于售出新产品和扩大销量。太平洋寿险感人的视频情感广告《爱的四季》在网络上广为传播并为广大网民争相转载，5分钟的视频以人生不同阶段需要亲人不断地呵护关爱来表达“人生四季有保障真幸福”的主题。而这一主题正是太平洋寿险全新的品牌理念，加上“人生四季福相伴”的产品组合，分别是适合少儿阶段的“福宝宝”、工作刚起步阶段的“福盈门”、成家立业阶段的“福满堂”和接近退休阶段的“老来福”，向消费者推荐一种“有保障”的幸福生活态度，满足消费者在心理上和精神层面更高的需求。

服务策划是从更好地满足健康保险消费者需要出发而进行的策划，主要在于提高企业的信誉。例如，中国人保健康秉承“全程健康管理服务”的宗旨，将孤立的服务项目组合成连续的服务流程，为不同个体和团体客户准备了全套的健康管理服务计划。例如，为企事业团体中的员工设计了“健康维护计划”，为团体中有慢性病的员工设计了“慢性病诊疗监控和改善计划”，为团体高管人员设计了“全程健康管理计划”。同时，中国人保健康还在各地根据不同渠道的客户特点，制定差异化服务方案，体现专业健康保险公司的服务特色。

2. 以市场开发程序为标准进行划分

以市场开发程序为标准可以分为市场选择策划、市场进入策划、市场渗透策划、市场拓展策划、市场对抗策划、市场防守策划、市场撤退策划等。

市场选择策划是对如何有效地选择目标市场所做的策划。例如，金盛人寿推出的“个人高端保障计划”。它的目标顾客群主要是在华外籍人士、中小企业经营者、公司高管、中高收入阶层等高净值人士。据测算，目前全国有3000万左右的人群需要高端医疗服务，与此相关的高端医疗保险市场容量至少可达200亿元。保险公司细分目标顾客,针对国内富裕人群推出高端医疗保障产品,年缴费数万至数十万元的高端医疗保险正成为保险公司争夺的业务重点之一。

市场进入策划是为健康保险产品成功进入市场所做的策划;市场渗透策划是为争取现有市场、增加购买者所做的策划;市场扩展策划是为扩大现有健康保险产品的市场面、开拓新市场而做的策划;市场对抗策划是关于怎样与主要竞争对手相抗衡的策划;市场防守策划是指怎样抵制竞争产品、巩固现有市场的策划;市场撤退策划是怎样有计划地退出现有市场的策划。

3. 以营销不同层次为标准可以分为营销基础策划与营销运行策划

营销基础策划包括营销战略及营销管理策划。营销战略策划是市场营销人员依据经营战略的要求进行的整体营销战略选择、营销竞争战略设计、市场机会研究、市场细分、目标市场选择和市场定位策划。营销管理策划主要是对市场营销和销售管理的方法和技巧进行的策划。

营销运行策划主要表现为各种营销策略策划。营销策略策划是市场营销人员在市场营销战略策划的基础上,对保险公司的健康保险产品、价格、分销及促销,即市场营销手段,所进行的组合策划和个别策划,属于战术性策划,其目的在于把市场营销战略策划所规定的任务落实到实处。

例如,生命人寿与大童保险联合推出"女性婚姻保险",由主险"红玫瑰"年金保险和附加"红玫瑰"女性疾病保险组成,集养老、健康、保障、理财、豁免于一体。附加"红玫瑰"女性疾病保险保障病种连同重疾、轻疾达50种,该产品只有女性才能作为被保险人,不仅生存金、满期金、红利等保单有效时的利益全部约定归属女性,退保现金价值权益也约定属于女性被保险人。在该案例中公司首先细分目标顾客,然后选中要为之服务的目标市场,接着为目标市场有针对性地设计相应的保险产品,并制定合理的价格,通过适合的渠道及目标顾客能够接受的沟通方式进行有针对性的营销,使营销战略与战术整合到一起,实现预期营销目的。

二、健康保险营销策划的性质与价值

(一) 健康保险营销策划的性质

1. 综合性

要求策划人员必须具备市场营销学、管理学、经济学、商品学、心理学、社会学、美学、策划学等多学科知识及丰富的营销策划实战经验。

2. 创新性

营销策划的创新性是指营销策划必须运用创新思维,提出解决市场问题、实现营销目标的新创意、新方法,甚至创造新的生活方式和消费观念,唤起消费者的购买欲望,把潜在消费者转化为现实消费者。创新包括观念创新、健康保险产品创新、服务创新、渠道创新、健康管理创新、组织创新等。

(1) 观念创新是企业适应新的营销环境的客观变化而形成正确的认识或看法。①应树立正确的市场意识,以顾客满意为终极目标理念。②应增强竞争意识。③强化合作意识。例如,健康保险在政府委托业务领域,中国人民健康保险股份有限公司创建了以"湛江模式"、"太仓模式"和"平谷模式"为代表的一系列典型经验和好的做法,推动了大病保险等制度的出台,在深入推进新医改和政府职能转变等方面作出了积极贡献。未来,随着政府更加注重发挥市场作用,基本医疗保险领域将逐步对商业保险机构放开,委托经办业务将迎来良好发展机遇。护理保险方面,商业保险机构需要与养老院、护理院等机构合作,积极发展对接医疗、家庭护理、康复、养老等服务的护理保险产品。④坚持可持续发展理念,比如绿色营销就是可持续发展理念的实施。

(2) 在健康保险产品创新方面,保险公司应积极细分目标顾客,不断丰富产品保障责任,满足市场多样化的健康保障需求。商业健康保险要在基本医保的基础上,积极发展与基本医保相互衔接的医疗、疾病、护理、失能、意外等方面的产品,满足社会非基本、多样化的需求。

（3）在服务管理创新方面，保险公司应积极运用先进的信息技术，完善服务流程与服务平台，提升服务水平和效率。

（4）在销售渠道创新方面，个人代理、团体保险和银行代理仍是健康保险销售中最重要的销售渠道，交叉销售、网络销售、电话销售等新型渠道正成为保险公司积极探索和实践的方向。

（5）在健康管理创新方面，保险公司应探索延伸健康保险产业链条，积极构建健康管理服务体系，尝试利用多种方式为客户提供内容和形式多样的服务项目和服务计划。通过搭建覆盖医疗、体检、远程健康监测、健康促进等全国性的合作服务网络，丰富客户的健康管理服务选择。

（6）在组织创新方面，为了提高企业竞争能力，通过相互持股、兼并、联合、结盟等形式进行组织创新。2014 年 8 月发布的《国务院关于加快发展现代保险服务业的若干意见》支持保险机构参与健康服务业产业链整合，探索运用股权投资、战略合作等方式，设立医疗机构和参与公立医院改制。并明确提出扩大健康服务业用地供给，优先保障供应，同时鼓励符合条件的保险机构投资兴办养老和健康服务机构。这些要求为健康保险的发展开辟了更加广阔的市场，并提供了有力的政策支撑。健康保险公司应积极参与健康服务产业链整合，择机介入养老、护理、体检、医疗等领域，强化健康保险与医疗健康产业协同发展的能力。

3. 系统性

市场营销策划是运用科学、周密、有序的系统分析方法，对企业的市场营销活动进行分析、创意、设计和整合，系统地形成目标、手段、策略和行动高度统一的逻辑思维过程和行动方案。市场营销策划强调对既有资源和可利用资源进行整合。市场营销策划是一系列创意、谋略的整合，是建立在创意和谋略之上的多种因素、多种资源、多种学科和多个过程整合而成的系统工程。

营销策划是关于市场营销活动的系统工程。它首先表现在时间上，营销策划是由一系列的营销活动来支持和完成的，这些营销活动总是环环相扣，并由一个主线——策划目标连在一起，构成营销活动链，从而形成一个有机的、系统的整体；其次，表现在空间上，必须全面考虑营销目标实现的各种因素，并对其加以合理组合和有机衔接，方能达到营销策划的目标；最后，表现在营销策划书的撰写上，一方面营销策划书的撰写步骤具有系统性，另一方面营销策划书的撰写内容具有系统性。

4. 可操作性

营销筹划是在创新思维的指导下，为企业的市场营销拟定具有现实可操作性的营销行动方案，提出开拓市场、营造市场的时间、地点、步骤及系统性的策略和措施，必须要建立在现有的人、财、物的基础上。

（二）健康保险营销策划的价值

1. 健康保险营销策划是健康保险营销价值的集中体现

目前，中国健康保险市场竞争主体多，竞争手段单一，市场存在相当程度非理性竞争，不同公司之间，甚至同一公司的不同分支机构或业务员之间，有时为了争夺同一目标客户，相互杀价，恶性竞争。

营销策划以需求管理为核心，把市场需求作为市场经济条件下一切经营活动的起点和归宿，以市场营销为龙头改造整个经营管理流程，按市场需求配置企业的资源，通过多学科知识的集合和碰撞，打破传统观念，用创新思维和系统观念，把企业既有的和可利用的人才、资金、技术、设备及信息等资源有效地整合起来，高效配置出企业营销的高效益。总之，营销策划是知识高度密集型的营销活动，它将企业的营销资源引向能有效满足市场需求的地方，使企业资源的运用更有效率。

2. 健康保险营销策划是健康保险公司竞争的法宝

营销策划是保险营销战略实施的关键环节，一个营销活动能否大获全胜，很大程度取决于策划的成功。现代营销竞争早已不再是拼资源、拼价格、拼政策，而是通过营销策划整合企业资源与市场潜能,进而为企业带来持续的增长优势和强劲的品牌传播效益。

目前,我国健康保险产品日益丰富,但依然存在比较严重的同质化现象,与健康保险消费者的需求之间还存在不小的差距。对保险公司而言,针对国家医疗保障制度不断完善的现状,各保险公司应加大市场研究力度,准确定位目标顾客,设计符合市场需求的营销组合方案是经营成功的基础。国内也涌现出一批优秀的营销策划方案,2013 年 11 月 29 日,由国内颇具影响力的主流媒体《南方都市报》主办的 2013 中国营销盛典于深圳举行,生命人寿策划的品牌公益活动"小海豚计划"获得本届盛典"年度创新公益品牌大奖"。这反映出业界及公众对生命人寿一以贯之的公益精神及"爱在生命"企业文化的肯定和嘉许,品牌的成功也是公司营销能力的体现,营销策划的成功是企业参与市场竞争的法宝。

第二节 健康保险营销策划的原则与基本原理

一、健康保险营销策划的原则

(一)公众利益与组织利益相统一的原则

组织的任何发展都应该与自己的公众环境的发展相协调,任何损害公众利益的"发展"都是为将来的事业设置陷阱。在健康保险营销策划的目标策划过程中,既要反映组织发展的要求,也要反映公众对组织的要求,做到公众利益与组织利益的统一。这种互利互惠应该体现在营销活动的全过程中,而不只是在某一时、某一点上。

(二)社会效益与经济效益相统一的原则

健康保险营销策划应该与组织机构的整体运营计划和社会发展条件相吻合。健康保险营销策划应以成本控制理念为指导,追求企业与策划行为本身双重的经济效益和社会效益为目的的理论体系。营销策划效益是策划主体和对象谋求的终极目的。

(三)创新性与持续性相统一的原则

一个成功的营销策划必须根据社会条件的变化、人们心理状况的变化制定出与以往不同的新内容,不仅要比竞争对手有所创新,更重要的是比自己原有的策划有所创新。

在强调营销策划的创新性时,还必须考虑到营销策划效果的累积性。在策划活动中,运行活动产生的是整体效果,整个过程中也会连动影响,我们称之为策划活动的联动效应原理。例如,通过一次次营销活动为组织建立一个统一完整的形象,要求我们将战略策划与战术策划统一起来。

(四)既定性与变通性相统一的原则

既定性是指一个策划方案一旦经过论证后,就成了既定方案,不能随意修改。遇到情况发生变化时,也只能在既定方案的指导下进行调整协调,而不能轻易抛开原有计划,这样才能保证整个营销策划得以实现。变通性是指在策划营销方案时需保持一定的灵活性。营销策划实际上就是要选择一定的方案,保持外部环境、内部条件和组织目标三者之间的动态平衡。由于人们的认识能力必然要受各种因素的限制,很难一次就设计出最佳方案。因此,要在保持既定性的同时保持一定的灵活变通性,在实施中根据不断反馈调整,完善既定方案。

二、健康保险营销策划的基本原理

（一）整合原理

整合营销策划通过对全局的考虑，合理安排各种营销活动和各种营销工具的使用，使整个营销活动处于有组织、有秩序的状态，发挥整体营销的力量，达到最好的效果。在今天激烈竞争的时代，无论企业是开展新的业务还是推广既有产品、服务，在进行营销策划时单单着眼于某个方面已不能从业务中创造持久的价值。营销策划的根本目的不再是短期盈利，而是实现长期可持续发展和打造企业的营销竞争力。这就必须要求企业营销策划的视角要从局部放眼到整体，通过整合营销策划，系统地计划营销战略与策略，从机制和组织上保证营销战略与策略的完全实施，使企业的所有要素与战略相互协调，以实现资源优化配置和营销竞争力的提升。

（二）信息原理

营销策划是在掌握大量而有效的营销信息的基础上进行的，否则，将导致营销策划的盲目性和误导性。调整方案也要在充分调研获取信息的基础上进行。查证资料的过程也是获得创意灵感的过程。拥有大量的市场信息是市场营销策划及实施成功的基础和保证。

（三）心理原理

研究消费者心理是营销策划的起点。人们的情感世界已成为组织竞争的主战场。符合消费者心理的营销策划才能成功。要求营销策划首先要调查研究，包括潜在及现实消费者的心理特征、心理定势、心理认知、心理评价。要深入研究消费者处于什么层次，诉求点应放在何处，消费者心理主要倾向是什么。例如，保险营销与科普教育相结合，与素质教育相结合，符合当下消费者心理。

但健康保险营销策划也不能过分迎合大众心理。目前我国民众的保险消费理念还不成熟。保险公司营销策划时要引导消费。例如，某保险公司策划在社区进行保险知识宣传，利用当地电台举办“数字说保险”、“家庭风险管理顾问”等节目，宣传风险防范与保险知识。

（四）审美情趣原理

审美情趣是指人理解和评价自然界和社会生活中各种事物和现象的审美特点和能力。这里指营销策划方案应能满足消费者的审美需求，要考虑其审美情感和文化心理因素。应充分了解健康保险消费者的文化背景、审美意识的层次。策划时能运用心理学、美学、艺术哲学、环境美学、商业美学的观点，考虑到多方面的审美效果。一个策划草案制订出来，应先请专家或部分消费者评论一下有无引起误解或容易误解之处，内容有无违背消费者心理、宗教政策和民族感情之处等。

（五）时机原理

时机原理要求在企业营销策划过程中，可以运用各种固定的特殊机会来开展专项营销获活动。比如重大节日、重大纪念日、其他有规律的假日和时机。运用这些固定特殊机会时应注意要使某一机会的内在含义同专项营销活动直接或间接地联系起来。运用这类机会要及早准备、别出心裁。

例如，保险公司利用春节、“五一”、“十一”、中秋节、儿童节等重要节假日的大好时机策划保险营销。

（六）制高点原理

在营销策划中占领制高点，有利于控制事物的全局，有利于掌握事物的发展和运行状态。如何掌握制高点：一是从战略角度占领制高点；二是从独特性角度占领制高点；三是从立项上占领制高点。

例如，在加快推动从管理型政府向服务型政府转变的大背景下，政府更加注重发挥市场的作用，健康保险在参与社会管理方面将发挥更积极的作用，中国人民健康保险股份有限公司坚持将自身发展深度融入国家医疗保障体制改革大局，大力发展基本医疗保险、补充医疗保险、大病保险等政府委托业务，不断扩宽服务领域，扩大保障覆盖面，探索形成了"湛江模式"、"太仓模式"、"平谷模式"等一系列具有代表性的创新实践，为国家医疗保障体制改革做出了积极有益的探索，从战略及独特性角度占领制高点。

（七）借势原理

借势有借大势、借优势、借形势之分。借势的最大特点是借助别人的优势，也就是站在巨人肩上做事。

例如，在农村，农民很少购买医疗和养老保险。某保险公司策划"百场电影献真诚，关爱保障总是情"电影下乡公益活动。"三下乡"是政府倡导的一项工作，因此市委宣传部、市文化局和民政局对活动的配合度都相当高。某保险公司与市妇联联合在全市小学生家长中开展《中华人民共和国未成年人保护法》普及宣传教育。这些营销策划案投资不多，效果却很好。

第三节　健康保险营销策划的流程

一、综合分析

（一）界定健康保险营销问题

策划人将企业发展中的问题按照简单化、明确化、重要化的原则加以界定和提炼，最终提出真正面临的需要加以解决的问题。专注于重要问题，就是要对影响保险企业发展或产品推广的所有因素进行排序，从中挖掘出对企业发展或产品推广具有根本性影响或制约的问题，然后根据此问题进行策划目标的确立并进行策划方案的创作。

（二）市场调查

市场调查的目的在于了解企业的营销环境，为企业的营销策划提供真实可靠的信息。市场调查包括企业营销外部与内部环境的调查与分析。其主要内容包括：市场形势、产品情况、竞争形势、分销情况、宏观环境。这是营销策划的基础。

例如，汇丰人寿的一项面向流动资产 50 万元及以上人士的调查显示，中国富裕人群对医疗保障额度的需求约为家庭年收入的 4 倍，为此他们愿意支付的保费预算约为家庭年收入的 9%。中国富裕人士需要更全面的保障，更专业化、特色化的医疗服务。不少保险公司已经推出了相应的高端医疗产品。

（三）SWOT 分析

一个好的营销策划必须对市场、竞争对手、行业动态有一个较为宏观的分析，即 SWOT 分析，是指确定外部市场机会和威胁及企业自身的优势和劣势，从而明确企业所处的市场位置的一种方法。分析情况是一次去粗取精、去伪存真的过程，是策划的前提。

将那些对公司发展有直接的、重要的、迫切的、久远的影响因素优先排列出来，而将那些间接的、次要的、不急的、短暂的影响因素排列在后面,构造 SWOT 矩阵。

在完成环境因素分析和 SWOT 矩阵的构造后,便可以制定出相应的行动计划。制定计划的基本思路是:发挥优势因素,克服弱点因素,利用机会因素,化解威胁因素。运用综合分析的方法,将排列与考虑的各种环境因素相互匹配起来加以组合,得出一系列公司未来发展的可选择对策。

二、制 定 计 划

(一) 健康保险营销目标的设定

1. 健康保险营销目标

在完成了环境分析之后,下一步就是在环境分析的基础上,确定营销目标,而这也是营销策划整个流程的关键环节。营销目标就是营销策划要实现的期望值,如一年内企业某一产品的市场份额达到 10%。应该明确的是,营销目标只与产品和市场有关,通行的原理是仅仅通过把某些东西卖给某些人,从而达到公司的财务目标,营销目标应该包括下列一项或多项内容:向现有细分市场出售现有产品、在现有细分市场开发新产品、将现有产品延伸到新的细分市场、在新的细分市场中开发新产品。而广告、定价、服务水平等只是取得成功的方式,所以定价目标、促销目标、广告目标及其他类似目标不应与营销目标相混淆。

2. 确立健康保险营销目标的重要性

首先,健康保险营销目标是营销策划的依据;其次,是指导、协调营销工作的依据,另外为评价营销活动效果提供了标准;最后,健康保险营销目标还是提高工作效率、实现营销活动价值的保障。

3. 健康保险营销目标的分类

健康保险营销目标包括战略目标和具体目标。战略目标,包括生存、最大当期利润、市场份额最大化、最大市场撇脂、产品质量领袖等目标。具体目标,包括销售额、利润额、市场占有率、回款率等。

4. 确立健康保险目标的要求

(1) 营销目标要尽量量化,以便于测量。对于不易量化的目标,也要尽量想出较为客观的评价标准。

(2) 营销目标不要设定得太高,也不要设定得太低。太低的话,起不到激励效果,达不到营销策划的目的;太高的话,又难以实现,容易造成消极影响。

(3) 如果存在多个营销目标,那么应该使营销目标互相协调一致。在目标之间有难以协调的矛盾时,要明确表述目标的优先顺序。

(二) 健康保险营销战略策划

营销策划目标告诉你要达到的目的地,而营销战略策划则勾画出你如何达到这一目的的整体框架。营销战略策划在整个策划流程中居于核心地位。营销战略策划主要包括市场细分、市场目标化、目标市场定位等,即 STP 战略。还包括品牌策划、企业形象识别系统策划及顾客满意策划等。

1. 市场细分

健康保险被细分出来的市场是由在一个市场上有可识别的相同的欲望、购买能力、地理位置、购买态度和购买习惯的大量人群组成,应该说市场细分是介于大众化营销和个体营销之间的中间层群体。在细分市场上,企业能创造出针对目标受众的产品、服务和价格、分销渠道和传播渠道,并且面临较少的竞争对手。

例如,永诚财险携手保柏(BUPA)健康保险公司推出两款全球高端医疗保险产品“永诚全球医疗保障计划”和“永诚全球团体医疗保障计划”,分别针对中国境内的外籍人士和外籍公司。在产品配套上,配置了全球医疗管理推动岗和专业的销售及销售支持团队提供双语服务,并提供境外就医理赔垫付服务、24 小时国际热线服务、24 小时全球紧急救援服务、紧急探亲服务等多项全球化的保险附加服务。

2. 市场目标化

只有那些与公司目标相一致并且公司有能力和资源进入的具有吸引力的细分市场,才能最终成为公司目标市场。例如,可选择年龄在 25~50 岁,家庭年收入在 100 000 元以上,具有稳定工作、高收入且具有较高文化程度的这类中青年中高端客户群作为某健康险的目标市场。

保险公司目标市场的选择需考虑道德选择问题,如公众关注有弱点群体的不公平的营销手段,这使得健康保险营销者在选择目标市场上必须考虑社会责任问题,如健康保险公司应关注残疾人这一持殊群体的健康保障问题。

3. 市场定位

健康险的市场定位可选择的方式有以下几种。

(1) 利益定位:健康保险关注的不仅是被健康保险消费者遭受保险事故损失后的事后的经济补偿,而且更加关注被健康保险消费者遭受保险事故损失前的预防保健和健康教育,以及健康保险消费者生存期间的健康管理,因此,健康险的产生为人们的家庭健康生活提供了保障。

(2) 属性定位:健康保险包括医疗保险、失能收入损失保险和护理保险。最常见的医疗保险包括了疾病医疗保险和意外医疗保险。与社会基本医疗保险相比,商业健康保险具有多种保险产品可供不同需求的人群选择,投保人没有太大限制。在选择商业健康保险时,只要根据自已的工作性质、收入情况、家庭状况、年龄及身体状况等因素对风险进行客观评判,根据个人实际情况选择适当的产品。

(3) 价值定位:目前市场上的商业健康保险主要有如下大类:重大疾病保险、住院费用报销型保险及住院补贴型保险及护理保险。在这几大类产品下,各家保险公司都是在这些分类中更加细分产品,达到满足消费者的需求。

(三) 健康保险营销战术策划

营销战术注重企业营销活动的可操作性,是为实现企业的营销战略所进行的战术、措施、项目等策划。营销战术包括:第一,营销组合策划,即产品、价格、渠道、促销组合策划,健康保险公司属于服务业,在进行营销组合策划时还应该考虑流程、人员及有形展示等三个方面;第二,营销项目策划,如市场调研策划、健康保险产品策划、价格策划、分销策划、促销策划、广告策划、公关策划、推广策划、服务策划、流程再造、有形展示策划等。

(四) 确定主题

任何成功的营销策划活动,都是由一系列项目组成的系统工程,为了避免项目繁多,特别是那些历时较长的大型活动给人造成杂乱无章的印象,就需要设计出一个统一、鲜明的主题,有一个贯穿整个活动过程的基调,以便统帅全局,使整个活动浑然一体。营销策划的主题设计应符合营销策划目标、主题应具有创新性、主题应符合目标公众心理并应具有审美情趣。主题的概括应简明扼要、贴切朴素、鲜明、生动,以期起到扣人心弦、潜移默化感染人的作用。

例如,信泰人寿保险股份有限公司客户服务方案——第二届客户服务节暨首届少儿国学文化节获得 2010 年中国保险营销企划拓普奖。该方案选了少儿国学文化这样一个主题,以“读书明理·厚德致远”为活动主题,诠释“关爱少儿、传承文化、结缘守信、构建和谐”的丰富内涵。该主题首先是可以抓住客户眼球,中国是一个一二四的社会,少儿是一个很好的四两拨千斤的节点。其次,这些年国学在国内迅速升温,该主题可吸引媒体的关注,引起社会的广泛反映。最后,信泰是一个奉行传统文化的公司,该主题符合公司整体形象——勇于承担社会责任这样一个形象。该营销筹划方案的亮点在于主题的确立。再比如,百年人寿打造低碳品牌形象,成为保险行业的环保先锋。企业一系列营销筹划方案紧紧围绕品牌形象进行,实现整合营销传播的目的,多种声音传递一个形象——低碳的主题。

(五)选择方案

成功的营销策划方案要符合组织目标及营销目标,起决定作用的不是策划者能搞什么,而是组织需要什么,组织目标及营销目标是策划的起点也是营销策划评估的首要依据;公众心理是营销策划的起点和评估重点,了解公众心理首先要调查研究,深入研究分析目标消费者处于什么层次,诉求点应该放在何处;营销策划方案要具有鲜明的个性、独特新颖;营销策划方案应能满足公众的审美需求,要考虑公众的审美情感和文化心理,要求策划前充分了解公众文化背景、审美水平的层次,策划时能运用心理学、美学、艺术哲学、环境美学、商业美学的观点,一个策划草案出来后,应先请专家或部分公众评论一下有无引起误解或容易误解之处,内容有无违背公众心理、宗教政策和民族感情之处,使方案更加完善。

上文提到的信泰人寿保险客户服务方案——第二届客户服务节暨首届少儿国学文化节围绕着主题筹划了如下活动方案:第一,请浙江大学古籍研究所的教授推荐了包括《三字经》在内的十几部国学经典,圈定了一个活动范围。第二,进行了少儿国学素养调查,同时给业务员一个拜访客户的机会。开发了一系列的工具,比如背面有一个弟子规的扇子等作为调查工具。第三,客户的调查,附带了一个客户幸运大抽奖以引起顾客参与热情。活动的高潮是在杭州举行的少儿国学知识大赛,现场进行了少儿选手诵读国学经典和一些才艺展示。附带的还为参赛选手的家长举办国学讲座及天堂杭州国学文化体验之旅。

上文中提到的百年人寿,从“百年低碳行动”、“蓝色地球·绿色百年”大型公益低碳活动,到“低碳壹百承诺”、首创“一保通”服务平台的低碳经营,百年人寿由内及外全面履行着企业环境责任。系列活动如下:2011 年 3 月 26 日,百年人寿各地志愿者向各地市民发放活动宣传单页,让更多个人、家庭能够了解“地球一小时”活动; 2011 年主题为:“珍惜地球资源转变发展方式倡导低碳生活”。百年人寿发起“变废为宝 DIY 有奖征集”活动,把所有 DIY 作品照片和文字说明在网上活动专区和活动官方微博进行展示,并通过转发、评选等形式,激发公众旧物改造的智慧,吸引更多的人参与活动,让低碳创意融入公众的生活细节;百年人寿的另一项“旧电池换宝社区行”活动也适时举行,公司的环保志愿者进入部分城市社区,回收居民家中的废旧电池,并向活动参与者赠送环保幸运卡和环保购物袋等环保礼品;百年人寿的服务系统和管理平台“一保通”,就借助先进的信息技术,运用网络等多种电子化方式为客户提供服务,使服务趋向“无纸化”,降低碳排放,更加符合低碳环保的要求。

三、形成营销策划书与方案的审定

(一)撰写文案

1. 营销策划书的定义

企业营销策划方案是将最终结果,整理出书面材料即营销策划书,也叫策划方案。它是表现和传达营销策划内容的载体,一方面是营销策划活动的主要成果,另一方面也是企业进行营销活动的行动计划。

2. 健康保险营销策划书的基本结构

(1)封面:策划书的封面可提供以下信息。①标题:营销策划书的名称;②委托方:被策划的客户;③策划者:营销策划机构或策划人的名称;④日期:营销策划完成的日期及适用时间段。

(2) 前言或序:前言或序是对营销策划书的高度性概括,让人一目了然,引起顾客的注意和兴趣。其内容主要是:①接受委托的情况,如A公司接受B公司的委托,就某某年度的产品营销进行具体策划;②本次策划的重要性和必要性;③营销策划的概况,即营销策划的过程及要达到的目的。

(3) 目录:营销策划书的目录涵盖了全方案的主体内容和要点,读过后应能使人对营销策划的全貌、营销策划人的思路、营销策划书的整体结构有一个大体的了解,并且为使用者查找相关内容提供了方便。

(4) 概要提示:包括营销策划的目的、意义、创意形成的过程,相关营销策划的思路、内容等介绍,阅读者通过概要提示,可以大致理解营销策划的要点。概要应简明扼要,篇幅不能过长,可以控制在四五百字左右。

(5) 环境分析:包括分析的内容包括宏观环境、微观环境状况等。

(6) SWOT分析:即评估企业内部的优势(strength)、劣势(weeknesse),评估企业外部环境的机会(opportunities)与威胁(threats)。

(7) 营销目标:营销策划书中的营销目标,如市场占有率、销售增长率、分销网点数、营业额及利润目标等,要具体明确。

(8) 战略及行动方案:首先,要清楚地表述企业所要实行的营销战略。主要包括市场细分、目标市场选择和市场定位。其次,确定相关的营销组合策略,包括产品策略、价格策略、渠道策略、促销策略。

(9) 预算:策划必须进行周密的预算。在预算经费时最好绘出表格,列出总支出和分项目的支出内容,既方便核算,又便于以后查对。经费预算需遵循的基本原则有:效益性原则,即以最少的经费投入而产生最大的营销效益;经济性原则,即在保证市场营销策划方案顺利实施的条件下,尽可能节省不必要的费用开支;充足性,即投入的市场营销策划经费能够保证市场营销策划方案全面实施;弹性原则,即对市场营销策划经费的预算要能根据未来环境的动态变化而表现出灵活机动性。

(10) 策划进度表:把策划活动起讫过程拟成时间表,对各项具体工作加以指示,作为策划进行的检查表,如未按表行事,而一旦完成日期已定,便需重新制定进度表。进度表可做成甘特图。

有关人员职务分配表:要把所有任务落实到人,有执行人、监督人。此项非常重要,一旦发生权责不分的情况或某个环节出现差错,可马上更换有关人员。

(11) 策划所需的物品及场地:在何时、何地提供何种方式的协助,需怎样的布置也要细致安排。

(12) 控制应变措施:由于环境的不确定性,任何计划在实施过程中难免会遇到一些不可预测的风险,如市场风险、竞争风险、政策风险等。因此需要在策划方案中考虑相应的应变措施。

(13) 策划相关资料:这部分内容可附也可不附,只是给决策者提供参考。资料不能太多,应择其要点而附之。

大型营销活动是一个庞大的系统工程,其策划及实施过程又是一项具体的管理工程。管理科学的应用在策划及实施工作过程中都是必不可少的,如鱼刺图的运用,它简单明了,又特别利于理清思路,可以作为确定目标后的策划起点,不失为一种方便快捷的计划工具。在营销活动的实施策划中,最关键的问题是时间进程与事件进程的划分、协调、整合、统一,可以利于坐标式推展法,以时间决定工作进程,有利于划分事件发展的轻重缓急、先后顺序,使工作富有节奏感,而不会出现凌乱的局面。还可以利用甘特图,清楚地展示工作的日程计划,展示计划的递进性,有利于日程计划的管理。

(二) 方案的审定

1. 方案论证

方案论证是行动方案拟定以后进行的可行性论证。一般由有关领导、专家和实际工作者对计划的可行性提出问题,由策划人员论证和答辩。方案论证包括如下几个方面:①对项目的必要性进行论证,衡量该计划是否付诸实施;②对目标的可行性进行论证,判断方案能否实行;③对限制性因素进行分析,分析计划在哪些条件下可以实行,在哪些条件下不能实行;④对潜在问题进行分析,即预测执行营销活动计划时可能发生的潜在问题和障碍,分析防止和补救的可能性;⑤对预期结果进行综合效益评价。

2. 方案审批

营销策划方案必须经过本组织领导的审核和批准,有时还应向有关政府部门申报。其目的是使营销目标与组织总体目标相一致,使营销活动与本组织其他部门的工作相协调、相互配合并获得合法性。否则方案无法推行。小型的、在机构内部进行的专题活动,只要机构负责人或主管职能部门审批就可以了。大型活动要向政府的主管部门报批。审批过程可将策划方案放入全局环境中进行宏观的可行性研究,避免一个人或一个部门策划的专题活动与全局的环境不相符合,通过方案的审核和批准,也可减少策划的失误,使策划方案符合行政管理的各项政策法规。

四、管理与评估

(一)模拟布局

为了使实施过程更加顺利,实施效果更好,建议事前将策划方案在小范围内尝试执行和实施。首先,实施者要熟悉策划案实施的整个过程和程序;其次,要注意在实施过程中找出实施的关键环节;最后,实施模拟时还要尽可能去发现实施过程中可能遇到的各种问题,从而及时准备,早做预防。

(二)营销策划实施

营销策划方案在实施过程中的组织、指挥、控制与协调活动,是把营销策划方案转化为具体行动的过程。为此,企业营销管理部门必须根据策划的要求,分配企业的人、财、物等各种营销资源,处理好企业内外各种关系,加强领导和激励,提高执行力,把营销策划内容落到实处。要实现策划方案的顺利实施,首先,策划活动的组织者要明确方案执行过程中执行人员的分工和责任,将策划方案的各项措施落实到人;其次,在实施过程中要以策划方案为依据,并严格执行;再次,要对实际支出和工作进度进行有效控制;最后,对策划实施过程中出现的偏差和遇到的问题要做好反馈,以便及时发现、及时调整。

(三)评估与修正

所谓营销策划的评估,就是在实施工作结束后对策划案的实施情况及实施结果进行的评定和分析。它对整个营销策划活动来说有着极其重要的作用和意义:首先,只有通过对策划结果、实施过程、操作手段等内容进行认真评估,才能有效判定策划工作的成绩和找出策划工作中的不足;其次,评估也是对策划活动进行反思、总结经验和教训的过程,策划者才能积累策划经验、改进策划水平;最后,有效的评估工作,还是组织奖惩能够顺利进行的必要前提,是奖惩的依据。

策划评估的方法主要有:一是综合评议法,综合了专家评议、部门评议、个人评议等多种评议方式;二是对照比较法,将策划的执行结果同原策划方案目标进行比较,从而判定和评价各项活动及目标的实现情况,并对原因进行探究和分析;三是关键事件法,即在评估过程中,评估者应将主要注意力集中在那些对活动有关键性影响或有关键意义的环节上,做好对关键事件的评定与分析。

策划评估活动结束后,做好评估结果的反馈是相当重要的。可以使策划工作者对策划活动的效果有所了解,使策划工作得到改进和提高,详见图 15-1。

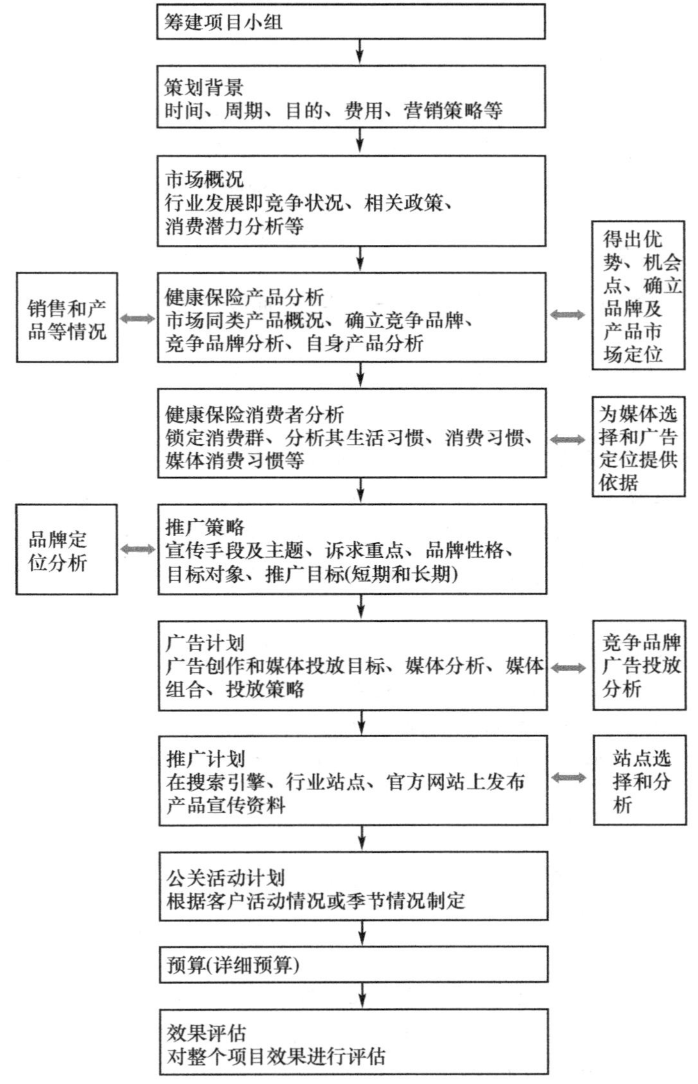

图 15-1　某健康保险公司产品营销策划的工作任务及步骤

1. 为什么说健康保险营销策划既是一门创新思维的学科,又是一门具有可操作性的实践学科?

2. 典型的健康保险营销策划的基本步骤有哪些?

3. 简述营销策划书的内容结构框架的组成。

【案例】

中国人民健康保险股份有限公司女性专属健康保险产品
——"美丽人生女性特定重大疾病保险"产品营销策划书

(一) 当前营销状况 SWOT 分析

1. 机会

(1) 2013 年国务院出台了《关于促进健康服务业发展的若干意见》,2014 年 8 月发布了《国务院关于加快发展现代保险服务业的若干意见》(下称新国十条),以及2014年8月27日李克强总理主持召开的国务院常务会议通过加快发展商业健康保险的5条措施,给予了健康保险前所未有的政策支持。

(2) 目前有170多家保险主体,但只有4家专业健康保险公司。

(3) 随着人们收入的增加,高品质、多样化的健康保障需求日益增长。

(4) 据统计,在我国,乳腺癌、宫颈癌等女性癌症的发病率逐年上升,并呈现明显的年轻化趋势。

(5) 年龄在20~50岁的知识女性是未来营销中最有价值顾客群体之一。注重健康管理逐渐被她们认可。

2. 威胁

(1) 中国健康保险市场竞争主体多,竞争手段单一,市场存在相当程度非理性竞争,影响了健康保险经营效益。

(2) 中国的保险消费者对于现代保险制度还处于非常原始的认识和理解时期。

3. 优势

(1) 中国人民健康保险股份有限公司依托于人保集团,具有强大的品牌优势。

(2) 从专业优势上看,中国人民健康保险股份有限公司在保险业内第一个提出了"健康保险+健康管理"的经营理念,构建了以"诊疗绿色通道、慢性病管理、家庭医生、异地转诊"为核心服务项目的专业化健康管理服务体系,建立了"病前健康管理、病中诊疗监控、病后赔付核查""三位一体"的全流程医疗风险管控机制。

(3) 中国人民健康保险股份有限公司的分销服务网点可覆盖中国绝大多数地区。

(4) 拥有大量的居民健康数据,拥有逐步完善的数据仓库的架构,并逐步加强与社保和医疗系统的数据交换,综合存储和分析客户基础健康、就诊、保健等数据信息。

(5) 2014年上半年,人保健康原保险保费收入140.07亿元,同比增长180.7%;高于行业平均水平。

4. 劣势

专业健康保险公司一直处于亏损状态,还没有找到可行的发展模式。

(二) 战略性、战术性营销组合

1. 战略性营销组合

按人口、心理细分变量将市场区隔成不同特征的群体。选择年满16~50周岁身体健康的女性,具有稳定工作、高收入且具有较高文化程度的中青年、中高端客户群,她们热爱家庭、有爱心、有责任心,重视生活,具有很强保险意识的群体。

产品市场定位于女性专属健康保险产品。

2. 战术性营销组合

(1) 产品:品牌名称定为"美丽人生女性特定重大疾病保险",突出产品目标市场及定位。该产品针对女性健康保障问题专门开发设计,集女性特定重大疾病、女性原位癌、女性特定疾病手术保障及身故保障于一身,提供全方位多角度的女性健康保障选择。

(2) 价格:每天只需8元钱,高达20万元的女性特定大病保障和意外身价保障。女性特定手术基本保险金额的10%给付女性特定手术保险金;女性原位癌按基本保险金额的20%给付女性原位癌保险金,女性特定重大疾病按基本保险金额的2倍给付女性特定重大疾病保险金,女性身价保障为基本保险金的2倍。

例如,30周岁某女士,投保该产品,基本保额10万元,选择20年交费,每年交2350元,保障至70周岁。在本合同有效期内,可享受下列保障:

女性特定重大疾病保险金:20 万

女性原位癌保险金:2 万

女性特定手术保险金:1 万

身故保险金:20 万

(3) 渠道传统渠道及公司官方网站推出。

(4) 促销开展“关爱女性健康 畅享美丽人生”专题活动。

(三) 具体行动方案

1. 主题

关爱女性健康,畅享美丽人生

爱她,就送她“美丽人生”

2. 活动对象

目标市场现有及潜在消费者。

3. 活动地点

线上、线下同时进行。

4. 活动时间

“3.8”国际劳动妇女节前后。

5. 活动内容

(1) 2014 年 3 月 8 日至 4 月 8 日,选择在线购买的前 50 名客户,将获得限量精装版《健康知识丛书》1 套。

(2) 网上健康咨询。

(3) 通过网上及电台等渠道传递女性健康知识:“三·八”节期间,中国人保健康与中国人民广播电台、搜狐网等媒体合作,通过公众平台传播女性健康知识,普及健康保险常识。

(4) 现场女性健康知识讲座。3 月 5 日,中保健康保险公司邀请曹泽毅教授为客户及公司员工进行了一场女性健康知识讲座。

(5) 中国人保健康 25 家分公司也将针对女性健康管理特点,举办健康讲座、健康检测、现场健康咨询、中医特色上门、医疗政策解读等健康管理进社区/企业活动。

(6) 人员安排、后续工作,包括网页设计、二维码等工作,及准备特制赠品——《健康知识丛书》(50 册/套),并于活动结束后 4 月份根据联系地址及联系电话,邮寄《中国人民健康保险公司·健康知识丛书》等工作。

思考:

请仔细阅读本单元的案例资料,回答有关健康保险企业市场营销策划工作的有关问题。

1. 健康保险企业市场营销策划工作流程有哪些?

2. 健康保险企业市场营销策划工作内容主要有哪些?

提示:健康保险营销策划是健康保险公司对其内外部环境进行分析,了解自身的优势与劣势,准确掌握市场和消费者需求信息,在有效运用健康保险公司各种资源的基础上,对企业营销活动的目标、战略、策略及具体实施方案进行设计和规划。这就是健康保险公司营销策划的过程及工作流程与任务。

拓展阅读

中国保险营销拓普奖评选

◎缘起

——以企划定胜负的营销时代已经来临!

营销企划是保险营销战略实施的关键环节,一个营销活动能否大获全胜,很大程度取决于企划的成功!现代营销竞争早已不再是拼资源、拼价格、拼政策,而是通过营销企划整合企业资源与市场潜能,进而为企业带来持续的增长优势和强劲的品牌传播效益!

——保险营销企划人员需要专门系统的学习!

目前从事保险营销企划工作的人员大都没有经过专门、系统的培训学习,制约了专业水准的提升,与成熟行业相比,保险营销企划整体水平还有很大的提升空间。

——业界需要一个营销企划公开交流的平台!

营销企划的价值使得各家保险公司视企划案如珍宝,即使是用过的方案也不愿与人分享,这就使得许多创意新、效果好的企划案不能发挥更大的价值,造成智慧资源的浪费。业界需要一个公开交流学习平台,打破公司壁垒,相互激荡,共同提高!

◎宗旨

打造中国保险营销企划公开交流平台!

提升中国保险业整体营销企划创意水平!

建立中国保险营销企划人员的成长学习基地!

◎关于中国保险营销“拓普奖”

——中国保险营销“拓普奖”取英文TOP“顶尖”之意,是中国保险业唯一一个以营销企划案例为评估对象的营销奖项,它将荣誉同时颁发给保险公司企划人员。

——“拓普奖” 在参照美国“艾菲奖”(EFFIE奖1968年由美国营销协会发起,是世界公认的以实效为评估标准的广告奖)评估体系基础上,根据中国保险市场情况,以营销手段、实施效果、创意创新程度为主要评估指标。

◎中国保险营销“拓普奖”评选组织机构

顾问单位:中国营销学会

主办单位:保险文化杂志社

协办媒体:中国保险报、新浪网、和讯网、中保网、保网

评审:由国内知名策划专家、品牌专家、保险营销专家、保险企业营销高管组成的评委会在年会现场进行统一评选,评出最后的获奖项目。

◎2010年中国保险营销企划拓普奖获奖名单:

主顾开拓类:百年人寿保险股份有限公司——“关爱2010-百年低碳活动”

产品行销类:中国平安人寿保险股份有限公司贵州分公司——“吉星送宝”行销方案

客户服务类:信泰人寿保险股份有限公司——第二届客户服务节暨首届少儿国学文化节

增援类:新华人寿保险股份有限公司广东分公司——创业在新华,爱心送汶川

开门红类:中国平安人寿保险股份有限公司河北分公司——2010年开门红方案

最佳品牌营销奖:中国太平洋人寿保险股份有限公司——人生四季,有保障,真幸福

创意行销大师奖:中国平安人寿阳光森林理财中心总经理 刘刚

参考文献

[美]德尔 I. 霍金斯,戴维 L. 玛瑟思博 . 2012. 健康保险消费者行为学 . 第 11 版 . 北京:机械工业出版社

[美]菲利普 · 科特勒 . 2012. 营销管理 · 全球版 . 第 14 版 . 北京:中国人民大学出版社

北京保险行业协会,北京保险学会 . 2012. 健康保险营销人员职业道德 . 北京:中国人事出版社,中国劳动社会保障出版社

曹晓兰 . 2012. 健康保险 . 北京:中国人民大学出版社

陈友玲 . 2013. 市场调查预测与决策 . 北京:机械工业出版社

方有恒,郭颂平 . 2013. 保险营销学 . 上海:复旦大学出版社

郭颂平,赵春梅 . 2013. 保险营销学 . 北京:高等教育出版社

黄占辉,王汉亮 . 2006. 健康保险学 . 北京:北京大学出版社

荆涛 . 2011. 人寿与健康保险 . 北京:北京大学出版社

刘金章,王晓珊 . 2013. 保险营销理论与实务 . 北京:清华大学出版社,北京交通大学出版社

刘宁,张智勇 . 2009. 保险营销理论与实务 . 成都:西南交通大学出版社

潘瑾,徐晶 . 2005. 保险服务营销 . 上海:上海财经大学出版社

粟芳 . 2009. 保险营销学 . 第 2 版 . 上海:上海财经大学出版社

孙祁祥 . 2013. 保险学 . 第 5 版 . 北京:北京大学出版社

袁辉 . 2010. 健康保险制度创新研究 . 北京:中国社会科学出版社

张代军 . 2011. 保险机构经营管理 . 上海:立信会计出版社

周延 . 2006. 中国保险市场结构:行为与绩效研究 . 北京:经济出版社